玉環年鉴

2020

玉环市地方志编纂室
玉 环 市 档 案 馆　编

方志出版社
Publishing House of Local Records

图书在版编目(CIP)数据

玉环年鉴. 2020 / 玉环市地方志编纂室，玉环市档案馆编. —北京：方志出版社，2021.11
ISBN 978-7-5144-4930-3

Ⅰ. ①玉… Ⅱ. ①玉… ②玉… Ⅲ. ①玉环-2020-年鉴 Ⅳ. ①Z525.53

中国版本图书馆 CIP 数据核字(2022)第 232977 号

责任编辑：李志瑜
责任校对：刘玉霞
责任印制：梅中英
出 版 者：方志出版社
地　　址：北京市朝阳区潘家园东里 9 号(国家方志馆 4 层)
邮　　编：100021
网　　址：http://www.zgfzcb.cn
发　　行：方志出版社图书营销中心(010-67110500)
设计排版：杭州美迪图文设计有限公司
印　　刷：浙江海虹彩色印务有限公司
开　　本：889 毫米×1194 毫米　1/16
印　　张：23.5
字　　数：541 千字
版　　次：2021 年 11 月第 1 版
印　　次：2021 年 11 月第 1 次印刷
定　　价：150.00 元

《玉环年鉴（2020）》编纂委员会

主　　任：卢小春

副 主 任：柯寿建　杨良强　李灵志

成　　员：胡楚峰　詹福章　陈长有　王志胜　陈海鸣

詹江鹏　骆海峰　赵贵法

《玉环年鉴（2020）》编辑部

主　　编：陈长有

副 主 编：陈天云　董西国　金海浪

编　　务：施含笑

编　　校：张佩珠

摄　　影：彩页图片由玉环市传媒中心提供

编辑说明

一、《玉环年鉴（2020）》以马克思列宁主义、毛泽东思想、邓小平理论、“三个代表”重要思想、科学发展观、习近平新时代中国特色社会主义思想为指导，坚持辩证唯物主义和历史唯物主义的立场、观点和方法，全面、客观、系统地记载玉环经济、政治、文化、社会、生态文明建设等方面新特征、新变化、新发展，为读者了解和研究玉环提供参考。本年鉴为玉环第20部年鉴。

二、《玉环年鉴（2020）》记述时限为2019年1月1日至12月31日。由特载、大事记、市情概览、百科、附录、索引组成。采用分类编辑法。

三、“特载”选录市委、市政府主要领导跨年度工作报告，起到承上启下的作用。

四、“大事记”记述2019年度玉环所发生的大事、新事、特事。

五、“市情概况”介绍全市各方面发展的综合情况，为了保持内容完整性，有些基本情况上年年鉴已经记载，本年鉴仍予沿用。

六、“百科”介绍各部门单位2019年度全年工作进展情况，记述总体情况，便于资政、借鉴、检索等应用。

七、本年鉴涉及全市性的数据以市统计局公布数据为准，所用计量单位以国家法定计量单位为准，分别执行《国际单位制及应用》（GB 3100—1993）和《有关量单位、符号的一般原则》（GB 3101—1993）。数字用法、标点符号用法分别采用国家标准《出版物上数字用法》（GB/T 15835—2011）和《标点符号用法》（GB/T 15834—2011）。

八、为了保持内容一致性，“光荣榜”所录先进集体和先进个人依据2019年度工作实绩考评结果。

九、入鉴的资料均由各撰稿单位确定专人撰写或提供，并经主要负责人审核，部分资料由编辑部搜集。主要数据和统计资料由市统计局提供，部分数据由各相关部门提供。由于统计口径等原因，相关部门的个别数据与统计资料不一致的，以统计资料为准。

◇4月10—11日，副省长王文序（前排左二）到玉环开展“三服务”活动，调研小微产业园项目推进情况

◇7月3—4日，副省长、省公安厅厅长王双全（前排左二）到玉环调研公安工作，并慰问公安英模颜日春烈士家属

◇8月14日，副省长彭佳学（前排中）到玉环调研指导农业、渔业灾后自救情况，并走访看望受灾群众、基层一线干部

◇8月14日，台州市委书记陈奕君（前排中）到玉环指导企业灾后复工复产工作

◇5月15日，省委、台州市委决定，吴才平任中共玉环市委书记

◇8月1日，全市深化丧葬礼俗改革工作动员会召开

◇9月16日，全市市管干部“不忘初心、牢记使命”主题教育专题读书班开班

◇11月6日，玉环籍著名法学家高铭暄教授作客第三十二期玉环名家大讲堂，作“感悟初心故事践行最美精神”主题报告

◇7月8日，2019·玉环市招大引强投资推介会暨重大项目集中签约仪式举行

◇4月16日，玉环市人民政府与中交疏浚集团签订海山国际旅游岛项目战略合作框架协议

◇5月15日，玉环市人民政府与深圳市腾讯计算机系统有限公司签订共建“数字玉环”新型智慧城市战略合作框架协议

◇8月21日，玉环市人民政府与龙德燕园基金正式签订玉环文化旅游海岛度假区项目战略合作框架协议

◇10月11日，玉环市与台州学院签订校地合作框架协议

◇5月23日，2019年职业教育活动周暨台州职业技术学院玉环分院签约仪式举行

◇8月26日，台州职业技术学院玉环分院挂牌成立

◇7月17日，浙江广播电视集团·玉环市传媒中心签约仪式举行

◇2月20日，玉环市项目“双进”大比拼活动暨重大工业项目集中开工仪式举行

◇7月8日，玉环市重大项目集中开工暨金融中心项目开工仪式举行

◇9月27日，G228国道温岭泽国至玉环大麦屿疏港公路通车仪式举行

◇1月4日，玉环首个文化综合体——芦浦文化综合体正式开放

◇4月9日，玉环市全民饮茶日活动暨玉环火山茶（2019）第八届文化节启动仪式举行

◇5月10日，庆祝第108个“国际护士节”表彰活动举行

◇6月10日，台州乱弹首部大型现代戏《我的大陈岛》在玉环巡演

◇6月25日，市首届“最美政法人”颁奖仪式举行

◇6月28日，乐清湾海上游击根据地纪念馆开馆仪式举行

◇11月6日，2019玉环文旦旅游节开幕

目　　录

特　　载

大　事　记

市情概览

中国共产党玉环市委员会

玉环市人民代表大会

玉环市人民政府

中国人民政治协商会议玉环市委员会

中国共产党玉环市纪律检查委员会 玉环市监察委员会

民主党派·工商联

群众团体

法　　治

军　事

农　业

工 业

交通·通信

商贸流通

金　　融

经济管理

城乡建设

环境保护

科技工作

教　育

文化　体育　旅游

医疗卫生

社会民生

乡镇·街道

附　录

牢记嘱托扛使命 担当比拼立新功 以新时代美丽玉环建设为引领 全力打造浙东南地区重要发展极

——在中国共产党玉环市第十五届代表大会第四次会议上的报告

中共玉环市委书记 吴才平

(2020 年 1 月 7 日)

这次大会的主题是:高举习近平新时代中国特色社会主义思想伟大旗帜,深入贯彻落实上级系列重要会议精神,总结 2019 年工作,认真分析形势,明确 2020 年重点,动员全市各级党组织和广大党员干部群众,坚定信心,奋勇争先,牢记嘱托扛使命,担当比拼立新功,以新时代美丽玉环建设为引领,全力打造浙东南地区重要发展极。

一、逆势奋进、砥砺前行,新时代美丽玉环建设开局良好

刚刚过去的 2019 年,在国际环境严峻复杂、国内经济下行压力加大的大背景下,市委以习近平新时代中国特色社会主义思想为指导,全面贯彻落实中央和省委、台州市委决策部署,团结带领全市上下保持战略定力,顶住发展压力,提升“六稳”能力,落实精准发力,坚定不移推进“八八战略”再深化、改革开放再出发,用心用情“三服务”,大干实干“两抓”年,以确定性工作应对不确定的形势,新时代美丽玉环建设取得良好开局。盘点全年工作,有九大亮点振奋人心:一是城市有机更新高位起步。大手笔、大气魄破题城市有机更新,强势实施三年行动、五大专项更新,海湾城市美丽蝶变加速破局。二是产业优化升级加压奋进。咬定“一老一小”攻坚目标,老旧工业点改造提升压茬推进,新增 17 个老旧工业点违建清零,台州现场会在我市召开。高质量编制小微企业园发展五年规划,在台州首创集体土地在建工程抵押,数字化园区建设获省委领导肯定。三是

招大引强成绩斐然。市四套班子领导“领衔出征”，专班招商、驻点招商“多点开花”，全员招商氛围浓厚，海山生态旅游岛等“大好高”项目竞相落户开工，重大招引项目开工率居台州市第一。四是交通补短再获突破。228国道玉环段正式通车，温玉铁路、撤坝建桥等一批重大项目加速推进，交通治堵力度持续加大，首座人行天桥投用在即。五是港口开发大踏步向前。大麦屿港集装箱年吞吐量突破30万标箱，对台客运直航走过“风雨十年”，累计运送旅客超20万人次，浙东南重要枢纽港和对台交流合作“桥头堡”地位更加凸显。六是教育事业再创佳绩。高考一段上线率实现台州“五连冠”，玉环中学实力晋升“四冠王”，清华、北大等名校录取总数居台州第一，中考各项指标领跑台州，高分创成省教育基本现代化市。七是综合医改走在前列。在全省率先探索健共体建设，经验获全台州推广，“三位一体”健康服务迈入全省第一梯队，人民群众得实惠、医务人员受鼓舞、财政保障可持续、卫生事业获发展的多赢局面有效形成。八是防台救灾夺取全胜。众志成城抵御中华人民共和国成立以来过境玉环的最强台风“利奇马”，不畏艰辛、不等不靠重建家园，生产生活秩序最快速度恢复正常，得到上级充分肯定和群众频频点赞。九是主题教育走深走实。高质量开展“不忘初心、牢记使命”主题教育，全市各级党员干部在以干促学、以改促学中打响“百千万”专项行动品牌，“三张清单”等特色做法在全台州推广。与此同时，全市面上工作同步推进、卓有成效：

一年来，我们始终坚持稳增长、促转型，美丽经济焕发新活力。以起步即冲刺之势狠抓产业项目、大抓实体经济，深化“三服务”活动机制，践行“五心”“妈妈式”服务理念，上下同欲共克时艰，扶工助企不断推向纵深，为企业破解难题968个。全面落实减费降税政策，为企业减免税费27.98亿元，工业经济顶住下行压力，实现稳中有升。项目“双进”大比拼掀起“大抓项目、抓大项目”热潮，新列入上级重点计划项目数量和体量均居台州首位，重大项目集中开工5次，总投资超400亿元，各级重点项目超额完成年度任务。新旧动能加快转换，第十四届科技·人才活动周成功举办，省级创新服务综合体总数居台州第一，科技产业飞地、省领军型创业创新团队实现零的突破，“500精英计划”创业创新园等一批高水平科创平台投用，县域工业竞争力和科技创新均入选全国百强。扶优育强成效显著，迈得医疗成为台州市首家科创板上市企业，数字经济两化融合水平保持全省第一梯队。现代服务业与先进制造业加速融合，三年行动计划高质量完成编制。“最多跑一次”改革提速增效，70%以上民生事项实现乡镇就近可办，企业投资项目最多90天审批，“标准地”项目30天内全流程审批，在台州率先实现工程建设交易等“跑零次”。

一年来，我们始终坚持重建管、提品质，美丽城市迈出新步伐。锚定现代化海湾城市发展目标，市委全会专题研究新时代美丽玉环建设破题之策。以市域国土空间总体规划编制省级试点为引领，高标准完成城市有机更新专项规划、高铁新区控制性详规等编制，“多规合一”水平显著提升，现代化海湾城市“四梁八柱”建设蓝图加速绘制。“新老共荣、全域一体”战略深入实施，城市有机更新八大区块改造全面启动，城区棚户区改造、金融大厦、玉兴东路隧道等项目加速推进，榴岛大道、城北大道、高速口等沿线风貌改造展露新颜；新城开发大步向前，玉环湖绿道一期全线贯通，家具精品城、档案馆新馆等项目投用，“智慧绿谷”等项目落地，人气商气持续集聚；时尚家居特色小镇加快建设，小镇客厅投入使用，获评台州市制造类特色小镇亩均效益领跑者。城市管理提质增效，创国卫通过国家级暗访，交通劝导、文明礼让等活动深入开展，城区公厕生态化改造提升全面完成。

一年来，我们始终坚持抓整治、优环境，美丽生态绘就新画卷。全面铺开美丽城镇建设，“我爱我家”环境大整治大提升行动持续深化，乡村面貌日新月异，清洁家园、美丽庭院、农村生活污水应纳尽纳等工作扎实推进，荣膺全国美丽山水城市。乡村产业活力不断激发，全国农村集体产权制度改革试点有序推进，违建别墅清理整治自查自纠、“大棚房”整治全面完成，“玉环文旦”区域公用品牌随高铁列车跨过山川大海、飘香浙沪苏皖。全域景区形象日益丰满，坎门获评省级非遗主题小镇，大麦屿、鸡山分别创成省级美丽乡村示范乡镇、省级旅游风情小镇，漩门湾国家湿地公园成功跻身国家AAAA级旅游景区行列，新增芦浦百丈岩等一批AAA级旅游景区，干江炮台成为乡村旅游“网红”景点。“无违建市”创建吹响攻坚号角，“基本无违建乡镇（街道）”实现全覆盖。污水零直排区建设领跑台州，公建单位和沿河“六小行业”整治全面完成，连续2年捧回“大禹鼎”。城乡环境空气质量居全省前列。

一年来，我们始终坚持办实事、惠民生，美丽生活实现新突破。市委常委会专题研究新时代教育高质量发展和现代化教育强市工作，46个教育建设项目提档加速，学前教育第三轮三年行动计划深入实施，台州职业技术学院玉环分院挂牌成立，群众对玉环教育的信心越来越足。健康玉环建设稳步推进，市人民医院改扩建、大麦屿中心卫生院迁建等工程进度加快，高端医技人才引育成果显著，口腔医院、颐养康复医院等挂牌设立，市域就诊率增幅居台州首位，群众在家门口看得上病、看得起病、看得好病的条件不断改善。关键民生供给持续优化，台州市南部湾区引水工程加速推进，亚海水淡化抗旱应急工程建成通水，生猪增产保供项目开工建设。社区体制、婚丧礼俗等改革全面启动，公共文化惠民体系日趋完善，打造“阳光厨房”和“红黑榜”让“舌尖上的安全”更有保障，楚门天宜社会工作服务社参与基层治理获央视点赞，群众获得感更加充实。“抓治理、防风险、保平安、夺星鼎”专项行动扎实开展，中华人民共和国成立70周年大庆等重大活动维稳安保圆满完成，扫黑除恶专项斗争成效显著，“无盗抢城市”创建等工作强势推进。首届“最美政法人”“最美新玉环人”典型引领效应明显，实现台州市唯一7年进京扰序零通报，信访生态指数居全省前列，获评全国信访“三无”市。消防铁拳整治保持高压态势，高层建筑消防安全实现常态严管，安全生产形势总体平稳，社会大局和谐稳定。

一年来，我们始终坚持转作风、强队伍，美丽党建开创新局面。市委常委会以上率下落实全面从严治党主体责任，带领各级党组织和党员干部树牢“四个意识”、坚定“四个自信”、坚决做到“两个维护”。意识形态阵地更加巩固，思想理论宣传方式不断创新，媒体融合改革经验全省推介，学习强国·手机党课广受好评，高铭暄、郭口顺、郑青岳等先进典型温润初心、激发干劲。新时代党的组织路线全面落实，“争星夺旗·和美共创”专项行动深入开展，扶工助企专员、优秀年轻干部“五线历练”、公务员荣誉退休等做法得到上级充分肯定。行政村规模调整“后半篇文章”抓实抓牢，93.8%的新村实现“三资”完全融合。党政机构、乡镇（街道）机构改革全面完成，公务员职务与职级并行制度有序实施。党管人才工作不断加强，“千人计划”“万人计划”等高层次人才引育取得新突破，首次跻身全省优秀行列。清廉玉环建设推向深入，市委巡察高质量推进，政治生态持续优化。中央八项规定及其实施细则精神严格落实，“酒局”“牌局”专项整治成效明显，基层减负取得实效。查办案件力度不断加大，反腐败斗争压倒性胜利更加巩固。严管中彰显厚爱，警示教育月活动高标准开展，干部保护澄清机制不断健全，为受诬告陷害的党员干部澄清正名，坚决查处诬告诽谤行为。宗教领域“四治”工作扎实开展，乡贤、党外知识分子和新的社会阶层人士统战工作稳步推进。统筹抓好东西部扶贫协作、南北协作和对口支援(合作)工作,完成市工商联换届,实现台州市唯一省级双拥模范城"八连创",党管武装、群团、民族、侨务、老干部、老龄和关心下一代等工作取得新进展。

过去一年的成绩来之不易,这是全市上下共同努力的结果。

在肯定成绩的同时,我们也要清醒地看到:产业层次和亩均效益水平不高,重大产业项目储备不足,新旧动能转换还需加快;海湾城市韵味不足、能级不高,建设、管理水平有待进一步提升,有机更新还需加快;优质公共服务供给不足,安全生产仍有隐患,民生领域补短还需加快;少数干部思想解放力度不大、发展理念更新不快,创业创新的氛围还不够浓,干部主动担当作为的积极性还需进一步提升;"酒局""牌局"问题仍时有发生,作风建设成效还需进一步巩固。对这些问题,我们一定要高度重视,在今后的工作中认真加以解决。

二、牢记嘱托、扛起使命,增强全力打造浙东南地区重要发展极的行动自觉

艰难困苦,玉汝于成。回顾玉环的发展历史,是一部从无到有、从小到大、从弱到强的奋斗征程。改革开放以来,玉环人民自强不息、海纳百川、勇立潮头、敢为人先,以创业之志树起民营经济发展和企业股份合作制改革大旗,玉环成为"全岛股份化"的试验田、现代企业产权制度的先行区和全程办事代理制的首创地,实现了从农渔业主导向工业支撑的成功转身。2003年2月14日,时任浙江省省委书记的习近平同志到玉环视察工作,在频频点赞苏泊尔、中捷等浙江制造优秀企业和大麦屿港开发开放成果的同时,高瞻远瞩地作出了"重组优势,注重特色,放手发展,不断增强综合实力和对外竞争力,提前把玉环建设成花园式港口城市,努力使玉环成为浙东南地区重要发展极"的重要指示,并殷切叮嘱"要集聚地方和民间财力,加大港口基础设施投入,抓好资源保护工作,做好整体规划和招商引资,做到有序开发利用,真正把港口优势变为区域优势,将大麦屿港建成影响深远的大港"。习近平同志谆谆嘱托响彻榴岛大地,为玉环高质量发展指明了发展路径、插上了腾飞翅膀。16年风雨兼程,16年砥砺奋进,玉环从一个海岛小县成长为全国首个县级海岛市、综合实力百强市,从一个年工业产值仅200亿元的工业小县发展成为坐拥12000多家工业企业、七大产业集群、十三个国家级金字招牌和7家上市企业的工业大市,从一个无国道、无高速、无高铁的"三无"海岛县蜕变成国道穿境而过、高速横贯东西、高铁直通沪杭的温台连接"桥头堡",大麦屿港正朝着集装箱年吞吐量超50万标箱、长三角对台最佳平台的浙东南重要枢纽港扬帆起航、乘风破浪。这些成绩的取得,是我们践行习近平同志关于"打造浙东南地区重要发展极"嘱托的阶段性成效,是我们践行习近平同志关于"趁势而上,加大科技投入,打造在国际上具有举足轻重地位制造业中心"嘱托的奋斗写照,是我们践行习近平同志关于"实行筑巢引凤,真正把港口优势变为区域优势"嘱托的不懈探索。

凡是过去,皆为序章。迈入新时代,嘱托声声入耳,壮志念念于心。打造浙东南地区重要发展极,是习近平总书记留给玉环的宝贵精神财富,是我们必须兑现的政治承诺,是新时代玉环党员干部群众必须完成的首要历史任务。我们必须牢记嘱托、扛起使命,坚定不移地将这一殷切嘱托作为玉环践行"八八战略"的政治担当。始终坚持一张蓝图绘到底,一任接着一任干,以追梦的情怀、奋进的姿态、奔跑的状态,干在实处永无止境,走在前列要谋新篇,勇立潮头方显担当,紧扣打造浙东南地区重要发展极,高水平编制好"十四五"规划,推动玉环在思想解放中革故鼎新、在

观念突围中弯道超车、在优化升级中抢占先机，不断续写好“八八战略”玉环新篇章。我们必须牢记嘱托、扛起使命，坚定不移地将这一殷切嘱托作为推进新时代美丽玉环建设的高位目标。始终秉承“为玉环人民谋幸福、为玉环高质量发展谋出路”的初心使命，深刻把握建设新时代美丽玉环与打造浙东南地区重要发展极在内涵上有机统一、在路径上密切关联、在行动上高度一致，把思想和行动统一到市委的决策部署上来，把智慧和力量凝聚到全市的发展大局上来，以更强的综合实力、更高的城市能级、更美的生态环境、更好的人民生活和更优的政治生态，实现高水平全面小康、全域美丽、全民幸福。我们必须牢记嘱托、扛起使命，坚定不移地将这一殷切嘱托作为指引玉环不断夺取新胜利的动力支撑。始终秉持勇猛精进、久久为功的战略定力，以“功成不必在我”的精神境界和“功成必定有我”的使命担当，时刻保持永不懈怠的精神状态和一往无前的奋斗姿态，锁定目标，接续奋斗，在逐梦前行中汲取力量，在砥砺奋进中收获成就，不断夺取玉环高质量发展新胜利。要坚持以下几条原则：

——我们要贯彻好创新发展理念，深刻把握“打造浙东南地区重要发展极”的动力源泉，在再创民营经济新辉煌中争当典范。玉环作为民营经济发祥地和先行区之一，繁荣兴旺的民营经济是我们最大的发展优势、最亮的发展特色、最重的发展底牌。我们要立足实体经济这个根基，以新时代民营经济高质量发展强市排头兵的姿态，将创新发展理念贯彻到底，鼓励创新、支持创新、褒扬创新，加大全面深化改革力度，进一步厚植创新热土、激发创新热情、迸发创新活力，推动民营经济发展在深化改革中破除思想禁锢、摆脱路径依赖，在锐意创新中巩固发展基础、重塑竞争优势，把脚跟站得更稳、底子扎得更实、招牌擦得更亮，努力在高质量发展中先人一步、快人一拍、胜人一筹。

——我们要贯彻好协调发展理念，深刻把握“打造浙东南地区重要发展极”的制胜要诀，在建设现代化湾区中争当典范。玉环向海而生、拥湾发展，是台州南部湾区建设的主战场。我们要抢抓长三角区域一体化发展和全省大湾区、大花园建设等战略机遇，将协调发展理念贯彻到底，进一步树立全面、整体的观念，高度重视人口与人才战略，理顺发展关系、拓展发展空间、提升发展效能，推动玉环发展从县域迈向区域、从传统迈向现代、从合作迈向协同，实现市镇村全领域推进、全要素融合、全方位发展，全面形成产城融合、新老共荣、城乡统筹、全域一体的发展新格局。

——我们要贯彻好绿色发展理念，深刻把握“打造浙东南地区重要发展极”的底色底线，在守护美好家园中争当典范。生态环境是我们赖以生存的基础，有什么样的自然生态，就会有什么样的城市形态，催生什么样的城市文明。我们要将绿色发展理念贯彻到底，坚决守护玉环的绿水青山，进一步优化产业结构、能源结构和生态治理结构，全力推动城市发展与产业相融合、与环境相协调、与公共服务相匹配，促进人与自然、生产与生活、物质与精神的良性互动、和谐共生，走出一条“三生”协调、低碳循环的美丽增长之路。

——我们要贯彻好开放发展理念，深刻把握“打造浙东南地区重要发展极”的实现路径，在打造有深远影响的枢纽港中争当典范。一个城市的发展，离不开开放和包容，谁开放得早、开放得快，谁就发展得好、发展得快。我们在开放的大潮中激流勇进，形成了独特的港口优势，也锤炼了玉环包容开明、兼收并蓄的胸怀，这是我们最宝贵的财富，也是打造浙东南地区重要发展极的基础所在、力量所在。我们要将开放发展理念贯彻到底，把“将大麦屿港建设成为影响深远的大港”作为最大抓手、最大机遇、最大平台，积极培育大产业、构建大通道、营造大环境，主动应对国际竞争和挑战，谋划跨区域经济廊道，开拓新兴市场，做强外向型经济，以开放的扩大推动改革的深化，以开放的主动赢得发展的主动，加快形成全方位、多层次、宽领域的大开放格局。

——我们要贯彻好共享发展理念，深刻把握“打造浙东南地区重要发展极”的价值遵循，在满足人民美好生活新期待中争当典范。人民群众既是历史演进的“剧中人”，又是历史发展的“剧作者”，理应是发展成果的得益者。我们要将共享发展理念贯彻到底，自觉践行好以人民为中心的发展思想，把工作落脚在顺应群众对美好生活的新期待上，聚焦“关键小事”，办好民生实事，解好身边难事，以破题补短的“力度”展现玉环发展的“温度”，让生活在这座城市的人们更有发展的自豪感、生活的幸福感、心灵的归属感和城市的荣誉感。

三、担当比拼、再立新功，以新时代美丽玉环建设为引领全力打造浙东南地区重要发展极

2020年是“两个一百年”奋斗目标的历史交汇点，是高水平全面建成小康社会的决胜之年，是“十三五”规划的收官之年，也是为打造浙东南地区重要发展极打基础的关键一年。做好2020年工作，具有承上启下、抢占未来发展制高点的重要意义。今年工作的指导思想是以习近平新时代中国特色社会主义思想为指导，全面贯彻落实党的十九大和十九届二中、三中、四中全会精神，围绕打造浙东南地区重要发展极总定位，紧扣高质量发展主线，坚定不移地实施“港口带动、拥湾发展、产城融合、全域一体”发展战略，精准补齐四大短板，努力实现四大跨越，全力以赴推进新时代美丽玉环建设，加快打造居者自豪、来者依恋、闻者向往的美丽宜居、充满活力的现代化海湾城市。全市各级党组织和广大党员干部要强化比拼意识，保持奋进姿态，一往无前，比学赶超，共同拼出新时代美丽玉环的美好未来。重点抓好六方面工作：

（一）聚焦优化升级，坚决打赢经济企稳回升攻坚战。产业是经济建设的核心和城市发展的基础。坚持工业强市战略不动摇，致力高质量发展、竞争力提升和现代化建设，助推工业经济提档升级、提质增效，再创民营经济新辉煌，勇当新时代民营经济高质量发展强市排头兵。一要干出传统产业优化升级新速度。始终把量大面广的小微企业茁壮成长作为工业发展的“活水之源”，多措并举、全力以赴稳企业，强化“优化升级在经济形势好的时候要抓、经济面临下行压力的时候更要抓”的理念，全面实现首批老旧工业点改造提升和小微企业园建设圆满收官，强化小微企业入园管理，引导优质小微企业入园集聚发展，打造一批数字化示范园区和“五星园区”。深化“亩均论英雄”改革，加大培大育强工作力度，鼓励企业迈向“专精特新”，力争上市公司数量实现新突破。二要加快构建现代产业新体系。深入实施数字经济“一号工程”，整合优化系列产业政策，出台重点产业改造提升规划和新兴现代产业培育引进五年行动计划，把壮大传统特色优势产业、发展战略性新兴产业作为主攻方向，促进区块链、云计算、物联网等新一代技术与制造业深度融合，全力推动汽摩配、水暖阀门、工程机械等传统产业迈向中高端，加速培育航天航空、半导体、智能装备制造等新兴产业集群，再创“玉环制造”新优势。强化先进制造业和现代服务业“双轮驱动”，全面实施服务业振兴三年行动计划，打造一批现代物流、研发设计、电子商务等生产性服务业亮点，集聚一批文旅产业、现代商贸、健康养老等高端生活性服务业项目，推动服务业发展提速、比重提高、贡献提升，不断提升城市经济活力。精心谋划港口经济，加大临港产业引育力度，持续做强集装箱货运等硬实力，打好对台“特色牌”，加速申创海峡两岸（玉环）经贸合作区。推进农业供给侧结构性改革实现“接二连三”，支持中鹿岛大

黄鱼海洋野生牧场和水产品深加工等特色产业做大做强，助推农业全产业链赋能提质。三要打造科创发展新引擎。以“一园一体一廊”建设为牵引，坚定不移走好科技新长征，全力申创省级高新技术产业园区，实质性启动科创园建设，打造一批高能级双创平台。激发企业创新主体活力，抢抓机遇打通长三角地区高校科研成果转化及高新产业转移承接渠道，持续放大科技·人才活动周效应，充分发挥省级院士工作站、清华长三角研究院、产业创新服务综合体等平台作用，新建一批“科创飞地”。深化“三强一制造”建设，加快培育一批掌握国内外标准话语权的优势产业和企业。

(二)聚焦项目“双进”，为高质量发展积蓄强劲动能。项目建设是事关经济社会发展全局的“牛鼻子”。牢固树立“抓项目就是抓发展、谋项目就是谋未来”的理念，更加突出比拼打擂、竞赛争先，全力干出新力度、拼出新速度。一要强化“双招双引”。坚定招商引资“一把手”工程地位，紧扣高质量发展要求和现代化湾区建设需求，实施资本、技术、人才、税源“四大回归”行动，靶向发力抓好重大产业项目建链、补链、强链，精准招引一批亩均税收高、科技含量高、后续带动能力强的标杆性、引擎性现代制造业项目，带动建设一批特色产业园区，新增一批优质外资项目，力争引进5亿元以上项目15个、10亿元以上项目5个、50亿元以上项目1个以上。坚持高端引领、实用支撑，大力开展“四个一百”行动，不断推进平台聚才、产业引才、事业留才，实现高端专业人才、高端研发机构等招引新突破，带动更多高精尖人才“铁下心来玉、扎下根创业”，打造人才生态最优市。二要强化项目攻坚。加快建设新时代美丽玉环十大标志性工程，开展“项目大攻坚·擂台大比拼”活动，紧扣前期项目抓深入、新建项目早开工、在建项目出形象、完工项目圈句号，定期集中开工重大项目，形成项目攻坚见担当、擂台比拼赛成效的浓厚氛围，提速温玉铁路、撤坝建桥等一批重点项目建设，开工建设东海大道、海山生态旅游岛启动区块，确保省“152”、市县长项目落地率均达50%以上。三要强化要素保障。健全重大项目谋划推进保障机制，坚持开源节流与外引内拓并进，深入开展全域土地综合整治，集中推进批而未供和闲置土地大清查大处置，确保全年盘活存量用地1500亩以上、工业用地供地1800亩以上。加速台州市南部湾区引水、漩门湾拓浚扩排等项目建设。做优做强国企平台，强化政银企对接，提升产业基金规模和运作质效，综合运用中期票据、专项债等融资手段，不断拓宽重大项目融资渠道，吸引更多社会资本参与项目建设。

(三)聚焦“三美并进”，全力打造高颜值的海湾城市。城乡融合发展是现代化的重要标志。坚持以城市有机更新为突破口，深入推进新型城镇化和城乡发展一体化，统筹美丽城市、美丽城镇、美丽乡村“一盘棋”。一要高站位完善城乡规划体系。强化规划战略引领，以高标准完成编制市域国土空间总体规划为龙头，加快完善城市有机更新、总体城市设计、综合交通等专项规划，编制乡镇国土空间规划，形成城乡融合、区域一体、多规合一的规划体系，科学优化城乡布局。注重总体规划和专项规划相衔接，开展中心城区拆后土地利用规划编制，强化规划刚性实施，确保一张蓝图绘到底。二要高强度推进城市有机更新。抢抓中央推进城市更新、存量住房改造提升和城镇老旧小区改造新机遇，以“不达目标、绝不收兵”的决心，纵深推进城市有机更新三年行动，以未来社区理念，整村连片推进主城区三大街道八大区块及楚门、沙门等乡镇若干区块整体更新。马不停蹄推进新城开发，加快新城体育中心等项目建设，启动高铁新区拆迁工作，开工建设高铁站场，不断优化城市形态格局。三要高标准建设美丽村镇。发挥美丽城镇联城带乡的重要节点作用，长短结合、内外兼修提升城镇设施、服务、产业和品质，全力建成楚门、清港省级样板镇。高水平编制乡村振兴战略规划，突出“文旦风情、碧水休闲、山海诗画、阳光海岸、海上观光”等“五带”建设，推进美丽乡村梯度培育，加强海景资源保护和开发利用，加快形成“城市吸纳人、乡村吸引人”并肩前行、融合发展之势，争创省级美丽乡村示范县。四要高水平提升城乡管理。积极推进智慧城市建设，加快推动智慧城管、智慧交通、智慧服务等数据整合共享。持续抓好“三大革命”、交通治堵等工作，优化城乡路网结构，有序开发利用地下空间，提高城乡管理智能化、精细化水平。确保创成国家卫生城市、省“无违建市”。

（四）聚焦民生福祉，确保高水平全面小康路上“一个不掉队”。人民对美好生活的向往，就是我们的奋斗目标。始终践行以人民为中心的发展思想，逐项对照高水平全面建成小康社会指标体系，加快补短板、强弱项，努力让广大群众共享高水平全面小康成果。一要加强优质民生供给。秉承“尽力而为、量力而行”理念，突出城乡服务一体化，全力推进城乡基础设施和公共服务均等化。坚持教育优先发展，以创建全国义务教育优质均衡发展市为抓手，巩固中高考成绩领跑态势，抓好城乡校网布局优化、乡镇（街道）幼儿园扩容等工作，加快补齐学前教育短板，投用中等职业技术学校、环山小学分校、陈屿中心小学等一批新校舍，助推全域教育普惠优质均衡发展。围绕打造健康玉环，持续深入实施振兴医疗卫生事业五年行动计划，抓实健共体城乡“一张网”，加快医疗、医保、医药“三医”联动改革和医防融合，实现市域就诊率、基层就诊率、满意度等主要指标明显提高，推动市人民医院加速改扩建、晋升三乙，全方位提升全周期健康服务水平。二要打造优质生态高地。牢牢守住生态红线，把良好生态作为最普惠的民生福祉，抓好上级环保督察、海洋督察等反馈问题整改，坚决防止问题反弹回潮。坚持环境综合整治标准不降、力度不减、劲头不松，深化“我爱我家”环境大整治大提升，严格落实河（湖）长责任，高质量完成污水零直排区建设三年行动，力争捧回“大禹鼎”银鼎。全面推进生活垃圾分类工作，实现农村污水终端标准化运维。三要完善优质社保体系。落实兜底线、织密网、建机制要求，提升养老服务水平，大力发展居家养老、社会救助、优抚安置和慈善等事业，完善大病保险制度和困难对象救助政策，加大对因病致贫家庭的救助力度，健全儿童福利体系，推进低保提标扩面，推动民生保障更加充分，让惠民阳光普照每一位玉环市民的心田。

（五）聚焦基层治理，争当市域治理现代化排头兵。加强和创新社会治理是国家治理的重要组成部分。深入贯彻落实党的十九届四中全会精神，坚持国家总体部署与基层实践创新相结合，落实系统治理、依法治理、源头治理、综合施策，高水平推进市域治理体系和治理能力现代化，加快打造具有玉环特色的基层治理模式。一要完善社会治理体系。牢固树立善治理念，进一步前移基层治理关口，努力从源头上加强管控。坚持和发展好新时代“枫桥经验”，深化镇村综治中心标准化建设，强化“基层治理四平台”运行管理，选派“网格书记”参与社会治理，增强全科网格实用、实战、实效水平。大力推进市社会矛盾纠纷调处化解中心建设，完善接诉即办、多元调解、信访代跑等机制，努力实现群众反映诉求、矛盾纠纷化解“只进一扇门”“最多跑一地”。加强社会治安综合治理，推进扫黑除恶常态化工作，全面提升“无盗抢城市”创建成效，坚决打击违法犯罪行为。二要提升“三治”融合水平。加强基层自治组织建设，探索实行民主恳谈、村民说事、社区“网上协商”等机制，推进城乡社区、社会组织、社会工作“三社联动”，提高社会组织参与基层治理能力。推动法治工作重心下移、力量下沉，扎实推进“七五”普法，加强基层法庭、法治乡村建设，持续推进乡镇(街道)执法规范化试点,实现乡镇(街道)法治文化公园全覆盖,形成高效便民的公共法律服务体系。深入实施公民道德建设工程,完善社会、学校、家庭"三位一体"德育网络,广泛宣传推介基层治理典型经验、先进事迹,弘扬主旋律,传播正能量,营造崇德向善良好风尚。三要夯实平安玉环基础。保持消防整治铁拳行动高压态势,常态化落实各领域各行业严管措施,持续深化安全生产标准化拓面提质,加强源头管控,推广社会化服务,坚决防范和遏制重特大事故发生,夺取星级平安金鼎。加强食品和药品安全监管,高效有序地做好防汛防台工作,确保群众生命财产安全。巩固"无欠薪市"创建成果,高度重视政府性债务化解和风险防控,强化金融风险源头管控,牢牢守住不发生区域性系统性金融风险的底线。

(六)聚焦服务提升,切实把"三服务"送到家、做到位、抓到底。为民服务是党委政府的天职。坚持问题导向和效果导向,继续推进"大学习大调研大抓落实",常态化开展"三服务"活动,更好地破解困扰企业生产经营的发展难题,更好地解决关乎群众切身利益的民生问题,更好地补齐制约基层改革发展的突出短板。一要服务企业有深度。坚定不移和企业站在一起,积极应对中美贸易摩擦风险和经济下行压力,加大政策供给力度,巩固拓展减税降费成效,支持企业坚守实业、做强主业。聚焦营商环境再优化,持续推进"10+X"行动和个人、企业全生命周期"一件事"扩面提升。切实将扶工助企进行到底,真情听取企业心声,紧扣企业"五最"问题,完善市领导集中服务周、骨干企业"白名单"、扶工助企专员等机制,重视企业家队伍建设和青年企业家代际传承,主动热情、真心实意地关心关爱企业,全面营造重企、亲企、爱企、安企的营商环境。二要服务群众有温度。自觉践行全心全意为人民服务根本宗旨,主动顺应社会主要矛盾变化和群众日益增长的美好生活需要,加强与群众的直接联系,深入倾听民声、体察民情、化解民忧,解决好事关群众切身利益的"关键小事",使惠民政策让群众真正受益、便民措施让群众真正省心。切实改进工作作风,坚持做过细群众工作,绝不能对群众反映诉求置若罔闻,绝不能对群众后顾之忧不管不顾,切实把好事办好、实事办实。三要服务基层有力度。以深化"最多跑一次"改革为引领,发挥榴岛助跑平台作用,大力推进机关内部"最多跑一次"、乡镇(街道)政务服务"就近办理、集成服务"改革,推动社保医保、科技、交通运输等公共服务领域改革向基层拓展延伸,不断破除基层办事藩篱。常抓不懈做好基层减负工作,持续落实有效、管用措施,为基层松绑减负。

四、党建引领、从严从实,为打造浙东南地区重要发展极提供坚强保证

全面落实新时代党的建设总要求,把推进新时代美丽玉环建设作为广大党员干部建功立业的主战场,以高质量党建引领玉环高质量发展。

(一)加强党的政治建设。始终坚持把党的政治建设摆在首位,自觉用习近平新时代中国特色社会主义思想武装头脑、指导实践、推动工作,进一步树牢"四个意识",坚定"四个自信",坚决做到"两个维护"。尊崇党章,严明党的纪律特别是政治纪律和政治规矩,坚定执行党的政治路线,旗帜鲜明讲政治,自觉主动在政治立场、政治方向、政治原则、政治道路上同以习近平同志为核心的党中央保持高度一致,坚决纠正、严肃查处上有政策、下有对策,有令不行、有禁不止的行为,铸就绝对忠诚的政治品格。坚持民主集中制,严格执行新形势下党内政治生活若干准则,市委常委会带头加强党性锻炼,示范引领全市各级党组织和广大党员干部不断提升政治觉悟和政治能力,永葆共产党人的政治本色。

(二)加强党的思想建设。始终把坚定理想信

念作为党的思想建设的首要任务,建立"不忘初心、牢记使命"主题教育常态化制度,教育引导广大党员干部把好世界观、人生观、价值观"总开关",自觉做共产主义远大理想和中国特色社会主义共同理想的坚定信仰者和忠实践行者。层层落实党管意识形态工作责任制,加强阵地建设管理,完善舆论监督反馈机制,推进网络综合治理体系建设,牢牢掌握意识形态工作的领导权、管理权和话语权。坚持在守正创新中加强宣传思想工作,扎实抓好党委(党组)理论中心组学习,充分发挥党校主阵地和名家大讲堂、手机党课等载体作用,推行党员学习积分制管理,营造重视学习、崇尚学习、坚持学习的浓厚氛围。坚持党管宣传、党管媒体不动摇,深化融媒体中心建设,加强与省广电集团战略合作,规范新闻发布工作制度,更高层级、更广范围、更深层次发出玉环好声音、展现玉环好形象。自觉践行社会主义核心价值观,提升新时代文明实践中心建管水平,实施爱国主义教育基地提质工程,高标准推进农村文化礼堂"建管用育"一体化,深化婚丧礼俗改革和志愿服务一体发展,进一步强化典型引领、涵养文明新风。

(三)加强领导班子和干部队伍建设。充分发挥市委总揽全局、协调各方作用,支持市人大及其常委会、政府、政协依法依章履职。严格落实新时代好干部标准,强化实干实绩导向,深入开展"政企红盟""千名干部助千企解千难"等工作,全力锻造忠诚、干净、担当的高素质专业化干部队伍。加大优秀年轻干部培养选拔力度,深化"攻坚出彩、勇当标兵"行动,推动年轻干部思想淬炼、政治历练、实践锻炼。深化干部人事制度改革,稳步落实公务员职务与职级晋升,激发干部队伍生机活力。做好机构改革"后半篇文章",全面完成事业单位改革。加强干部管理监督,严格执行提醒函询诫勉、个人有关事项报告等规定,坚决整治"为官不为",推进干部能上能下。重视做好老干部工作。更加关心关爱干部特别是任劳任怨、默默奉献的干部,健全落实容错纠错机制,常态化推行暖心夜谈、干部荣誉退休等制度,进一步形成干部为事业担当、组织为干部担当的良性互动。

(四)加强基层组织建设。坚持基层党建引领基层治理,认真落实党委(党组)抓基层党建工作责任制,深化"争星夺旗·和美共创"专项行动,推动基层党建全领域建强、全区域提升。贯彻"一切工作到支部"的理念,以村社党组织强基提能为重点,开展村社党组织精准服务专项行动,及早谋划村社换届工作,不断把基层党组织建设成坚强的战斗堡垒。强化村级债务控制化解,做大做强村级集体经济。持续加强新村班子建设,促进新村融合发展。全面加强城市、机关、企业、学校、两新组织等领域党的建设,探索片区党建联盟、党建综合体、契约化党建等工作,打造一批独具城市、湾区、滨海特色的基层党建共同体、示范群,实现各领域党组织组织共建、活动共联、资源共享。加强专职社区工作者队伍建设与管理,探索组建"党建+社工"共同体。充分发挥党员先锋模范和"红色导师"传帮带作用,扩大党在各领域的号召力、凝聚力。不断巩固和壮大最广泛的爱国统一战线,深入推进乡镇(街道)"一纲四目"建设。坚持党管武装,进一步做好民族、宗教、外事、侨务、对台、工青妇、科协、双拥优抚等工作,凝聚推动玉环高质量发展的强大正能量。

(五)加强党风廉政建设。以建设清廉浙江县域实践样板为目标,扎实推进清廉玉环建设,深化纪检监察体制改革,建立健全"四责协同"机制,层层压实全面从严治党责任,久久为功涵养良好政治生态。驰而不息改作风、正作风、优作风,持之以恒抓好中央八项规定及其实施细则精神落实,严肃整治"酒局""牌局",推进作风整顿常态化、长效化、制度化。全力做好巡视相关工作,高质量推进巡察全覆盖。坚持惩治腐败力度绝不减弱、零容忍态度绝不改变,强化巡察、派驻监督等结果运用,加大重点案件查处和廉政警示教育力度,从严从实一体推进"不敢腐、不能腐、不想腐"体制机制建设。科学运用监督执纪"四种形态",丰富日常监督、长期监督方式方法,推进公权力运行规范化、法治化。从严打击诬告陷害行为,旗帜鲜明为被举报失实的党员干部澄清正名。

使命担当路犹长,潮起正是扬帆时。在新时代新征程上,让我们更加紧密地团结在以习近平同志为核心的党中央周围,高举习近平新时代中国特色社会主义思想伟大旗帜,牢记嘱托扛使命,担当比拼立新功,以新时代美丽玉环建设为引领,全力打造浙东南地区重要发展极,共同开创玉环发展更加美好的明天!

名词解释及说明:

1."六稳":指稳就业、稳金融、稳外贸、稳外资、稳投资、稳预期。

2."百千万"专项行动:即"百名书记破难题促发展、千名干部解民忧送服务、万名党员办实事惠民生"专项行动。

3."三张清单":指基层党组织工作清单、基层党组织书记责任清单、党员服务清单。

4."争星夺旗·和美共创"专项行动:指争创星级党组织和星级党群服务中心,夺取党建工作"先锋示范旗",并以党建引领乡村振兴,同步打造和合班子、美丽村居,推动基层党建全面进步、全面过硬。

5.宗教领域"四治":即宗教领域治热、治乱、治假、治俗。

6."一园一体一廊"建设:指省级高新技术产业园区、产业创新服务综合体、南部湾区科创大走廊。

7."三强一制造":指质量强市、品牌强市、标准强市、浙江制造。

8."四个一百":即"百企聚才""百校招才""百匠传承""百家平台"。

9.新时代美丽玉环十大标志性工程:指为推进新时代美丽玉环建设组织实施的一批标杆性、引领性、关键性重大项目。

10."152"工程:指省级、各设区市和各县市区政府主要领导、分管经济工作的有关领导每年各负责牵头谋划推进 1 个总投资分别为 100 亿元、50 亿元、20 亿元的重大产业项目。

11."基层治理四平台":指对乡镇(街道)和部门派驻机构承担的职能相近、职责交叉和协作密切的日常管理服务事务进行归类,完善相关机制,整合工作力量,形成综治工作、市场监管、综合执法、便民服务四个功能性工作平台。

12."10+X"行动:指 2019 年 7 月制定出台的《进一步优化营商环境实施意见》(玉政办发〔2019〕24 号),配套跟进企业开办、优化不动产登记、工业建设项目、纳税便利化、改善中小微企业融资服务、优化报关通关、产业政策兑现、优化用水接入、优化电力接入、优化燃气接入等 10 项子方案及其他拓展项目。

13.企业"五最"问题:指企业最急、最忧、最缺、最堵、最盼的事项。

14."一纲四目"建设:指以乡镇(街道)党(工)委统一战线工作领导小组为"纲",以做好乡贤、协商民主、宗教和民间信仰、民营经济等统战工作为"目"。

15."四责协同"机制:党委主体责任、纪委监督责任、党委书记第一责任和班子成员"一岗双责"的责任互相促进、共同发展。

政府工作报告

——在玉环市第十六届人民代表大会第四次会议上的报告

玉环市人民政府代市长　周　阳

（2020年5月7日）

一、2019年工作回顾

2019年，面对复杂严峻的国内外形势，市政府以习近平新时代中国特色社会主义思想为指导，在上级党委政府和市委的坚强领导下，在市人大和市政协的监督支持下，坚持稳中求进，坚定新发展理念，统筹推进稳增长、促改革、调结构、惠民生、防风险各项工作，较好地完成了市十六届人大三次会议确定的目标任务。实现生产总值617.5亿元，增长5.2%；财政总收入87.4亿元，其中地方财政收入53.9亿元；城镇、农村常住居民人均可支配收入分别达71344元和35340元，分别增长8.1%和8.9%。

2019年是中华人民共和国成立70周年，也是极不平凡、值得铭记的一年。这一年，我们聚力新时代美丽玉环建设，城市有机更新三年行动强势实施，新城建设日新月异，玉环城建开启了华丽蝶变；这一年，我们专注龙头企业示范引领，迈得医疗作为浙江省第三家、台州市首家企业成功登陆科创板，上市企业增至7家，玉环板块增添了新生力量；这一年，我们深化大麦屿港开发开放，集装箱年吞吐量历史性突破30万标箱，对台客运总量突破20万人次，玉环港口扬起了希望之帆；这一年，我们补齐交通体系落后短板，温玉铁路全线开工，228国道玉环段正式通车，玉环交通呈现了全新格局；这一年，我们再创教育事业佳绩，高考一段上线率勇夺台州五连冠，中考各项指标居台州第一，玉环教育展示了硬核实力；这一年，我们探索健康共同体建设，台州县域医共体建设现场推进会在我市召开，以医防融合为特点的健共体模式获省内推广，玉环医改走在了全省前列；这一年，我们遭受超强台风“利奇马”正面袭击，全市上下无惧风雨抢险救灾，众志成城重建家园，玉环作为获得了各方点赞。回顾过去一年，面上工作推进有力、亮点纷呈：

一年来，我们抓升级促发展，实体经济稳中有进。集中精力稳增长，重中之重稳企业，以“狠抓产业项目、大抓实体经济”推动工业承压奋进。“一老一小”工作按期推进，老旧工业点改造提升项目开工建设42个，小微企业园建成投用8个，新建和改扩建标准厂房125.9万平方米，实现入驻企业321家，城北太平塘小微企业园获评全省首批五星级示范园区。培大育强成效显著，“亩均论英雄”改革迈出坚实步伐，实现536家亩均税收3万元以下工业企业的改造提升，完成首批49家规上服务业企业年度综合评价；双环传动入围工信部制造业“双创”平台企业，苏泊尔入选省第一批“雄鹰行动”培育企业，琦星电子入选省“隐形冠军”企业；产值上亿元企业增至188家，“浙江制造”品牌培育工作获评全省优秀。创新驱动呈现新气象，县域工业竞争力和科技创新双双入选全国百强，天津大学玉环数控与智能制造技术创新中心、水暖阀门省级产业创新服务综合体建成投用，汽车零部件产业创新服务综合体列入省级创建名单；“数字玉环”新型智慧城市建设实质性启动，数字经济两化融合水平位列全省第一梯队；第十四届科技·人才活动周成功举办，省科技企业孵化器、科技产业飞地、省领军型创业创新团队实现零的突破，蝉联全省人才工作优秀市。扶工助企落实落细，深化“三服务”活动，收集问题完结率达97.8%；政企一心应对中美贸易摩擦，组织765家企业参加75个境内外展会；为企业减免税费28亿元，以真金白银帮扶企业纾困解难。第三产业稳步发展，第十六届中国(玉环)国际机床展、第三届玉环电商峰会成功举办；大麦屿港获批建设进境水果指定口岸，创建台湾商品免税市场已申报至国务院；荣膺全国美丽山水城市，漩门湾湿地公园成功跻身国家AAAA级旅游景区行列。现代农业提质提效，高标准农田建设1.5万亩，粮食功能区提标改造1124亩，生猪增产保供项目开工建设，“美丽玉环·文旦飘香”冠名列车成功首发，“中鹿岛渔业综合体”正式启航。

一年来，我们大比拼促攻坚，重大项目高歌猛进。项目“双进”掀起比拼热潮，列入省重点建设项目14个，项目数量和体量均居台州首位。项目推进有力有序，漩门湾大桥及接线工程、228国道清港连接线、漩门大道等一批交通节点项目加快推进，获评“四好农村路”省级示范县；漩门湾拓浚扩排工程先行段开工建设，台州市南部湾区引水工程累计投资3.7亿元，亚海水淡化(一期)抗旱应急工程建成通水；“一区两城”主平台形象日益丰满，海洋经济转型升级示范区累计投产企业30家，沙门滨港工业城完成投资11.3亿元，干江滨港工业城实现供地1046亩。招商引资走在前列，市四套班子带头招商，组建重大产业招商组和特色产业招商专班，采取驻点招商、中介招商等多种模式，全市招商实现“一盘棋”，新签约5亿元以上市外产业项目30个，总投资347亿元；海山生态旅游岛、航空航天产业园等一批重大产业项目竞相落地开工，万达文商旅、世茂地产、新城文创园等项目落户；实际利用外资1.5亿美元，连续多年居台州市前列。要素保障全面加强，国土空间规划编制成功列入省级试点，全域土地综合整治有力推进，村庄整治、低效用地再开发、存量用地盘活超计划完成，实现土地供应4823亩，其中工业用地供地2491亩；向上争取计划外土地指标近千亩，制约东海大道开工建设的关键指标问题一朝破解；110千伏徐都变、芦北变等建成投运，里黄变开工建设；华能玉环电厂集中供热项目完成总工程量的36%，沙门段实现提前供热；国企平台不断优化，市国投集团信用评级提升至AA+，成功发行第二期企业债券8亿元。

一年来，我们优环境促提质，城市更新全面推进。聚焦美丽城市建设，大格局谋划，大手笔推进，大投入保障，推动一年破题、两年见效、三年蝶变。老城改造强势推进，八大区块改造全面启动，城区7号和22号地块成功出让，金融大厦、塘里村安置房、大麦屿社区安置房项目开工建设，城中村改造完成2012户，玉兴东路延伸段隧道加速推进，首座人行天桥建成投用，入城口、主干道沿线环境整体提升。新城建设大步向前，完成固定资产投资38.5亿元，高铁新区城市设计评审和控制性详细规划编制圆满完成，湖滨银泰商业大厦基本建成，档案馆新馆、国际家具精品城等一批项目建成投用。全域美丽建设初具雏形，美丽城镇建设全面启动，小城镇环境综合整治连续三年考核优秀，坎门、大麦屿分获省级非物质文化遗产主题小镇、省美丽乡村示范乡镇，时尚家居小镇、芦浦百丈岩创成AAA级旅游景区，干江、沙门、龙溪滨海景观独具特色，鸡山创成省级旅游风情小镇、省AAAA级景区镇，海山迎来大建设大开发。城市管理日益精细，“我爱我家·美丽玉环”系列行动纵深推进，累计拆违264.1万平方米，实现基本无违建乡镇(街道)全覆盖，“四边三化”连续两年获省优胜单位；生活垃圾分类处理全域铺开，餐厨垃圾处理中心、一般工业固废填埋场和飞灰填埋场建成投用，垃圾焚烧发电厂二期主体完工，城区公厕生态化改造提升全面完成；交通劝导、文明礼让等活动深入开展，国家卫生城市创建顺利通过国家级暗访，省级卫生乡镇实现全覆盖。生态治理卓有成效，国家森林城市加快创建，绿化造林1.3万亩；沿海沙滩保护和开发统筹实施，坎门后沙海岸带整治修复工程完成；高质量抓好环保督察案件整改和违建别墅、“大棚房”清理整治；省级美丽河湖创成2条，“污水零直排区”建设领跑台州，有望三夺“大禹鼎”，获评全国第二批节水型社会建设达标县；全年空气质量居全省第八。

一年来，我们善治理促民生，人民福祉不断增进。坚持在发展中保障和改善民生，坚持发展成果由人民共享，让生活在这座城市的人民更加幸福。教育事业高质量发展，高分创成省教育基本现代化市，沙门中学迁建等12个教育项目集中开工建设，环山小学新校区、陈屿中心小学新校区、中等职业技术学校迁建工程(一期)主体结顶；台州职业技术学院玉环分院顺利落户，高等职业教育实现零的突破。“健康玉环”全面发展，市人民医院改扩建、大麦屿中心卫生院迁建等工程加快推进，市第二人民医院健共体楚门分院顺利搬迁，新增国家级、省级名医工作室7家，获评台州市名中医2名，市域就诊率增长9.2%，基层就诊率居台州第二，群众对玉环医疗的信心有效提振。文体事业繁荣发展，市博物馆、市图书馆新馆主体完工，媒体综合改革走在全省前列；成功承办省第三届海洋运动会、举办市第十五届运动会，新城体育中心项目加快推进。社会保障持续发展，基本医疗、生育、养老等保险实现应保尽保；创建乡镇(街道)示范型居家养老服务中心5家，乡镇(街道)公办养老机构实施“公建民营”6家；大力推进双拥优抚政策落地，实现省级双拥模范城八连创。社会治理协调发展，枢纽型、支持型社会组织实现乡镇(街道)全覆盖，楚门天宜社会工作服务社参与基层治理获央媒点赞；连续7年实现进京扰序零通报，创成全国信访工作“三无”市；消防铁拳整治保持高压态势，安全生产形势持续稳定，省级食品安全城市跟踪评价顺利通过，刑事治安警情总量下降25.6%，其中治安警情下降35%，高分创成省“平安市”。民生实事项目高质量办结。同时，民族宗教、外事侨务、对口帮扶等工作有效开展，国防后备力量建设、国防教育、人民防空、打私海防等工作得到加强，工会、共青团、妇联、科协、老干部、关心下一代、慈善等作用进一步发挥。

一年来，我们转作风促落实，政府效能持续改进。始终牢固树立“四个意识”、坚定“四个自信”、坚决做到“两个维护”，把旗帜鲜明讲政治贯穿于各项工作。深入开展“不忘初心、牢记使命”主题教育，掀起向郭口顺、高铭暄、郑青岳等先进学习热潮，全面激发干事创业激情。“最多跑一次”改革不断深化，机构改革“后半篇”文章有效落实，政府数字化转型步伐提速，一般企业投资项目最多90天审批、“标准地”项目30天内全流程审批，近八成民生事项实现乡镇(街道)就近可办，100%政务服务事项实现网上可办、掌上可办，41个企业和个人全生命周期“一件事”实现多部门联办，产业政策奖励资金“一网”通兑有效铺开，基本创成无证明城市；社区改革、农村体制机制改革加快推进，全国农村集体产权制度改革试点有序开展，村级控债化债工作全面启动，所有行政村均实现年总收入超10万元、经营性收入超5万元；丧葬礼俗改革破千年旧俗、树时代新风，厚养薄葬、丧事简办蔚然成风。严格落实全面从严治党主体责任，重点领域、关键环节的行政监察不断强化，审计核减工程造价1.8亿元，减轻基层负担12条意见全面贯彻。

2019年我们风雨无阻、日夜兼程，奋斗历程难以忘怀，发展经验弥足珍贵。但成绩和荣誉只能代表过去，我们也应清醒地看到，对标先进地区，对照群众需求，我市发展中还存在诸多问题，主要表现在：工业经济大而不强，缺乏龙头企业和重大产业项目带动，下行压力持续加大；生产性服务业发展不尽如人意，现代金融服务体系不够完善，支撑工业经济高质量发展瓶颈有待破解；城市能级还不够高，优质公共服务资源供给相对不足，对高端人才的吸引力需进一步提升；受减税降费力度加大、税收增长乏力等影响，财政总收入呈现多年来少有的负增长，收支保平衡难度不小；部分干部职工大局意识不强，创新抓落实的能力素养有待提升，“酒局”“牌局”还未根本杜绝，作风建设任重道远。唯其艰难，方显勇毅。我们将正视不足、正视矛盾，采取更加扎实有效的措施集中攻坚破难。

二、2020年工作安排

2020年是高水平全面建成小康社会和“十三五”规划的收官之年，是实现“第一个百年”奋斗目标的冲刺之年，也是加快新时代美丽玉环建设、全力打造浙东南地区重要发展极的关键之年。新年伊始，我们就遭遇了突如其来的新冠肺炎疫情。面对中华人民共和国成立以来传播速度最快、感染范围最广、防控难度最大的重大突发公共卫生事件，我们在上级党委政府和市委的坚强领导下，采取最全面、最严格、最彻底的防控举措，打响了一场没有硝烟的疫情防控阻击战和经济社会发展总体战，全体党员干部闻令而动、听令而行，广大医务工作者冲在一线、日夜奋战，各位企业家和侨界人士心系桑梓、捐款捐物，全市上下守望相助、共克时艰，绘就了群众不出门、干部守大门、齐心护玉门的壮美画卷。疫情阴霾逐渐散去，发展步伐一刻不停。我们一马当先畅通人流物流商流，包车包机包列抢人；我们不失时机出台惠企政策，送帮扶送服务送信心；我们千方百计推动复工复产，抢进度抢订单抢项目，打出了组合拳，按下了快进键，取得了“两战两赢”的阶段性胜利。过去的100多个日日夜夜，我们一起努力，一起战斗，一起见证了70多万玉环乡亲不怕困难的无畏勇气，见证了全市上下坚韧不拔的顽强斗志，见证了社会各界共同战“疫”的硬核力量！许许多多的情景和场面，让我们感动，让我们振奋，让我们难忘，值得我们永远铭记！

磨难压不垮，奋起正当时。在疫情冲击下，全市经济遭受重大损失，企业经受生存考验，“六保”任务分外艰巨。越是艰险越向前，我们要坚定信心、保持定力，把当前之危转化为发展之机，把抗疫之志转化为攻坚之力，咬定目标不放松，一鼓作气干到底。面对经济发展新形势，我们必须开启新征程、再创新辉煌，全力打造产业升级样板区。坚持工业强市战略不动摇，狠抓产业项目、大抓实体经济，推动战略性新兴产业和现代服务业“两业并举”，推进传统产业优化升级，有效破解产业转型升级之难、新旧动能转换之难、经济质量提升之难，争当新时代民营经济高质量发展强市排头兵。面对时代发展新考卷，我们必须锚定新方位、融入新战略，全力打造对外开放示范区。全方位、全领域、全系统对接长三角区域一体化国家战略，深刻把握发展大势，深化对台合作交流，深入推动区域协作，有效破解规划衔接之难、产业对接之难、交通联接之难，构建“北融宁波、南联温州、西承金义、东接台湾、联动上海”的开放融合新格局。面对区域发展新情况，我们必须正视新问题、集聚新优势，全力打造山海水城标杆区。积极践行“两山”理论，坚持生产、生活、生态“三生融合”，发展美丽经济、建设美丽城市、彰显美丽生态，有效破解城市能级提升之难、有机更新推进之难、生态环境改善之难，掀起新时代美丽玉环建设热潮，展现“城在山海间、人在画中游”的美丽画卷。面对民生发展新要求，我们必须探索新路径、实现新跨越，全力打造社会治理先行区。感民生之重、克民生之难，谋民生之利、解民生之忧，推进群众智慧和人工智能互相融合，加快数字化和网格化互促共进，有效破解公共服务优化之难、数字治城突破之难、矛盾隐患消减之难，凝聚民心、集中民智、激发民力，开创“智慧智能、民本民治、共建共享”的基层治理新模式。

百舸争流，奋楫者先；千帆竞发，勇进者胜！展望未来，建设新时代美丽玉环、打造浙东南地区重要发展极的绚丽画卷正徐徐展开，这是中国梦玉环篇章的生动写照，承载着富民强市的美好夙愿，描绘着治玉兴岛的锦绣明天，汇聚着榴屿儿女的共同期盼！让我们逐梦前行、只争朝夕、不负韶华。2020年政府工作的总体要求是以习近平新时代中国特色社会主义思想为指导，全面贯彻落实习近平总书记在浙江考察时的重要讲话精神，围绕打造浙东南地区重要发展极总定位，着眼建设新时代全面展示中国特色社会主义制度优越性重要窗口的“美丽示范点”，紧扣高质量发展主线，坚定不移实施“港口带动、拥湾发展、产城融合、全域一体”发展战略，精准补齐四大短板，努力实现四大跨越，全力以赴推进新时代美丽玉环建设，加快打造居者自豪、来者依恋、闻者向往的美丽宜居、充满活力的现代化海湾城市。综合考虑发展潜力和工作导向，建议2020年经济社会发展主要预期目标为：力争生产总值增长6.5%以上，争取更高质量、更高效益、更好结果；一般公共预算收入、城乡居民收入增长与经济增长基本同步，节能减排降碳指标完成上级下达任务。

实现上述目标和要求，必须紧紧围绕“六稳”“六保”，坚定“三立三进三突围”，加快推进新时代美丽玉环“十大标志性工程、百大支撑性项目”，大力开展“六赛六拼·擂台竞技”活动，努力形成比学赶超、奋勇争先的良好氛围，尽最大努力把耽误的时间抢回来，把遭受的损失补回来，在常态化疫情防控中跑出高质量发展加速度。下阶段，重点打好七大战役。

（一）打好经济企稳回升战。实体强则经济强，工业兴则百业旺。始终坚持制造为本，狠抓实体经济，着力稳企业、兴产业，推动民营经济再创新辉煌。

一是推动企业提质。实施小微企业三年成长计划，推动大中小企业融通发展、集群发展、链式发展，鼓励企业向“专精特新”方向迈进，实现“个转企”203家、“小升规”49家，力争新增上市企业1家。完善“亩均论英雄”评价数据平台建设，强化结果运用，完成160家亩均税收5万元以下企业的改造提升。推进企业治理现代化，新增管理创新达标企业163家、标杆示范企业3家。加强企业质量、标准、品牌建设和知识产权保护，培育浙江制造“品字标”品牌企业6家以上，企业主导或参与国际标准、国家标准和行业标准制(修)订8项以上，推动企业取得更多定向权、定标权、定价权。

二是推动产业转型。实施数字经济“一号工程”，出台重点产业改造提升规划和新兴现代产业培育引进五年计划，加强新基建项目谋划，依托与腾讯公司的战略合作，促进5G、区块链、物联网、云计算等技术推广运用，完成技改投资60亿元，工业性投资增速保持15%以上，工业互联网服务平台企业达300家以上，网联工业设备和产品达5万台以上。推动传统产业智能化改造、数字化赋能，引导汽配产业抢抓新能源汽车发展风口，鼓励水暖阀门向智能卫浴方向发展，推动工程机械、家具、机床制造、药械包装、眼镜、缝纫设备向百亿产业迈进，加快航天航空、电子信息、智能制造等新兴产业融合式发展、裂变式成长。

三是推动平台建强。加快“一区两城”主平台开发,完成海洋经济转型升级示范区投资4.3亿元,正向激励、反向倒逼沙门滨港工业城园区和企业质量双提升,完善干江滨港工业城配套设施。创新产业园区建设发展模式,高水平高标准打好“一老一小”三年行动计划收官之战,累计新建和改扩建标准厂房200万平方米,整合1000家以上企业入园发展;严把小微企业准入关,优化入园指标体系,开展小微企业园星级评定和入园企业绩效评价,打造一批数字化示范园区和星级园区。

(二)打好动能转换突围战。推陈出新方能与时俱进。始终保持定力、精准发力,加快经济发展质量变革、效率变革、动力变革,推动新旧动能接续转换。

一是走好科技新长征。提速省级高新技术产业园区申报创建,高标准编制“一湾两岸”科创走廊规划,实质性启动科创园建设;积极融入长三角区域一体化,在沪杭甬等地谋划打造“科创人才飞地”;举办第十五届科技·人才活动周,引育台州市“500精英计划”等高层次人才20名;完善企业人才积分制,新增国家高新技术企业37家、省级科技型中小微企业150家,开展规上工业企业研发投入“垦荒播种增肥”行动,实施规上工业企业研发机构三年全覆盖计划,力争研发投入强度达2.35以上。

二是全面实施稳外贸。落实稳外贸“新十条”,设立“玉贸贷”增信资金池,推行外贸企业金融帮扶“白名单”制度,为企业提供无抵押、无担保的融资服务。做实“订单+清单”监测预警系统,积极申报汽配国家级外贸转型升级基地、水暖阀门省级外贸转型升级基地,大力发展跨境电商,推进外贸数字化、交易线上化。培育外贸新增长点,搭建外贸综合服务平台,引进大型外贸综合服务企业,鼓励企业创品牌、拓市场,新增外贸自营权企业150家、境外商标20个以上,让更多拥有自主品牌的玉环企业走向世界。

三是促进三产大提升。实施服务业提升百日攻坚行动和服务业振兴三年行动计划,推动生产性服务业向专业化和价值链高端延伸,推动生活性服务业向高品质和多样化升级。鼓励企业第二、三产业分离发展,促进电子商务、研发设计等生产性服务业快速发展;稳步提升中国(玉环)国际机床展影响力,引进策划水暖阀门、汽配、家具等行业展,深度开发工业旅游。以数字生活新消费为抓手,落实刺激消费新政,开展“乐活节”系列活动,发放“玉环乐活券”,推进全域旅游,大力促进消费回补、推动消费升级;积极发展共享经济、夜间经济,打造城市经济发展新引擎。

四是推动港口快发展。积极争取大麦屿港作为台州港的集装箱运输主港定位,全力建设浙南集装箱运输枢纽港。加快大麦屿港物流基地及配套设施建设,推动口岸通关提速增效,鼓励船公司设立提还箱点,加密大麦屿港与宁波舟山港内支线至每日一班,推进企业集装箱运输“弃陆走水”。加快海峡两岸(玉环)经贸合作区申报创建,提速浙江自贸区台州联动创新区玉环片区建设,筹建浙江台湾商品免税市场、台湾农特产品大陆展销和仓储基地,努力打造成为两岸合作交流主通道。

(三)打好项目“双进”攻坚战。抓项目就是抓发展,谋项目就是谋未来。必须大抓项目、抓大项目,以项目推进和项目引进为高质量发展积蓄后劲。

一是狠抓重大项目。掀起交通建设新热潮,将温玉铁路建设作为“首要工程”,将争取高铁南延至乐清作为头等大事,举全市之力、聚全市之智放手一搏;实现漩门湾大桥及接线工程主体完工,加快228国道清港连接线、226省道龙溪至干江段改建和漩门大道工程,开工建设东海大道,启动高铁新区金海大道东延工程建设,完成西沙门大桥、环岛南路等项目前期工作,积极谋划瓯玉高速、环岛东路、金台铁路大麦屿支线和大麦屿港西向通道。加快漩门湾拓浚扩排工程，完成台州市南部湾区引水工程总工程量50%，全面提升区域排涝水、保供水能力。

二是狠抓“双招双引”。坚持招商引资“一把手”工程地位不动摇，完善大招商体制，整合出台招商激励政策，优化招引项目全周期服务，加大驻点招商、全员招商力度，继续推行专业招商、中介招商；开工建设数字产业园，大力引进智能制造、临港产业等项目；瞄准先进地区择优开展项目承接性对接，努力形成协作性对接、互补性对接，引进签约5亿元以上产业项目25个、省外项目资金90亿元，实际利用外资5200万美元。创新推出人才新政，设立人才投资基金，探索多层次人才住房筹集模式，新引进高端以上人才创业项目8个、大学生6000人以上。

三是狠抓要素保障。完成国土空间总体规划编制，打赢全域土地综合整治三年行动收官之战，实现工业用地供地1800亩以上。投用华能玉环电厂集中供热项目，实现天然气“县县通”项目核准。建成110千伏盐坑变、里黄变，完成500千伏麦屿变3号主变扩建工程。探索多元融资方式，设立“1+3+X”项目储备及融资发债专班，创新地方举债机制；继续推进和完善国企改革，优化资产质量，大力拓展经营性业务；推广应用PPP、XOD等模式，提升产业基金运作实效，申报国投集团私募公司债，按计划发行第一期债券。

（四）打好品质提档升级战。城市有气质，生活有品质。统筹美丽城市、美丽城镇、美丽乡村“一盘棋”，构建全民支持、全域美丽的城乡建设格局，让海湾城市更加靓丽、更具魅力。

一是建设美丽城市。开展陆海统筹、中心城区拆后土地利用等重大专题研究，强化智慧城市、综合交通等专项规划“多规合一”。纵深推进城市有机更新三年攻坚行动，加快城区7号地块、22号地块、金融大厦、塘里村安置房、大麦屿社区安置房等项目建设，完成玉城三合潭工业区三期、榴岛大道与珠港大道交叉区块、坎门东风工业区、大麦屿社区二期等区块拆迁，启动玉城密杏、环东等城南片区和坎门双龙—水龙等区块改造；加快三个街道融合步伐，按照未来社区理念高标准建设样板社区，打造坎门非遗主题小镇，联动大麦屿南部片区旅游开发。推动新老城共荣发展、全域一体，实现玉兴东路延伸段隧道贯通，谋划新老城快速通道，加快新城文创园、万达文商旅综合体建设，完成新城固定资产投资40亿元。

二是打造美丽村镇。出台美丽城镇建设行动方案，创成省级美丽城镇示范镇3个。提速楚门省级历史文化名镇保护和旧城改造，全力冲刺时尚家居小镇验收命名。加快清港南部区块有机更新与美丽田园综合体建设，通过特色工业小镇验收。推动芦浦融入新城，启动高铁新区和漩门公园区块拆迁建设。抓好干江滨海景观带新项目落地，提升改造栈台渡口。实施沙门南部新区道路延伸工程，启动慧心湾旅游度假项目建设。做精龙溪山里旅游品牌，以水暖阀门产业创新服务综合体建设助推乡村振兴。启动玉环大鹿海岛公园建设，巩固鸡山省级旅游风情小镇创建成果。全力推进海山生态旅游岛综合开发。

三是营造美丽环境。推动城市管理手段向智能化、数字化转变，探索综合执法+专业执法模式，加大违法违规行为查处力度，拆违100万平方米以上，拆后土地利用率达80%以上，创成省“无违建市”和国家卫生城市。系统治理交通堵点，积极倡导绿色出行，推广城区差异化停车收费政策。统筹推进“三大革命”，推广生活垃圾分类，实施城乡公厕规范化管理，实现物业小区业委会全覆盖。深化“河长制”，完成陆域镇街建成区“污水零直排区”建设，奋力夺取“大禹鼎”银鼎。全面完成废弃矿山复绿治理，绿化造林1.6万亩，持续推进国家森林城市创建，创成省海洋生态建设示范区。秉持“绿岛蓝湾也是金山银山”

的理念，认真抓好系列环保督察问题整改落实，坚决打好污染防治攻坚战，打造"两山"理论的海湾实践样板。

（五）打好民生改善持久战。玉环的出彩来自每个人的精彩。始终牢记民生优先，践行以人民为中心的发展思想，满足群众多层次、多样化需求，让全市人民共享高水平全面小康成果。

一是努力在"学有优教、病有良医"上下功夫。深入推进学前教育第三轮行动计划，力争公办幼儿园覆盖率达50%以上；积极创建全国义务教育优质均衡发展市，优化调整主城区校网布局，实施"名校+新校"小学集团化办学模式，构建初中发展联盟教育共同体；实质性启动玉环中学东扩项目，不断巩固高中质量领先地位；投用中等职业技术学校迁建工程（一期），实现台州职业技术学院玉环分院招生开学；推动教育回归"人点亮人"的本质，加强教师队伍建设，让老师具备"点灯人"的角色能力。持续实施振兴医疗卫生事业五年行动，夺取健康浙江考核铜牌，推进健共体实体化运作，加快"三医联动"和"六医统筹"改革；市人民医院健共体集团总院创三乙综合医院，加快市人民医院改扩建工程，基本建成大麦屿中心卫生院新院；加大医疗卫生人才招引培育力度，新增省市级名医工作室（团队）2个以上，致力打造市域"医学高峰"；完善重大疫情防控体制机制和公共卫生应急管理体系，创新医防协同机制，加快公共卫生中心基础设施建设，全面提高应对重大突发公共卫生事件的能力和水平。

二是努力在"劳有丰酬、弱有众扶"上下功夫。巩固"无欠薪市"创建成果，加强公共就业服务体系建设，实施高校毕业生就业创业促进计划和基层成长计划。开展第七次全国人口普查，准确把握玉环人口发展态势，精准调整户籍及配套政策。加快构建"大救助"体系，推进低保提标扩面，高度关注因病致贫、因病返贫，坚决兜住基本生活底线。大力发展慈善事业，充分发挥乡贤引领作用，引导社会力量参与民生帮扶。高标准做好东西部扶贫协作、对口支援和对口合作，深化产业合作、劳务协作。

三是努力在"住有宜居、老有厚养"上下功夫。启动城镇老旧小区改造，开工建设坎门保障房二期，加快新玉环人安居工程建设。牢固树立文化民生理念，激发文创产业活力，强化文化遗产保护，投用市图书馆新馆，启动市博物馆展陈工程。推动全民健身，完成新城体育中心总工程量55%，开展全国第五次国民体质监测普查，举办第三届玉环海岛徒步邀请赛、第九届职工运动会、第四届老年运动会。完善养老服务体系，促进优质养老社区建设，发展特色养老和医养融合，推进公办养老机构"公建民营"。

（六）打好市域治理提升战。基层稳、郡县治、天下安。高水平推进市域治理体系和治理能力现代化，加快打造具有玉环特色的基层治理模式。

一是慎终如始抓好疫情防控。坚持外防输入、内防反弹，全面构筑应对疫情风险的坚固防线，决不让来之不易的疫情防控持续向好形势发生逆转。严防境外疫情输入和无症状感染者，把好底数排查关、核查检测关、隔离管控关，做好境外及重点地区来玉人员的健康服务管理，确保应核尽核、应检尽检、应隔尽隔。压实属地责任和行业监管责任，保持韧劲定力，继续抓好村居小区的闭合管理，落实商场超市、车站码头、企事业单位等公共场所"测温+绿码"通行，牢牢守住最后一道防线。

二是精准施策补齐治理短板。开展村级组织建设"固本强基"专项行动，高质量做好新一轮村社组织换届；深化镇村综治中心标准化建设，强化"基层治理四平台"运行管理，提升全科网格实用、实战、实效水平。加强市社会矛盾纠纷调处化解中心建设，打造县级示范平台，实现群众反映诉求、化解矛盾纠纷"只进一扇门""最多跑一地"。强化社区建设，推进城乡社区、社会组织、社会工作"三社联动"，实现社工+义工"两工互动"。打造农村文化礼堂精品线，实施文明好习惯养成工程，持续加强未成年人思想道德建设，不断推进新时代文明实践活动。大力开展移风易俗，深化婚丧礼俗集中整治，加大"青山白化"治理力度。

三是久久为功发展乡村产业。高水平编制乡村振兴战略规划，培育一批美丽乡村精品村，争创省级美丽乡村示范县。全面落实"两进两回"行动，统筹科技、资金、人才等资源要素流向农村，提标改造粮食生产功能区1000亩，创成省级现代农业园区，保障猪肉等菜篮子供应，筹建大型农产品仓储中心，提高文旦等特色农业附加值。深入开展省级渔业转型先行区和渔业健康养殖示范县创建，大力推进渔乡振兴产业融合基地建设，启动水产精深加工园区建设，加大海上加工中心转型升级力度，培育壮大海洋生物、文创渔业等新产业。逐村确定村级债务警戒线，有效盘活农村集体资产，增强村集体造血功能。

四是警钟长鸣夯实平安基础。守牢安全防线，建设立体化治安防控体系，纵深推进"扫黑除恶""扫黄打非"，提升"无盗抢城市"创建成效，夺取星级平安金鼎。高压推进消防整治铁拳行动，常态化落实各领域各行业严管措施，以决战决胜的状态全力打赢"消防安全三年翻身仗"。全面打响安全生产专项整治三年行动，深化渔业、交通、工矿等八大重点领域隐患排查、动态清零，坚决遏制重大事故发生。强化食品药品、农产品等质量监管，确保"舌尖上的安全"。加强国防动员、打私海防工作，提升自然灾害防治能力，推动军地应急指挥体系和抢险救灾协调联动机制建设。健全退役军人服务管理体系，深入开展双拥活动。

（七）打好政府效能决胜战。时代是出卷人，我们是答卷人，人民是阅卷人。推进"三服务"制度化长效化实体化运作，保持赶考状态，狠下绣花功夫，答好人民的考题，接受人民的检阅。

一是服务企业，让企业考政府。全面兑现各项惠企政策，大力实施减税、减费、减租、减息、减支行动，切实降低企业制度性交易成本和融资、物流等经营性成本；组建"五心"服务团，完善"乐产码"等涉企一站式移动服务平台，梳理产业政策体系，发挥涉企资金"四两拨千斤"作用；增强金融服务实体经济能力，鼓励金融机构增加企业中长期贷款，力争信保基金承保金额达15亿元，转贷公司转贷金额达20亿元。继续深化优化营商环境"10+N"行动，实现一般企业投资项目审批最多80天，让企业专心创业、放心投资、安心经营。

二是服务群众，让群众考干部。从群众最需要的地方做起，从群众最不满意的地方改起，解决好事关群众切身利益的"关键小事"。深入推进"最多跑一次"改革，提质扩面个人和企业全生命周期"一件事"全流程"最多跑一次"，充分发挥"淘宝式"政府服务平台作用，推动改革向司法服务、中介服务等各领域拓展，深化无证明城市常态化运行机制，进一步推进减证便民，努力实现跑一次是底线、不用跑是常态、跑多次是例外；建立改革评价机制，畅通投诉反馈渠道，倒逼改革提质提效。

三是服务基层，让基层考部门。开展"公开问政"活动，让部门"一把手"接受社会各界的问询、监督和测评。推动机关内部90%以上非涉密事项实现"一窗受理、一网通办"，全面开展基层便民服务中心标准化建设，实现乡镇（街道）政务服务"就近办理、集成服务"，推动公共服务领域改革向基层拓展延伸。全面激发农村活力，深化"三位一体"农合联改革、农村集体资产产权制度改革，稳慎推进农村宅基地试点改革。常态化开展基层减负，持续落实有效、管用措施为基层松绑减负。

为民办实事是市政府长期坚持的一项制度，前期经过广泛征集、仔细遴选、充分论证，市政府提出了12项民生实事候选项目，现提请各代表团审议票决。

三、加强政府自身建设

铁石相击，必有火花；水气激荡，乃生长虹。面对发展重任，我们要始终保持昂扬斗志，全面实施“两强三提高”计划，以实际行动践行初心使命，以实干业绩赢得群众口碑。

（一）加强政治建设，争做对党忠诚的表率。把不忘初心、牢记使命作为永恒课题、终身课题，进一步学懂弄通做实习近平新时代中国特色社会主义思想，增强“四个意识”、坚定“四个自信”、做到“两个维护”，自觉用党的创新理论武装头脑、指导实践、推动工作。坚决贯彻落实上级党委政府和市委的决策部署，切实做到讲政治守规矩，敢担当善作为。

（二）秉持实干担当，争做干事创业的表率。强化争先进位意识，紧盯“一图一码一指数”，亮灯作战，全面比拼。弘扬求真务实的作风，多做打基础、管根本、利长远的工作，不搞短期行为，不做表面文章。坚决与群众同甘共苦、共渡难关，下更大力气解决共性问题、深层次问题、老大难问题，以看得见的变化回应群众关切，建设人民满意的服务型政府。

（三）增强法纪意识，争做依法行政的表率。坚决维护宪法和法律的权威，完善行政权力运行监督机制，依法接受人大监督，自觉接受政协民主监督，支持监察监督、司法监督，加强审计监督、群众监督、舆论监督。严格落实重大行政决策法定程序，全面实施政府法律顾问和公职律师制度。加强行政执法规范化建设，让执法既有刚性、又有温度。

（四）坚守底线思维，争做清正廉洁的表率。认真履行全面从严治党主体责任，高标准落实中央八项规定精神，持之以恒纠“四风”。落实落细集中财力办大事举措，一般性项目支出压减20%，日常公用经费支出压减10%。把好“权力方向盘”，系好“廉洁安全带”，构建一体推进不敢腐、不能腐、不想腐体制机制，营造风清气正、干事创业、担当作为的政治生态。

2020年，我们还将科学编制“十四五”规划，深入谋划事关玉环长远发展的重大改革、重大项目、重大平台、重大政策，高质量绘就五年发展蓝图，开启新时代美丽玉环建设新征程。

新故相推，日生不滞。站在“两个一百年”奋斗目标历史交汇点，唯有追梦不止才能创造历史，唯有奔跑不息才能成就未来。让我们紧密团结在以习近平同志为核心的党中央周围，在中共玉环市委的坚强领导下，以新时代美丽玉环建设为引领，扛起使命，担当比拼，全力打造浙东南地区重要发展极，为开创玉环更加美好的明天而努力奋斗！

名词解释：

1.健共体：整合市级公立医院、乡镇（中心）卫生院、医保定点的社区卫生服务站和村卫生室，将健康融入所有政策，实施集团化管理、一体化经营和连续式服务，构建“预防+治疗+康复”三位一体的整合型医疗卫生服务体系。

2.“双创”：大众创业、万众创新。

3.“三服务”：服务企业、服务群众、服务基层。

4.“四好农村路”：把农村公路建好、管好、护好、运营好。

5.“一区两城”：海洋经济转型升级示范区、沙门滨港工业城和干江滨港工业城。

6.“四边三化”：在公路边、铁路边、河边、山边等区域开展洁化、绿化、美化行动。

7.全国信访工作“三无”市：“三无”指无进京越级走访、无较大规模以上集体走访、无因信访问题引发的极端恶性事件和舆论负面炒作。

8.“标准地”：指土地出让时把每块建设用地的规划建设标准、能耗标准、污染排放标准、产业导向标准、单位产出标准等给予明确，项目建成投产后，相关部门按照既定标准与法定条件验收。

9.“一件事”:指围绕公民个人出生到死亡、企业准入到退出的“两个生命周期”划分若干阶段,把同一阶段内关联性强、办事需求大、办事频率高的多个办事事项集成组合为“一件事”。

10.“两战”:指疫情防控阻击战和经济社会发展总体战。

11.“六保”:保居民就业、保基本民生、保市场主体、保粮食能源安全、保产业链供应链稳定、保基层运转。

12.“六稳”:稳就业、稳金融、稳外贸、稳外资、稳投资、稳预期。

13.“三立三进三突围”:是台州市委围绕全省“重大窗口”建设,就当前和今后一个时期台州发展提出的战略思路和主攻方向。“三立”指民营经济立市、制造之都立业、垦荒精神立心,“三进”指城市发展向“二次城市化”迈进、产业升级向“两业并举”迈进、社会治理向“两智融合”迈进,“三突围”指思想理念上突围、项目攻坚上突围、开放接轨上突围。

14.“十大标志性工程、百大支撑性项目”:指围绕建设新时代民营经济高质量发展示范市、融入长三角一体化发展、加快城市有机更新、走好科技新长征、升级对外开放平台、深化“招大引强”、提升美丽海湾品质、推进新城开发、优化高质量民生供给、推进市域治理现代化等10方面重点,梳理形成标志性工程重大项目清单,每年谋划和推进100个左右支撑性项目建设。

15.“六赛六拼·擂台竞技”:“六赛六拼” 指赛镇街实绩、拼指标位次,赛项目攻坚、拼投资贡献,赛招大引强、拼签约落地,赛城市更新、拼形象进度,赛民生实事、拼服务质效和赛村社治理、拼先锋指数。

16.“一湾两岸”:指漩门湾两岸。

17.“垦荒播种增肥”行动:“垦荒”行动指激励规上工业R&D活动,“播种” 行动指实现研发机构量质并举,“增肥”行动指壮大企业的研发投入规模。

18.“双招双引”:招商引资、招才引智。

19.“1+3+X”项目储备及融资发债专班:指由1位分管市领导,财政、发改、督查室等3个单位和住建、教育、卫生健康、交通运输、农业农村水利等若干个相关部门组成的工作力量。

20.“三大革命”:公厕革命、垃圾革命、物业革命。

21.“三医联动”:医疗、医保、医药改革联动。

22.“六医统筹”:医保、医疗、医药、医院、中医、医生“六医”统筹。

23.“基层治理四平台”:指乡镇(街道)综治工作、市场监管、综合执法、便民服务四个功能性平台。

24.“两进两回”:指科技进乡村、资金进乡村,青年回农村、乡贤回农村。

25.“五心”服务:指情感上暖心、行动上贴心、措施上用心、机制上顺心、关系上无私心。

26.营商环境“10+N”行动:“10”是指营商环境便利化的主要指标,包括企业开办、办理建筑许可、用电报装、用水报装、用气报装、不动产登记、获得信贷、纳税、跨境贸易、企业注销。“N”是指执行合同、知识产权保护等若干个支撑性指标。

27.“三位一体”农合联:指以供销合作社为主体,联合政府涉农服务部门和农业生产经营主体,共同组建的具有为农民提供生产、供销、信用“三位一体”服务功能的非营利性社会团体。

28.“两强三提高”:强谋划、强执行,提高行政质量、效率和政府公信力。

29.“一图一码一指数”:台州市创新提出打赢经济发展翻身仗的工作机制。“一图”指月度、季度“发展图”,依据县(市、区)指标任务完成情况,分别赋予“绿蓝黄红”四色。“一码”指企业“服务码”,依据企业难题破解进度,分别赋予“红黄绿”三色。“一指数”指“项目指数”,主要衡量各地各部门招大引强和项目攻坚工作情况。

大事记

1月

2日 玉环市获评2017年度浙江省市县党政领导科技进步目标责任制考核优秀单位。

4日 玉环市首个文化综合体——芦浦文化综合体正式开放。

8—9日 中国共产党玉环市第十五届代表大会第三次会议召开。林先华代表中共玉环市第十五届委员会向大会作题为《聚焦高质量发展 勇当新时代标兵 为建设美丽宜居充满活力的现代化海湾城市不懈奋斗》的报告。大会通过关于市委工作报告的决议,签订2019年度党建工作责任状,表彰市十五届二次党代会好提案,并对市委和市纪委领导班子及成员进行民主测评。

13日 玉环市被中国互联网新闻中心授予"新时代·中国最佳旅游目的地"称号。

14日 清港镇"文旦花开"创意产业园正式开园,这也是该镇成功探索老旧工业点改造的一种新模式。

15日 浙江鸿疆商贸有限公司成功拿到营业执照,该企业也是玉环市出台"玉环惠台30条"政策后首家受惠并落地玉环的台资企业。

同日 2018年度"最美浙江人·浙江骄傲"人物评选活动颁奖典礼在省人民大会堂举行,93岁退而不休的老党员郭口顺榜上有名。这是玉环市首位"浙江骄傲"人物,同时也是14年来"浙江骄傲"舞台上年龄最大的年度人物。

17日 省城乡环境整治工作领导小组小城镇环境综合整治办公室发布《关于2018年度全省小城镇环境综合整治工作考核验收结果的通报》,玉环市入选小城镇环境综合整治工作优秀县(市、区)名单。

20日 台州恩泽医疗中心叶丽萍团队名医工作室正式落户玉环市人民医院。

同日 玉环在沪各界人士座谈会在上海召开。

21日 玉环市举行首届道德模范颁奖仪式。

23日 市残疾人文化活动中心新馆启用。

24日 228国道清港连接线工程开工仪式举行。

25日 台州市2019年网络媒体新春走基层活动启动仪式在玉环市文旦花开创意产业园举行。该活动持续至2月中下旬,组织网络媒体深入基层、深入实际、深入群众,为迎接中华人民共和国成立70周年营造喜庆祥和的浓厚氛围。

26日 台宝良品台湾商品体验店揭牌仪式在海峡两岸(玉环)商品交易物流中心举行。这是首个亮相玉环市的台湾商品集市。

同日 仙居—玉环首届"仙玉情缘·山海味

道”山海年货文化节开幕。

28日 公安部特勤局副局长、少将董毅一行到玉环慰问颜曰春家属。

同日 中国禁毒基金会名誉理事胡永平,浙江省禁毒办副主任、公安厅禁毒总队政委邵金强一行到玉环慰问禁毒志愿者郭口顺。

30日 浙江省国民营养计划实施推进工作研讨会在玉环市召开,来自中国疾病预防控制中心营养与健康所、浙江省卫生健康委疾控处、首都儿研所、省体育科学研究所、浙江省及部分地市疾病预防控制中心等单位20余位领导、专家出席该次会议。

2月

1日 玉环市获评“2018年度浙江农村生活垃圾分类处理工作优胜县(市、区)”。

2日 台州市委书记陈奕君走访南部湾区引水工程项目现场并慰问施工人员。

同日 玉环市获评2018年度浙江省农村生活污水治理设施运维管理工作专项考核优秀。

11日 省委宣传部会同省政府办公厅、省委网信办发布《2018年浙江省政务新媒体发展指数报告》,“玉环发布”政务新媒体位列全省第19位、台州市第一。

20日 玉环市举行项目“双进”大比拼活动动员会暨重大项目集中开工仪式。

同日 2018年度森林浙江建设目标责任考核台州市工作汇报会在玉环市召开。

22—25日 中国人民政治协商会议第九届玉环市委员会第三次会议在市委小礼堂隆重召开。

23—26日 玉环市第十六届人民代表大会第三次会议在玉环大剧院隆重召开。市长吴才平代表市政府向大会作政府工作报告。

25日 《科技日报》社中国科技网、全国科技振兴城市经济研究会发布《中国区县专利与创新指数》,玉环市位列“2019年中国创新百强区/县”第34。

26日 颜曰春烈士入选“中国好人榜”。截至2019年,玉环市入选“中国好人榜”总人数达13人,位居台州市前列。

27日 台州市首个疫苗研究工作站——浙江省疾控中心疫苗临床研究玉环工作站举行揭牌仪式。

28日 玉环市首家非遗(玉环渔民画)衍生品馆开馆。

同日 玉环市与阿里巴巴(中国)软件有限公司签订《玉环市域电子商务发展项目合作协议》。

3月

2日 在百丈岩隧洞1号支洞和上珙山隧洞进口完成台州市南部湾区引水工程隧洞群首爆任务,标志着隧洞群主体攻坚战正式拉开序幕,为彻底解决玉环市供水紧张局面迈出实质性步伐。

5—6日 商务部驻杭州办事处副特派员周关超、处长王健一行到玉环调研浙台(玉环)经贸合作区工作。

7日 杭州海关关长马建哲一行到玉环调研口岸开放、保税区建设等情况。

8日 全省首支专业海上女子救援巡防队玉环海韵“110联动巾帼海上巡防队”正式成立。

11日 玉环市入选第一批浙江省清新空气示范区名单。

12日 浙江省台办主任庄跃成到玉环调研对台工作。

13日 “迈向现代化湾区·台州沿海行”台州日报融媒体大型采访活动启动仪式在玉环举行。

20日 玉环市举行深化南部湾区“五线历练”工作动员会暨项目“双进”大比拼攻坚组集训班开班仪式。

24—25日　四川省阿坝藏族羌族自治州州委常委、茂县县委书记高加军率茂县党政考察团一行到玉环开展考察交流活动。

26日　经省委决定，免去林先华中共玉环市委书记、常委、委员职务。

同日　台湾南投县县长林明溱一行到玉环调研大麦屿港口建设和对台经贸合作交流情况。

同日　省发改委副主任、省能源局局长蔡刚到玉环开展"三服务"活动并调研能源相关工作。

27日　省委常委、政法委书记王昌荣调研玉环市老旧工业点改造、小微企业园建设和公安信息化建设工作。

同日　《玉环市高铁站地块及周边地区城市设计》评审会召开。

28日　玉环市举行"四千工程"进农村文化礼堂活动启动暨大麦屿文体中心启用仪式。

29日　玉环市被省委省政府授予2018年度平安县(市、区)称号。

同日　大陆首家台湾高校实训教学中心落户沙门跨界自造融创园，开启两岸产学研合作新模式。

4月

2日　玉环市荣获"中国县区慢病管理示范奖"，市第二人民医院荣获"中国县级医院信息化建设示范奖"。

4日　黑龙江省富裕县委副书记、县长邹浩考察团一行到玉环市，重点就楚门天宜社会工作服务社运行情况进行考察。

9日　玉环市举办全民饮茶日活动暨玉环火山茶(2019)第八届文化节、台州市茶文化进企业现场会暨玉环市企业茶文化联盟成立大会。

10日　玉环市获评全省扫黑除恶专项斗争先进集体，2018年绩效位居台州市首位。

10—11日　副省长王文序到玉环开展"三服务"活动，调研小微产业园项目推进情况及企业发展情况。

11日　市委全面深化改革委员会第一次会议召开。

13日　玉环市在2018年度浙江省海洋生态建设示范区创建量化评估中，排名全省26个沿海县(市、区)第一。

15日　玉环市荣获2018年度全省"四边三化"行动优胜单位。

16日　玉环市与中交疏浚集团签订海山国际旅游岛项目战略合作框架协议。

17日　省人大常委会原副主任、省关工委主任徐宏俊到玉环调研关心下一代工作。

21日　玉环市·辉南县政府对口合作项目和玉环市·仙居县山海协作项目——台州妙鲜生超市开业。

同日　台州市委书记陈奕君作出批示：郑青岳同志扎根教育四十余载，始终满腔热情，始终满怀激情，充分体现了忠诚教育、无私奉献的敬业精神，淡泊明志、甘为人梯的师德师风，潜心钻研、追求卓越的治学态度。我们要进一步总结好宣传好郑青岳的先进事迹，激励全市党员干部特别是教育工作者辛勤耕耘、甘于奉献，大力发扬大陈岛垦荒精神，共同推动新时代台州教育事业跨越式发展。

22日　玉环市委副书记、市长吴才平会见香港台州同乡会"寻根之旅"访问团一行。

同日　玉环海事处为楚门中学授予玉环海事学校牌匾，这是全省首家高中海事学校。

23日　市普天单向器有限公司工会主席、办公室主任卢娜荣获"全国五一劳动奖章"。

25日　台州市农村文化礼堂建设现场推进会在玉环市召开。

25—27日　省教育基本现代化市创建评估组一行到玉环，评估玉环市省教育基本现代化市创建工作，玉环市以912.5的高分通过验收。

26日　市缝制机械行业协会成立，标志着玉环市缝制机械行业进入规范化、模块化、快速化发展轨道，为玉环市打造“工业强市”增添新动能。

27日　“2019年浙江县市区新媒体发展论坛”在玉环市举办。

29日　省特别重大产业项目——里阳半导体一期芯片制造生产线正式投产。

5月

6日　省委常委、宣传部部长朱国贤对郑青岳先进事迹作出批示。朱国贤在批示中说：玉环市教研室教研员郑青岳，43年如一日扎根教学研究一线，倾情服务一方基础教育事业，是“有信仰的人讲信仰”的缩影，其扎根海岛、初心不改的教育情怀，甘为人梯、悉心树人的崇高风范值得宣传和推广。

同日　台州市政协主席陈伟义一行到玉环调研制造业单项冠军及“隐形冠军”发展情况。

10日　玉环市举行庆祝“国际护士节”颁奖活动，对市居家护理技能竞赛综合奖获奖者、“优秀护士”获奖者、“十佳护士”获得者、“30年护龄”优秀护理工作者进行表彰。

13日　玉环市被授予2018年度浙江省“五水共治”（河长制）工作优秀县（市、区）“大禹鼎”。

14日　玉环市被评为2017年度县（市、区）党政领导科技进步与人才工作目标责任制考核优秀单位。

15日　全市领导干部大会召开。会议通报浙江省委、台州市委对吴才平任中共玉环市委书记的任职决定。

同日　玉环市与深圳市腾讯计算机系统有限公司签订共建“数字玉环”新型智慧城市战略合作框架协议。

同日　郭口顺、卓玉宝、颜曰春获评第八届“感动台州”人物奖。

21日　市委常委会议召开。会议传达了习近平总书记在全国公安工作会议上的重要讲话精神和全省高质量建设美丽浙江暨高水平推进“五水共治”大会、全省科学技术奖励大会精神，听取了教育有关工作、扫黑除恶专项斗争、警示教育月活动、宗教“四治”工作汇报，讨论研究了《玉环市纪委市监委派驻（出）机构改革方案》。

同日　市委机构编制委员会第一次会议召开。

23日　杭绍台铁路温岭至玉环段施工图通过专家评审。

同日　玉环市举行2019年职业教育活动周暨台州职业技术学院玉环分院签约仪式。

同日　大麦屿港对台海上直航客运总量突破20万人次。

同日　玉环长春政校企合作洽谈会暨玉环外贸人才招聘会在长春光华学院举行，玉环市与当地6所高校签订校地合作协议。

23—24日　团省委书记朱林森一行到玉环考察共青团工作并开展“三服务”活动。

28日　玉环市发放台州首本集体土地在建工程抵押权证。

6月

4日　市委财经委员会第一次会议召开。

5日　市政府第20次常务会议召开。会议传达《政府投资条例》（国务院令第712号）文件精神，讨论研究《玉环市促进商贸业发展若干扶持政策（送审稿）》《关于强化校企合作优化用工服务的若干实施意见（送审稿）》《关于推进玉环省级高新技术产业园区创建的若干意见（送审稿）》《玉环市公务员医疗补助人员门诊报销模式调整方案（送审稿）》。

同日　玉环市玉城环岛幼儿园奠基仪式在玉城街道城北片区举行。

同日 省委宣传部理论调研组到玉环，调研指导新媒体理论宣讲工作。

10日 台州乱弹首部大型现代戏《我的大陈岛》到玉环巡演。

11日 台州市县域医共体建设现场推进会在玉环市召开。

同日 玉环—茂县“一户一码”结对帮扶工作会议召开。

19日 市委全面依法治市委员会第一次会议召开。

同日 市委网络安全和信息化委员会第一次会议召开。

21日 全市“抓治理、防风险、保平安、夺星鼎”专项行动暨“扫黑除恶”工作会议召开。

22日 市首支新时代文明实践志愿服务队在楚门成立。

24日 市第十五届运动会开幕仪式暨第二十四个全民健身节启动仪式举行。

25日 市首届“最美政法人”颁奖仪式举行。

28日 乐清湾海上游击根据地纪念馆重新开馆。

同日 “初心之旅”职工健身走暨第四届“万步有约”实地健走活动正式启动，来自各乡镇(街道)工会、企业工会的近400名在职职工参加活动。

同日 总投资1.8亿元的36个新村项目集中开工。这是玉环市深化做好行政村规模调整“后半篇文章”，吹响新村全面振兴“集结号”，同时也是对村调后新上马的新村项目进行再动员、再集结，推动项目真落地、出实效，为建党98周年和中华人民共和国成立70周年献礼。

7月

3日 市委常委会议召开。讨论研究《玉环市深化丧葬礼俗改革工作实施意见》《全市丧事集中办理改革实施细则》。

3—4日 浙江省副省长、公安厅厅长王双全在玉环市调研公安工作并慰问公安英模颜曰春烈士家属。

8日 玉环市举行重大项目集中开工暨金融中心项目开工仪式。

同日 玉环市举行2019·玉环招大引强投资推介会暨重大项目集中签约仪式。

同日 一场特别的英语教学交流会在玉环市举行。来自欧洲首个“一带一路”研究中心——匈牙利罗兰大学的教师，为玉环市的中学英语教师们开展教学培训。

10日 台州市“乡村振兴·巾帼四美”行动现场推进会暨玉环市首届“美好生活节”开幕式在清港镇举行。

14日 浙江卫视连线吴才平，报道玉环市年轻干部南部湾区“五线历练”行动经验做法。

15日 市政府第21次常务会议召开。讨论研究《玉环市行政规范性文件管理办法(送审稿)》《关于进一步加强“三强一制造”建设加快质量提升的若干意见 (送审稿)》《玉环市政府质量奖评审管理办法(修订)》。

16日 全市首个乡镇(街道)慈善关爱基金——“大麦屿街道慈善关爱基金” 揭牌成立并举行捐赠仪式。

同日 玉环市举行网络订餐 “阳光厨房”暨“食安封签”启用仪式。

17日 玉环市举行浙江广播电视集团·玉环市传媒中心签约暨玉环传媒融媒体指挥中心启用仪式。

17—19日 吴才平带队赴四川茂县考察指导、对接交流东西部扶贫协作和对口支援工作。

29日 在浙江纪念建军92周年暨双拥模范城(县)命名表彰大会上，玉环市获评新一届省双拥模范城称号，也是玉环市连续第八次获得该项表彰。

同日 台州市“扫黄打非”进基层示范点创

建工作推进会在玉环市召开。

31日 玉环市举行庆“八一”暨首届“最美退役军人”座谈会。

同日 市政府与深圳里阳公司正式签订共建电子信息产业飞地孵化中心合作协议，双方将打造一个“飞地孵化器”——玉环市深圳电子信息产业“飞地孵化中心”。玉环首家“飞地孵化器”落户深圳。

同日 玉环市“习近平新时代中国特色社会主义思想”青年研习小组成立暨年轻干部乡村治理大调研活动在玉环市委党校启动。

8月

1日 全市深化丧葬礼俗改革工作动员会召开。9月1日至11月30日，玉环市将试行丧事集中办理，鼓励引导丧户到殡仪馆集中守灵，其间减免守灵室租费；12月1日起，将正式在全市实行丧事集中办理。

2日 市政协青年委员观知论坛正式启动并揭牌，玉环市各界青年政协委员齐聚一堂，开展专题讨论，畅谈“新时代人民政协青年委员的新样子”。

4日 市委常委会议召开。讨论研究《玉环市公务员职务与职级并行制度实施方案》《关于落实台州市委意识形态工作责任制检查反馈意见的整改方案》，贯彻落实“不忘初心、牢记使命”主题教育专项整治工作和成立市“招大引强”办公室等有关事宜。

6日 浙江省第三届海洋运动会沙滩拔河比赛项目在干江镇白马岙黄金沙滩开赛。来自全省的400多名运动员、教练员和裁判员在玉环市参加海岛拓展比赛、沙滩拔河比赛和海岛徒步赛等3个大项8个小项的比赛。

6—7日 市委书记、市长吴才平率考察团一行奔赴温岭、义乌、浦江三地，学习借鉴兄弟县市在城市有机更新、“五水共治”等方面的先进经验和成功做法，思考推进玉环城市有机更新和环境整治工作，全力推动新时代美丽玉环建设。

9日 台州市委书记陈奕君到玉环督查指导防汛抗台工作。

10日 超强台风“利奇马”于当日凌晨正面袭击玉环市，此次台风是中华人民共和国成立后过境玉环市的最强台风。8日8时至11日8时，全市过程面雨量411毫米，最大雨量站点苔山文旦基地521.7毫米，降雨影响为玉环市自中华人民共和国成立以来最大。12级、10级以上大风持续时长分别达7小时、26小时，过程极大风力披山55.7米/秒（16级）。据统计，玉环市受灾村庄117个，受灾人口49.03万人，倒塌房屋521间，直接经济损失38.1亿元。

14日 浙江省副省长彭佳学率指导组一行到玉环调研指导农业、渔业灾后自救情况，并走访看望受灾群众、基层一线干部。

同日 台州市委书记陈奕君到玉环指导企业灾后复工复产工作，并走访看望受灾群众。

14—15日 省第20督查组到玉环督查“三改一拆”、“五水共治”、小城镇环境综合整治、垃圾分类等专项工作开展情况。

19日 玉环市举行庆祝第二届“中国医师节”表彰大会。

20日 台州市委副书记、市长张晓强到玉环调研企业灾后恢复情况。

同日 玉环市召开“十四五”规划编制工作动员会，对下一步规划编制重点任务和具体工作进行部署。

21日 辉南县—玉环市灾后重建捐赠仪式暨对口协作工作座谈会在玉环市召开。

同日 玉环市与龙德燕园基金正式签订玉环文化旅游海岛度假区项目战略合作框架协议。

23日 全市机关党员专业志愿服务平台上线，并开展首场组团服务活动。企业、村党组织可通过该平台录入需要帮助的问题，由机关党组织认领，并组织党员专业志愿服务者开展服务。

23—30日 玉环市举办“不忘初心·逐梦而行”——致敬英烈人物巡回展。

26日 台州职业技术学院玉环分院挂牌成立。

29日 市人力资源服务协会成立大会暨第一次会员大会举行，标志着玉环市人力资源服务业将主动对接市场，与人才需求企业、人才培育机构凝聚“抱团”，为实施和推进人才强市战略，促进各类人才合理流动和人力资源优化配置发挥实质作用。

30日 市国投集团二期8亿元企业债成功在中央国债登记结算公司上海总部簿记发行，系玉环市国企平台优化重组后首次发行公司债。

9月

1日 棒棒糖儿童康复培训中心在清港正式投用，是玉环市首家残疾儿童专业康复机构，也是台州市残联确定的残疾儿童定点康复机构。该中心主要为智力低下、发育迟缓、自闭症、多动症等儿童提供专业的康复培训。

3日 台州市委书记陈奕君到玉环调研“两抓”年建设情况，并督查暗访平安建设工作。

同日 玉环市举行榴岛助跑联盟成立暨榴岛助跑政务服务平台开通仪式。

4日 省税务局党委书记龙岳辉到玉环调研基层税务系统机关党建及深化“最多跑一次”改革相关工作。

同日 省委副秘书长、省信访局局长王忠志到玉环调研信访工作。

5日 台州市老旧工业区块改造暨“十大示范点”创建工作现场推进会在玉环市召开。

9日 玉环市举行“不忘育人初心 聚力美好教育——庆祝第35个教师节颁奖典礼暨文艺会演”活动。

12日 全市“不忘初心、牢记使命”主题教育工作会议召开。

16日 全市市管干部“不忘初心、牢记使命”主题教育专题读书班开班。

17日 玉环籍法学家高铭暄被授予“人民教育家”国家荣誉称号。

18日 玉环市获评“四好农村路”省级示范县。

19日 玉环市举行“我爱你 中国”庆祝中华人民共和国成立70周年专题音乐会。

20日 省委、省政府隆重表彰28位“‘浙里’好人 德润之江”第六届浙江省道德模范。玉环市郭口顺荣获助人为乐道德模范，曹中贵荣获见义勇为道德模范。

21日 2019浙江·台湾合作周台州玉环专题——浙台海上直航十周年暨港航合作推进会在玉环市召开。

25日 “浙台情缘、和合两岸”第二届浙台婚姻家庭文化之旅开幕式在玉环市举行。

26日 台州市“污水零直排区”建设现场推进会在玉环市召开。

同日 玉环市举行庆祝中华人民共和国成立70周年歌咏大赛。

28日 228国道温岭泽国至玉环大麦屿疏港公路通车仪式举行。

29日 坎门街道社区戒毒(康复)中心正式揭牌成立。

30日 浙江省副省长、台州市委书记陈奕君到玉环检查指导防台防汛工作。

同日 玉环市举行2019年度“慈善人人捐”暨东西部扶贫协作捐赠仪式。

10月

9日 九桔科技现代轨道交通零部件产业园

（一期高铁减振器新建项目）奠基庆典在干江滨港工业城举行。

11日 台州学院服务地方经济发展科技小分队授旗出征仪式上，玉环市与台州学院签订校地合作框架协议。

同日 市人民医院健共体集团与5G网络运营商签署《5G+智慧医疗战略合作协议》，标志着市首个5G网点正式启用。

同日 浙江大学医学院附属第二医院黄品同名医工作室签约揭牌仪式在市人民医院举行。黄品同名医工作室正式落户玉环市人民医院，双方将在医、教、研等方面开展全方位合作。

12日 吴才平为市新组建的8个城市有机更新项目攻坚组授旗，标志着市城市有机更新三年行动攻坚计划全面铺开。

14日 副省长、台州市委书记陈奕君到玉环调研美丽城镇建设工作。

15—16日 省审计厅党组书记、厅长朱忠明到玉环调研审计工作，赴城北小微企业园、时尚家居小镇等地考察。

15—19日 第126届广交会在广州举办，玉环市共有参展企业59家，拥有展位125个，其中品牌展位80个，产品涵盖水暖阀门、洁具卫浴等区域优势出口行业。

17日 省咨询委委员、省政法委原副书记朱贤良一行到玉环调研乡村振兴及企业发展情况。

同日 省第三届海洋运动会海岛徒步赛暨玉环市第二届国际海岛徒步“农商银行杯”邀请赛在玉环湖绿道广场举行。1400多名来自国内外的徒步运动爱好者相约欢乐玉环，畅享激情海运。

17—18日 “山海寻味·玉环领鲜”旅游推介会在上海、杭州两地举行。

19—21日 在第七届世界军人运动会中，玉环籍运动员朱梦惠勇夺女子50米自由泳、女子4×100米自由泳接力、男女4×100米自由泳接力三枚金牌和女子100米自由泳银牌。

20日 全省首次语言艺术专业考级在玉环开考。

24日 全市领导干部大会召开。会议宣布省委、市委关于玉环市政府主要领导调整决定：周阳任中共玉环市委委员、常委、副书记，提名为玉环市市长候选人，吴才平不再担任玉环市市长职务。

25日 玉环第二届国际高层次人才创业创新大赛落幕，5个项目进入“台州500人才精英计划”。

25—28日 玉环市举行第十六届中国（玉环）国际机床展。展会共吸引全球各地客商4万多人次，意向成交额达2.35亿元，现场交易额达1.88亿元。

28日 市“早玉文旦”荣获2019年北京世界园艺博览会国际竞赛——优质果品大赛铜奖。

30日 总投资1.3亿元的市亚海水淡化（一期）抗旱应急工程实现试通水运行。

同日 玉环市连屿至乐清南岳滚装轮渡航线正式全线停运。自2003年6月正式投入营运至今，共运送旅客2525万人次，渡运车辆716万辆次，海上航行42万航次。

31日 玉环市举行市第二人民医院肿瘤心理康复MDT中心揭牌暨大型数字减影血管造影机（DSA）开机仪式，中国科学院大学附属肿瘤医院邵国良（介入科）专家工作站正式落户。

11月

1日 全市美丽城镇建设工作会议暨“无违建市”创建动员大会召开。

3日 玉环市3名专业技术人才赴四川省茂县开展对口支援。

6日 全市老旧工业点改造和全域土地综合整治工作会议召开。

同日 玉环籍著名法学家高铭暄作客第三

十二期玉环·名家大讲堂，为广大党员干部作“感悟初心故事 践行最美精神”主题报告。

同日 2019玉环文旦旅游节在漩门湾观光农业园开幕。

7日 吴才平接受浙江电视台公共新闻频道“关注森林——国土绿化书记访谈”系列节目专访，介绍市国土绿化基本情况和“美丽玉环”建设经验做法。

8日 吴才平、施红兵、林成辉、李丹佳赴上海参加第二届中国国际进口博览会。全市共有110家企业、近300人观展采购，观展企业数与首届基本持平。

同日 茂县县委副书记、县长唐远益一行到玉环参观考察工业经济发展、城市基础设施建设等情况。

同日 市首批5个“劳模工作室”授牌成立。首批“劳模工作室”以5位领衔人命名，分别是“吴明峰劳模工作室”“陈青英劳模工作室”“杨善浦劳模工作室”“缪金透劳模工作室”“卓玉宝劳模工作室”，涵盖工业、农业、科研、医疗等领域。这5位领衔人都是省级以上(含享受)在岗劳动模范，都有较强的技术能力、业务能力、创新能力和管理能力。

10日 中国科学院院士走进漩门湾暨玉环贵妃“文旦+”项目启动仪式。中国科学院院士柴之芳、闻邦椿，市委常委、宣传部部长杨良强参加启动仪式，并移步文旦种植基地手植“院士文旦树”。

11日 全市科技人才发展大会暨第十四届科技·人才活动周开幕式举行。

同日 浙江省玉环水暖阀门产业创新服务综合体、天大玉环数控与智能制造技术创新中心两大科创平台正式揭牌启用。

12日 为期15天的“铁拳—2019”海上联合执法巡查行动正式启动。由市府办海防委办、人武部、公安、市港航口岸渔业管理局等部门执法人员组成的执法集中巡查行动组从大麦屿港出发，进行海上联合执法集中巡查行动。

13日 市第一座湖滨综合性艺术馆——玉环湖韵国际雕塑公园·艺术馆在玉环湖畔开馆。

同日 由中国信息通信研究院主办的第二届“中国县域工业经济发展论坛(2019)”发布《中国县域工业竞争力地图》，玉环市位列2019年中国创新百强县(市)第32位、2019年中国工业百强县(市)第90位。

14日 省海港集团、宁波舟山港集团总经理蔡申康一行到玉环调研港口建设工作，并就深化双方合作，推进大麦屿港高质量发展进行对接洽谈。

16日 “健康中国 玉环在行动”启动仪式暨第四届“万步有约”大赛表彰大会举行。

18日 玉环市举行“不忘初心、薪火相传”荣誉退休仪式。

同日 浙江瑀威智能装备有限公司、哈啡啦(浙江)贸易有限公司正式入驻创融·玉环产业城，分别成为首家落地玉环的台资机床企业和台资工业贸易企业，2家企业注册资金共2000万元。启动仪式上，这2家台资企业还与另外6家企业签订价值3000万美元的合作协议。

21日 中央党校2019年秋季学期中青二班三支部第四调研组到玉环调研卫生健康工作。

同日 市芦浦镇作为全省唯一单位入选第三批全国“扫黄打非”进基层示范标兵名单。

23日 玉环市中鹿岛渔业综合体启航仪式在杭州国际博览中心举行。中国渔业协会常务副会长林毅，浙江省自然资源厅厅长黄志平参加启航仪式。启航仪式后，中鹿岛大黄鱼被授予SGS国际认证证书、中鹿岛大黄鱼全国名特优新农产品名录证书。

27日 市工商业联合会(总商会)第九次会员代表大会召开。

同日 2019浙江省农博会优质产品获奖名

单公布。玉环市高柚牌文旦连续7年、龙额牌火山茶连续8年荣获金奖，东海渔仓牌虾米和红渔女牌鱼皮馄饨荣获优质奖。

28日 浙江省副省长、台州市委书记陈奕君到玉环调研考察重大项目建设情况。

同日 台州市委宣讲团到玉环宣讲党的十九届四中全会精神。

同日 市政府第23次常务会议召开。会议讨论研究《新建铁路杭州经绍兴至台州线温岭至玉环段项目(玉环段)征地拆迁工作实施办法(送审稿)》《玉环市被征地农民基本养老保障办法修订补充意见（送审稿)》《玉环市市域健康共同体基本医疗保险基金总额预算管理办法(试行)(送审稿)》,听取杭绍台铁路玉环站站房规模调整和工伤行业费率调整的汇报。

29日 吴才平率党政考察团赴仙居县考察对接山海协作工作。

同日 玉环漩门湾国家湿地公园四季大道(清明路至处暑路段）道路改造工程在玉环经济开发区不见面直播间成功开标。这是玉环首个全流程电子化招标的小额工程项目,也是台州市首个纳入不见面交易系统的乡镇小额工程建设项目。该项目的成功开标,标志着玉环开始试水建设工程“一张网”交易。

12月

2日 玉环市被评为全国第二批节水型社会建设达标县(区)。

同日 市时尚家居小镇成功创建国家AAA级旅游景区。

3日 迈得医疗工业设备股份有限公司成功在上海证券交易所科创板上市。这是浙江省第3家、台州市第1家科创板上市企业,也是玉环市第7家上市企业。

同日 周阳、施红兵、蔡木贵赴上海参加第15届上海国际汽车零配件、维修检测诊断设备及服务用品展览会。玉环市共有参展企业261家,总展示面积约9000平方米。

5日 迈得医疗产业园项目正式开工建设。该产业园为市迄今为止最大的医疗器械产业项目,总建筑面积9.6万平方米,总投资2.85亿元,投产后预计年新增产值3.2亿元。

5—6日 吴才平率考察团赴吉林省通化市辉南县开展对口合作工作考察对接。

7日 在第一财经联合中央人民广播电台经济之声等80家主流媒体主办的“2019乡村振兴发展论坛暨最美村镇颁奖典礼”上,玉环市芦浦镇西塘村荣获2019中国最美村镇“乡风文明成就奖”,为台州市2个获奖村落之一。

10日 玉环市大麦屿港集装箱年吞吐量突破30万标箱庆祝仪式举行。

同日 省关工委成立30周年暨全省关心下一代工作“双先”表彰举行,玉环市共获3个奖项。其中,离休干部郭口顺获“关心下一代特殊贡献荣誉奖”,为全省唯一获此奖项者;许心孚、娄选仁获“突出贡献奖”。

12日 2019台州·深圳投资合作推介会暨项目签约仪式在深圳举行,玉环市签订淞湖智谷玉环智造基地项目等意向投资项目3个,总投资额36亿元。

12—13日 全省文明规范公正基层队所建设现场推进会在玉环市召开。

16日 全国离退休干部先进集体和先进个人表彰大会在北京召开,市离休干部郭口顺获评“全国离退休干部先进个人”荣誉称号。

17—18日 省供销社党委书记、理事会主任邵峰率督导组到玉环督查“三位一体”改革工作推进情况。

18日 全市医疗保险基金追偿协作机制启动仪式举行。

同日 浙江省三八红旗手(集体)联盟正式

成立，玉环市张爱芬作为全省唯一代表作创建三八红旗手工作室经验介绍。

19—20日 台州市基层统战工作现场会在玉环市召开。

19—21日 市党政考察团赴慈溪、平湖以及浙江清华长三角研究院考察学习城市建设、产业发展等先进经验做法。

20日 温岭至玉环铁路PPP项目投资协议签约仪式举行，标志着杭绍台高铁温岭至玉环段全面进入建设阶段。

同日 玉环市漩门三期围垦工程顺利通过省发改委和省水利厅竣工验收。

23日 省文化和旅游厅公布第五批50处省非物质文化遗产旅游景区名单，市坎门东海渔俗文化非遗主题小镇入选，为台州市2处入选村镇之一。

24日 市委政协工作会议召开。

同日 省文化和旅游厅公布第三批31家省级旅游风情小镇名单，市鸡山乡入选，为台州市3个入选乡镇之一。

24—25日 省第20督导组到玉环就“三改一拆”、“五水共治”、美丽城镇建设、生活垃圾分类等工作开展专项督查。

25日 省“千村示范万村整治”工作协调小组办公室公布2019年度浙江省美丽乡村示范乡镇、美丽乡村特色精品村、高标准农村生活垃圾分类示范村和历史文化(传统)村落保护利用示范村等4份名单。市大麦屿街道入选美丽乡村示范乡镇；大麦屿街道福源村、联丰村，干江镇垟岭村入选美丽乡村特色精品村；干江镇垟岭村、鸡山乡后岙村入选高标准农村生活垃圾分类示范村；坎门街道东沙社区入选历史文化(传统)村落保护利用示范村。

26日 在“美丽浙江 志愿同行”2019年度浙江省志愿服务最美(最佳)典型展示交流活动上，市“五老”禁毒帮教服务项目入选全省最佳志愿服务项目，并作展示交流。

29日 台州市政协群众体育委员会客室启动仪式暨玉环市首届万米健身测试赛在玉环体育中心举行。

30日 市级机关工会联合会成立并举行第一次会员代表大会。

31日 市漩门湾国家湿地公园成功创建国家AAAA级旅游景区。

市情概览

玉环概况

【自然环境】 玉环岛古称地胏山、榴屿、玉瑠山，为避五代吴越王钱镠讳，改名玉环。市因岛得名。

玉环市位于北纬28°01′32″~28°19′24″，东经121°05′38″~121°32′29″。地处浙江省东南部，台州市东南端，东濒东海，南濒洞头洋与洞头县相连，西、西北隔乐清湾与乐清市相望，北、东北与温岭市接壤。人民政府驻玉城街道东城路6号，电话区号0576，邮政编码317600，距台州市区75千米。

辖区东西最大距离33.6千米，南北最大距离33.9千米，总面积405.5平方千米，其中陆域面积378.5平方千米，水域面积27平方千米。另有海域面积1930平方千米。

地势北高南低，丘陵平原相间，山丘面积248平方千米。地形分为海岛丘陵、滩涂冲积小平原。全境由楚门半岛、玉环半岛及茅埏、披山、鸡山、江岩、大鹿等135个外围岛屿和海礁组成。全市最高峰大雷山系北雁荡山余脉，海拔443米；最低点在大麦屿街道大岩头前沿水域海拔-104米。

境内河流总长度765千米，河网密度6.2千米/平方千米，径流总量9230万立方米，年排涝量2021万立方米，年最大排涝量5258万立方米。其中，五级河道有玉环湖、九眼塘河、芳清河、楚门河、龙溪河、桐丽河、干江河、青沙河、庆澜河、普竹河、玉坎河等11条。最大的河流为玉环湖，从泗头闸至漩门大坝，流经清港、楚门、芦浦、龙溪4镇，长22千米，流域面积170平方千米。

全市海岸线长298千米，绵长曲折，港湾众多，支流小港遍布全市沿海乡村。市境西南的大麦屿港位于温州瓯江口外、乐清湾内，为国家对外开放港区，是全国沿海八大避风锚地之一，可建港口岸线45千米。东南部海域的披山洋处于台湾暖流、浙江沿岸流、大陆径流三大水系交汇区，水温适宜，水生生物丰富多样，是鱼、虾、蟹等水产种质资源地，蕴藏着各种鱼类、贝类、水母类等水产品400余种，为省级大黄鱼、梭子蟹水产种质资源保护区。

市域属亚热带季风气候，兼有明显的海洋性气候。常年温暖湿润，四季分明，雨量充沛，日照充足，无霜期较长。多年平均气温17.1℃，年平均日照时数1850.5小时。年平均降水量1350.2毫米。2019年，平均气温18.2℃，日照时数1775.3小时，年总降水量1716.6毫米。

【建置沿革】 三合潭文化遗址证实,早在3600~3000年前的商周时期,就有先民生息繁衍。商周及春秋时代属瓯越地。战国先属越地,后归楚国。秦属闽中郡。西汉初属东瓯国,武帝建元年间属会稽郡,始元二年(前85年)属扬州会稽郡回浦县。东汉永建四年(129年)之前属扬州会稽郡章安县,之后至三国、西晋属扬州临海郡永宁县。东晋太宁元年(323年)属永嘉郡永宁县,宁康二年(374年)属永嘉郡乐成县。历经南北朝、隋、唐、五代、宋、元、明初,随乐成县(五代后梁时改乐清县)并、设而变更。唐会昌二年(842年)前后设玉瑠镇,北宋为乐清县玉环乡属地。明洪武二十年(1387年),因倭寇扰边,港南岛屿全被迁弃;成化十二年(1476年),港北地区原乐清县山门、玉环2乡6都划归太平县(今温岭市),隶台州府;港南地区被乐清、太平游民私种。清顺治十八年(1661年),为清除反清复明势力,按"迁海令",玉环全境被迁弃。雍正六年(1728年),设玉环厅为温州分府,政务直隶省。民国元年(1912年),改厅为县,属温处道(民国3年改瓯海道)。民国16年(1927年)废道制,直隶省。民国21年(1932年)属温州行政督察区。

1949年4月玉环解放,设港南、楚门、温西3区。7月,温西区划归温岭县。9月,港南区分设城区、坎门2区。10月,设楚门、坎门、城区、三盘4区。1950年6月,从楚门区分设盐特区,全县调整为5区49乡镇。1952年8月,从城区划出陈岙、双峰、普竹、青屿、古城,从坎门区划出朝阳、古顺,建陈屿区。10月,三盘区分为洞头、大门2区。截至年底,全县设7区79乡镇。1953年5月,洞头、大门2区19乡镇析出建洞头县。1956年2月,实行农业合作化,设环山、坎门、楚门3个直属镇,城南、青马、沙鳝、芦浦、里黄、鸡山6个直属乡,及楚门、陈屿2区所辖13个乡镇。12月,恢复坎门区。1957年4月,恢复西台、双龙2乡;10月,恢复古顺乡;12月,建和平、田马2乡,恢复城区,设4区27乡镇。1958年7月,洞头县建制撤销,属地重归玉环县。11月,以区为单位实现人民公社化,设楚门、玉城、坎门、陈屿、洞头、大门6个人民公社,下辖46个生产大队(后称管理区)。

1959年4月,玉环县建制撤销,洞头、大门2个人民公社划归温州,其余并入温岭县,仍属温州辖区;截至7月底先后撤销双岭、长屿、民主、工交、鳝塘、九青、南北、枫水8个生产大队,建坎门、环山、城南、青马、沙鳝管理区。9月,环山、楚门、坎门、清港4个管理区恢复镇建制。1960年9月,陈屿公社撤销,并入玉城公社。1961年9月,撤销楚门、玉城、坎门3个人民公社,恢复区公所建制;10月将管理区(生产大队)改制升格为人民公社,同时将和平管理区并入坎门镇。

1962年4月,玉环县建制恢复(不含洞头县地),属台州辖区。11月,玉城区撤销,环山、城南、青马、沙鳝4个公社改为直属公社,原陈屿区恢复。截至1967年1月,设楚门、坎门、陈屿3区,楚门、坎门、环山3镇(环山为直属镇),清港、凡塘、龙岩、芳杜、桐丽、密溪、外塘、田马、干江、栈台、海山、芦浦、西台、双龙、里黄、鸡山、披山、陈屿、鲜叠、古城、普青、古顺、福山、城南、青马、沙鳝等26个人民公社(原生产大队升格为人民公社,城南、青马、沙鳝为直属公社)。1977年恢复玉城区建制,辖原环山、城南、青马、沙鳝4个直属镇社。1980年1月,环山镇更名城关镇。1982年8月,城南公社更名环城公社。1983年10月至1984年4月,实行政社分设,恢复乡级建制。截至1986年年底,设楚门、玉城、坎门、陈屿4区,楚门、清港、沙门、城关、坎门、陈屿、鲜叠7镇,凡塘、芳杜、田马、密溪、龙岩、干江、栈台、芦浦、外塘、海山、青马、环城、沙鳝、西台、双龙、里黄、鸡山、披山、古顺、古城、普青、福山等22乡。1987年3月,从鸡山乡析出洋屿岛建新洋乡。1991年3月,从楚门区析出外塘、凡塘、芳杜3乡和清港镇，建清港区。

1992年4—5月实施撤区扩镇并乡，设城关、楚门、清港、干江、坎门、陈屿、鲜叠、沙门8镇和龙溪、鸡山、芦浦、海山4乡。1993年11月，省政府批准设立浙江省玉环大麦屿经济开发区。1994年7月，大麦屿经济开发区与陈屿镇合署办公；9月，芦浦撤乡建镇。2000年6月，建立珠港镇，改城关、坎门、陈屿3镇为镇属办事处。2001年11月，撤销鲜叠镇，辖区并入陈屿办事处。全县设珠港、楚门、清港、芦浦、干江、沙门6镇和龙溪、鸡山、海山3乡。

2005年，玉环大麦屿经济开发区更名为玉环经济开发区。2009年8月，撤销珠港镇及其下设办事处，建立玉城、坎门、大麦屿3个街道。2010年7月，玉环经济开发区从大麦屿整合到漩门二期围垦区。2011年1月，漩门三期围垦区纳入玉环经济开发区。2013年10月，龙溪撤乡建镇。全县设玉城、坎门、大麦屿3街道，楚门、清港、芦浦、干江、沙门、龙溪6镇和鸡山、海山2乡。

2017年5月13日，玉环撤县设市。截至2019年年底，常住人口72.2万人，其中户籍人口总数43.66万人。

玉环市统计局关于
2019年国民经济和社会发展统计公报

2019年是中华人民共和国成立70周年。面对复杂严峻的国内外经济形势,玉环上下始终坚持以习近平新时代中国特色社会主义思想为指导,全面贯彻落实党的十九大,十九届二中、三中、四中全会精神以及中央、省委和台州市委一系列决策部署,以建设新时代民营经济强市为总目标,以新时代美丽玉环建设为主载体,努力克服超强台风“利奇马”的冲击,聚焦聚力高质量、竞争力、现代化,坚持稳中求进主基调,全市经济保持平稳良好发展态势,奋力推进城市有机更新建设,城乡生态环境面貌不断改善,全力以赴打造浙东南地区重要发展极。

一、综合

经济运行总体平稳。据初步测算,全市实现生产总值617.50亿元,按可比价格计算,比2018年增长5.2%。其中,第一产业增加值37.11亿元,增长2.6%;第二产业增加值339.85亿元,增长4.5%;第三产业增加值240.54亿元,增长6.7%。三次产业结构比例为6.01∶55.04∶38.95。

2019年,全市户籍人均生产总值为141647元,比2018年增长4.8%,按2019年美元对人民币的平均汇率6.8985折算,人均生产总值约合20533美元;常住人均生产总值为98094元,增长4.8%。

2019年玉环市生产总值表

表1

	绝对数(亿元)	比2018年增长(%)
地区生产总值	617.50	5.2
第一产业	37.11	2.6
第二产业	339.85	4.5
第三产业	240.54	6.7

二、农业

农业结构转型回升。全市实现农林牧渔业总产值69.93亿元,按可比价格计算,比2018年增长2.5%,增加值37.90亿元,增长2.7%。其中,农业产值7.09亿元,下降0.6%;林业产值0.11亿元,增长3.7%;牧业产值1.14亿元,下降21.7%;渔业产值60.75亿元,增长3.4%;农林牧渔服务业产值0.84亿元,增长5.0%。

全年蔬菜播种面积3938公顷,比2018年增长1.4%,产量106551吨,下降2.2%;果用瓜1107公顷,增长1.9%,产量28408吨,增长0.4%。全年

2019年主要农产品产量表

表2

	绝对数(吨)	比2018年增长(%)
蔬　菜	106551	-2.2
棉　花	7	16.7
油菜籽	1297	86.6
水　果	87507	-9.1
其中:柚	28554	-17.0

水果产量87507吨，比2018年下降9.1%，其中柚子产量28554吨，下降17.0%。

有序推进"国家森林城市"创建，全年完成各类绿化造林1.25万亩，新植珍贵树种13万株。建成"一村万树"示范村3个、推进村31个。全市有林地面积20762公顷，其中森林面积18192公顷，森林覆盖率39.4%。

全年水产品总产量24.58万吨，比2018年增长2.0%，其中海洋捕捞产量14.33万吨，下降1.7%。全市水产养殖面积共达4231公顷，增长4.7%。其中，海水养殖面积3543公顷，增长5.3%，产量9.62万吨，增长9.2%；淡水养殖面积688公顷，增长1.5%，产量3043吨，下降0.2%。

农业产业发展壮大。积极发展玉环文旦、火山茶、干江盘菜等特色产业，以"美丽玉环 文旦飘香"冠名一组江浙沪皖高铁列车，授权25家农业主体使用"玉环文旦"地理标志和证明商标。深化"菜篮子"基地建设，网易未央（玉环）商品猪养殖场开工建设。龙溪精品水果特色农业强镇、"文旦印象"美丽田园综合体有序建设。完善农业保险政策，推进文旦低温指数保险试点。全市共有农业龙头企业53家，其中省级3家，市级22家，产值超亿元以上的有2家。新增国家级示范性专业合作社1家、省级示范性家庭农场2家，新发展农民专业合作社20家，家庭农场10家。无公害农产品45个，绿色食品11个。

全年完成小型农田水利项目37项，新增高效节水灌溉面积173公顷。年末全市共拥有农业机械总动力17.78万千瓦，农村用电量9.68亿千瓦时，比2018年下降3.4%，化肥施用量（折纯）2327吨，与2018年持平。

三、工业和建筑业

玉环始终坚持"工业强市"主战略不动摇，紧抓传统产业优化升级和数字经济发展两个重点，积极开展"大走访、大调研、大服务"，深入开展"五心"服务，全力推进玉环从"工业大市"向"工业强市"升级跨越。

工业生产稳步增长。全市实现工业增加值315.85亿元，按可比价格计算，增长4.9%。其中，年主营业务收入2000万元及以上工业企业（以下简称规模以上工业企业）有860家，共实现产值830.80亿元，增长3.0%，增加值194.56亿元，增长2.5%。

全市规模以上轻工业实现产值107.27亿元，比2018年增长5.0%，占规模以上工业总产值的12.9%；重工业实现产值723.52亿元，增长2.7%，所占比重为87.1%。

全市规模以上主要行业中，通用设备制造业实现增加值55.75亿元，比2018年增长0.6%；电力、热力生产和供应业增加值28.02亿元，下降3.9%；汽车制造业增加值50.93亿元，增长5.2%；金属制品业增加值14.46亿元，增长4.5%；家具制造业增加值2.03亿元，下降15.7%。

2019年规模以上
工业企业主要工业产品产量表

表3

	单位	绝对数	比2018年增长(%)
水　　泥	万吨	15.30	-1.2
供电量	亿千瓦时	46.77	0.0
家　　具	万件	32.81	-17.8
阀　　门	吨	203052	-3.8
塑料制品	吨	55994	6.5
金属切削机床	台	10818	-12.4
齿　　轮	吨	30249	18.7
铜　　材	吨	100175	13.8

全市规模以上工业企业中，装备制造业实现增加值151.43亿元，比2018年增长5.0%，占规模以上工业的77.8%；高新技术产业增加值109.81亿元，增长5.1%，占规模以上工业的56.4%；战略性新兴产业增加值13.48亿元，增长7.2%，占规

模以上工业的6.9%。

全市规模以上工业企业产品产销率为93.8%,新产品产值258.65亿元,比2018年下降0.8%,新产品产值率为31.1%,比2018年下降1.2个百分点。利税总额92.24亿元,增长9.0%;其中,利润总额61.34亿元,增长15.5%。

建筑业市场平稳过渡。2019年,建筑业实现增加值24.08亿元,按可比价格计算,比2018年下降0.7%。其中,全市28家具有资质等级建筑企业共完成建筑业产值19.17亿元,较2018年基本持平,完成房屋建筑施工面积187.31万平方米,增长28.2%,房屋竣工面积65.61万平方米,下降10.0%。

四、固定资产投资和房地产业

投资力度不断增强。全市完成固定资产投资增长20.5%。其中,第一产业有新项目开发投入,第二、第三产业投资均增长20.2%。固定资产投资中,国有投资增长11.0%;非国有投资大幅上升,增长24.5%,其中民间投资增长24.3%。主要投资领域中,基础设施投资下降3.4%,工业性投资增长24.9%,房地产开发投资完成44.02亿元,增长11.2%。

重点项目加快推进。2019年,全市共有70个项目列入玉环市级重点项目,39个项目列入台州市级重点项目,14个项目列入浙江省级重点项目。温岭泽国至玉环大麦屿疏港公路、图书馆档案馆新馆、干江滨港工业城小微企业创业园、华能玉环电厂供热等一批项目工程完工;漩门湾大桥及接线项目完成桥梁65%,琦星机器人产业园项目完成总工程的68%,网营物联完成主体工程的50%;杭绍台高铁温岭至玉环段、228国道清港连接线、市中等职业技术学校迁建、市人民医院改扩建、台州南部湾区引水、浙江福腾宝等一批重大项目加快建设。

全年房地产开发较快发展,较2018年增长11.2%,其中住宅开发投资大幅上升,较2018年增长45.9%。商品房销售形势波动下行。在2018年新城吾悦广场一期和中梁玖号院大幅销售影响下,2019年虽然有中梁壹号院、金沙湾等填补,但全年商品房销售面积增长依旧乏力。全年商品房销售面积37.46万平方米,下降33.0%,其中新城吾悦广场一期和中梁九号院合计销售9.76万平方米,而2018年同期为28.37万平方米。

五、交通和邮电业

年末,全市公路通车里程为766公里,本年新建数34公里。年末汽车拥有量达16.50万辆,比2018年增长9.5%,其中私人汽车为14.54万辆,增长9.8%,按2019年户籍户数14.25万户计算,平均每户家庭拥有私人汽车1.02辆。年末,拥有机动运输船66艘,其中客船因为轮渡停航,原先5艘客船已经取消并开始拍卖,原共载客量708客位;货船66艘,总吨位9万吨。

港口开发不断翻新。全年港口货物吞吐量实

2019年客货运输量完成情况表

表4

	单位	绝对数	比2018年增长(%)
货运量	万吨	2419	-29.9
公路	万吨	1687	6.2
水路	万吨	732	-60.7
货物周转量	万吨公里	729932	-17.4
公路	万吨公里	188125	4.9
水路	万吨公里	541807	-23.1
客运量	万人	1877	9.3
公路	万人	1871	19.5
水路	万人	6	-96.1
旅客周转量	万人公里	39308	-1.1
公路	万人公里	39279	0.7
水路	万人公里	29	-96.1
港口吞吐量	万吨	1573	—
其中:大麦屿港	万吨	1573	—
其中:集装箱	万标箱	31.79	109.9

现1573万吨,其中集装箱年吞吐量历史性突破31万标箱,增长109.9%。

交通迎来大发展。9月27日,温岭泽国至玉环大麦屿疏港公路顺利通车,玉环告别无国道的历史;杭绍台高铁温岭至玉环段开工建设,完成先行段总工程量的30%;漩门湾大桥及接线项目(月环桥)加快推进,完成路基工程75%、桥梁工程65%、隧道工程65%;228国道清港连接线、S226(76省道)龙溪至坎门段改建工程有序建设。

全年邮电业务收入8.67亿元,比2018年增长2.9%,其中电信业务收入7.97亿元,增长2.7%,邮政业务收入0.71亿元,增长5.6%。年末固定电话用户数13.41万户,下降5.6%;移动电话用户数97.20万户,下降1.4%,其中4G移动电话用户数增长4.9%。年末互联网宽带用户接入数27.27万户,增长2.2%,移动互联网用户73.19万户,增长0.3%。

六、国内贸易和旅游业

消费市场平稳有序。全年实现社会消费品零售总额216.76亿元,比2018年增长9.0%。其中,城镇零售额166.77亿元,增长8.9%,农村零售额49.99亿元,增长9.3%;餐饮收入15.31亿元,增长16.1%,商品零售201.45亿元,增长8.5%。全年限额以上社会消费品零售额38.43亿元,比2018年增长5.1%,其中汽车类商品零售额8.22亿元,增长16.4%,石油及制品类商品零售额14.68亿元,下降6.0%。

线上线下交易繁荣。大型商业综合体楚门印象广场正式营业。年末,全市拥有各类商品交易市场52个,市场成交额40.65亿元,其中消费品市场45个,市场成交额31.99亿元,生产资料市场7个,市场成交额为8.66亿元。电子商务持续发展。全年实现网络零售总额29.56亿元,增长20.7%,相继举办第三届玉环电商峰会、抖音·创作营销进化论活动和天猫优品服务站招商会等多场专项活动,创建了5个电子商务专业村。

海岛旅游发展较好。全年共接待旅游总人数1206.45万人次,比2018年增长19.73%,实现旅游总收入134.84亿元,比2018年增长21.67%。其中,接待国内游客1205.03万人次,增长19.8%,实现国内旅游收入134.36亿元,增长21.6%;接待海外游客1.42万人次,增长3.8%,旅游创汇686.56万美元,增长36.6%。全市共有旅行社15家,其中四星级品质旅行社4家,三星级品质旅行社1家。旅游星级饭店2家。

七、对外经济

对外贸易平稳开展。全年外贸进出口总额267.94亿元,比2018年下降0.1%,其中自营出口额257.92亿元,下降0.3%。

2019年对外贸易情况表

表5

	绝对数（万元）	比2018年增长（%）
进出口总额	2679381	−0.1
其中:自营出口额	2579189	−0.3
按行业类别分:阀　门	1372623	0.0
汽摩配	784694	−1.6
家　具	35299	−17.5
按出口市场分:亚　洲	451333	1.6
欧　洲	1046922	7.3
北美洲	624200	−11.4

外贸扶持力度加大。出台《玉环市促进外贸稳定发展的若干措施》,全年兑现外经贸扶持资金2600多万元,受益企业800多家次。共组织765家企业参加75个境内外展会,组织15场外贸业务培训,开展玉环市首届外贸实用人才评选。新增4家出口名牌企业,累计已成功创建浙江省出口名牌19个,台州市出口名牌20个。

招商引资成效明显。全年引进省外资金85亿元。新签约5亿元以上产业项目32个,协议总投资额350亿元。海山生态旅游岛岛屿整治及综合开发项目顺利开工入统,计划总投资额达138亿元。全年合同利用外资2.26亿美元,实际利用外资1.53亿美元,分别居台州市第二和首位。

八、财政和金融业

减税降费成效明显。全年财政总收入87.42亿元,比2018年下降5.4%,其中地方财政收入53.92亿元, 增长1.1%; 上缴中央六税33.49亿元,下降14.2%。地方财政预算支出80.20亿元,增长14.6%,其中一般公共服务支出10.98亿元,增长16.9%; 公共安全支出5.69亿元, 增长33.5%;教育支出13.04亿元,增长0.9%;社会保障和就业支出6.90亿元,增长22.8%;节能环保支出1.19亿元,增长3.2%;城乡社区支出19.76亿元,增长98.7%;住房保障支出1.24亿元,增长38.6%。

2019年地方财政收入情况表

表6

	绝对数（万元）	比2018年增长（%）
公共财政预算收入	53.92	1.1
税收收入	43.38	-7.5
其中:国内增值税	20.77	-9.4
改征增值税	2.93	-8.5
营业税	0	—
企业所得税	4.86	-14.3
个人所得税	1.66	-42.3
非税收收入	10.54	63.8

年末,全市金融机构人民币存款余额762.04亿元,增长12.7%,比年初增加85.80亿元。存款中,住户存款余额475.25亿元,增长17.0%;非金融企业存款余额165.52亿元,增长23.5%。人民币贷款余额631.84亿元,增长15.5%,比年初增加84.99亿元。其中,住户贷款余额308.12亿元,增长7.9%;非金融企业及机关团体贷款余额323.72亿元,增长24.0%。本外币存款余额776.63亿元,增长12.4%,贷款余额637.30亿元,增长15.8%。

资本市场精心培育。开展“凤凰行动”战略计划,全年股份制改造企业70家,其中新注册企业13家。30多家企业纳入上市后备库,培育迈得医疗成为浙江省第三家、台州市第一家科创板上市企业,玉环市共有上市企业7家。2019年新增中和铜业、光明眼镜、皇客网络、精工等四家企业在省股交中心挂牌。

九、科学技术和教育

科技创新持续突破。全年科技投入达17亿元,其中科技研发经费投入12亿元,实现规模以上高新技术产业增加值109.81亿元,增长5.1%。全年新增国家高新技术企业23家, 累计达124家;新增省级高成长科技型中小企业30家,累计达86家;新增省级科技型中小企业160家,累计达706家。全年专利申请量4581件,授权量3503件,其中发明专利申请量738件,授权量349件。科技人才大力培育。双环公司“机器人精密传动创新团队”认定为玉环市首个省级领军型创新团队;入选省级海外工程师2名、台州市级1名;推荐上报台州市“500精英计划”3名。

教育质量不断提升。高考学子勇攀高峰,一段上线人数达547人,以28.5%的一段上线率连续5年居台州市首位,其中玉环中学一段上线人数为375人,一段上线率80.5%,连续4年居台州各学校之首。3人被清华、北大录取,10人被复旦、交大录取,名校录取人数创历史新高。基建设施增量扩容。教育经费总投入13亿多元,推进46个项目建设, 中等职业技术学校迁建工程一期校园、环山小学新校区、陈屿中心小学新校区结顶,玉城中学、清港中学、芦浦中心小学等改扩建工程陆续投用。全市有普通中学28所,在校学生数24149人;中等职业学校1所,在校学生数4044人;小学29所,在校学生数45303人;幼儿园97所,在园学生数18852人。全市普通高中高考录取人数1873人,录取率达97.6%,高职高考录取人数为406人,录取率达95.5%。

十、文化、卫生和体育

文化氛围愈发浓厚。"两城—两馆—两广场"等基础设施梯次成形、相继投用,玉环书城荣获"2019年度全国标杆大书城"大奖,在四川茂县古羌城建立玉环非遗馆,纵深推动文化领域"东西合作""山海协作"。玉环市有文化馆1个,从业人员27人,其中专业技术人才19人。组织品牌节庆活动2个;组织各种文艺活动79次,观众达12.97万人次;举办各类展览20个,参观人次达1.40万人次;举办训练班242次,培训1.30万人次;组织公益性讲座10次,参加人次达0.29万人次。有市公共图书馆1个,总藏量为80.43万册(件),其中图书藏量为76.58万册,当年新购图书2.58万册;全年总流通量达83.52万人次,书刊文献外借人次为15.29万人次,外借77.43万册次。

卫生事业迈上新台阶。深入探索健康共同体建设,台州县域医共体建设现场推进会在玉环召开,以医防融合为特点的健共体模式获全省推广;市人民医院改扩建工程完成桩基施工,计划总投资达7.9亿元;新增国家级、省级名医(团队)工作室7家,新挂牌玉环市名医工作室2家,获评台州市名中医2名;国家卫生城市创建顺利通过省级评估以及国家级暗访,省级卫生乡镇实现全覆盖;完成60岁及以上老人免费接种流感疫苗37058人。截至年末,全市有医院、卫生院19个,其中医院9个;年末实有病床2521张,其中医院有2106张;共有卫生技术人员3903人,其中医生1467人,注册护士1624人。新型合作医疗深入推进,全市参加城乡居民医疗保险人数为300643人,其中成年人214987人,少年儿童85656人。

体育事业蒸蒸日上。新城体育中心加快建设,全年完成投资1.92亿元,超计划完成目标的192%,体育馆、体育场、游泳馆桩基工程按计划完成。全年新增体育场地面积4.16万平方米,按常住人口计算,全市人均体育场地面积达2.39平方米。举办玉环市第十五届运动会开幕式暨第二十四个全民健身节,规模大、项目多、时间长、模式新,活动办出新高度,承接举办浙江省第三届海洋运动会海岛拓展比赛、沙滩拔河比赛和海岛徒步赛等3个大项8个小项,吸引英国、美国等国家以及上海、江苏等省市的徒步爱好者1400多人参加。各类竞赛成绩亮眼。全年累计获国家级青少年比赛金牌22枚、银牌13枚、铜牌9枚,省级青少年锦标赛金牌32枚、银牌15枚、铜牌13枚,均创历史纪录。体彩销售较为稳定。全市共有体彩销售点52家,全年共销售8039万元。

十一、人口、就业和社会保障

人口资源稳步增加。截止2019年11月30日,全市共有14.25万户,户籍总人口43.65万人,比2018年增加1294人。总人口中,男性为22.04万人,女性为21.61万人,男女性别比为101.99:100。全年共出生3852人,比2018年减少759人,人口出生率为8.84‰;死亡2712人,比2018年减少89人,死亡率6.22‰;人口自然增长率为2.62‰,较2018年继续回落1.54个千分点。根据浙江省2019年5‰人口变动调查结果,年末全市常住人口63.1万人,城镇人口比重68.3%,城镇化率较2018年继续提高0.9个百分点。

就业创业顺利开展。全年累计新增城镇就业人数12500人,困难人员再就业297人,城镇登记失业率为 2.15%，扶持农村电商创业人数 812 人,发放创业担保贷款 1.3 亿元。年末,共有省级技能大师工作室 1 家、台州市级技能大师工作室 6 家。全年完成职业技能鉴定各类技能人才共 13492 人,其中培养高技能人才 4039 人。发放职业资格证书 9961 人,其中初级工 1661 人,中级工 3094 人,高级工 2524 人,专项能力证书 2682 人。高层次人才引育量质并举,创历史新高。全年“500 精英计划”人才入选 26 名,“领军人才”引进 3 名,创业类项目落地 9 家，省级博士后工作站建成 1 家,台州市级博士后实践创新基地建成 2 家。

社保服务持续优化。严格落实上级惠民政策,进一步完善社保体系建设,完成阶段性降低社会保险缴费近亿元，惠及全市企业约 12510 家。深化数字化转型,提高服务质量,对接浙江政务服务网“一窗受理云平台”“人社一体化平台”, 132 个事项全部实现网上可办。截至年末,城镇职工基本养老保险参保 20.21 万人，新增 9796 人,医疗保险参保 15.90 万人,新增 13815 人,工伤保险参保 24.73 万人，生育保险参保 11.51 万人，失业保险参保 11.57 万人。全市基本养老保险参保率达到 95.28%，基本医疗保险参保率达到 99.81%。

社会福利体系日臻完善。新建居家养老服务照料中心 5 家，完成 1 家照料中心提升改造工作。年末,拥有国有社会福利院 1 个,床位数 450 张,在院人数 347 人;编制登记农村特困人员救助供养机构 6 个,床位数 359 张,收养 126 人;市场监管部门登记养老公寓等各类养老机构 4 个,床位数 510 张,收养 208 人;民政登记养老公寓各类养老机构 8 个,床位数 856 张,收养 601 人;未登记养老机构 8 家(其中 6 家未使用),床位数 1469 张，收养 57 人。城市居民最低生活保障家庭 3664 户,受保 5367 人,其中女性 2305 人,残疾人2205 人。优待优抚对象 2354 户,全年发放优抚补助金和义务兵优待金 2729 万元。

十二、人民生活和生态环境

人民生活水平持续提高。全体常住居民人均可支配收入 57691 元,比 2018 年增长 8.8%。其中，城镇常住居民人均可支配收入 71344 元,增长 8.1%；农村常住居民人均可支配收入 35340 元,增长 8.9%。全体常住居民人均消费支出37973 元,比 2018 年增长 7.8%。其中,城镇常住居民人均消费支出 45820 元,增长 6.9%;农村常住居民人均消费支出 25125 元,增长 8.4%。城镇、农村人均现住房建筑面积分别增加到 49.41 平方米和 59.11 平方米。

2019 年年末城乡居民
每百户家庭主要耐用消费品拥有量表

表 7

	单位	城镇常住居民	农村常住居民
家用汽车	辆	60	50
摩托车	辆	12	14
助力车	台	73	90
洗衣机	台	106	83
电冰箱(柜)	台	121	107
微波炉	台	82	46
彩色电视机	台	230	191
空调	台	191	145
热水器	台	133	102
固定电话	线	49	57
移动电话	部	273	250
计算机	台	91	83

环境整治严格管控。主要污染物化学需氧量、氨氮排放量、二氧化硫排放量和氮氧化物排放量分别下降 8.0%、11.0%、1.0%和 2.1%，完成年度减排任务。环境保护大力宣传,组织拍摄里墩水库水质自动站、玉环市环境监测站等多部宣传片，全方位广覆盖开展生态环保宣传工作,开展最美水站创建,里墩水站被市反恐办和市教育

局分别授予反恐重点场所和中小学生素质教育实践基地称号。环境执法保持高压态势，全年共出动执法人员2.48万人次，检查企业1.13万家次，立案查处76起，罚没902.2万元。环境信息公开透明，通过环保微信公众号、333新闻窗、环保门户网站等载体，实时公开水气等自动监测数据，保障公众对环境质量的知情权、参与权和监督权。

人居环境不断改善。创成了全国第二批节水型社会建设达标县。全年创建省级美丽乡村示范乡镇1个、美丽乡村精品村3个、美丽河湖2条。在台州首创"垃圾分类智慧平台"，农村垃圾分类覆盖面95.2%。完成中小流域治理5公里，河湖库塘清淤30万立方米。全年大气环境质量优良率达99.7%，PM2.5排名居全省第十、全市第一，获评浙江省首批清新空气示范区。

注：

①本公报中部分数据为初步统计数据，引用数据时以年鉴提供的数据为准；

②全市生产总值及各产业增加值绝对数按现行价格计算，增长速度按可比价格计算；

③自2016年起，户籍人口统计年报的统计时点为当年11月30日24时。

中国共产党玉环市委员会

综　述

2019年，全市实现地区生产总值617.50亿元；财政总收入87.42亿元，地方财政收入53.92亿元。位居全国中小城市综合实力百强第27位。

产业发展特色鲜明。玉环是股份合作制发源地之一，民营经济发达，产业层次分明。一产精品发展，是中国文旦之乡、全国渔业重点市和浙江省特色水产养殖强市，玉环文旦荣获全国柚类评比“八连冠”，获评中国东海渔仓、中国东海带鱼之乡、中国东海鳗鱼之乡和中国休闲垂钓之都。二产集群发展，形成汽摩配、水暖阀门、工程机械、家具、医疗器械、机床、眼镜等产业集群，拥有中国汽车零部件产业基地、中国阀门之都、中国欧式古典家具生产基地等13大国字号品牌。近年来，光伏、半导体、航空、机器人等新兴产业也在不断发展壮大。全市现有工业企业13000多家，其中规上企业874家，上市公司8家。2019年，实现工业总产值1531.8亿元。三产繁荣发展，拥有大润发、吾悦城市广场等商贸综合体，大鹿岛海上森林公园和漩门湾观光农业园等国家AAAA级景区，漩门湾国家级湿地公园获评中国生态保护最佳湿地，创成国家AAAA级景区。2019年，接待旅游人数突破1200万人次，旅游总收入134.84亿元。

湾区建设前景广阔。玉环坐拥乐清湾和漩门湾，是首批国家海洋生态文明建设示范区、省海岛统筹发展试验区和浙台（玉环）经贸合作区。港口优势明显，2018年大麦屿港与宁波舟山港完成并购合作，集装箱年吞吐量历史性突破30万标箱，对台客运直航十年突破20万人次，是华东地区赴台最佳海上通道，也是大陆第三个、浙江第一个实现台湾自驾游车辆“登陆”地区。浙台（玉环）经贸合作区获评全省十佳开放平台，现正申报国家级海峡两岸（玉环）经贸合作区，并已列入浙江省与商务部的重点合作项目。交通条件优越，乐清湾大桥及连接线建成通车，228国道大麦屿至温岭泽国疏港公路全线贯通，杭绍台高铁温岭至玉环段加速建设，兼有温台之利的区位优势进一步凸显。新城建设加快，台州南部湾区挂牌成立，近3年推进重点建设项目110个，完成固定资产投资100亿元，吸引广电大楼、新城学校、图书馆、博物馆等十余个公建项目落户，引进方林汽车城、综合物流园区、漩门湾健康养生小镇、万达广场、智慧绿谷生态产业城等一批重大招商项目，玉环新城获评全省最具发展潜力的十大新城之一。

城乡统筹走在前列。近年来，玉环先后获评

全国文化先进县、国家卫生县城、国家园林县城和省级生态县、省级示范文明城市、省级美丽乡村先进县，2019 年，城乡居民人均可支配收入分别为 71344 元、35340 元，城乡统筹发展水平居省、台州市前列。城市有机更新全面铺开，先后创成省"基本无违建市"、省"清三河"达标市，连续 3 年荣获治水"大禹鼎"，空气质量居全省第七，实现小城镇环境综合整治三年任务两年完成。全域景区形象日益丰满，坎门获评省级非遗主题小镇，大麦屿、干江、龙溪、清港创成省美丽乡村示范乡镇，鸡山获评省级旅游风情小镇。坎门花龙入选国家级非物质文化遗产名录，龙溪镇山里村入选国家美丽宜居示范村创建示范村试点村，坎门东沙渔村创成省首批历史文化村落保护利用重点村。社会民生事业齐头并进，高考一段线重点率连续 6 年居台州首位，玉环中学一段线重点率连续 5 年居台州学校首位；健康共同体建设在浙江率先探索、先人一步，得到上级充分肯定，并在 2017 年获得全省首批平安金鼎后连续两年获评省平安市。

(市委办公室)

重要会议

【市第十五届代表大会第三次会议】 会议于 1 月 8 日至 9 日在市委小礼堂大会堂举行，有代表 236 人，出席会议代表 231 人。林先华代表中共玉环市第十五届委员会向大会作题为《聚焦高质量发展 勇当新时代标兵 为建设美丽宜居充满活力的现代化海湾城市不懈奋斗》的报告。大会通过关于市委工作报告的决议，签订 2019 年度党建工作责任状，表彰市十五届二次党代会好提案，并对市委和市纪委领导班子及成员进行民主测评。

【市委常委会会议】 2 月 11 日，召开市委常委会会议。会议先后听取市对乡镇(街道)、市级单位、重点工程指挥部(专项工作办)考核情况，以及市落实党建工作责任制先进单位(市级单位)评选情况。

2 月 18 日，召开市委常委会会议。会议讨论研究《玉环市"狠抓产业项目、大抓实体经济"暨重大项目"双进比拼"活动实施方案》、市"两会"和人事有关事宜。

2 月 28 日，召开市委常委会会议。会议传达学习中央、省委政法工作会议精神，《中国共产党政法工作条例》，全省组织部部长、统战部部长会议精神，台州市惩治涉黑涉恶腐败和"保护伞"工作推进会精神，听取政法信访工作汇报，研究医疗卫生事业资源整合、高铁新区建设和交通治堵有关事宜。

3 月 1 日，召开市委常委(扩大)会议。会议听取市人大常委会党组、市政府党组、市政协党组、市人民法院党组和市人民检察院党组 2018 年度全面从严治党主体责任落实情况和市党政领导班子成员 2018 年度"一岗双责"落实情况的汇报。

4 月 23 日，召开市委常委会会议。会议传达学习中央、省、台州市基层减负相关文件精神，全省农村文化礼堂建设工作现场会、台州市县级融媒体中心建设现场推进会会议精神和台州市委书记陈奕君针对郑青岳先进事迹重要批示精神，并研究部署相关工作。

5 月 5 日，召开市委常委(扩大)会议。会议传达省委十四届五次全体(扩大)会议和全省产业创新服务综合体建设现场推进会精神。

5 月 21 日，召开市委常委会会议。会议传达习近平总书记在全国公安工作会议上的重要讲话精神和全省高质量建设美丽浙江暨高水平推进"五水共治"大会、全省科学技术奖励大会精神，听取教育有关工作、扫黑除恶专项斗争、警示教育月活动、宗教"四治"工作汇报，讨论研究《玉环市纪委市监委派驻(出)机构改革方案》、2019

年度市对乡镇街道部门考核办法以及人事有关事宜。

6月12日，召开市委常委会会议。会议传达全国市县巡察工作推进会精神和中央巡视办主任王鸿津到浙江调研讲话精神，台州市县域医共体建设现场推进会精神，全省“不忘初心、牢记使命”主题教育工作会议精神，省、台州市贯彻《干部任用条例》、公务员法等相关会议精神，《省委办公厅关于进一步提高紧急信息报送质量的通知》《台州市委办公室市政府办公室关于深刻吸取温岭“5·12”事故教训进一步做好安全防范工作的通知》文件精神，听取玉环市“不忘初心、牢记使命”主题教育前期准备工作及“七一”相关活动、欧洲花园消防安全专项整治工作汇报，研究《玉环市招商引资突破年实施意见》等有关事宜。

7月3日，召开市委常委会会议。会议传达学习《中共中央关于李平同志搞形式主义、官僚主义案件查处情况及其教训警示的通报》文件精神和台州市委书记陈奕君在台州市五届人大四次会议重点督办建议办理面商会上的讲话精神，听取全市汽车及零部件企业、涉美外贸企业走访调研服务活动的汇报，全市工业发展大会暨招大引强百日攻坚活动动员会系列活动筹备情况的汇报，食品安全工作汇报，城市基层党建工作汇报，社区建设工作汇报，海山旅游岛项目汇报，以及违建别墅整治工作汇报，讨论研究《玉环市深化丧葬礼俗改革工作实施意见》《全市丧事集中办理改革实施细则》。

7月26日，召开市委常委(扩大)会议。专题研判半年度经济运行情况。

8月4日，召开市委常委会会议。会议传达学习习近平总书记在中央政治局第十五次集体学习时的重要讲话精神，五届台州市委第七轮巡察工作动员部署会精神和省、台州市“不忘初心、牢记使命”主题教育专项整治工作会议精神，通报《台州市委关于玉环市委2018年度意识形态工作责任制落实情况重点检查的反馈意见》，讨论研究《玉环市公务员职务与职级并行制度实施方案》《关于落实台州市委意识形态工作责任制检查反馈意见的整改方案》，玉环市贯彻落实“不忘初心、牢记使命”主题教育专项整治工作和成立市“招大引强”办公室等有关事宜。

8月10日，召开市委常委(扩大)会议。专题部署“利奇马”台风抢险救灾工作。

8月15日，召开市委常委(扩大)会议。会议全面总结前阶段防台救灾工作经验成效，部署加快抗灾救灾后续工作。

8月19日，召开市委常委会会议。会议传达学习《中国共产党宣传工作条例》和省委人大工作会议精神，听取2019年度后进村党组织整顿工作的汇报，生态环保督察反馈问题整改情况、工业固体废物和危险废物处置监管情况专项审计情况及整改方案的汇报，讨论研究《关于2019年度乡镇(街道)、市级单位党风廉政建设“一票否优”的通知》《关于变型拖拉机专项整治和提前报废的实施方案》《关于加强和改进干部教育培训工作的意见》、市委全体(扩大)会议暨市政府全体会议和市委委员调整等有关事宜。

9月9日，召开市委常委会会议。会议传达台州市委书记陈奕君到玉环调研讲话精神和全省美丽城镇建设工作会议精神，讨论研究《玉环市城市有机更新三年行动实施方案》《玉环市省“无违建市”创建实施方案》，听取教育、70周年国庆维稳安保、消防整治、整村流转农户承包地风险防范等工作汇报和关于理顺大麦屿街道城市建管体制的汇报。

10月28日，召开市委常委(扩大)会议。会议听取市政府关于2019年以来经济运行和“两抓”年项目“双进”大比拼活动及各乡镇(街道)、玉环经济开发区经济工作和主题教育开展情况。

11月5日，召开市委常委会会议。会议传达中共中央、浙江省委关于新时代加强和改进人民政协工作的意见及省委政协工作会议精神，传达学习《中国共产党党内法规制定条例》《中国共产党党内法规和规范性文件备案审查规定》《中国共产党党内法规执行责任制规定（试行）》和中央专项工作机制办公室《整治形式主义为基层减负工作负面清单》等文件精神，讨论研究《关于高水平推进美丽城镇建设的实施意见》，听取关于追授顾越为玉环市优秀共产党员和公务员职级晋升有关工作的汇报。

11月25日，召开市委常委会会议。会议传达中央政治局第十八次集体学习、省委十四届六次全会、全省传统制造业改造提升现场推进会、全省深化“千万工程”建设新时代美丽乡村现场会、中央市县巡察工作调研座谈会等会议精神，听取控制化解村级债务、宗教有关情况、大麦屿街道办公楼搬迁、中捷资源危机处置等工作汇报。

12月9日，召开市委常委会会议。会议传达台州市建设新时代文明实践中心工作推进会精神，讨论研究市十五届四次党代会、玉环市新时代文明实践中心成立等相关事宜。

12月31日，召开市委常委会会议。会议传达中央、省委经济工作会议精神，讨论研究市党代会和有关人事事宜，听取市人大常委会、市政府、市政协、市法院、市检察院党组工作及2019年度落实全面从严治党主体责任情况的汇报。

（董西青）

组织工作

【“不忘初心、牢记使命”主题教育】 组织全市63个基层党委、111个党总支、1450个党支部以及2.49万余名党员跟进学习，通过理论学习中心组学习会、支部主题党日等形式深入学习研讨。开展“百名书记破难题促发展、千名干部解民忧送服务、万名党员办实事惠民生”专项行动，市四套班子和乡镇（街道）、部门书记领办发展难题107个，市管干部认领具体项目1189个，全市党员领办民生实事5.2万件。分2批举办市管干部专题读书班，对全体市管干部进行为期3天的集中轮训；推行基层党支部“五学”模式，确保对象无遗漏、学习有效果。推进“共建五美”大调研，围绕美丽经济、美丽城市等5大领域，形成630余份高质量调研成果报告。

【领导班子和干部队伍建设】 出台干部政治表现十二条“负面清单”，及时掌握领导班子政治建设和政治表现“活情况”。深化南部湾区“五线历炼”工作，选派一批优秀年轻干部到基层一线磨练。围绕项目“双进”大比拼等中心工作，重点考察干部担当情况和现实表现，从中发现使用一批优秀干部。连续三年选派扶工助企专员到重点企业常态精准开展帮扶解难活动。

【干部监督工作】 结合市委巡察，对43家单位开展选人用人专项检查，发现、纠正各类选人用人问题173个。出台中层干部选任“五从严五规范”工作机制，防止和纠正选人用人不正之风。严格落实领导干部个人有关事项报告、组织工作重要事项请示报告等制度，全年累计提醒函询诫勉67人次。集中整治干部不担当不作为、违规因私出国（境）等问题，发现问题线索21起，责任追究19人。

【党的基层组织建设】 加强基层党组织党群服务中心建设，创成五星级村社党群服务中心68个，建立“榴岛红”三方运维体系推动党群服务中心发挥实质作用。搭建机关党员专业志愿服务平台和“银耀榴岛”离退休干部志愿服务体系，组织开展服务基层“最多跑一次”“先锋先行·铁纪护航”“我是党员我带头”系列志愿活动，助推城市有机更新、灾后自救等中心工作。出台机关党员到社区“双报到双服务”制度，328个机关党组织、6500余名在职党员参与。抓好“三整一全”，新建“两新”党组织58个。开展“同心迎挑战、携手闯难关”专项行动，累计解决企业股改、专利申报等“关键事”450余件。开展上市公司“五力提升”，组建上市公司党建联盟5个，打造示范联盟2个。台州市民办学校“双强争先、先锋引领”专项行动暨联合党建工作现场会在玉环召开。

【行政村调整后续及村级组织建设】 优化新村网格党小组和功能型党支部190个，完成49个新村规划编制以及城市社区布点规划编制。“一村一案”推动43个新村“三资”完全融合，新村经营性收入20万元以上的占83.7%。建立市、乡、村三级“项目对接会”平台，率先举行新村项目集中开工，全年完工新村项目162个，完成投资额21.8亿元。推行村级治理“三化十二制”，抓好后进村党组织整转，抓实村级班子整固提升“四个一”工作，在台州市率先完成村社党组织书记备案管理。加强村级后备干部队伍建设，开办80名村级后备干部“学历提升班”。建立高质量发展党员工作评价体系，发展党员“红色导师”做法被写入省组部相关工作指导意见中。

【党管人才工作】 深化产学研合作，博士教授服务团常驻玉环的做法获省政府领导批示肯定。投用创新服务综合体3家，新建飞地孵化中心1家，创成省级博士后工作站2家，新建院士工作站1家。开展“联百企访百才解百难”活动，举办市第十四届科技·人才活动周等活动。出台《关于加强高校毕业生集聚工作的实施意见》，全年新引进高校毕业生4551名。持续优化人才发展生态，新吸收高知入党积极分子10名，协调解决人才住房、子女就学等问题30多个；优化人才政策兑现流程，全年兑现人才政策资金2320万元。

（市委组织部）

宣传工作

【理论工作建设】 以深入学习习近平新时代中国特色社会主义思想作为理论学习的重中之重，制定下发《市委理论学习中心组2019年度学习计划》，全年组织市委理论中心组学习11次，围绕防范化解重大风险、高质量党建等主题开展学习研讨5次。组织好高铭暄初心讲座、郑青岳先进事迹报告会，每场讲座网络直播关注度均超10万人次，其中高铭暄初心讲座在线学习人数44.49万人次。

强化基层党员新媒体理论教育引领，“学习强国”学习平台推广使用和人均学习积分走在台州市前列，《汲取榜样力量 用匠心扛起时代使命》荣获台州市微型党课大赛一等奖。首创“手机党课”宣讲新模式，融合搭建“学习强国·手机党课”学习宣讲平台，上报“学习强国”平台录用视频文字稿件52篇，累计制作《习近平引经据典（第三季）》《读书频道》《玉环社科史话》等微课程250余期，推出“传统文化与官德修养”“之江新语”“大陈岛垦荒精神”“和合为政观”等网络直播课程10期，直播累积点击量突破30万人次。该做法在全省党的十九届四中全会精神研讨班和台州市宣传思想工作会议上作典型交流发言，荣获2019年浙江省基层理论宣讲先进集体，亮相台州市宣传思想战线队伍建设成果展示主题晚会，并得到台州市委常委、宣传部部长叶海燕批示肯定。

围绕产业转型、乡村振兴等工作推出一批有影响力的专题理论研究成果，召开台州市社会科学界第二届学术年会分论坛暨玉环市“再创民营经济新辉煌”理论研讨会。申报省市研究课题，4项课题被台州市社科联纳入2019年度台州市哲学社会科学规划课题，多篇优秀论文入编《十分钟讲一课新时代基层宣讲优秀教案三十讲》《大陈岛垦荒精神论文集》等省级及台州市级理论读物。

【巩固壮大主流舆论】 围绕“新时代美丽玉环建设”这一工作主载体，相继开设“扫黑除恶”“最多跑一次”、消防铁拳整治、交通治堵、“我爱我家”在行动、五水共治、国卫创建等专栏专题30多个，累积刊播主题性报道稿件超万条。

2019年，中央、省及台州市主流媒体刊播玉环重点正面报道稿件同比增长15%，《人民日报》录用17条(含头版1条)，人民日报客户端头条2条，《国内动态清样》2条，人民网、新华网等中央重要网站总网首页23条，中央广播电视台录用20条(含《新闻联播》5条)，《新华每日电讯》录用1条，《光明日报》录用2条，《中国经济时报》头版录用1条，《浙江日报》录用80条(含头版12条、头版头条3条)，浙江广播电视台录用228条(含《浙江新闻联播》42条)。设立65万元专项资金用于新闻报道和记者奖，推出2019年最新城市形象片《相约玉环遇见美好》，制作美丽玉环最新画册及市情概要，举办2019年度新闻发言人培训班。

玉环媒体深度融合经验获省深改办“最多跑一次”微信公众号、《浙江城市广播电视报》专题推介。完成“中央厨房”二期工程，建成并投用融媒体指挥中心，启用国内硬件一流的数据机房，引进玉环历史上首辆全高清直播车，成为浙江省首批获得互联网新闻信息服务许可证的县级媒体单位。与浙江广电集团达成战略合作协议，实现与浙江广电集团“中国蓝云”的系统对接。推进“无限玉环”App全新改版，建立新型的“新闻+政务+服务”智慧运营模式，其中清理整合全市乡镇(街道)、部门政务公众号57个，在“融媒号”进行政务信息集中发布，搭建便民服务平台，开通25项生活服务项目，“无限玉环”App下载量达玉环常住人口的33.6%。实现新媒体互动直播常态化，全年组织“台州沿海高速通车仪式”“玉环市首届道德模范颁奖晚会”等直播活动51场次，粉丝突破37.15万人，访问量达556.72万人次。尝试短视频、融视界、VR全景新闻等新媒体形态，全年有31件媒体作品获得省级以上奖项，市级新媒体有200条推文或视频阅读量超万，其中阅读量“10万+”12篇，“5万+”23篇。

因机构改革，承接新闻出版工作和文化市场管理职责，全市印刷企业、出版物发行单位有序运行，农家书屋建设和全民阅读持续推进，“扫黄打非”工作取得重大突破，芦浦镇成功创建“扫黄打非”进基层全国示范点，并成为第三批全国15个、浙江省唯一的全国“扫黄打非”进基层示范标兵，承办台州市“扫黄打非”现场推进会。

【精神文明建设】 2019年，高铭暄被授予“人民教育家”国家荣誉称号和“最美奋斗者”荣誉称号，3人入选“中国好人榜”，3人(团队)入选“浙江好人榜”，2人入选省道德模范，1人入选“省见义勇为勇士”并被省政府记一等功，玉环成为近两届全省入选省道德模范人数最多的县(市、区)。郑青岳先进事迹获得朱国贤、陈奕君、叶海燕等省市领导批示肯定，全市尊道德、敬先进氛围进一步形成，先进典型培育做法在全省作典型发言。开展玉环市首届道德模范评选表彰活动，落实道德模范待遇保障及“身边好人”关爱帮扶办法35条，累计使用奖励经费30多万元，进一步规范好人政治和社会礼遇、医疗保险和生活保障。

挂牌成立新时代文明实践中心，构建市、镇、村三级志愿服务队伍体系，开展各类主题实践活动200余场，参与志愿者累计15万人次，其中玉环“五老”禁毒帮教服务项目入选全省“最佳志愿服务项目”，楚门天宜社会工作服务社被评为全省青少年事务社工榜样。落实《玉环市志愿服务注册管理及礼遇办法》，设立专项资金进行奖励扶持，安排经费14.5万元统一为全市注册志愿者购买人身意外伤害保险，提供双重人身保障。

发挥公职人员表率作用，全年抄告公职人员不文明行为22批次，涉及公职人员1415人次、公车54辆；对普通市民开展集中交通整治，通过媒体曝光42期3170人次，现场大屏幕曝光650人次。

开展广告乱象整治，筹资9800万元对3条背街小巷和3个老旧小区进行整治提升。

深化丧葬礼俗改革，在台州市率先实施集中办丧事。大力开展“新时代美丽玉环新乡风涵育六大行动”，累计举行各类礼仪活动和“最美系列”评选635场，建成家宴中心20家，承办新婚仪式5场、各类家宴喜宴300余场。开展“千村万户亮家风”主题推进行动，建成家风家训馆10个、示范村11个。

开展暑期“春泥计划”活动42场，累计举办“不忘初心 牢记使命”主题教育、平安创建等各类中心工作主题晚会612场。持续深化“书声玉环——市民经典诵读”活动，建成诵读点24个。推行乡贤参事会、道德评议会、红白理事会、家事板凳会等“四会说四风”工作机制，培育“文明银行”“风尚超市”“三色文明”“文化大超市”等基层乡风文明品牌。围绕庆祝中华人民共和国成立70周年主线，以中华传统节日为切入点，全年持续开展“我和我的祖国”“点赞祖国”等系列活动和形式多样的群众性节日活动。

【文化体制改革】 完成2019年新增农村文化礼堂32家，其中优秀标准5家，全年申报台州市四星级7家，省五星级4家。借助“四千工程进农村文化礼堂”项目吸引超过35个市级部门参与其中，有104项、超过6000场次的活动送入礼堂，真正实现“大门常开、活动常态、内容常新、队伍常驻”目标，同时，礼堂功能更加智能，升级“礼堂云”，建成视频交互系统，实现与“无限玉环”App无缝对接。承办台州市农村文化礼堂建设工作现场推进会，并在台州市组织开展的农村文化礼堂第三方测评中继续保持前列。

完善非遗传承保护体系。新增玉环市级非遗代表性传承人11人，推荐4个项目和7个传承人申报台州市级非遗项目和代表性传承人，坎门街道入选第五批浙江省非遗主题小镇。

坚持部门联动，对文化产业做到应统尽统，全市入统规上重点文化企业24家，另有2家培育转型中。持续打造楚门湖滨路、清港文旦花开、大麦屿青年路三条文创街区，全力推动榴岛文创街区、楚门家具小镇等特色街区(园区)建设。利用亿工场跨境电商文化产业园、楚洲人才梦工场、沙门镇跨界自造融创园等优秀平台的辐射力，进一步加快文化产业集聚。利用海岛旅游资源和对台贸易优势，以文化休闲旅游带动文旅产业融合发展。推送老铜匠、三木控股等企业参展深圳文博会和长三角文博会，鼓励渔民画、门神画等特色文创衍生品开展市场推广。用好“金榴奖”文艺精品创作扶持政策，鼓励文艺专项人才和文化名家创作热情，组织创作的郭口顺事迹长篇报告文学《为了谁》，上榜8月浙版好书榜排名第一，被列入省主题教育读本，摄影作品《桥》成功入选2019年度台州市文艺精品拟奖励项目名单，融媒体微剧《天不怕》获评“我和我的祖国”全国融媒微剧评选最佳作品。第三届市“新叶文学奖”评选出12篇优秀作品。开展网络文化节，推出“70年 我们的变化”主题宣传、网络公益“乡贤帮扶”等活动。围绕庆祝中华人民共和国成立70周年主题创作作品《郭口顺：一位九旬老人的党员本色》在国信办第四届“五个一百”网络正能量精品评选活动中荣获“百篇”网络正能量文字作品，作品《春节我在岗》在全省“微力无穷——在·身边爱·回家”2019春节网络文化活动中获视频组人气奖(投票数第一)，“欢乐义工”网络公益集市等五项入选台州市第二届网络风云榜，承办台州市2019年网络媒体新春走基层活动启动仪式。

【落实意识形态工作主体责任】 抓好台州市委意识形态工作检查组对玉环市委意识形态工作责任制落实情况反馈意见的问题整改，形成整改落实方案，向市委常委会汇报全市意识形态工作面上存在的问题及改进建议。组织开展全市党委（党组）意识形态工作责任制落实情况的监督检查，在各地各单位全面自查的基础上，由市委宣传部牵头成立检查组，对市11个乡镇（街道）、5个部门进行重点检查。召开市委网络安全和信息化委员会第一次全体会议，贯彻落实《党委（党组）网络意识形态工作责任制实施细则》，规范全市机关干部网络行为，深入推进网络综合治理体系建设。出台《玉环市党委（党组）网络安全工作责任制实施细则》，督促各地各部门整改网络安全漏洞，荣获2018年度台州市网络与信息安全信息通报先进工作单位，并在台州市作典型发言。在实现村居（社区）网络理事长全覆盖、推动农村网络社会治理网格化的同时，将网络理事长工作延伸到工青妇、社会组织、外来人口等领域，开展网络主题宣传6000多人次。建成“星火缘”网络文化家园、e星火网络工作室等。

加强宣传文化战线领导班子和干部队伍建设，按照三定方案进一步规范和健全内部机构设置，按要求配足宣传委员、宣传干事、文化站工作人员和行政村（社区）宣传文化员。新评选并授牌林云明、柯青、孟科娟等名家工作室。抓好农村文化礼堂、社区文化家园、爱国主义教育基地、社科普及基地、乡村学校少年宫、农家书屋等阵地建设，并培育好经典诵读联盟、文明宣传志愿队、舆论引导员、新媒体传播制作团队等特色队伍。

（胡青青）

统战工作

【促进多党合作和政治协商】 全面推进“双学一争”学习教育常态化制度化，每季度一期举办统一战线大讲堂，持续开展“不忘合作初心，继续携手前进”主题教育活动，集中开展党外代表人士“双走访”活动。成立台州九三学社市直第一小组，民建玉环市支部顺利换届。研究出台《关于实施党外代表人士队伍梯度建设“三苗”工程的意见》，举行首批“同心讲师团”成员聘任仪式。围绕中华人民共和国成立70周年，组织开展统战团体“不忘初心、同心同行”红色之旅活动和民主党派“聚焦‘两抓年’活动，促进民营经济高质量发展”联合调研。成立知联会国投分会，填补国资领域党外知识分子工作空白。

【港澳台统战工作】 以贯彻落实各级惠台政策，特别是“玉环惠台30条”措施为切入点，助推国家级对台经贸合作平台创建，新增台资企业7家，台资企业总数达18家。大陆首家台湾高校实训教学中心在玉环两岸青年跨界自造融创园揭牌成立，首批15名台湾大学生正式开启为期4个月的实训之旅，其中3名台湾大学生实习后留在当地工作，玉环“一基地+N中心”青创模式在全省台办主任会议上作典型经验交流发言。通过“侨眼看家乡”“寻根之旅”等载体连通侨情，接洽香港台州同乡会、香港玉环同乡会2批次60余位香港同胞到玉环“寻根之旅”活动。

【海外统战工作】 发挥设在匈牙利的台州首个海外华侨华人文化交流基地作用，建立台州市首个华文教育海外书库——罗兰大学“榴岛书库”。

【维护民族宗教领域和谐稳定】 全面贯彻落实

党的宗教工作基本方针和新修订的《宗教事务条例》。建立宗教场所“1+5”服务小组(即一个场所建立一名乡镇(街道)联系领导、一名驻村干部、一名村两委主要负责人、一名管片民警、一名网格员),承担包服务引导、包活动管理、包平安检查、包违建管控、包信息采录等“五包”职责。选聘16名社会有识之士建立传统文化指导员队伍。扎实推进“一庙一故事”工程,按照“六有”标准,成功创建示范场所87家。建成宗教场所爱国主义教育示范点18处,实现乡镇(街道)全覆盖部。提炼玉环寺庙故事132则,10月份正式出版发行《一庙一故事》书籍。

【促进非公有制经济“两个健康”发展】 深化“统一战线·同心助企”系列活动,联合商会、新联会开展“信心送民企”“政策助民企”“亲清润民企”“服务强民企”四大民企护航行动。新建企业新联会5家,实现上市公司企业新联会全覆盖。加强新企联建设,推进“青蓝传承”行动计划,举办新生代企业家培训班,组织市新生代企业家联谊会到古田干部学院进行组团培训。充分发挥全市12个异地商会招商联络处桥梁纽带作用,推进招商项目落地。市工商联(总商会)第九次会员代表大会召开。

【乡贤助力乡村振兴】 深化“我的村庄我的梦”主题活动,持续开展乡贤助力乡村振兴“六大行动”,启动乡贤助力就业扶贫数据库建设,乡贤工作相关经验做法在《中国统一战线》上刊登。联合市教育局召开全市乡贤助力教育振兴座谈会,累计募集乡贤教育基金3500多万元,发放奖教奖学资金500多万元,受益师生800余人。开展“同心健康行,共筑幸福梦”系列活动,邀请乡贤名医带队返乡义诊20多批次,受益群众5000多人次。实现乡镇(街道)乡贤调解工作室全覆盖,聘请29名乡贤担任调解员,引导乡贤参与调处民间纠纷,累计受理案件262起,成功调解260起,调解成功率99.2%,涉及赔偿金额3200多万元。

【基层统战工作】 深入贯彻落实《中共台州市委关于加强新时代乡镇(街道)统战工作的若干意见》,大力推进乡镇(街道)“一纲四目”统战工作,有效激活基层统一战线法宝力量。研究出台《发挥市镇两级统一战线工作领导小组作用的实施意见》,实行“双小组、双会议、双述职、双清单、双培训”工作模式。台州市基层统战工作现场会在楚门镇召开,玉环市“一纲四目”统战工作现场会在芦浦镇召开。“市乡村商企”五个层面统战阵地建设全面铺开,不断提升统战工作的辨识度和影响力。

(林书彬)

机构编制工作

【机构改革全面完成】 分步分批推进机构改革的各项工作任务,完成全市37家党政机构(其中党委工作机关12个,政府工作部门25个)调整组建、挂牌运行、制定印发“三定”方案等重点工作任务,部门机构编制职数严格控制在上级编办确定的总盘子内。

指导和督促职责划转和人员转隶工作,完成全市国土规划、城乡医疗保障、退役军人服务保障、应急管理等部门职责划转,有效缓解长期存在的部门职责交叉、关系不顺等问题。

对全市22家行政类或实际承担行政职能的事业单位进行“还政予政”调整,实现党政职能部门、办事机构、派出机关和直属事业单位设置进一步优化,党政职责关系进一步理顺。

【专项改革统筹推进】 平稳完成经营类事业单位改革。全市11家经营类事业单位改革在11月底前全部完成方案批复，较上级规定的时间提前完成，实现全市经营类事业单位改革“改好改活，安静平静”。

牵头完成部门间“最多跑一次”事项梳理工作。按照全省统一标准，在全市近40家单位重新进行梳理比对，再造指南和流程图，9月底完成全市事项网上公示。

做好五大领域综合行政执法体制改革工作。按规定程序上报台州市批准组建各综合执法队，实行“局队合一”。

全面启动公益类事业单位改革。7月，“一撤二并三规范”举措有力启动事业单位清理规范整合工作，暨撤销无职能无业务活动的事业单位，合并“小、散、弱”和职能交叉、重复、相近事业单位，规范事业单位名称、经费保障形式及职数配置。

【创新管理稳步提升】 加强民生重点领域保障。重新核定中小学教职工编制，促使中小学编制资源配置和使用更趋合理、高效，新设成人文化技术学校8家；新设幼儿园3家，支持和保障民办学校发展。

加强编制使用效益。发挥机构编制实名制系统数字赋能效能，把握控制总量优化结构的审核重点，从源头上加强编制管理，提升编制使用效益，用编方向向社会公开考录（招聘）倾斜。

推进事业单位登记管理。按时优质完成年度报告公示工作，办理2018年度报告审核和公示217家，完成率100%。强化事业单位中文域名管理，全市登记机关事业单位续费政务和公益中文域名314家。

【机构编制纪律严肃执行】 完成转隶人员的实名制系统划转登记工作，调整涉改单位编外用工控制数。牵头联合组织部、机关工委共同开展工作，完成党政部门及乡镇（街道）机构改革“回头看”工作，对其机构设置、职能落实、办公场所标识等情况进行专项督查。

做好机构改革后乡镇（街道）工作人员专题培训。会同组织部门印发《玉环市机构改革后镇（街道）工作人员专题培训的实施方案》，落实培训任务，加强机构改革后乡镇（街道）工作人员履职能力建设，确保有关部门下放的审批、服务、执法事项乡镇（街道）接得住、托得起、管得好。

建立用编用职与问题整改联动机制。综合运用巡察、审计、专项督查等监督手段，进一步严肃机构编制纪律，有效协同巡察办完成联合巡察，完善机构编制违纪违规“回头看”制度，更新问题清单，落实整改措施。

（李　佳）

全面深化改革工作

【概况】 市委改革办于2019年1月21日设立，为市委工作机关，正科级，挂玉环市“最多跑一次”改革办公室牌子。自市委全面深化改革领导小组办公室临时机构撤消正式成立市委改革办后，全市以“最多跑一次”改革撬动全领域改革工作不断深入，“大抓改革”工作格局进一步巩固。

【改革组织保障】 以机构改革为契机，成立市委改革委，并下设8个专项小组，即经济体制改革专项小组、民主法制领域和社会治理体制改革专项小组、文化体制改革专项小组、社会事业领域改革专项小组、生态文明体制改革专项小组、党的建设制度改革专项小组、纪律检查体制改革专项小组、群团改革专项小组。保留并调整“最多跑一次”改革领导小组，建立“受办分离”改革、信息化推进、投资项目审批以及商事登记制度改革等4个专项工作组和提升网办率项目攻坚组。同时,各市级部门及乡镇(街道)均建立改革工作机构,协同推进改革的组织架构基本形成。

【改革工作机制】 制定全面深化改革委员会工作规则、专项小组工作规则、改革办工作细则、重大改革方案报审办法等机制,确保市委改革委和市委改革办有效开展工作。建立改革工作周、月、季例会机制,就改革重点工作适时召开专题会议,强化改革龙头和主平台作用。

【"最多跑一次"改革】 以民生领域为重点的便民利民举措不断推进。大力推进减证便民,基本创成无证明城市。实行助残服务"1+X"模式,实现27项助残服务"零次跑",该做法在省改革例会上发言并被台州市发文推广。探索餐饮行业"三位一体"事中事后监管共治模式,通过闭环管理、"阳光厨房"、食品安全"红黑榜"等措施,提升餐饮行业食品安全。实行简易工伤"零次跑""实时报销",申请人在出院时即可直接刷卡报销医疗费用,比以往可提早3个月完成医疗费结算。实施公共出行便利化改革,推进"地感式"便民单车改革,破解公共自行车"建、借、管"难题;全面普及公交出行移动支付,倡导绿色出行。开设不见面开标大厅,率先在台州市实现工程建设交易"跑零次"。大力推进机关内部"最多跑一次"改革,全面梳理部门间办事事项,优化办事流程。实施"就近办理、集成服务"改革,推动政务服务事项向乡镇(街道)延伸。

营商环境进一步优化。大力实施优化营商环境"10+X"行动,配套跟进优化不动产登记、工程项目、纳税便利化、产业政策兑现等10项子方案,着力打造具有玉环特色的优化营商环境政策体系。实行财政奖补资金"一网"通兑改革,建立政策奖补项目网上申报、在线审批、刚性兑付工作机制,实现财政奖补政策"一件事"全流程"零次跑"。深入实施"一老一小"改革,通过抓老旧工业点改造及小微企业园建设,进一步整合土地资源,推动传统制造业转型升级。推进投资项目审批改革,负面清单外的一般企业投资项目100%实现"标准地"供地。

"互联网+政务服务"水平加速提升。大力推行"一窗受理、一网通办、一证通办、一次办成","网上办""掌上办"事项不断拓展,政务服务事项网上办结率70%以上。开展榴岛助跑暨网办率提升专项行动,研发开通微信小程序"榴岛助跑政务服务平台",通过办事指南、预审咨询以及热线电话等形式,为群众提供"淘宝客服式"办事咨询服务,有效避免"事前跑多次"现象。成立榴岛助跑联盟,并在各乡镇(街道)建设助跑驿站,构建"中心+代办点+助跑驿站""代办员+自助服务终端+驻联村干部+网格员+志愿者"的联动助跑机制,为企业和群众提供全科助跑服务,畅通政务服务"最后一公里"。

【八大重点领域改革】 经济体制领域改革。探索构建开放型经济发展体制,大麦屿港顺利纳入全省港口一体化进程。巩固驻点招商、中介招商、专班招商等模式,探索"雇员制"招商模式,根据招商业绩实行"年薪+提成"的薪酬机制,激发社会招商队伍潜能。根植小微金改工作,信保基金作用进一步发挥。"亩均论英雄"改革持续推动资源要素向优质高效领域集中,对A、B类企业实行城镇土地使用税减免、财政奖补、降低用电成本、新增用能和排污指标等予以政策倾斜。

民主法制和社会治理体制领域改革。依托天宜社工机构,推动社会治理由政府主导向社会共治格局转变,被中央电视台《新闻调查》栏目报道。深化矛盾纠纷化解机制,建成社会治理综合服务中心、"信访超市"。推进法院电子卷宗随案同步生成及深度应用,打造智能化办案新模式。

文化体制领域改革。强化农村文化礼堂建管用育一体化建设，承办台州市农村文化礼堂建设工作现场推进会。持续深化城乡精神文明建设，在台州市率先实施集中办丧事。

社会事业领域改革。打好五医（医药、医院、医保、医共体、数字医疗）联动“组合拳”，深入推进医药卫生体制改革，在全省首推“健康共同体”建设，打造医防融合“玉环样板”，并在全省医共体推进会上作典型发言。

生态文明体制领域改革。创新环评项目行业模块管理体系，助力企业减负增效。推进排污权资产化省级试点工作，实施全省首例VOCs排污权指标网上竞拍。

纪律检查体制领域改革。完成派驻机构改革，实现纪委机关与派驻机构“六个一体化”管理。高质量完成澄清正名、查处诬告工作。

群团领域改革。在全省首创“乡小贤”新青年乡村议事会，鼓励优秀青年共同参与社会综合治理。积极拓展“四新领域”妇联组织建设，在省内首家以网格员为主体的社工机构中成立妇联组织，探索成立新居民妇联组织。

党的建设制度领域改革。深化干部“五线历练”机制，出台中层干部选任“五从严五规范”工作机制，进一步强化干部梯队建设。全力推进人才工作体制机制创新，建立才资对接研判、才资合作落地等“五个体系”，创业项目落地率显著提升。

【改革试点争创】 2019年，全市落地多个市厅级改革试点，分别为省中小学劳动实践教育项目试点学校（玉环市城关第一初级中学、玉环市东方中学）、省门诊医疗服务结合家庭医生签约按人头付费改革试点、2019年中小学教师职称自主评聘改革试点学校（玉环中学）、浙江省第一批现代服务业与先进制造业深度融合试点、省电子卷宗智能化建设试点、省级资源循环化利用示范城市试点，以及省劳动人事争议仲裁建标准院、开标准庭、办标准案试点。

（市委改革办）

对台工作

【重点创建】 发挥对台直航先发优势，深入开展两岸交流合作，大力推进基础项目建设，助推国家级对台经贸合作区和海峡两岸青年创业基地创建。海峡两岸（玉环）青年创业基地创建工作进展顺利，沙门跨界自造融创园新创设台湾高校实训中心，“一基地+N中心”青创模式得到上级台办等方面的肯定，玉环对台青年工作在全省台办主任会议上作经验交流发言。大麦屿港对台海上直航十周年和浙台婚姻家庭文化之旅等一系列活动，央视海峡两岸等各级媒体作宣传报道。

【交流融合】 对台直航稳步发展。2019年，大麦屿港出入境旅客18346人次，进出口货物集装箱2639标箱，出口各类车辆138台，大麦屿港对台直航成果进一步巩固和深化。11月，海关总署正式批复同意在大麦屿口岸建设进境水果指定监管场地。协助省、市台办成功承办2019浙江·台湾合作周玉环专题活动，签约5个合作项目。贯彻落实各级惠及台胞政策，特别是玉环惠台三十条措施，优化对台营商环境，全年新登记台资企业（在玉环注册商事主体）7家。实质性启动台湾手创匠人馆青创中心和玉台贸创园青创中心等项目建设。

基层交流方面，邀请50多名玉环籍旅台同乡寻根参访团到玉环探亲祭祖，组织30名台湾大学生到玉环开展为期3个月实训活动，举办玉台青少年棒球社团和共度端午文化交流以及玉台青年微讲坛等活动。赴台协助做好台北玉环同乡会换届工作，组建同乡会青商部，强化“乡情延续”工程建设。

【基础工作】 协助制定出台《玉环市促进对台交流合作30条政策措施》。协调牵线市台联会和台北同乡会完成编辑《玉环台联三十年》。多方联动认真抓好涉台防风险平安建设相关责任落实，重视保密、调研及涉台宣传政治把关等各项工作，涉台宣传有10多篇信息被《人民日报》海外版、中国新闻网、新华社、《海峡两岸》等国家级媒体以及浙台微信等省级媒体刊物录用。指导市海峡两岸交流合作促进会和市台属台胞联谊会等社会团体开展工作。认真做好春节、中秋节等中华传统节日的台湾省籍同胞、台胞台属、台商走访慰问活动。

（吴　燕）

信访工作

【概况】 2019年，市信访局接待人民群众来访978批1930人次；受理群众来信125批293人次，网上信访1494批；市12345政务咨询投诉举报中心受理群众来电11073件；荣获国家信访局“信访工作‘三无’县(市、区)”称号。

【深化领导公开接访】 推进市四套班子领导接访机制，每周二、三、四、五上午轮流接访；个别时期全天候值守接访。2019年，市领导接访958批1661人次，同比下降17.06%和27.12%；县级走访占比87.9%，高于考核基数75%，位居台州市第一。

【提高初信初访办理实效】 不定期对浙江省统一政务咨询投诉举报平台转办件处理情况进行分析研判，对涉及后续办理的信访件及时跟踪，确保案结事了。对疑难案件，牵头联系相关事权部门召开信访协调会，群策群力提出解决方案。2019年初信初访交办率、办结率均达100%。

【强化“12345”中心枢纽作用】 完善来电件办理机制、24小时应急响应机制、会商督办机制。2019年，受理投诉件11073件，投诉量同比增长19.32%，平均办理时间同比减少3%；开展11次部门主要领导及1次常务副市长现场接听活动，接听电话61件，部门答复反馈率100%。

丰富“12345”中心工作内涵。“12345”中心通过与玉环广播电视台、市创建国家卫生城市工作领导小组办公室等部门合作，扩大影响力，将工作成果惠及更多群众。2019年，在《今日玉环》民生版刊登“12345”群众投诉件办理情况49期，为《333新闻窗》《玉环话散》等节目提供10次新闻线索，为创国卫提供投诉件10063件。

【扩大信访覆盖面】 建立信访联合接待调处中心，充分整合自然资源、住建、综合行政执法、司法等部门以及劳动仲裁、社保和医患调解、法律援助等力量，采取常驻、轮驻、随驻三种形式，形成接访在当地的机制和导向。2019年，进驻部门16个，驻访人员16名。建立信访服务代跑中心，由12名退出现职的市管干部、4名在职市管干部和在职业务骨干组成代跑队伍，利用自身专业优势精准对接案件。自2019年6月正式运行以来，工作成效显著，相关经验获得省委常委、政法委书记王昌荣批示肯定。

扩大网上信访覆盖面。依托网上平台，加强网上与网下协调联动，形成统一接收、精准分流、按责办理、回访核实、评价反馈、分析研判的运行机制。2019年，网上信访办理(不含咨询件)共计1317件，在信、访、网中占比达78.53%；完成网上信访预处理件去库存工作；统一平台办理信访事项1859件，涉及2189人，办结率100%。

【营造良好生态】 信访联席办多次召开会商会，局领导牵头多次开展督查和下访活动，逐案落实工作责任。

强化信息预警研判。定期开展矛盾纠纷排查，及时制定应急预案，强化属地责任。对暴露出苗头的热点问题和群体性事件及时预判风险，及时应对。对上级交办件，及时跟踪办理进度、评估工作成效，2019年，完成上级交办件9件。

广泛开展普法教育。以《浙江省信访条例》为依托，融合“和合”文化理念，运用微博、微信等主流媒体平台、借助“宪法宣传周”活动，开展“法治信访”宣传，引导群众理性、有序表达诉求，树立依法力行表达诉求的正确导向。2019年，刊印普法宣传资料3000余份。

【全面落实领导包案】 2019年，台州市级及以上积案全部纳入市领导包案，责任人全部为承办单位党政主要领导，有效推进积案化解工作开展，完成“无信访积案县（市、区）”创建年度工作目标。2019年，2件国家级信访积案100%承诺息访；没有省交办信访积案；10件台州市积案化解8件，指标8件，化解率100%；市本级10件积案化解10件，指标7件，化解率143%；当年新增积案7件，新增积案率1.16%，同比下降48.67%。

【有效推进复查复核】 严格按照《浙江省信访事项复查复核办法》规定，严把信访复查案件的入口关。全年申请数23件，补正2件，受理复查件21件；作出复查意见17件，中止3件，受理中1件；未出现复查件被撤销情况，维持率100%。

【定期开展责任督查】 每月开展责任制督查，通过面上督查、带案督查、实地督查，切实加强承办单位信访工作责任制的落实。2019年，完成国家局交办件3件、省市督查件4件，其中一件省督查件十天即办结，办理高效获浙江省副省长高兴夫批示肯定。2019年，来信、来访、网上信访回访率100%；不满意核实件818件，核实率100%；海山乡列入2019年信访重点乡镇（街道）整改名单，于9月顺利摘帽。

（林赟佩）

直属机关党建

【紧扣初心抓主题教育】 制定全市机关党组织主题教育“三张清单”（工作清单、党组织书记责任清单、党员服务清单），该项工作得到副省长、台州市委书记陈奕君充分肯定，台州市主题教育办领导批示并在台州市机关推广。

突出学习教育，机关工委扛起抓好机关主题教育主体责任，制定《实施方案》；班子成员参加市管干部集中轮训2天，组织班子理论学习中心组3次，为机关党员购置理论书籍8500余册；举办微型党课大赛、党团知识竞赛；开展“红色之旅”，组织党员参与致敬英烈巡回展、影片展播等活动；以集中自学、周一夜学、周末补学，组织党员坐下来、静下心学习达到7.5天，通读精读“两书一章”，引导党员深学细悟。

突出调查研究，班子参加包乡走村深化“三服务”、“双扶双强”大走访、“共建五美”大调研和“学思践悟”大宣讲等活动，推动党员干部深入调研、一线解难；按“四个讲清”要求上党课4次，召开调研成果交流会，形成全市机关党建调研文章61篇、报送台州市11篇。

突出检视问题，广泛征求意见60余条次；召开对照党章党规找差距专题会议和民主生活会，深刻检视剖析，明确努力方向和改进措施。

突出整改落实，结合“深化三服务”，主动参与“百千万”专项行动并领办项目，解决机关党建实际问题；组织4个正风肃纪专项检查组开展全覆盖督查，查处机关违纪党员8人，严肃机关监督执纪问责。

【紧盯重点抓主责主业】 坚持牵头谋划,落实党建责任“清单化”。制定《玉环市直机关党建工作责任清单(试行)》;对标梳理完善5方面重点任务、4方面突出问题;全市77名市级机关单位党委(党组)和11个乡镇(街道)机关党委书记分别列出年度机关党建任务清单,作出承诺事项300余项,落实主体责任。

坚持率先垂范,推进党建巡查“常态化”。严格落实领导干部“三个坚持”,班子成员每月参加支部主题党日和组织生活;于8月专题部署“去机关化、到基层去”组织生活会,工委班子分片指导参与部分党支部组织生活会,指出问题、规范程序;组建6个督导组“一对一”驻点督导76个机关部门,坚持“一季一巡查”,先后通报反馈问题78条次。

坚持党务培训,提升党建队伍“专业化”。聚焦机构改革,建立工委班子联系基层支部制度;成立13个部门的机关党委并配备专职副书记,在5个部门设立党建工作科,专职负责机关党建工作。开展全市机关党务培训,先后举办市直机关党组织书记培训班和党务工作者培训班2期、机关党建品牌创建培训班1期,开展“手机党课”网络直播1场,培训人数达万余人次,切实提升机关党务实操水平。

坚持常抓落实,健全党建制度“规范化”。建立指导机关党组织按期换届提醒制度,督促指导36个支部按期换届;在重点工程、临时机构等探索建立10个项目党组织,召开玉环市重大建设项目党建工作推进会;开展档案管理标准化建设,抽调部门党务干部对65名机关党员档案交叉检查,规范党员档案材料;编纂《玉环市机关党务工作手册》,提高机关党建规范化水平。

【紧贴中心抓服务质量】 建立机关党建助推企业发展机制。结合“三服务”“两抓年”活动,开发全市机关党员专业志愿服务平台,举办机关党员专场志愿服务活动2场次,平台受理各类问题95个,办理或解答95个;10月17日,台州市、玉环市两级联动,开展机关党员专业志愿服务·时尚家居小镇专场活动,现场解决32个问题,企业反响良好,这一做法得到台州市工委充分肯定。

建立机关党建助力社区治理机制。开展全市志愿服务助力社会治理创新成果展,在社区开展“双报到双服务”活动,特别是台风“利奇马”后组织机关党员参与“灾后自救共建”活动,先后开展机关党员服务达230余场次,有效打通服务群众“最后一公里”。

建立机关党建助力基层服务机制。“红七月”先后开展党员志愿服务暨“契约化”党建结对签约,全市机关党员志愿参与基层服务80余场次、4000多人次。同时,在农村“文化礼堂”开展送书、送医保、法律知识等服务项目105个,开展服务1630场次。

【紧跟典型抓活力提升】 着力基层组织,做实支部培育。加大对自然资源、税务、退役军人事务等部门新一批8个机关党建示范点培育创建的指导工作,着力提升机关支部组织力。

注重创新驱动,务实党建项目。以基层机关党建创新创优项目为突破口,探索机关党建的“智慧+互联网”模式,助推党支部建设标准化;结合“两抓年”活动,组织机关党组织、党员服务“先锋案例”“微故事”“优秀主题党日”等评比,先后征集46例“先锋案例”和“微故事”,其中2例获台州市优秀“先锋案例”、3名党员入围台州市“好故事”展评。

创建两个机关,夯实党群基础。开展全市“不忘初心·情系巾帼”、机关党员干部重走革命路等活动;整合全市53个机关部门的36个机关工会，创新成立全市市级机关工会联合会。同时，制定《清廉机关建设实施方案》和清廉机关创建清单，选取市发改局、市财政局等6个单位作为创建“清廉机关、模范机关”的示范试点；开展“七个一”警示教育系列活动，实施“四进一争”行动（清廉思想进机关、清廉文化进机关、清廉条规进机关、清廉制度进机关和争创清廉机关示范单位），努力推进清廉机关建设稳步推进、取得实效。

（林　楠）

党校工作

【教学工作】 围绕中心工作，教育培训任务圆满完成。按照分级分类和全员培训的原则，组织开展领导干部教育培训工作，坚持以计划内班次为重点，特别突出主体班次，完成《全市干部教育培训计划》。全年举办各类计划内培训班次46期，17511人次，联合部门办学18期，6970人次，充分发挥出党校干部教育培训主阵地主渠道的作用。以干部教育为主业，以马克思主义理论教育和党性教育为主课，确保“两类教育”内容不低于总课时的70%，党性教育内容不低于总课时的20%。

创新教学模式，校园学习氛围日益浓厚。在教学方式上，讲求多样创新，坚持专题讲座、现场教学、文体活动、课题调研、心理调适等有机结合。在课程分类设置上，以党建理论和党性教育为基础，延伸形成经济、政治、文化、社会、生态五位一体的课程体系。实践能力有提升，将理论与实践相结合作为党校教学方法的根本遵循，通过现场教学优势的发挥，实现学员在理论武装中体验情景、直观感受、激情感悟和反思升华，进一步提高党性修养，强化培训成效，2019年，新增天宜社会工作服务社、楚洲人才梦工场、龙溪山里红、坎门东沙渔村、乐清湾海上游击根据地和干江上栈头创业创新基地等6个各具特色的现场教学点，现有现场教学基地14个。心理健康有保障，通过邀请省内外“心理健康专家培训团”走进党校课堂，通过心理讲座、团体心理辅导、心理运动会等形式将“心理培训课”加入党校必修课程。投入180万元，于9月底建成干部心理健康关爱中心，配备心理测评及档案管理系统、心理互动采集仪、3D心理数字沙盘系统、智能零重力身心训练调养舱、音乐催眠床、体感智能互动训练仪、VR-9D虚拟身心训练平台等先进设备，聘请9位专家组成顾问团队，组建11人的心理健康关爱团队，旨在为基层干部的心理健康“把脉”。

强化师资力量，教师素质能力全面提升。通过公开招聘引入公务员1名、事业编制人员1名，同时，组织派遣教师赴省委党校、宁波市委党校和苏州大学等参加各类培训，选派年轻干部到市委主题教育办、市小城镇环境综合整治领导小组办公室等地挂职锻炼，邀请市政协副主席陈茂荣、长兴党校副校长项晓艳等为全体教师开展科研工作辅导，并定期组织开展集体备课，承办台州市党校系统“乡村治理与乡村振兴”学术沙龙市和微党课大赛等。通过邀请政治能力好、理论层次高、学术修养强的省市领导、教授名师和市级部门业务骨干等到校讲课，提升党校讲坛的层次，激发党校讲坛的活力。

【科研工作】 聚焦党和国家中心工作、党委和政府重大决策部署，申报各级各类课题，2019年，立项30项，结题21项，其中获得省委党校等厅级课题15项，市委党校等县处级课题31项，承担市领导年度重点课题的执笔任务5项。学术论文成果丰硕。全年发表各类理论文章25篇，获奖36篇，其中厅（局）级二等奖以上3篇、三等奖5篇，市级一等奖2篇，县级一等奖8篇。决策参阅功能健全。坚持以《榴岛论坛》集中调研建议，发挥党校科研参与基层工作、服务本地发展的作用，全年出版《榴岛论坛》4 期、《榴岛讲堂》2 期，收录市内社科成果 50 余篇、40 多万字，传播优质讲稿材料 10 篇。呈送市领导决策咨询研究成果 15 篇，获得肯定性批示 12 次。

【后勤服务】 智慧党校建设进一步推进。玉环手机党校公众号、红色学府网贯穿教学和管理全过程；“I-课堂”等实训应用系统为现代教学培训方式提供支持；以“钉钉”为基础开发党校自主工作平台，实现学习资源共享、考勤审批电子化、教学管理可视化；完成档案电子化归档，洽谈建立“数字图书馆”，努力建设“智慧党校”力求形成管理规范、运转有序的工作格局，形成分工明确、配合协调的良好局面。

基础设施建设进一步强化。实施大楼亮化工程、楼顶花园建设以及地基下沉改造等，规范资产管理，物资设备采购透明合规，固定资产登记及报废处置照章进行。

（龚呈婷）

史志研究

【政治业务学习】 参与“不忘初心 牢记使命”主题教育活动。围绕“守初心、担使命，找差距、抓落实”的总要求，认真学习《习近平总书记关于“不忘初心、牢记使命”重要论述摘编》《习近平新时代中国特色社会主义思想学习纲要》等书籍；深入基层调研，形成《玉环市特色乡村志编纂的若干建议》调研报告；选派人员作为主题教育第七巡回指导组成员，参与所指导单位主要领导上党课、调研成果交流会、民主生活会等重要会议，对所指导单位应知应会内容进行电话抽查、实地走访督查，参与全市各乡镇（街道）两新组织党组织“回头看” 检查和市管干部职级提升考察工作。参加市委办主题党日活动、台州市委办系统业务在线培训交流会等，选派人员参加玉环市委党校教研咨一体化能力提升研讨班、全省青年讲师培训等。

【史志编纂整理】 党史编修：经多次修改完善，于 11 月 13 日形成《中国共产党浙江台州玉环历史》第二卷初审稿，共 4 编 20 章 59 节 184 目 35.9 万字，筹备召开初审会。县志编纂：组建 4 人组成的县志总分纂团队，召开重点单位志稿撰写克难攻坚推进会，于 11 月初形成《玉环县志(1989~2016)》初审稿，并赴平阳、文成两县学习修志经验。12 月 18 日，《玉环县志(1989~2016)》通过初审，会后收集整理专家修改意见 211 条、部门修改意见 121 条。年鉴编写：《玉环年鉴 2014》完成发行工作，修改《玉环年鉴 2015》《玉环年鉴 2018》。

【史志宣传教育】 为玉环民兵预设党支部书记、玉环市团干、大麦屿边检站全体员工等讲授《不忘初心 薪火相传——中共玉环地方组织史(1928—1949)》《玉环解放历程》课程，普及玉环革命历史知识。配合玉环市四千工程进农村文化礼堂活动，联合市关工委、市社科联等相关单位，邀请五老宣讲团成员到农村文化礼堂讲授党史知识，制作《玉环解放历程》展板进行现场展示，赠送《玉环抗日战争纪实》《榴岛晨曦》等党史书籍，在玉城街道东门社区、大麦屿街道龙湾村等地开展 6 场党史知识进礼堂服务活动。配合宣传部做好《为了谁——郭口顺先进事迹报告文学》书稿的初审、复审工作，参与两次评审会提出意见建议，书面形成 4 方面 30 多条意见，重点突出与史实不符的条目，为完善书稿提供参考。

【党史阵地建设】 协助海山乡收集乐清湾海上游击根据地纪念馆相关图文史料，指导内部展陈布置,纪念馆于6月28日隆重开馆。协助龙溪镇建设"山里红"党员党性教育实践基地,提供10位龙溪籍的革命烈士简介和照片。协助做好《玉环70年时间轴》宣传墙70年玉环大事史料搜集,并对设计稿提出修改意见。联合组织部等部门挖掘大鹿山垦荒精神,打造红色旅游胜地。搜集玉环市档案馆新馆大厅布展所需史料,并对设计方案进行内容核实,提出意见建议。为邮政局助力农村文化礼堂建设、法院文化研究活动等提供史志资料,为"不忘初心 逐梦而行"致敬英烈人物巡回展览提供35位烈士图文资料。

【重大纪念活动】 开展中华人民共和国成立70周年,玉环解放70周年纪念活动。在清明节期间组织青少年祭扫烈士陵园,组织党员干部和中小学生参观坎门英雄基干民兵营营史馆、少年英雄林森火纪念馆、东方中小学革命史纪念馆等爱国主义教育基地。向部分离退休老同志赠送《图说玉环改革开放四十周年》《玉环人物志》《玉环胜迹图志》等书籍,慰问亲历解放玉环战斗的老同志和解放战争时期牺牲的玉环籍烈士家属。9月,与传媒中心赴杭州采访拍摄参与解放玉环战斗和革命的老同志,形成口述历史纪录片《永远的初心》。上海离休干部陈根秋,为应汝源烈士制作铜像1座,联系退役军人事务局做好铜像安置工作;收到离休干部陈齐才绘制《春满神州》画卷,做好反馈和展示工作。

【史志指导交流】 省委党史和文献研究室、台州市委党史研究室到玉环调研,重点对潘心元烈士墓、党史资料数字化工作、玉环党史二卷编撰进行走访指导,并实地考察玉环烈士陵园、坎门英雄基干民兵营等地,对玉环党史研究、史料征集等工作提出建议。江苏海安史志工委、温州永嘉党史学会到玉环考察东沙渔村、潘心元烈士墓等红色胜迹,并就党史二卷编写、红色遗址保护内容交流工作心得。2020年是潘心元烈士牺牲90周年,为湖南省电视台到玉环采访、湖南省档案馆到玉环查档做好联络及史料提供工作。

(施含笑)

档案管理

【概况】 2019年,根据事业单位机构改革安排,市档案馆继续作为市委直属事业单位设置,市档案局(馆)的行政职能划转给市委办公室,对外保留市档案局牌子。原玉环市档案馆下属事业单位玉环市档案事务所撤销,其承担的公益职能并入玉环市电子文件和数字档案登记备份中心。

市档案馆内设3个股室,下属1个事业单位电子文件与数字档案登记备份中心,截至2019年年底,馆藏全宗156个,纸质档案81378卷,纸质档案数字化成果近50万页,声像档案82盒,照片档案3522张,图书资料13020册,全市范围有65家单位创建数字档案室。因新馆搬迁,11—12月闭馆暂停对外查档服务,1—10月,档案馆为社会各界提供档案查阅服务1056人次,利用档案2000多卷次。

【档案馆新馆搬迁投用】 市档案馆新馆项目于9月完成交工验收,随后开展档案展厅、大厅浮雕安装施工以及专用设备采购安装,11月启动旧馆闭馆档案打包及搬迁工作,于12月份搬迁至玉环新城(漩门二期)文化广场区块并投入使用,西侧是漩门湾大桥三桥,北邻城市公园和玉环湖,东接图书馆、博物馆,总用地面积12000平方米,一期项目总建筑面积7978.8平方米。市档案馆新馆是市委、市政府重大民生工程的重要组成部分,是全市档案安全保管基地、爱国主义教育基地、档案利用中心、政府信息查阅中心、电子文件中心。

【数字档案馆建设】 12月，通过浙江省级数字档案馆测评。市档案馆自2019年年初开始筹备省级数字档案馆建设，经过6个多月建立涵盖全部馆藏的文件级目录数据库，馆藏纸质档案数字化率超过90.45%，构建了"三网隔离"的局域网馆藏基础平台、政务网数据共享平台、因特网公众服务平台，建立档案数据资源体系，高效实现档案资源存量数字化、增量电子化、管理规范化、利用便捷化。

根据省、市"最多跑一次"改革工作部署，市档案馆于2018年4月搭建玉环市电子文件归档接收系统，对接省政务网，做好"最多跑一次"电子文件归档移交工作。截至2019年12月，完成全市20家单位11452件事项电子文件归档，数据93GB，全年未发生重大安全事故，无严重安全隐患。

【档案基础业务和法制化建设】 全年重点跟踪辅导全市在建重点工程，完成76省道南延复线工程、市委党校迁建工程、鸡山渔港工程档案专项验收等6个单位。开展农业农村、行政村档案规范化建设，完成后蛟村、乌岩村、蒲田村等的档案规范化建设，赠送电脑6台，档案箱装具20多套。对全市"五水共治""三改一拆"档案工作开展业务指导，完成干江镇、大麦屿街道治水档案整理。

着力加强档案执法和行政监督力度，针对档案服务外包承揽企业、机关单位、重点建设项目等监管对象，全年开展"双随机，一公开"档案工作监督检查4次，检查单位26家，检查完成率100%，对部分发现问题的单位责令整改并后续跟踪。以执法补短板、以监督促改进，实现档案行政管理由业务指导为主向依法监管为主的转变，切实保障档案法治工作有效开展，同时注重提高档案执法队伍的业务素质。

【档案文化和资源建设】 利用国际档案日、《中华人民共和国档案法》普法宣传周年庆、中华人民共和国成立70周年为契机，结合"不忘初心、牢记使命"主题教育，向市民发放档案知识宣传、在查档服务窗口开展网上查档、跨馆服务等操作流程，参与国家档案局"档案见证改革开放"主题征文活动。

【档案安全保障建设】 市档案馆按照《档案工作突发事件应急处置管理办法》《档案馆防治灾害工作指南》等要求建立突发事件的防范和应急处置机制，提高预防化解重大风险的能力。重视档案库房安全，全年开展消防安全检查9次，对馆内存在的安全隐患进行全面整改。馆外要求市级各单位分管档案工作负责人作为"第一责任人"，对档案安全工作要直接抓、直接管，对档案室加强安全监督，将责任落实到基层档案员，切实承担档案安全职责。档案信息安全方面，购买容灾备份系统，保障局域网馆藏系统的数据安全；购置数据库审计、堡垒机等设备，配合前期购买的安全设备，在达到二级等保整改要求的同时，更好地保护档案信息系统及数据的安全。

（毛黎媛）

玉环市人民代表大会

综　　述

【人大机构概况】 截至2019年年末，玉环共有各级人民代表大会9个，其中市人民代表大会1个，乡(镇)人民代表大会8个。各级人大代表866人(不含省、台州市人大代表并剔除重复部分)，其中市人大代表222人，乡镇人大代表667人。市十六届人大常委会组成人员有35人，其中主任1人，副主任6人，委员28人。市十六届人大设有监察和司法、财经、社会建设等3个委员会，市人大常委会设有代表与选任、监察和司法、财经、城建与环资、教科文卫、农业农村、社会建设等7个工作委员会和办公室等工作机构。2月24日，玉环市第十六届人民代表大会第三次会议表决通过，设立玉环市第十六届人民代表大会社会建设委员会，将玉环市第十六届人民代表大会法制(内务司法)委员会更名为玉环市第十六届人民代表大会监察和司法委员会。9月27日，根据《组织法》有关规定和玉环机构改革方案精神，市人大常委会第二十三次会议决定，设立玉环市人民代表大会常务委员会社会建设工作委员会，将玉环市人民代表大会常务委员会法制(内务司法)工作委员会更名为玉环市人民代表大会常务委员会监察和司法工作委员会。

【人大监督工作】 2019年，市人大常委会紧扣市委中心工作，紧抓重点难点环节，紧盯焦点热点问题，紧扣法治玉环建设，推动"一府两院"依法行政、公正司法，促进经济社会健康发展，审议专项工作报告24个，开展专题视察4次，备案审查政府规范性文件33件。

加强经济社会监督。盯紧重大规划实施，持续跟进"十三五"规划、2019年国民经济和社会发展计划等执行情况的监督，听取和审议市政府关于国土空间总体规划编制进展情况的报告，助推玉环加速融入大湾区建设。盯紧重大项目落实，听取高铁新区、温玉铁路、老城改造、对台经贸合作、招商选资项目落地等情况汇报，专题视察国家级海洋公园建设、漩门湾大桥及接线工程、226省道龙溪至干江段改建工程、228国道清港连接线工程，促进各项重点工程加快建设。盯紧民营实体经济发展，与省市人大联动开展促进民营经济高质量发展专项监督，深入企业调研外贸形势、民营企业梯度培育等工作，组织专项审议和专题询问，听取审议意见落实情况的报告，并进行满意度测评，进一步夯实民营经济发展基础。

加强公共财政监督。紧扣"透明化"监管，听取和审议半年度财政预算执行情况，批准财政收支预算调整和债务限额方案，推行部门财政预决算和“三公”经费支出信息公开，着力打造公共财政“玻璃钱柜”。紧扣“全口径”监管，坚持对计划预算提前介入、分线审查，首次听取财政支出绩效评价工作，跟踪监督企业应急周转金使用、组织税收收入等工作情况，书面审查玉环经济开发区、全市国有企业 2018 年收支执行情况和 2019 年预算安排情况，推动人大预算监督重点向支出预算和政策拓展。紧扣“长效化”监管，年中、年末分别听取审计工作报告和审计发现问题整改情况，督促 24 项审计决定全部执行到位，维护审计监督的权威性和严肃性。

加强民生领域监督。关注民生实事项目推进，坚持任务清单、时间节点、完成时限“三明确”，完善代表联系项目责任制，督促项目建设步入快车道，市十六届人大三次会议票决的 10 件民生实事项目如期完成。关注教育事业发展，组织视察教育基础设施建设，跟踪监督学前教育、教育资源优化整合等工作，开展校外培训机构规范发展工作询问，为教育优质均衡发展履行好人大的监督职责。关注综合医改实施，围绕“健共体”建设难点，听取民营医院发展、综合医改等专项工作汇报，为打好医疗翻身仗建言献策。此外，常委会坚持问题导向、效果导向，针对养老服务、交通治乱、丧葬礼俗改革等社会关注点精准发力，助推政府补齐民生短板。

加强生态环境监督。全面落实环境状况报告制度，听取和审议市政府关于环境状况和环境保护目标完成情况的报告，指导乡镇街道认真实施报告制度，为生态文明建设提供保障。及时关注垃圾分类和处理能力提升，组织人大代表网格员实施专项监督，听取市政府关于城乡垃圾分类工作情况的报告并提出审议意见，推动垃圾终端处理四大项目如期完工，助力打好垃圾治理攻坚战。开展“美丽玉环建设、人大代表在行动”主题活动，组织代表视察入城口环境质量提升、再生资源回收利用等工作，开展“污水零直排”网格监督月活动，倾力支持生态环境的建设和保护工作。

加强乡村振兴监督。着眼村级集体经济发展，深入调研田园综合体、农村电商、乡村旅游等建设情况，跟踪监督村级集体负债询问意见的落实情况，助力村级集体经济健康有序发展。着眼旅游环境改善，听取市政府专题工作报告，围绕景区景点建设、旅游基础设施、游客接待能力、旅游餐饮配套等方面开展专题询问，力求问出责任、问出担当、问出成效。着眼为农服务综合平台建设，听取市政府关于生产、供销、信用“三位一体”综合改革情况的汇报，促进“农有、农治、农享”的现代农业服务体系加快形成。

加强司法公正监督。围绕深化司法体制改革要求，及时听取“两院”关于落实司法责任制改革工作的进展情况，督促“两院”不断完善监督制约机制。建立健全监察和司法委员会会议制度，定期听取工作汇报，进一步密切与监察委、法院、检察院的沟通联系。关注平安玉环建设，专题听取和审议扫黑除恶专项工作报告，提出形成工作合力、加大执法力度、加强基层建设等方面意见建议。认真受理、转办群众来信来访，督办化解群众诉求，共筑社会和谐稳定。

【人大常委会重大事项决定】 2019 年，市人大常委会坚持党的领导、充分发扬民主、严格依法办事有机统一，做好讨论决定重大事项和人事任免工作。依法决议重大事项。依据宪法和法律有关规定，以及市人大及其常委会讨论决定重大事项清单，围绕普法教育、政府债务限额管理等事项，依法履行人大及其常委会重大事项决定权，做出相关决议、决定，推进相关工作。做好人事任免工作，坚持党管干部原则与人大依法任免相统一，依法做好人事任免工作，确保市委推荐的人选通过法定程序成为地方国家机关领导人员，为玉环市改革发展提供组织保障。依法审查6名新选举的市人大代表的代表资格、接受3名市人大代表的辞职,依法任免国家机关工作人员86人次,并落实宪法宣誓制度。

【人大代表工作】 2019年,常委会全力为代表履职行权创造条件、提供支持、当好后盾,代表依法履职得到充分保障,主体作用得到有效发挥,工作活力得到不断增强。

完善平台建设。以五星级联络站创建为载体,进一步推进联络站硬件标准化、制度规范化、活动常态化、功能最大化,芦浦、干江、沙门、龙溪等新一批人大代表联络站通过台州市五星级联络站创建验收。以丰富选民接待形式为抓手,采取固定式与流动式相结合的方式,开展代表值班日、部门面商会、履职述职、建议督办等活动,更广泛、更及时、更深入地回应群众关切。以网上网下互联互通为基础,完善代表履职信息平台建设,加快掌上"智汇人大"平台搭建,实现代表履职信息化、数据化、实时化。全年各站点举办活动200多次,参与代表1700多人次,接待选民1500多人次,收到建议意见500多件,实现联络站从代表选民的活动室,到社情民意收集平台、中心工作助推平台和社会共识引领平台的升级转变。

丰富活动形式。深入推行人大代表网格化履职机制,按照项目化设定、清单化上报、制度化反馈等流程,各网格定期精准选定项目进行监督,并以清单形式及时将监督过程中发现的问题上报反馈,从而提升人大代表履职活动的主动性、精准性、有效性,相关经验做法在省人大常委会《调查与研究》、全省代表工委培训会上得到交流推广。坚持邀请代表列席常委会会议,组织代表参与专题调研、专题询问、执法检查、专题视察等活动,推荐代表参加旁听庭审、检察开放日、看守所开放日等活动,首次印发"图说玉环"计划、预算专题画册,促进代表知情参政。开展代表"不忘初心、牢记使命"主题教育实践行动,通过学懂精神、主题调研、直面群众、督办攻坚等专项行动,引领代表勇担当、有作为。全年开展网格化履职活动300多场次,邀请代表参与各类活动4800余次,拓宽代表在汇民智、聚民意、解民忧等方面的工作路径。

提升办理质量。坚持常委会领导重点督办和工委对口督办制度,加强议案建议办理全过程监督,通过座谈走访、实地督查、询问督办、满意度测评等方式,对涉及旅游经济、养老服务、交通治乱的3件大会议案和高铁新区建设等11件重点议案进行跟踪监督,推动一批重点难点问题的妥善解决。坚持议案建议评议制度,首次以书面通报形式,及时告知承办单位在办理过程中存在的措施不明确、分类不准确、作为不担当等问题,不断提升办理实效。坚持办理"回头看"制度,专项听取不满意件办理情况,进一步压实承办单位办理责任。市十六届人大三次会议期间收到的241件代表议案建议在规定时限内全部办结,满意和基本满意率达到99.2%。

【人大常委会自身建设】 2019年,常委会始终以内强素质增活力、外树形象提效能、求真务实重实效为目标,强化自身建设,努力展现政治过硬、能力过硬、作风过硬的新形象。

突出政治建设。自觉将人大工作置于市委的领导之下,坚持重大事项向市委请示报告制度,及时将常委会党组工作、全省人大工作会议精神等向市委汇报,切实把党的领导贯穿于依法履职的全过程。扎实开展人大系统"不忘初心、牢记使命"主题教育,充分发挥人大党组在人大工作中的领导核心作用,确保组织领导到位、思想认识到位、检视问题到位、整改落实到位,切实把主题教育的成效体现到人大工作中去。建立常委会组成人员出席会议、"一府一委两院"负责人列席会议的参会情况通报制度,不断增强参会人员的履职意识。

注重基层建设。通过乡镇人大主席联席会议、委员进代表联络站、乡镇街道人大负责同志列席市人大常委会会议、党组理论中心组(扩大)学习会等形式,进一步强化对基层人大的联系与指导。组建人大代表履职“好经验”宣讲团,通过身边人讲身边事,激发履职创新的主动性和积极性。深入实施街道选民代表会议制度,以专题视察、难事听证、要事询问、实事督办为基本形式开展精准议事,稳步推进基层民主政治建设。

加强机关建设。深入学习贯彻习近平新时代中国特色社会主义思想、党的十九届四中全会、省委全会等精神,坚持学以致用、学用结合,推动学习成果向工作实践转化,深入基层开展调查研究,形成了城区老旧居民区居住环境状况分析、加强职业教育校企合作、强化流动人口服务和管理等30多篇高质量的调研报告,为市委市政府决策提供参考。

(王晟嘉)

重要会议

【市第十六届人民代表大会第三次会议】 会议于2019年2月22日至26日在玉城举行,代表222名,出席会议代表212名。会议听取和审查市长吴才平所作的政府工作报告;审查玉环市2018年国民经济和社会发展计划执行情况及2019年国民经济和社会发展计划草案的报告;审查玉环市2018年财政预算执行情况和2019年财政预算草案的报告;听取和审查市人大常委会主任施红兵所作的玉环市人民代表大会常务委员会工作报告;听取和审查市人民法院院长董仁喜所作的玉环市人民法院工作报告;听取和审查市人民检察院检察长余文权所作的玉环市人民检察院工作报告。大会以电子表决的方式通过上述报告,作出相应决议。大会以电子表决的形式通过增设玉环市第十六届人民代表大会社会建设委员会和变更法制(内务司法)委员会名称的决定,并以电子表决的形式通过玉环市第十六届人民代表大会监察和司法委员会、社会建设委员会组成人员名单及财政经济委员会主任委员名单。大会通过无记名投票方式进行依法选举,补选邢文彬、陈敦中为市十六届人大常委会委员。大会收到代表议案、建议241件,其中议案220件,建议、批评和意见21件。经大会主席团第五次会议确定,3件议案列为大会议案,即《关于改善旅游环境,促进旅游经济发展的议案》《关于加快推进“医养护一体化”养老服务的议案》《关于加强道路交通治“乱”的议案》。

【市十六届人大常委会会议】 2019年,玉环市第十六届人民代表大会常务委员会举行了9次会议,即市十六届人大常委会第十八次会议至第二十六次会议。

市十六届人大常委会第十八次会议 1月17日举行。主要议程:听取和审议市政府关于2018年玉环市落实环境状况和环境保护目标完成情况报告;听取市教育局局长陈海鸣、市财政局局长林仁斌、市农林局局长郑达忠、市安监局局长曾志斌、市综合行政执法局局长陈绪统、市市场监管局局长金启光所作的履职报告,审议24个政府组成部门负责人的履职报告,并开展满意度测评;审议市政府关于市十六届人大二次会议议案建议办理情况的报告和市人大常委会代表与选任工委关于代表议案建议督办情况的报告;表决通过关于市十六届人大代表资格审查情况的报告;表决通过《关于召开玉环市第十六届人民代表大会第三次会议的决定》;表决通过市政府、市法院提请的人事事项;表决通过关于提请接受苏为敦代表辞职的议案。

市十六届人大常委会第十九次会议 2月

15日举行。主要议程：听取和审议市政府关于2018年国民经济和社会发展计划执行情况及2019年国民经济和社会发展计划草案编制情况报告的起草说明、市人大财政经济委员会关于玉环市2018年国民经济和社会发展计划执行情况及2019年国民经济和社会发展计划草案初步安排的审查报告，原则同意市政府提出的2018年国民经济和社会发展计划执行情况和2019年国民经济和社会发展计划草案初步安排，表决通过玉环市人民代表大会常务委员会关于同意2018年国民经济和社会发展计划执行情况及2019年国民经济和社会发展计划草案初步安排的决议；听取和审议市政府关于玉环市2018年财政预算执行情况和2019年财政预算草案编制情况的报告、市人大财政经济委员会关于玉环市2018年财政预算执行情况和2019年财政预算草案初步方案的研究意见，原则同意市政府提出的2018年财政预算执行情况和2019年财政预算草案初步方案，表决通过玉环市人民代表大会常务委员会关于同意玉环市2018年财政预算执行情况和2019年财政预算草案初步方案的决议；审议市政府关于玉环市2018年国有企业收支预算执行情况及2019年收支预算草案的书面报告；审议市政府关于浙江玉环经济开发区负债情况、2018年收支执行情况和2019年收支预算草案的书面报告；审议通过关于市十六届人大代表资格审查情况的报告；听取和审议市十六届人大三次会议筹备工作办公室关于市十六届人大三次会议筹备工作情况的报告；审议通过市人大常委会工作报告，提请市十六届人大三次会议审议；审议通过市十六届人大三次会议有关事项，提出市十六届人大三次会议主席团和秘书长名单草案，提请市十六届人大三次会议预备会议选举；表决通过市监察委员会提请审议的有关人事事项；表决通过关于提请接受章勇辞去玉环市第十六届人民代表大会财政经济委员会主任委员职务的议案。

市十六届人大常委会第二十次会议　3月27日举行。主要议程：听取和审议市政府关于民办医院发展情况的报告；听取市监察委员会关于深化监察体制改革情况的专项工作报告；听取和审议关于提请通过玉环市人大常委会2019年工作要点(草案)的议案，表决通过玉环市人大常委会2019年工作要点；听取和审议市人大常委会代表与选任工委关于市十六届人大三次会议期间代表议案建议处理情况的报告；表决通过市法院提请审议的有关人事事项。

市十六届人大常委会第二十一次会议　5月24日举行。主要议程：听取和审议市政府关于村集体负债情况专题询问审议意见落实情况的报告；听取和审议市政府关于教育基础设施建设工作情况的报告；听取和审议市政府关于促进民营经济高质量发展情况的报告、市人大常委会调研和审议工作小组关于促进民营经济高质量发展情况的调研报告；表决通过市法院、市检察院提请审议的有关人事事项；决定接受余文权辞去玉环市人民检察院检察长职务，决定由姚石京代理玉环市人民检察院检察长职务。

市十六届人大常委会第二十二次会议　7月25日举行。主要议程：听取和审议市政府关于提请批准玉环市2018年财政决算的议案、关于2019年上半年玉环市国民经济和社会发展计划执行情况的报告、关于2019年上半年财政预算执行情况的报告和关于玉环市2018年财政决算草案的报告、关于2018年度财政预算执行及其他财政收支的审计工作报告，听取和审议市人大财政经济委员会关于玉环市2018年财政决算草案审查结果的报告，表决通过关于批准玉环市2018年财政决算的决议；听取和审议市政府关于玉环市《食品安全法》实施情况的报告、市人大常委会执法检查领导小组办公室关于玉环市《中华人民共和国食品安全法》实施情况的检查报告；

会议听取和审议市政府关于扫黑除恶专项斗争工作情况的报告;表决通过主任会议、市政府提请审议的有关人事事项,决定接受王正雷辞去玉环市监察委员会主任职务,决定接受陈建波辞去玉环市人民政府副市长职务,决定由曹英姬代理玉环市监察委员会主任职务。

市十六届人大常委会第二十三次会议　9月27日举行。主要议程:听取和审议主任会议关于提请审议通过玉环市人民代表大会常务委员会有关工作机构设立和更名的决定(草案)的议案,表决通过关于有关工作机构设立和更名的决定;听取和审议市政府关于提请调整玉环市2019年财政收支预算的议案、关于玉环市2019年财政预算调整及其他相关事项的报告,听取和审议市人大财政经济委员会关于玉环市2019年预算调整方案(草案)的审查结果报告,表决通过关于批准玉环市2019年财政预算调整方案的决议;听取和审议市政府关于提请审议批准2019年地方政府债务限额的议案、关于提请审议批准玉环市2019年地方政府债务限额及新增地方政府债务预算调整(草案)的说明,表决通过关于批准玉环市2019年地方政府债务限额的决议;听取和审议市政府关于财政支出绩效评价工作的报告;听取和审议市政府关于城乡垃圾分类工作情况的报告;听取和审议市法院、市检察院关于落实司法责任制改革工作情况的报告;表决通过主任会议、市政府提请审议的有关人事事项。

市十六届人大常委会第二十四次会议　10月24日举行。主要议程:表决通过市政府、市法院、市检察院提请审议的有关人事事项;决定接受吴才平辞去玉环市人民政府市长职务,决定由周阳代理玉环市人民政府市长职务。

市十六届人大常委会第二十五次会议　11月28日举行。主要议程:听取和审议市政府关于2018年度财政预算执行及其他财政收支审计发现问题整改情况的报告;听取和审议市政府关于《食品安全法》执法检查审议意见整改落实情况的报告,表决通过该报告;听取和审议市政府关于国土空间规划编制进展情况的报告;听取和审议市政府关于促进民营经济高质量发展专题询问意见落实情况的报告,表决通过该报告;表决通过主任会议、市法院、市检察院提请审议的有关人事事项,决定接受陈银考辞去玉环市第十六届人民代表大会代表职务。

市十六届人大常委会第二十六次会议　12月26日举行。主要议程:表决通过提请接受黄森潮代表辞职的议案;听取和审议市政府关于提请玉环市2019年财政预算再次调整的议案、关于玉环市2019年财政预算再次调整的报告,表决通过关于批准玉环市2019年财政预算再次调整方案的决议。

(王晟嘉)

玉环市人民政府

政府工作

【概况】 2019年，全市实现生产总值617.50亿元，增长5.2%；财政总收入87.42亿元，其中地方财政收入53.92亿元，分别增长-5.4%和1.1%。社会消费品零售总额216.76亿元，增长9%。城镇、农村常住居民人均可支配收入分别为71344元和35340元，分别增长8.1%和8.9%。

2019年，聚力新时代美丽玉环建设，城市有机更新三年行动强势实施，新城建设日新月异，玉环城建开启华丽蝶变；2019年，专注龙头企业示范引领，迈得医疗作为浙江省第三家、台州市首家企业成功登陆科创板，上市企业增至7家，玉环板块增添新生力量；2019年，深化大麦屿港开发开放，集装箱年吞吐量历史性突破30万标箱，对台客运总量突破20万人次，玉环港口扬起希望之帆；2019年，补齐交通体系落后短板，温玉铁路全线开工，228国道玉环段正式通车，玉环交通呈现全新格局；2019年，再创教育事业佳绩，高考一段上线率勇夺台州五连冠，中考各项指标居台州第一，玉环教育展示硬核实力；2019年，探索健康共同体建设，台州县域医共体建设现场推进会在玉环市召开，以医防融合为特点的健共体模式获省内推广，玉环医改走在全省前列；2019年，遭受超强台风“利奇马”正面袭击，全市上下无惧风雨抢险救灾，众志成城重建家园，玉环作为获得各方点赞。

【加快实体经济发展】 集中精力稳增长，重中之重稳企业，以“狠抓产业项目、大抓实体经济”推动工业承压奋进。

“一老一小”工作按期推进，老旧工业点改造提升项目开工建设42个，小微企业园建成投用8个，新建和改扩建标准厂房125.9万平方米，实现入驻企业321家，城北太平塘小微企业园获评全省首批五星级示范园区。

培大育强成效显著，“亩均论英雄”改革迈出坚实步伐，实现536家亩均税收3万元以下工业企业的改造提升，完成首批49家规上服务业企业年度综合评价；双环传动入围工信部制造业“双创”平台企业，苏泊尔入选省第一批“雄鹰行动”培育企业，琦星电子入选省“隐形冠军”企业；产值上亿元企业增至188家，“浙江制造”品牌培育工作获评全省优秀。

创新驱动呈现新气象，县域工业竞争力和科技创新双双入选全国百强，天津大学玉环数控与智能制造技术创新中心、水暖阀门省级产业创新服务综合体建成投用，汽车零部件产业创新服务综合体列入省级创建名单;“数字玉环”新型智慧城市建设实质性启动,数字经济两化融合水平位列全省第一梯队; 第十四届科技·人才活动周成功举办,省科技企业孵化器、科技产业飞地、省领军型创业创新团队实现零的突破,蝉联全省人才工作优秀市。

扶工助企落实落细,深化“三服务”活动,收集问题完结率达97.8%; 政企一心应对中美贸易摩擦, 组织765家企业参加75个境内外展会;为企业减免税费28亿元,以真金白银帮扶企业纾困解难。

第三产业稳步发展,第十六届中国(玉环)国际机床展、第三届玉环电商峰会成功举办;大麦屿港获批建设进境水果指定口岸,创建台湾商品免税市场已申报至国务院;荣膺全国美丽山水城市,漩门湾湿地公园成功跻身国家AAAA级旅游景区行列。现代农业提质提效,高标准农田建设1.5万亩,粮食功能区提标改造1124亩,生猪增产保供项目开工建设,“美丽玉环·文旦飘香”冠名列车成功首发,“中鹿岛渔业综合体”正式启航。

【强化重大项目攻坚】 项目“双进”掀起比拼热潮,列入省重点建设项目14个,项目数量和体量均居台州首位。

项目推进有力有序, 漩门湾大桥及接线工程、228国道清港连接线、漩门大道等一批交通节点项目加快推进,获评“四好农村路”省级示范县;漩门湾拓浚扩排工程先行段开工建设,台州市南部湾区引水工程累计投资3.7亿元,亚海水淡化(一期)抗旱应急工程建成通水;“一区两城”主平台形象日益丰满, 海洋经济转型升级示范区累计投产企业30家, 沙门滨港工业城完成投资11.3亿元,干江滨港工业城实现供地1046亩。

招商引资走在前列,市四套班子带头招商,组建重大产业招商组和特色产业招商专班, 采取驻点招商、中介招商等多种模式,全市招商实现“一盘棋”,新签约5亿元以上市外产业项目30个,总投资347亿元;海山生态旅游岛、航空航天产业园等一批重大产业项目竞相落地开工,万达文商旅、世茂地产、新城文创园等项目落户;实际利用外资1.5亿美元,连续多年居台州市前列。

要素保障全面加强,国土空间规划编制成功列入省级试点, 全域土地综合整治有力推进,村庄整治、低效用地再开发、存量用地盘活超计划完成,实现土地供应4823亩,其中工业用地供地2491亩;向上争取计划外土地指标近千亩,制约东海大道开工建设的关键指标问题一朝破解;110千伏徐都变、芦北变等建成投运,里黄变开工建设;华能玉环电厂集中供热项目完成总工程量的36%,沙门段实现提前供热;国企平台不断优化,市国投集团信用评级提升至AA+,成功发行第二期企业债券8亿元。

【全面推进城市更新】 聚焦美丽城市建设,大格局谋划,大手笔推进,大投入保障,推动一年破题、两年见效、三年蝶变。

老城改造强势推进, 八大区块改造全面启动,城区7号和22号地块成功出让,金融大厦、塘里村安置房、大麦屿社区安置房项目开工建设,城中村改造完成2012户,玉兴东路延伸段隧道加速推进,首座人行天桥建成投用,入城口、主干道沿线环境整体提升。

新城建设大步向前,完成固定资产投资38.5亿元,高铁新区城市设计评审和控制性详细规划编制圆满完成,湖滨银泰商业大厦基本建成,档案馆新馆、国际家具精品城等一批项目建成投用。

全域美丽初具雏形, 美丽城镇建设全面启动, 小城镇环境综合整治连续三年考核优秀,坎门、大麦屿分获省级非物质文化遗产主题小镇、省美丽乡村示范乡镇,时尚家居小镇、芦浦百丈岩创成AAA级旅游景区，干江、沙门、龙溪滨海景观独具特色，鸡山创成省级旅游风情小镇、省AAAA级景区镇，海山迎来大建设大开发。

城市管理日益精细，“我爱我家·美丽玉环”系列行动纵深推进，累计拆违264.1万平方米，实现基本无违建乡镇（街道）全覆盖，“四边三化”连续两年获省优胜单位；生活垃圾分类处理全域铺开，餐厨垃圾处理中心、一般工业固废填埋场和飞灰填埋场建成投用，垃圾焚烧发电厂二期主体完工，城区公厕生态化改造提升全面完成；交通劝导、文明礼让等活动深入开展，国家卫生城市创建顺利通过国家级暗访，省级卫生乡镇实现全覆盖。

生态治理卓有成效，国家森林城市加快创建，绿化造林1.3万亩；沿海沙滩保护和开发统筹实施，坎门后沙海岸带整治修复工程完成；高质量抓好环保督察案件整改和违建别墅、“大棚房”清理整治；省级美丽河湖创成2条，“污水零直排区”建设领跑台州，获评全国第二批节水型社会建设达标县；全年空气质量居全省第八。

【持续增进人民福祉】 坚持在发展中保障和改善民生，坚持发展成果由人民共享，让生活在这座城市的人民更加幸福。

教育事业高质量发展，高分创成省教育基本现代化市，沙门中学迁建等12个教育项目集中开工建设，环山小学新校区、陈屿中心小学新校区、中等职业技术学校迁建工程（一期）主体结顶；台州职业技术学院玉环分院顺利落户，高等职业教育实现零的突破。

“健康玉环”全面发展，市人民医院改扩建、大麦屿中心卫生院迁建等工程加快推进，市第二人民医院健共体楚门分院顺利搬迁，新增国家级、省级名医工作室7家，获评台州市名中医2名，市域就诊率增长9.2%，基层就诊率居台州第二，群众对玉环医疗的信心有效提振。

文体事业繁荣发展，市博物馆、市图书馆新馆主体完工，媒体综合改革走在全省前列；成功承办省第三届海洋运动会、举办市第十五届运动会，新城体育中心项目加快推进。

社会保障持续发展，基本医疗、生育、养老等保险实现应保尽保；创建乡镇（街道）示范型居家养老服务中心5家，乡镇（街道）公办养老机构实施“公建民营”6家；大力推进双拥优抚政策落地，实现省级双拥模范城八连创。

社会治理协调发展，枢纽型、支持型社会组织实现乡镇（街道）全覆盖，楚门天宜社会工作服务社参与基层治理获央媒点赞；连续7年实现进京扰序零通报，创成全国信访工作“三无”市；消防铁拳整治保持高压态势，安全生产形势持续稳定，省级食品安全城市跟踪评价顺利通过，刑事治安警情总量下降25.6%，其中治安警情下降35%，高分创成省“平安市”。民生实事项目高质量办结。

【加强政府自身建设】 始终牢固树立“四个意识”、坚定“四个自信”、坚决做到“两个维护”，把旗帜鲜明讲政治贯穿于各项工作。深入开展“不忘初心、牢记使命”主题教育，掀起向郭口顺、高铭暄、郑青岳等先进学习热潮，全面激发干事创业激情。“最多跑一次”改革不断深化，机构改革“后半篇”文章有效落实，政府数字化转型步伐提速，一般企业投资项目最多90天审批、“标准地”项目30天内全流程审批，近八成民生事项实现乡镇（街道）就近可办，100%政务服务事项实现网上可办、掌上可办，41个企业和个人全生命周期“一件事”实现多部门联办，产业政策奖励资金“一网”通兑有效铺开，基本创成无证明城市；社区改革、农村体制机制改革加快推进，全国农村集体产权制度改革试点有序开展，村级控债化债工作全面启动，所有行政村均实现年总收入超10万元、经营性收入超5万元；丧葬礼俗改革破千年旧俗、树时代新风，厚养薄葬、丧事简办蔚然成风。严格落实全面从严治党主体责任，重点领域、关键环节的行政监察不断强化，审计核减工程造价1.8亿元，减轻基层负担12条意见全面贯彻。

（王新民）

重要会议

【市政府全体会议】 市委全体（扩大）会议暨市政府全体会议于8月22日召开，市委书记、市长吴才平代表市委、市政府作工作报告，施红兵、林成辉、阮聪颖等市四套班子领导出席会议。会议高举习近平新时代中国特色社会主义思想伟大旗帜，全面贯彻落实省委十四届五次全体（扩大）会议、台州市委五届八次全体（扩大）会议精神，总结上阶段成绩，部署下阶段工作，动员全市上下进一步凝聚共识，形成合力，不忘初心铆干劲，牢记使命争一流，以新时代美丽玉环建设推动高质量发展再出发，确保完成全年目标任务。

【市政府常务会议】 第十七次常务会议　2月13日召开，会议原则通过《政府工作报告（送审稿）》和2019年市政府民生实事候选项目、《2018年国民经济和社会发展计划执行情况及2019年国民经济和社会发展计划草案（送审稿）》《2018年财政预算执行情况和2019年财政总预算草案（送审稿）》《玉环市巨龙玉龙潜龙企业和功勋精英新锐企业家评选办法（送审稿）》《玉环市优质工业项目评价实施办法（试行）（送审稿）》《玉环市股改政策新十条（送审稿）》《关于加快外贸人才队伍建设的若干意见（送审稿）》《玉环市加强新时代教育人才队伍建设实施办法（试行）（送审稿）》。会议还讨论研究部分单位要求调度或垫付财政资金等事项。

第十八次常务会议　2月26日召开，会议原则通过《2019年市政府重点工作责任分工抓落实方案（送审稿）》《玉环市2019年民生实事项目责任分工抓落实方案（送审稿）》。

第十九次常务会议　3月26日召开，会议深入贯彻落实习近平总书记对江苏响水天嘉宜化工有限公司“3·21”爆炸事故的重要指示精神，听取全市危化企业安全监管工作汇报，集体学习《生产安全事故应急条例》。会议讨论研究2018年度考核奖等相关事宜，并原则通过《玉环市城区7号地块、玉城街道塘里村及大麦屿街道大麦屿社区等棚户区项目改造不动产征收及补偿安置方案（送审稿）》。

第二十次常务会议　6月5日召开，会议集体学习《政府投资条例》（国务院令第712号），并原则通过《玉环市促进商贸业发展的若干扶持政策（送审稿）》《关于强化校企合作优化用工服务的若干实施意见（送审稿）》《关于推进玉环省级高新技术产业园区创建的若干意见（送审稿）》《玉环市公务员医疗补助人员门诊报销模式调整方案（送审稿）》。还讨论研究扫黑除恶专项斗争工作和部分单位要求调度财政资金等事项。

第二十一次常务会议　7月15日召开，会议集体学习《重大行政决策程序暂行条例》（国令第713号），并原则通过《玉环市行政规范性文件管理办法（送审稿）》《关于进一步加强“三强一制造”建设加快质量提升的若干意见（送审稿）》《玉环市政府质量奖评审管理办法（修订）（送审稿）》。还讨论研究给予曹中贵记个人三等功等事项。

第二十二次常务会议　9月4日召开，会议集体学习习近平总书记在深化党和国家机构改革总结会议上的重要讲话（中办通报〔2019〕第22期），并原则通过《玉环市城市规划区国有土地上房屋征收补偿办法（送审稿）》《玉环市城市规划区征收集体土地上房屋补偿办法（送审稿）》《玉环市城市规划区工业用地房屋征收与补偿办法(送审稿)》《玉环市违法建筑处置意见(修订)(送审稿)》《深化"亩均论英雄"改革的实施意见(修订)(送审稿)》《全面深化健康共同体建设的实施意见(送审稿)》。还讨论研究原商业集体企业退休人员医疗保险、部分单位要求调度或垫付财政资金和部分高层建筑无物业专项维修金保修金、消控室、充电桩及使用瓶装液化气等事项。

第二十三次常务会议 11月28日召开,会议原则通过《新建铁路杭州经绍兴至台州线温岭至玉环段项目(玉环段)征地拆迁工作实施办法(送审稿)》《玉环市被征地农民基本养老保障办法修订补充意见(送审稿)》《玉环市市域健康共同体基本医疗保险基金总额预算管理办法(试行)(送审稿)》,并讨论研究调整杭绍台铁路玉环站站房规模、市工伤行业费率调整等事项。

第二十四次常务会议 12月11日召开,会议原则通过《玉环市全域公交发展实施方案(送审稿)》《关于控制化解村级债务的实施意见(送审稿)》《坎门中心渔港港章(试行)(送审稿)》,并讨论研究涉及机构改革等行政规范性文件全面清理结果、市属国有企业参与台州市水务集团股份有限公司港股上市股份认购等事项。

【市长办公会议】 第一次市长办公会议 4月4日召开,讨论研究玉环市人民政府和腾讯公司共建"数字玉环"新型智慧城市、玉环"500精英计划" 创业创新园建设方案调整有关情况、2018年度市政府质量奖获奖企业审定批准、给予华能玉环电厂供水补助、对浙江华龙巨水科技股份有限公司作出地方财政重要贡献给予奖励等事项。会议还讨论研究调整对里阳芯片制造项目实行"一事一议"优惠奖励、对玉环市双友铜业有限公司技术改造项目实行"一事一议"优惠奖励、对浙江和日摇臂有限公司技术改造项目实行"一事一议"优惠奖励、对玉环江宏机械有限公司重大工业投资项目实行"一事一议"优惠奖励、出资台州市融资担保有限公司、市消防铁拳办要求解决相关经费、玉环经济开发区漩门三期围垦缴纳罚款由国库调剂资金及入库方式等事项。

第二次市长办公会议 5月7日召开,讨论研究玉环市2018年度巨龙、玉龙、潜龙企业评比、参股玉环永兴村镇银行、投资华能玉环电厂供热项目、安排市档案馆新馆开办费、划拨大鹿岛风景旅游管理处职工住房补贴,并原则通过《玉环市2019年省渔业成品油价格改革财政补贴市县统筹部分专项资金分配实施方案(送审稿)》。

第三次市长办公会议 6月5日召开,讨论研究共同创建玉环市深圳电子信息产业飞地孵化中心、对大昌汽车部件股份有限公司重大工业投资项目实行"一事一议"优惠奖励、开展"不见面开标大厅"建设、划拨腾讯云台州子公司办公场所装修经费、追加国家森林城市建设经费、2019年交警"铁骑队"筹建项目费用、更换行政村规模调整对象居民户口簿、身份证经费等事项。

第四次市长办公会议 7月15日召开, 讨论研究2019年民生实事进展情况、市"两馆"工程有关事项、医保领域"最多跑一次"改革等工作信息改造专项经费、低保人群胃癌免费筛查等经费、追加疾病应急救助等经费、调整市委政法委专项工作经费、追加对台直航客货滚装码头维护保养经费、市科技局办公楼修缮功能提升经费、追加市自然资源规划局办公大楼搬迁预算,并原则通过《玉环水暖阀门供应链一体化创新基地科技专项资金管理办法(试行)(送审稿)》。

第五次市长办公会议 9月4日召开,讨论研究对浙江卡博铜业制造有限公司重大工业投资项目实行"一事一议"优惠奖励、对迈得医疗工业设备股份有限公司重大工业投资项目实行"一事一议"优惠奖励、对玉环凯立汽车配件股份有限公司重大工业投资项目实行"一事一议"优惠奖励、万达文商旅综合体项目招商工作、调整坎门后沙海岸带修复工程概算等事项。会议还讨论研究安排救灾资金、市第二人民医院债务、《玉环老城区重要节点交通改善及新老城连接通道研究》编制经费、调整玉环市全域土地综合整治补助资金、2019年度购房补贴专项资金、追加市港航口岸渔业局行政经费、追加国家建设项目委托审计费、追加玉环市变型拖拉机提前报废补偿资金和专项整治工作经费、追加天津大学玉环数控与智能制造技术创新中心二期装修费用、追加中介委托招商项目经费等事项。

第六次市长办公会议　12月11日召开，讨论研究对网营物联（浙东南）智慧供应链区域运营总部项目二期补充奖励、玉环市2019年“飞地”抱团壮大村级集体经济工作、玉环市接纳仙居县村级集体经济“飞地”抱团发展项目建设情况、玉环市深化“亩均论英雄”改革2018年度工业企业综合评价结果情况、对苏泊尔集团有限公司作出地方财政重要贡献给予奖励、调整玉城街道前塘垟村废弃矿山综合整治工程（新增经八路和广陵南路南延工程相关建设内容）概算等事项。会议还讨论研究追加退役军人事务局经费、丧葬礼俗改革工作宣传经费、市应急管理局新组建机构办公经费、海山乡调度财政资金和社会矛盾纠纷调处中心、公共法律服务中心、社区矫正中心场地搬迁、建设工作经费等事项。

（王新民）

机关事务管理

【基建维修】　做好工程改造项目，改造装修原广电大楼六、七层会议室、市委巡察组办公场所、粮食大厦二、三层；完成机关大院、东院等管辖内办公场所的零星维修工作，投入90多万元，维修3000多次；科技综合大楼完成各类维修715次，定期对科技综合大楼设施设备进行维护。

【办公用房】　做好机构改革后部分单位的办公用房调剂；完成老中医院、老体协办公用房搬迁等工作；配合市消防铁拳办开展办公用房消防安全督查；不定期联合市纪委、市监委、财政局开展办公用房检查；会同市“五水共治”办等单位对主城区公建单位开展“污水零直排区”建设。

【机关会务】　完成物业招标，宁波亚太酒店物业公司入驻，提升会议服务及大院保洁质量，在机关大院内设立垃圾分类宣传阵地，摆放分类垃圾桶；开展会务人员培训，提升人员专业素质。全年完成会议1525次，参会人员49519人次。

【机关膳食服务】　加强厨师培训，提高烹饪技术，提升菜品质量和种类；走访食材供应商，检查食材质量；完成创国卫检查及食品卫生安全检查，做好餐厨垃圾分类工作；完成大院“除四害”工作。

【安全保卫】　规范外来人员进出管理，做好来访登记和信访接待，机关大院来访登记2861人次，信访接待300人次；对机关大院监控设备进行改造升级，改造老广电大楼和纪检组办公场所的监控系统；与机关大院、科技综合大楼等管辖内办公场所各单位签订消防安全责任状和治安管理责任状，定期组织消防安全知识讲座与消防逃生演练；维护更新消防设施设备，更换灭火器270具；调整警卫人员编制，将其划入市公安局辅警，增强警卫人员的稳定性与专业水平。

【公务用车】　车保中心完成市四套班子领导公务用车任务，完成市十五届三次党代会、市政协九届三次会议车辆接送工作；完成第二次拍卖全市事业单位、市属国有企业车改车辆16辆，对34辆车进行报废处理；参加台州市机关事务管理局举办的“中保杯”第二届公务用车驾驶员技能比武，获得团体二等奖和个人三等奖。

【幼教服务】 组织教师和幼儿开展消防安全隐患排查以及各类安全演练:消防逃生演习2次,地震疏散逃生1次,幼儿“防拐骗”演练1次,防恐防暴演练2次,意外事故应急演练1次;研发特色课程——美遇课程;参加各类教学评比活动,并取得优异成绩;建立“棒小孩”网络平台,发布幼儿园各类活动,增强家校互动。

(尤巧君)

行政服务

【政务服务大厅建设】 制定完善进驻行政服务中心事项动态报备制度,除车管、民政婚登等省定可以不进驻中心事项外,玉环市31个审批部门1342项行政审批事项集聚中心平台。完善大厅业务区块和功能布局,设置“出生一件事”“退伍军人一件事”“常态化企业开办一日办结”专窗,一窗受理业务,减少群众等待、办结时间。坚持实施窗口办件快递免费包邮送达、无休日预约服务等便民机制,邮政快递送达10837件,无休日受理办件17511件。2019年,中心各窗口受理办件20.68万件。

【全科受理员队伍建设】 制订星级考试应学应会事项清单、全科受理员业务养成计划,开展为期3个月的集中授课培训活动。建立分管领导、科室长分组联络培养机制,及时了解本班学员学习状态及进度。制定全科受理员区域化管理制度,设立投资项目、民生事务、经营许可3个综合区片及市场监管、不动产、公积金、人社医保、导办网办出件4个专区,由7名进驻部门窗口负责人担任区片(专区)片长负责全科受理员的业务培训及日常管理。48名全科受理员通过三星考级。明确薪酬由基本薪资、绩效考核、“五星考级”奖金等部分组成,将年人均标准3.2万元提高至6.5万元,2019年1月份开始执行。

【乡镇(街道)“就近办理、集成服务”改革】 明确事项下延进驻乡镇(街道)便民服务中心的办理机制、可办方式。户籍、身份证、医保社保、商事登记、水电气、公积金等高频事项实现乡镇便民服务中心可办。11个乡镇(街道)70%省定目录内民生事项实现基层可办,其中楚门镇民生事项279项,占省定民生事项总数的79%。开展乡村两级便民服务中心现场管理标准化建设,11个乡镇(街道)86个村(社区)便民服务中心完成标准化建设。优化“政务e站”自助终端投放设置,加大功能开发,累计上线服务事项274个,提供打印、查询、咨询等办件43547件。全市乡村两级便民服务中心办理54.33万件。

【配套服务】 组建榴岛助跑政务客服团队,由中心咨询服务台人员担任总客服,进驻中心的部门骨干力量担任分客服,为企业、群众提供办事咨询及预审服务。联合发改、经信、住建等部门为网营物联(浙东南)智慧供应链区域运营总部建设等企业提供组团定制服务14场次,减轻企业审批负担,加快项目落地速度。坚持入驻实体平台的中介机构日常监管、合同备案和信用等级评定工作。2019年,常驻中心办公中介机构20家,进驻中介机构完成合同备案250份,涉及合同金额320300.25万元。

【大厅日常督查管理】 落实专人每日监控省政务网权力运行系统运行情况,对办件时限、互动答复、投诉处理进行实时监管,并开展服务对象电话回访,满意率计入窗口季度考核和部门年度考核。2019年,回访2819件办件情况,满意率99.57%。开展部门“一把手”体验“最多跑一次”改革活动，26个进驻部门参与体验，主要领导、分管领导体验595人次。

（刘　珍）

政府数字化转型工作

【"互联网+政务服务"核心指标位居前列】 成立工作专班对"互联网+政务服务"工作实行集中攻坚，全力提升六大核心指标。全年，全市"互联网+政务服务"六大核心指标"事项数"为2495项，"网办率""掌办率""跑零次率""即办率""承诺压缩比率"分别达到99.92%、99.92%、96.19%、92.18%、97.32%。"网办率""掌办率""即办率"均居台州市第1位，"承诺压缩比率""跑零次率"分别位居台州市第2位、第5位。在提升核心指标的同时，全力做好政务服务核心指标压实整改工作。在台州市对县（市、区）事项基础能力抽查中，玉环市通过率位居前列。

【"互联网+监管"目标任务全面完成】 组建行政执法监管平台建设工作专班，加强培训指导、晾晒通报，推进执法监管平台在全市执法工作中的应用。全市25个部门298个执法人员行政执法监管平台"账号开通率""掌上执法激活率""掌上执法至少2次人员占比""双告知认领率""双随机抽查任务完成率"五项指标均达到100%。推进省"互联网+监管"事项目录清单动态管理系统应用，全市26个部门监管事项目录编制率、覆盖率均达到100%。

【"互联网+协同办公"有力推进】 推进协同办公系统开发部署，完成系统招标、安装、调试以及浙政钉上架等工作。依托浙政钉管理后台，精准分析研判全市各相关单位钉钉应用情况，通过通报晾晒、会议座谈等多种形式，督促各单位提升钉钉使用率。11月以来，玉环市浙政钉用户激活率、通讯录信息完整率、日均活跃率分别达到100%、100%、76%，日均活跃率居台州市第三位。

【重大项目及示范应用取得成效】 腾讯云计算（台州）有限责任公司在玉环市注册落户，"腾讯玉环"新型智慧城市项目启动建设。完成无证明城市系统部署，全市有共享事项97项、协查事项55项、"共享+协查"事项19项，办件量达到4100多件。推进"一证通办"工作，200多个事项窗口端、电脑端、移动端"三个端口"均实现一证通办。部署部门间最多跑一次系统，完成部门间"最多跑一次"事项梳理、目录编制、人员确定、事项完善等工作。

【基础支撑更加坚实】 推进公共数据共享开放，截至2019年年底全市向省级公共数据共享平台调用数据48.7万条，完成了玉环市水、燃气数据向上归集的任务要求。完成统计、卫生、人防、住建等10个专网的整合工作。完成政务外网升级改造项目的招投标，由市电信公司中标投资400万元实施该项目，提升政务外网安全性能。做好视联网运维管理，全年视联网会议达到30多场。

【体制机制不断健全】 成立玉环市数字化转型工作领导小组，出台《玉环市人民政府办公室关于加强大数据发展管理工作机制建设的若干意见》，建立健全统一高效的组织领导机制、适应形势的政策制度机制、协同联动的项目管理机制和科学合理的评价考核机制。制定政府数字化转型项目管理试行办法，规范玉环市政府数字化转型项目建设，提高项目管理绩效。出台《市人民政府办公室关于切实加强玉环市电子政务外网安全管理的通知》，压实政务外网使用单位安全管理责任；建立政务外网准入制度，保障政务外网安全、可靠、稳定运行。

（市大数据发展中心）

应急管理

【概况】 2019年，按照机构改革要求，撤销原市安全生产监督管理局，整合原市安全生产监督管理局职能(除职业病防治)、防汛防台、森林消防等多项职能，组建市应急管理局。市政府在应急管理局设有4个议事协调机构，分别为市安委会、减灾委、防汛防台抗旱指挥部、森林防灭火指挥部。下设办公室、综合协调科、安全生产基础科、应急指挥中心、救援救灾科和火灾防治科等6个科室，办公地点为玉城街道玉兴西路18号。被评为省防台救灾先进集体、市防台抢险救灾先进集体。

【安委办职能发挥】 将安全生产和消防安全职责纳入部门“三定”方案，划分和明确23个重点部门的工作职责。下发市对乡镇(街道)、部门安全生产和消防目标管理责任制考核办法，层层分解考核任务。建立《市安委办领导联系乡镇(街道)、部门(单位)工作制度》。发挥安委办牵头作用，统筹推进安全生产七大攻坚战(消防、道路交通、渔业船舶、危险化学品、建设施工、城市安全和城市危旧房)，组织督导检查组745个、组织检查人员5403人次、督查单位2562家次、排查整改隐患5000余处。组织开展安全生产巡查，实现乡镇(街道)巡查全覆盖。完成省、台州市、玉环市级道路交通、消防等领域重大安全隐患单位挂牌督办21家(处)。

【重点行业监管】 开展“防事故、保平安、护大庆”专项行动、危化品安全生产大排查大整治、工贸行业小微企业安全生产专项整治等行动，对隐患多、整改难度大的企业进行挂牌整改；工贸行业小微企业，4轮挂牌整治60家企业，12月底前整改完毕并销号；分行业制作企业安全生产和消防培训视频；重点针对危化品使用企业、三场所三企业、九类企业和试点乡镇芦浦镇开展集中安全培训，进一步延伸和落实人防措施；安排专人制作下发小微企业专项整治工作简报；设计印发专项整治宣传单，培训628家12000人次；在日常执法基础上，创新开展“阳光执法”“参与式”执法行动，邀请人大代表、相关企业负责人等一同执法，全年依法办理213起安全生产行政处罚案件，同比增长41%。其中，重大行政处罚案件40起(5万元以上罚款21起，责令停产停业19起)。

【防汛防台】 推进市级防汛防台抗旱预案修编。修订《玉环市防汛防台抗旱总体预案》《玉环市抗旱预案》，制定《玉环市防汛抗旱抢险救灾物资应急储备和调拨制度》，明确相应职责。开展防汛大检查，组织检查人员980人次，检查防汛点331处，其中复查地质灾害隐患点17处；检查乡镇(街道)12个、村(社区)185个；落实基层责任人1704人，更新村级防汛防台形势图260张。培育3支民间救援队伍，开展水上应急综合演练，完成30个规范化避灾安置场所创建。启动应急响应13次，取得防御9号台风“利奇马”、18号台风“米娜”的胜利。第9号超强台风“利奇马”是中华人民共和国成立后过境玉环市的最强台风，于8月10日凌晨正面袭击玉环市。全市范围内普遍出现13—16级大风，12级风圈在市域范围内徘徊近3个小时，致使全市大面积停水停电、通讯中断，树木倒伏、多处水淹，造成重大经济损失。

【森林火灾防治】 完成森林消防“引水灭火”工程379个蓄水池、120个视频监控探头、视频监控指挥中心建设，全部移交市自然资源和规划局。建立精细化应急预案，量身定制“一对一”科学完备的应急预案。按照火灾严重性分红、橙、绿三种预案，制定红色应急预案4份，橙色18份，绿色27份。强化联防联控，整合乡镇(街道)资源优势，将相邻区域纳入火灾联防共同体，由森林防灭火指挥部统一调度。建成1支省级森林消防应急救援队伍和11支森林消防半专业队伍。

（钟鹏飞）

消　防

【概况】 2019年，市消防大队紧盯年度重点工作和责任清单的落实，以创满意工作为出发点和立足点，较好地完成以防火、灭火为中心的各项任务，确保辖区火灾形势和队伍管理“两个稳定”。大队被玉环市荣记先进集体，1人被玉环市荣记先进个人，2人被支队荣记个人三等功，1人被总队荣记嘉奖，3人被支队评为优秀消防员，11人被支队荣记嘉奖。

全年接警1415起，出动车辆1989辆次，出动警力10923人次，抢救人员85人，抢救财产价值1422.5万元。

【队伍管理】 大队以冬训、夏训为契机，统筹结合，突出抓好船舶救援专业队和高层救援专业队建设，向地方水域救援队和山岳救援队学习救援技术，并定期开展研讨交流。

突出抓好备战执勤，先后完成多次重大安保工作。处置“沙门滨港电镀厂火灾”“坎门鹰东码头船舶火灾”“玉宸足道火灾”等灾害事故，特别是在抗击台风“利奇马”“米娜”等灾害中，树立消防救援队伍良好形象。

2019年年初，大队制定《玉环市多种形式消防队伍训练工作实施方案》，对专职队、志愿队和微型消防站进行全面培训、督促开展日常训练、联合演练，9月中旬，大队组织开展第二届消防员岗位技能竞赛活动，增强多种形式消防队伍的战斗力。

在加强灭火能力建设的同时，将防火巡查和消防宣传教育纳入日常工作始终，建立消防隐患日报制度和消防宣传面对面指导机制，将发现的火灾隐患上报至消防大队和当地乡镇（街道)消防工作站。全年，各专职队、志愿队、微型站检查发现火灾隐患约2000处，开展消防宣传约300场(次)，受益群众约2万人(次)。由专职队、志愿队、微型站作为第一到场处置力量的火灾有424起，占玉环市到场处置警情的59%。

【火灾隐患排查整治】 保持常态化督查整改。保持每周日常检查不低于400家，先后组织开展乡镇街道交叉检查、涉氨制冷危化企业专项检查、机关事业单位办公场所用电安全检查等专项行动，并着重部署开展隐患清零轰炸式夜查行动，每周开展1至2次夜查，随机抽取一个乡镇街道，对其各行政村的居住出租房和九小场所进行突击检查。组织出动检查人员31万人次，排查出租房、合用场所86万家次，人员密集场所2.6万家次，高层建筑5602家次。发出整改意见书2984份，责令搬离关停254家，拆除违建7.8万平方米，由公安机关约谈542人、行政拘留191人，电动车罚款107人。

加强格式化责任追究。按照《玉环市消防工作建议问责暂行办法》，对存在否决项隐患、发生火灾事故的村居，严格追究主体和监管责任，发放整改督办函80份，交办单172份，督办单118份，各单位纪委提醒、警示约谈乡镇街道驻村工作人员46人、村干部34人、网格员49人，对109名村居社区主职干部扣薪13.1万元。

【消防队站建设】 2017年后，玉环市在原有8支专职消防队的基础上又增建7支专职消防执勤点、203支村居志愿队和227个重点单位微型站点，新建玉城消防站和楚门、沙门、干江专职队4个消防站(2020年完工进驻)。

【"智慧消防"平台基础建设】 与中国移动玉环分公司签订玉环市智慧消防信息平台合作协议，并下发《2019年市政府重点工作和民生实事项目责任分工抓落实方案》《玉环市"智慧消防"建设实施方案》，将5000套10人以上居住出租房屋"智慧消防"终端建设纳入民生办实事项目。截至2019年年底，智慧消防平台联网2507家，接入设备14325套，基本实现消防智能管控大格局。

【水上应急综合救援演练】 7月26日上午，在漩门湾景区举行2019年水上应急综合救援演练。玉环市消防救援大队、玉环阳光救援队、玉环海韵救援队参加。开展翻板救援、遥控救生圈救援、无人机救援、舟艇救援、桥降救援、翻船自救6个科目的演练。常务副市长柯寿建对该次演练情况作讲评，并就做好当前防汛抗台应急救援任务各项工作提出具体要求。该次演练由市应急管理局主办，玉环经济开发区、玉环市消防救援大队、玉环阳光救援队、玉环海韵救援队承办。

（蓝康俊）

外　事

【开展国际友城交流工作】 做好来自国际友城的新春祝福宣传。2月初，玉环市收到来自国际友城俄罗斯鞑靼斯坦共和国库克莫尔市市长发来的新春贺卡和祝福视频，制作成新闻链接，正月初一通过玉环发布向全市广大市民发出，标题是"你有一份来自俄罗斯的新春祝福和问候，快快领取"，既让市民领略到来自异国友城的风貌，也扩大玉环市外事工作的影响力。

做好与韩国唐津市公务员互派工作。4月，玉环市选派公务员赴唐津市开展为期一年的研修交流。

【开展"千校结好"交流活动】 倡导学校主动"走出去、请进来"，加强与国际结好学校的交流活动。2月，玉环中学副校长张于君和教师许玲带领学生团一行17人赴英国圣布兰登高中进行校际交流，在外停留12天；2月，楚门中学丁晓龙和杜韦滨带领学生团一行18人赴英国纽卡斯尔国际学校进行校际交流，在外停留12天；7月，城关第一初级中学校长李旦福带领学生团一行24人赴英国姐妹学校克里夫顿学院进行校际交流，在外停留16天；9月，玉城中学陈梁飞、骆俊带领学生团一行16人赴美国北布恩高中进行校际交流，在外停留11天。9月24—27日，韩国唐津市新平中学访问团在校监李勝五的带领下应邀到城关第一初级中学开展交流访问。

【因公出国(境)管理】 严格出国(境)计划管理、经费预审，按照"有事才去，因事定人、完事即回"的原则，强化因公出访信息公开，出访报批材料完整、规范，加强外事纪律教育。2019年，审核上报因公出国(境)14批次30人次。及时做好因公出国(境)人员的回国管理工作，严格执行证照领缴制度，护照收缴率100%。8月，副市长李丹佳一行6人赴韩国、德国进行经贸访问。12月，政协主席林成辉团组赴英国、捷克进行经贸访问。

【涉外安全管理】 进一步规范外国人到华邀请办理的工作程序，办理外国人来华邀请之前，严格审查、核实被邀请人的身份、来华目的、公司及个人的资信情况，特别是对首次来华的客商，严格把关，确认客商所提供资料的真实性。并对初次申办的企业实地调查，仔细审核，第一时间采集法人签名等相关信息。2019年，审核办理邀请外国人来华30批次49人次。抓好事后管理工作，督促邀请方及时反馈结单，并与市公安局出入境管理部门联系，掌握相关情况。

【处置涉外事件】 建立紧急信息报送快速反应工作机制,完善《玉环市外事办公室关于加强重大涉外突发事件和紧急敏感情况报告工作的通知》。1月,一艘外轮在靠近玉环的外海沉没,3名缅甸籍船员被过往捕捞船救起(其中一名死亡),送至玉环大麦屿港口,玉环市快速成立包括外事办在内的紧急处置小组,妥善处置了这起涉外事件的后续事项。加快"两网"建设,完成7家涉外企业安全联络处和2个社区海外安全联络处的建立。

【优化外事服务工作】 2月,英国驻上海总领事馆领事双边关系与合作领事何伟杰在台州市人民对外友好协会专职副会长王蓓的陪同下到玉环考察,寻求合作商机,该办积极做好对接工作。开展APEC商务旅行卡推介,通过走访企业、编印APEC商务旅行卡宣传资料、召开新生代企业家联谊会等方式进行宣传。8月,浙江省对外交流服务中心负责人刘剑峰一行送服务到玉环,召开APEC商务旅行卡推介会并走访浙江隆大水技术股份有限公司和浙江博民机电股份有限公司,就APEC商务旅行卡使用情况进行检查和推介。该办主动到有关企业宣传因公出国(境)、邀请外国人来华工作有关政策,协同市公安局走访在市就业的外国人,送服务上门。

(孔美霞)

中国人民政治协商会议玉环市委员会

政协工作

【概况】 玉环市首届政协成立于1984年,现为第九届政协。有委员218名,分22个界别,常委会组成人员37名。设办公室、提案委、经济委、教科卫体委、社会和法制委、港澳台侨民宗委、文化文史和学习委、委员工作委等1办7委。市政协机关下设市政协工作研究室、市政协文史编辑部2个正股级事业编制机构和玉环书画院。2019年,市政协贯彻落实中共十九大和中共十九届二中、三中、四中和市第十五届党代会第三次会议精神,围绕中心,服务大局,真情履职,为玉环经济社会发展做出积极贡献。全年召开全体会议1次,常委会议6次,主席会议7次。

【加强政协系统党的建设】 全面贯彻落实中央、省委、台州市委政协工作会议精神,协助市委召开政协工作会议,主动适应新时代政协工作的新形势,用党对人民政协工作的一系列新要求武装头脑、指导实践、推动工作。创新政协系统党组织设置,设立市政协各专委会临时党支部,探索党员委员参加双重组织生活的新方法,并以此为基础建立市政协"三联结对"制度,推动市政协党组成员、党员委员、党外委员结对联系全覆盖。扎实开展"不忘初心、牢记使命"主题教育。按照市委统一部署,坚持主题教育与政协工作统筹同步推进,推动主题教育向政协委员延伸,不断增进政治、思想、理论、情感"四个认同"。切实抓好"新时代人民政协的新样子" 专题讨论活动,广泛发动政协委员积极参与"新样子·金点子"征集、"学习新思想、树立新样子"专题研讨、"政协人新时代新风貌"笔谈等"七个一"活动,活动期间收到笔谈文章11篇、金点子22条、问题建议35条。通过专题讨论,使委员们更好地明晰新时代政协人的责任义务和履职要求,激发奋发有为的担当精神。

【深入推进协商民主】 九届三次会议期间,安排7位委员作大会专题发言,11篇委员发言材料作书面交流,内容涉及经济转型、城市建设、环境保护、教育卫生等诸多方面,市委市政府主要领导对18篇大会发言分别作出批示。市委常委会召开会议研究政协大会发言提出的交通治堵、医疗卫生资源整合和高铁新区建设三件大事,及时回应委员关切关注。通过一年的积极落实,吾悦广场过街天桥完工投用,城区公交车更新换代,玉环健共体模式获全省推广, 高铁新区启动拆迁征地, 这些成果让政协大会发言不再停留于纸面上，而是真正落实到行动中。充分发挥市政协常委会的协商议政平台作用，如针对小微企业园建设、项目“双进”大比拼活动、特色文创园区（街区）建设及文旅产业融合发展，提出专题协商意见建议42条，得到市委市政府的充分肯定和积极采纳。协助市委出台《玉环市“请你来协商”平台建设工作实施意见》，召开市政协“请你来协商”——道路交通类提案集中办理协商会，推动“请你来协商”平台常态化、规范化、制度化建设。

【着力强化民主监督】 深化委派民主监督员工作，遴选80名委员派驻环保、民政、教育等7个部门，聚焦废气治理、社会救助、学生素质提升等主题开展精准监督。全年各监督小组开展活动31次，提出意见建议60多条，送达民主监督建议书6篇，有力推动相关工作落实。促进民主监督与媒体舆论监督相结合，继续制作播出协商议政专题节目《榴岛面对面》12期，内容涉及《消防安全责任重于泰山》《珍惜保护沙滩资源》《我市民间救援组织发展》等，部门领导、委员和群众开展零距离互动交流，共同协商解难题。

【积极提升提案工作成效】 着力推进提案办理，修订《政协提案工作细则》，进一步完善提案交办、办理、协商、答复、督查等多项机制，提升提案办理工作科学化水平。深化提案公开办理，遴选8件群众关注的热点难点提案，接受社会评议和舆论监督，有效助推一批民生问题的解决。市政协九届三次会议立案的178件提案全部按时办结，委员意见满意的174件，占97.8%；基本满意的4件，占2.2%。针对1号提案《关于加强青年企业家培育，助推民营经济再创新辉煌的建议》，市委出台《玉环市青年企业家助长成才计划》，建立青年企业家人才库，评选10名领航型和38名成长型青年企业家，举办青年企业家创新加速营等多场培训；针对2号提案《关于加强我市网络餐饮食品安全监管的建议》，市政府出台《2019年玉环市小餐饮和网络订餐专项整治实施方案》，推行外卖“食安封签”，实现中心城区无证餐饮“动态清零”；针对3号提案《关于推进我市沿海沙滩资源保护和开发的建议》，市政府建立沙滩保护与开发联席会议制度，设置镇村两级湾（滩）长，制订全市沙滩整治修复计划，分三类进行管护；针对4号提案《关于控制和化解村级债务的建议》，市政府连续5次召开提案办理讨论会，出台《关于控制化解村级债务的实施意见》，创新性推出集体土地在建工程抵押权证，从规范管理、加强审计、促进增收等各层面破解难题。

【积极反映社情民意信息】 出台《进一步加强反映社情民意信息工作的意见》，强化激励、提升成效，实现九届市政协反映社情民意信息工作在全国政协层面录用零的突破，信息考核名次再度向前移位。全年收到委员报送的社情民意信息86篇，其中被全国政协录用4篇、省政协录用8篇、台州市政协录用41篇。《“海外仓”建设遭遇收汇退税两大“拦路虎”，建议加快制度建设消除痛点》等3篇社情民意信息被全国政协办公厅转送有关部委办局参阅；《中美贸易摩擦再升级致企业收汇延期频发，建议我省对涉美贸易企业出台外汇管理豁免政策》得到常务副省长的批示肯定；《漩门一期大坝务必保留一小段坝体，留作历史纪念》等3篇社情民意信息得到市委主要领导的批示肯定。

【不断丰富政协文化内涵】 加强社会各界联络联谊，组织开展人民政协成立70周年系列庆祝活动，举办“不忘初心政协人，同心同力绘新篇”主题朗诵会，编排情景表演与歌曲联唱《春天的故事》选送参加台州市政协文艺晚会。组织召开中秋座谈会，社会各界人士共商玉环发展大计。举办政协委员运动会、市政协青年委员联谊会“观知论坛”等活动。政协委员创作的诗歌《海湾畅想》被谱成合唱曲，四次搬上舞台。寻访43位曾参与漩门一期大坝建设的老同志，编纂口述史料《漩门的前世来生》，在漩门大坝撤坝建桥之际，记录和保存玉环一段伟大的历史。全面梳理、选编玉环文史资料，编纂《玉环文史集萃·史海拾贝篇》，传承厚植乡土文化。举办庆祝中华人民共和国成立70周年习近平用典书法篆刻作品名家邀请展、“我和祖国共成长”台州市老干部书画摄影巡展等活动5场，参展作品500多件，参观人数3万余人次。加强对外书画文化交流，参加在合肥长丰县举行的“第二届全国百强县（市、区）政协书画邀请展”，选送玉环籍书画名家20多幅优秀作品参展，进一步提高政协工作的凝聚力和向心力。

【切实加强自身建设】 发动委员服务基层，发挥界别优势，举办“送医、送教、送科技、送文化、送法律”下乡进企系列活动，服务群众2100多人次。深化市政协青年委员联谊会“守护梦想”关爱新玉环人子女公益项目，为全市42名品学兼优的新玉环人子女颁发奖学金，在玉环11所民工子弟学校设立非洲鼓、尤克里里、武术等13个公益社团，全年累计赠送696节公益社团课，服务学生480人，该公益项目连续两年被省政协联谊报报道。强化政协自身建设，修订《全体会议工作规则》《主席会议工作规则》《常委会议工作规则》《专门委员会通则》，进一步加强政协制度建设。优化委员服务管理，举办委员培训班2期，常委培训活动1次。创办群众体育委员会客室，举办首届万米健身测试赛等活动，畅通委员联系服务群众的渠道。加强宣传工作，全年被省政协《联谊报》录用宣传稿9篇，利用政协网站和微信公众号定期推送活动信息和专题文章合计54篇。全方位展示委员风采，《一首政协委员〈心声〉献礼70周年》《孩子，你的梦想，我们来守护》被省政协微信公众号“同心苑”头条刊发，阅读量合计4万人次，影响力排名均居全省前十名。

（董捷卡）

重要会议

【九届三次会议】 中国人民政治协商会议第九届玉环市委员会第三次会议于2019年2月22日至25日在玉城举行。

会议审议通过市政协主席林成辉所作的常务委员会工作报告，审议通过九届二次会议以来提案工作情况的报告。会议认为，过去的一年，市政协常委会坚持以习近平新时代中国特色社会主义思想为指导，全面贯彻中央、省委、台州市委和玉环市委的决策部署，在把握大局中明晰思路、在服务发展中准确定位、在履职实践中主动作为，顺利完成九届二次会议确定的各项任务，为加快建设美丽宜居、充满活力的现代化海湾城市作出积极贡献。会议听取并赞同市长吴才平所作的《政府工作报告》，赞同市人民法院工作报告、市人民检察院工作报告以及其他报告。会议认为，《政府工作报告》总结2018年工作全面客观，分析问题深刻实在，提出2019年工作任务，目标明确、思路清晰、措施有力。

会议期间，全体委员认真履行职责，深入协商议政，尤其对青年企业家培育、网络餐饮食品安全监管、沿海沙滩资源保护开发、村级债务控制化解以及教育、文化、卫生、养老事业发展高度关注，提出许多建设性的意见建议。会议在民主协商的基础上，补选产生政协第九届玉环市委员会秘书长和常务委员。

会议强调，2019年是中华人民共和国和人民政协成立70周年，也是高水平全面建成小康社会的关键之年。市政协各参加单位和广大政协委员要高举习近平新时代中国特色社会主义思想伟大旗帜，全面贯彻落实中共十九大和十九届二中、三中全会精神，贯彻落实习近平总书记关于加强和改进人民政协工作的重要思想，聚焦市十五届三次党代会决策部署，围绕中心，服务大局，真情履职，为推动人民政协制度更加成熟、更加定型发挥好专门协商机构作用，为全力推进玉环新时代高质量发展，加快建设美丽宜居、充满活力的现代化海湾城市贡献智慧和力量。

【九届十二次常委会议】 该会议于1月23日上午在市机关东院二号会议室召开。会议审议通过关于召开九届玉环市委员会第三次会议的决定，九届玉环市委员会第三次会议议程（草案）、日程，政协第九届玉环市委员会第三次会议关于提案统计截止时间的决定，关于调整政协第九届玉环市委员会专门委员会设置的决定和有关人事事项；审定政协第九届玉环市委员会第三次会议大会执行主席及主持人名单，大会秘书长、副秘书长名单，邀请上主席台就座人员名单；审议通过政协第九届玉环市委员会常务委员会工作报告及报告人，政协第九届玉环市委员会常务委员会关于九届二次会议以来提案工作情况的报告。通报市政协2018年度先进界别组联络组邀请人士组、先进民主监督小组、好提案、优秀委员、优秀邀请人士、优秀民主监督员、反映社情民意信息工作先进个人评选结果。

【九届十四次常委会议】 该会议于5月21日在市政府机关东院2号会议室召开。与会人员先后来到市海洋经济转型升级示范区小微企业园、芦浦镇金山井头小微企业园，视察市小微企业园建设情况。副市长蔡木贵通报市小微企业园建设情况。市政协常委会组成人员和委员们围绕通报内容开展协商讨论，提出扩大小微企业园规模、强化政府配套建设、严把“入园关”等意见建议。市政协主席林成辉强调，小微园区建设事关玉环工业发展道路选择，各部门要充分利用整合好现有资源，严格把好“入园关”，努力提升园区品质，为传统产业优化升级提供新的广阔发展空间，让小微企业“进得起、留得住、发展得好”，让玉环迎来新的发展时代。会议还审议通过政协玉环市委员会全体会议工作规则、常务委员会工作规则、专门委员会通则修订稿。

【九届十五次常委会议】 该会议于7月30日下午在市政府机关东院2号会议室召开。与会人员先后考察清港镇“文旦花开”创意产业园和玉环市老铜匠铜制品有限公司，了解市特色文创园区（街区）建设及文旅产业融合发展情况的通报。协商提出加大专项资金补助、针对性地释放政策红利、因地制宜打造特色鲜明的文旅新地标、深挖文遗底蕴、完善文旅产业链条等意见建议。市政协主席林成辉指出，文化产业是玉环高质量发展的引擎，也是建设现代化海湾城市的重要依托，要突出玉环特色，致力打造一批具有玉环特色的文创园区（街区）、区域知名的文化旅游目的地，发展玉环经济新的增长极。

【九届十六次常委会议】 该会议于9月5日上午在玉环喜来登酒店召开。会议听取市委市政府半年度工作情况通报、市项目“双进”大比拼活动开展情况、市人民法院半年度工作情况及市人民检察院半年度工作情况的通报。市政协常委会组成人员围绕城市有机更新、教育基础设施建设、科技创新能力提升、卫生事业发展内容提出意见建议。会议审议通过有关人事事项。

【九届十七次常委会议】 该会议于12月9日下午在市政府机关东院2号会议室召开。与会人员听取市政府关于市政协九届三次会议以来提案办理情况的通报并开展重点提案办理单位和提案办理重点单位的民主评议。会议审议通过政协玉环市委员会提案工作细则修订稿；审议决定政协第九届玉环市委员会各专门委员会组成人员调整。

【举行中秋座谈会】 该会议于9月12日下午在玉环喜来登酒店举行。市领导吴才平、林成辉、庞伟峰、张海舟、陈威、萧诗跃、陈明迪、陈茂荣、吴玲芝、陈亨标、陈伟鹰出席会议。与会人员围绕玉环经济社会发展的热点、难点以及人民群众关注的焦点展开座谈讨论。在听取大家的发言后，市委书记吴才平首先代表市四套班子，向与会人员致以中秋佳节的美好祝愿，并通过与会人员向全市各界人士致以节日的问候。吴才平强调，玉环每一点进步，都凝聚着各界人士的智慧和心血，正是因为有了社会各界的积极参与、加油助力，才有玉环今天转型发展的良好态势以及政通人和的良好环境。他希望，社会各界人士把牢政治方向，增强“四个意识”、坚定“四个自信”，做到“两个维护”，找准党委中心工作与政协工作的结合点和着力点，在坚定理想信念中凝聚更强力量；发挥好深入群众、联系广泛的优势，更加主动地服务参与到加快推进新时代美丽玉环建设中来，在服务发展大局中展现更大作为；要积极建言献策，在事关玉环“十四五”发展的重大课题上多调研、多提意见，助力答好“玉环10问”，在“十四五”规划编制中贡献更多智慧。市政协主席林成辉指出，站在新的历史方位，市政协及广大政协委员要锚定新方位，紧紧围绕新时代美丽玉环建设这一中心大局，向党委政府献计出力。要聚焦新定位，切实发挥专门协商机构的重要作用，把握新职能，凝心聚力画好“同心圆”，准确把握新时代人民政协的新使命，在助推党委政府中心工作上履职尽责，在建言资政和凝聚共识上双向发力，充分发挥政协优势和作用，最大限度地汇聚支持新时代美丽玉环建设的正能量。

（董捷卡）

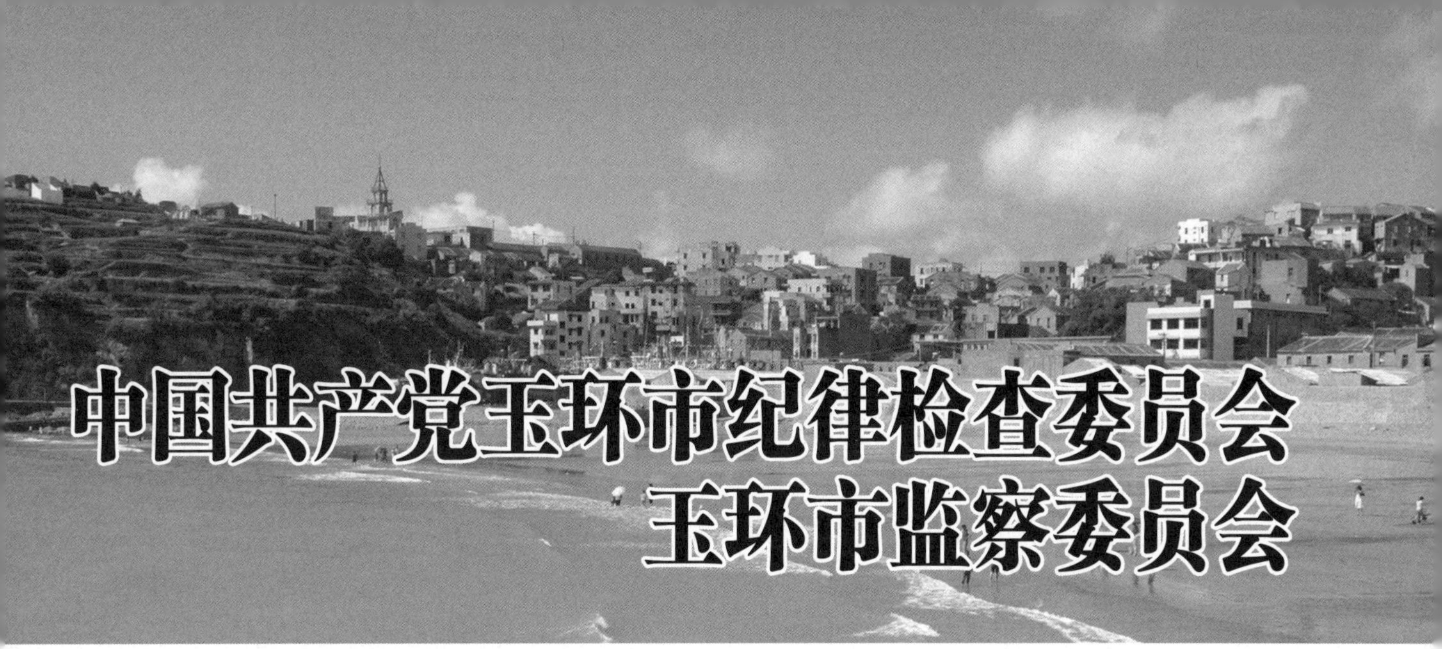

中国共产党玉环市纪律检查委员会 玉环市监察委员会

重要会议

【市纪委十五届七次全体会议】 全会于1月24日召开。市委书记林先华出席会议并讲话，强调全市各级党组织和纪检监察机关要深入学习贯彻十九届中央纪委三次全会精神、省纪委十四届四次全会精神和台州市纪委五届六次全会精神，自觉将思想和行动统一到习近平总书记的重要讲话精神和党中央的决策部署上来，以永远在路上的韧劲和执着，将全面从严治党进行到底，将清廉玉环建设进行到底，为玉环高质量发展提供坚强保障。市委常委、市纪委书记、市监委主任王正雷主持会议，做题为“强化职责担当 深化标本兼治——努力实现新时代纪检监察工作高质量发展”的工作报告。会议审议通过《市纪委十五届七次全会工作报告》和《全会决议》。

【市纪委十五届八次全体会议】 全会于12月30日召开。市纪委常委会主持会议。市委常委、市纪委书记、市监委代主任曹英姬代表市纪委常委会向全会作工作报告（审议稿）起草情况说明并讲话。全会指出，服务中心、保障发展是纪检监察机关的重要职责。市委提出“加快推进新时代美丽玉环建设、全力打造浙东南地区重要发展极”的工作目标，这也是2020年纪检监察工作的主线。全市各级纪检监察机关要强化职责担当，牢牢把握稳中求进的工作总基调，协助市委持续深化“清廉玉环”建设，建立健全“四责协同”机制，精准运用好监督执纪“四种形态”，构建一体推进不敢腐、不能腐、不想腐的工作格局，实现政治效果、纪法效果和社会效果的有机统一，推动新时代纪检监察工作高质量发展，为加快推进新时代美丽玉环建设、全力打造浙东南地区重要发展极提供坚强保证。

（叶云辉　王　鹏）

纪检监察

【加强政治监督】 切实加强对中央、省市和玉环市委决策部署贯彻情况的监督检查，制定出台《关于开展立项监督服务保障市委市政府中心工作的实施意见》，聚焦老旧工业点改造、小微企业园建设、小城镇环境综合整治、高铁沿线征迁及高铁新区项目、老城区（棚户区）改造、消防安全整治、五水共治、防台救灾等市委市政府中心工作开展立项监督，537名党员干部因履责不到位受到责任追究，其中市管干部6人；给予党纪政务处分9人。

认真贯彻落实习近平总书记关于再创民营经济新辉煌的重要批示精神，全力护航民营经济健康稳定发展，将保障民营经济发展作为正风肃纪提质增效的重要内容，深入查纠“招大引强突破年”行动中的不作为、慢作为、乱作为行为，督促涉企部门优质高效落实减税降费、涉企优惠等政策。压紧压实“两个责任”，常态化开展乡镇(街道)和市级部门政治生态评估工作，加强对全面从严治党主体责任落实情况的监督，全年查处落实“两个责任”不力问题21起，追责问责29人，给予党纪政务处分4人，始终保持失责必问、问责必严的高压态势。

【深化作风建设】 锲而不舍落实中央八项规定精神，密切关注隐形变异新表现新动向，持续整治违规发放津补贴或福利、收送礼品礼金、公款吃喝等突出问题，深入开展“酒局”“牌局”专项整治，全市查处违反中央八项规定精神问题38起90人，给予党纪政务处分32人，其中市管干部5人。

深化形式主义、官僚主义整治，开展“抓落实、保稳定、促发展”作风建设年活动，大力整治在联系服务群众方面消极应付、冷硬横推，在服务经济社会发展方面不担当、不作为、乱作为、假作为，在文风会风及检查调研方面搞形式、走过场、重留痕、轻效果等方面的形式主义、官僚主义问题，全市查纠突出问题18起，查处党员干部42人，党纪政务处分14人。

负责“九整治一提升”的组织协调、督促检查和正风肃纪工作，制作《“九整治一提升”工作落实监督检查导图》，按图开展监督检查。排摸梳理问题250多个，督促相关单位即知即改，全面整改，其中移交违规违纪问题9起15人，党纪政务处分10人。建立标本兼治长效机制，对违规收送礼品礼金、违规发放津补贴、利用名贵特产特殊资源谋取私利等突出问题，加大抽查核查力度，推动相关单位整改落实、建章立制。

【加大审查调查】 保持惩治高压态势，突出重点削减存量，零容忍遏制增量，进一步巩固发展反腐败斗争压倒性胜利。全市纪检监察机关受理信访举报271件次，同比下降2.52%；处置问题线索683件，立案189件，给予党纪政务处分168人，移送司法机关处理7人，收缴涉案金额386.73万元，挽回经济损失1647.98万元。高质量办结台州市监委指定管辖案件，查处的台州市市政基础设施开发有限公司腐败窝案得到台州市监委高度肯定；对临海市原市委委员、残联党组书记、理事长曹义勇，临海市黑恶团伙头目胡永跃采取留置措施，为台州市的反腐败工作贡献玉环力量。

开展追逃防逃工作。加强与公安机关的协作配合，成立工作专班，顺利追回3名涉及犯罪的外逃党员，在台州市率先实现外逃人员大起底的清零目标。一体推进不敢腐、不能腐、不想腐的机制建设，注重从典型案件中查找管理监督薄弱环节和制度漏洞，推动以案促改，及时总结审查调查中发现的体制机制问题，向市交通运输局、市人社局等单位提出纪检监察建议6条。

【强化日常监督】 聚焦第一职责、基本职责，强化日常监督，建立健全领导干部廉政档案、列席民主生活会、“谈话函询+核查”等机制，动态研判分析各乡镇（街道）、各部门政治生态和领导班子、领导干部廉政情况。扎实推进清廉玉环建设。将清廉建设作为各级党组织履行全面从严治党主体责任的重要内容，召开全市清廉村居建设现场会，推动全面从严治党主体责任向基层延伸，打造清廉机关、清廉学校、清廉医院等示范样本。坚持惩前毖后、治病救人，综合运用“四种形态”处理664人次，占比分别为71.99%、17.02%、

7.53%、3.46%。开展“及时澄清问题、支持干部干事创业”活动，旗帜鲜明地为37名受到错告、诬告的干部澄清正名，同步查处诬告陷害行为2起，激励和保护广大党员干部干事创业、尽责担当的积极性。深入开展警示教育月活动，编印警示录、拍摄教育片，累计组织参观警示教育3万余人次，教育引导广大党员干部知敬畏、存戒惧、守底线。

【发挥巡察作用】 抓住巡察的政治监督本质，按照“六围绕一加强”和“四个落实”的要求，细化监督重点，坚决纠正政治偏差。灵活安排常规巡察、延伸巡察和专项巡察，对15个市级部门、4个乡镇(街道)党组织开展常规巡察，发现问题887个，移交问题线索143件；对89个村(社区)党组织开展延伸巡察，覆盖率61.1%，排名位居台州市第一，发现问题578个，移交问题线索86件，责任追究121人，给予党纪政务处分26人。启动人防领域腐败问题专项巡察，排查问题线索5条，原县人防办主任受到开除党籍处分。扎实做好巡察“后半篇文章”，建立健全整改情况联审验收机制，加强对整改情况的日常监督。推进巡察工作规范化，推广使用市委巡察警示提醒读本、市委巡察向村(社区)延伸促进整改十条意见等有效做法。加强巡察机构和巡察队伍建设，不断提高巡察全覆盖质量。

【推进体制改革】 加强党对纪检监察工作集中统一领导，严格落实请示报告制度，强化对下级纪委的领导。充分发挥市委反腐败协调小组的作用，制定《市委反腐败协调小组工作规则》，强化与司法机关、执法部门的相互配合、相互制约，推进纪法衔接、法法贯通。主动对接以审判为中心的诉讼制度改革，健全提前介入和查审协商机制，提升反腐败工作法治化水平，全年对13名被调查人采取留置措施。充分发挥乡镇(街道)监察办公室作用，全市乡镇(街道)监察办运用第一种形态处理316人次，立案7件，政务处分3人，政务处理4人。深化派驻机构改革，优化派驻机构组织设置，将15家整合为9家，实行市委机关干部与派驻机构干部“六个一体化”管理。派驻机构处置问题线索能力大幅提升，全年立案40件，党纪政务处分37人，同比分别上升100%、85%。

(叶云辉　王　鹏)

巡察工作

【概况】 2019年，市委巡察工作聚焦高质量发展目标不动摇，坚持求真务实、稳扎稳打，取得明显成效。截至12月31日，市级部门、乡镇(街道)党组织巡察52家，覆盖率66.7%，村(社)党组织巡察135家，覆盖率61.1%，发现各类问题1252个，移交线索199件，立案50人，党纪政务处分37人，挽回经济损失628.8万元。

【巡察监督提质扩面】 聚焦坚持和加强党的全面领导、新时代党的建设总要求、全面从严治党，以“六围绕一加强”为监督重点，对15家市级部门、4个乡镇(街道)党组织开展常规巡察，发现问题455个，移交问题线索87件。围绕防止“久治不愈、反弹回潮”，挑选已巡市级部门、乡镇党组织各2家开展专项“回头看”巡察，发现问题31个，移交线索4件，市委巡察工作领导小组组长根据“回头看”结果，约谈4家单位党组织主要负责人。聚焦推动改革、促进发展，向11家重点单位反馈“最多跑一次”改革专项巡察发现的个性问题、重点问题55个，27家单位对照专项巡察反馈意见举一反三、自查自纠，全市“最多跑一次”改革工作进一步提质增效。坚持巡视巡察上下联动，对市人防系统开展专项巡察，1名干部因违规接受旅游、收受超市卡被开除党籍处分并降低其退休等待遇。

【村(社)党组织延伸巡察有序开展】 对标对表

市委常规巡察，同步谋划、同步推进、同步实施，统筹推进市委巡察向村（社）党组织延伸。组建市委巡察组，突出重点常规巡、巡乡带村延伸巡、统筹力量交叉巡，完成89个村（社）党组织巡察。巡察发现问题766个，移交涉及村级干部公款吃喝、公款旅游，违规发放津补贴等违反中央八项规定精神问题线索108件，推动解决村民土地纠纷久拖不决、村干部无偿占用集体土地、村民生活用水污染等群众关注的问题，责任追究121人，其中党纪立案27人。

【成果运用做实做细】 针对巡察发现的共性问题，向市民政局、市农业农村和水利局等单位提出建议19条次，相关职能部门开展专项整治6次，建立健全制度3项，充分发挥巡察标本兼治的作用。如市委市政府出台《玉环市加强社区建设工作实施方案》进一步规范社区建设，市委组织部在全市范围开展因私出国（境）专项整治，责任追究19人，通报4人，有力地形成震慑。组织市纪委市监委、市委组织部、市委巡察机构等相关人员组成检查组开展"回访检查"3次，发现未整改到位问题36个，发函督办12件，推动24个问题进一步整改落实销号。梳理巡察以来发现的共性问题和典型案例编印《市委巡察警示提醒读本》，总结归纳村级党组织的突出问题和重点问题，形成《关于市委巡察向村（社区）延伸促进整改十条意见》，结合"不忘初心、牢记使命"主题教育，引导全市各级党组织对照问题自查自纠，推动巡察整改"前置"，实现监督效果最优化。

（市委巡察办）

民主党派·工商联

民进玉环总支

【概况】 民进玉环市总支部成立于1994年1月。经过近27年的发展，会员人数从成立时的15人增加到2019年年底的63人。总支部设主委1名，副主委2名，委员5名。

【参政议政】 以"高质量发展"为主线，教育、文化等民生事业为主题，充分发挥本支部政协委员等骨干力量，积极参政议政，完成社情民意信息12条，为各级"两会"提交建议、提案10件。其中由第一支部副主委艾志文撰写的《关于加强我市康复医疗体系建设的建议》被作为重要提案督办；总支副主委陈瑞林参与的《关于服务企业需求，补齐科技创新短板的建议》被市政协九届二次会议评选为"好提案"。总支调研组深入部门、园区、企业调研，完成调研报告《推动小微企业园健康发展，助力小微企业优化升级》，得到市主管领导的肯定。

【社会服务】 针对民办学校师资力量薄弱、教学基础较弱等突出短板，总支以第二支部为骨干，开展民办教育协会联合党委正式合作共建，整合各方教育资源，开展系列活动，助力民办教育发展。以第一支部为骨干，发挥绝大多数会员是医护人员的优势，积极开展送医下乡活动，提升民进组织的社会认知度，展示民进支部的社会形象。

（市委统战部）

民建玉环支部

【概况】 民建玉环支部于2014年11月成立。经过近6年的发展，会员人数从成立时的9人增加到2019年年底的30人。支部设主委1名，副主委1名，委员3名。

【参政议政】 充分发挥会员中政协委员多的优势，利用支部平台，凝聚会员智慧，开展集体研究，提交有质量、有见地、有价值的大会发言、集体提案和社情民意。2019年，上报社情民意15篇，获得台州市政协录用的1篇，获得省委会信息录用的15篇，获得省政协、民建中央录用的4篇，获得全国政协录用的1篇。支部主委带队开展调查研究，形成调研报告《关于加快高铁新区建设的几点意见》，并代表支部作大会发言，获得主要领导批示，并要求提交常委会专题研究后进入决策。委员蒋良喜关于沙滩整治与开发利用的建议分别评为重点提案和优秀提案。会员潘星好加强春节期间舞龙管理的建议和关于“如何从地标性景观建筑入手，让世界了解玉环”的建议获立案。

【社会服务】 开展“六一”爱心慰问活动。“六一”当天，组织会员慰问坎门朝阳民工子弟学校，参与学校的“六一”活动，为孩子们送上节日的礼物，并向辛勤付出努力的特殊教育工作者表示诚挚的问候和崇高的敬意，呼吁全社会都来关心、关爱这一特殊群体。持续跟进“衣暖人心”活动。民建志愿者们依照台州市委会2018年布置的“衣暖人心”爱心捐助活动，不断有序推进，增加投放小区，定期检查衣物箱及衣物回收的情况，确保箱体清洁，及时回收清运。持续开展“结对帮扶”活动。持续四年结对浙师大困难大学生张安琪，关心她的学习和生活情况，资助她4年的学费和部分生活费，直至毕业，并顺利加入人民教师队伍。开展重企业走访活动。深化“三服务”要求，支部班子先后走访苏泊尔房产、江林水暖、港捷卫浴、万德凯铜业等会员企业，了解企业需求，践行“妈妈式服务”，助推企业高质量发展。热心服务社会。会员刘荣利用自己的专业特长，积极献出爱心，长期担任市政协青年委员会公益教师和市特殊教育学校“特聘教师”，定期为特殊儿童授课，得到了广大师生和家长的高度赞扬。会员金根祥举办大型公益讲座，为玉环市1000多位财税人员进行详细的新个人所得税法讲解。

（市委统战部）

民盟玉环支部

【概况】 民盟玉环支部于2016年11月成立，截至2019年年底，支部人数有15人。支部设主委1名，委员3名。

【调研成果】 充分发挥民盟组织人才荟萃、智力密集的优势，努力为玉环市高质量发展建真言、谋良策。聚焦经济高质量发展献言献策，积极参与市委统战部民主党派联合调研活动，分别前往玉环汽摩配研究所、城北小微工业园区、永兴村镇银行等地调研，多次与民营企业座谈交流，最终形成一篇调研报告《提升金融服务质效助推民营经济再创辉煌》，两篇大会发言《关于加强隐形冠军企业培育的建议》《城市有机更新助推经济高质量发展》，其中《关于加强隐形冠军企业培育的建议》被主要领导批示。

【参政议政】 聚焦社会治理高质量发展资政建言，依托台州和玉环全会召开，盟员中的人大代表、政协委员围绕城市建设、环境保护、教育卫生等诸多方面，提交台州市五届人大四次会议个人议案2篇，其中《加强我市学生托管服务的建议》被评为重点议案；提交玉环政协九届三次会议个人提案7篇、民盟团体提案2篇、团体大会发言《标本兼治 规范校外培训机构的建议》被玉环市主要领导批示，提案转办后被评为重点提案。聚焦民生民情，积极反映社情民意信息，抓热点破难题，着力提高反映社情民意信息工作成效，全年盟员上报社情民意信息12篇，其中10篇被盟省委录用，5篇被台州市政协录用，1篇被省政协录用。

【社会服务】 持续依托“守护梦想”——关爱新玉环人子女公益项目，深入打造社会服务品牌项目。“守护梦想”公益社团数量从原先的9个新增到14个，新增合唱、尤克里里、速算、趣味编程、空手道等五个社团，社团学生数量新增155人，截至2019年年底，社团学生有480人，累计赠送696节公益社团课，连续两年被省政协联谊报报道。设立玉环首个民工子弟学校学生专项奖学金，连续两年为全市45名品学兼优的新玉环人子女颁发奖学金。多次组织开展民工子弟学校慰问活动，在“利奇马”台风后携手玉环图书馆为受灾学校育民学校新建流动图书馆,输送第一批约500册图书,供学生免费借阅。以主题教育开展为契机,深入基层、深入一线,开展"服务企业、服务员工、服务发展"活动,前往浙江工交机械有限公司开展调研,提供法律咨询、财税业务咨询、员工关爱等服务。

(市委统战部)

玉环市工商业联合会

【概况】 市工商联是市委领导下的以非公有制企业和非公有制经济人士为主体的人民团体和商会组织,是市委、市政府联系非公有制经济的助手。2019年,市工商联有下属镇乡(街道)基层商会9家,异地商会12家,村级商会2家,其他商会2家。

【习近平总书记系列重要讲话精神学习】 围绕党的十九大报告、中发25号文件和习近平总书记系列讲话精神,通过召开执委会、主席、会长联席会议、异地商会和基层商会会长会议、各商会座谈交流等多种方式进行学习传达,帮助非公经济人士掌握理论知识,坚定信念信心,准确把握大势,实现转型发展。

【非公有制经济人士理想信念教育活动】 在广大非公经济人士中深入开展以"守法诚信、坚定信心"为重点的理想信念教育实践活动,坚持把理想信念教育实践活动融入企业发展,贯穿企业党建、企业文化建设,引导民营企业家践行社会主义核心价值观,坚持做到不行贿、不欠薪、不逃税、不侵权、不踩红线。

【非公有制经济人士参与社会公益】 1月,市工商联联合市总工会、市传媒中心第四次联合开展春节"爱 回家"大型公益活动。响应玉环市助力对口地区脱贫攻坚和加强对口支援(合作)工作,履行企业家社会责任,弘扬玉环商人精神,打造东部沿海发达地区社会组织帮扶助推西部贫困地区脱贫致富的样板。市工商联"云朵计划"、武汉玉环商会、西安市玉环商会、玉环郑州商会、玉环市新生代企业家联谊会、副主席单位苏尔达、琦星电子再为四川茂县捐助30万元。8月,根据南北协作的要求,组织部分玉环工商联执委到辉南县特色农业发展、新农村建设,红色旅游等内容进行考察和交流。在台风"利奇马"袭击玉环后,发动异地商会主动募捐120多万元支援家乡抗台自救。

【新生代企业家培育】 实施"青蓝传承工程"。为做好代际传承,引导年轻一代继承发扬老一代企业家诚实守信、艰苦奋斗的创业精神和听党话、跟党走的光荣传统,举办新生代企业家培训班,组织市新生代企业家联谊会、市海创会、杭州市玉环商会青联会、玉环上海商会青联会、市台联会青年企业家到福建古田干部学院进行组团培训,进一步传承红色基因,坚定理想信念。指导市新企联赴披山岛开展"八一"慰问,与玉环市特殊教育学校学生联欢,开展班子成员"走访 问计 送福"理事单位企业、"三八"节、人才招聘会等活动。

【政企沟通平台搭建】 为深化领导干部联系帮扶非公企业发展制度,充分发挥商会组织在党委政府与广大非公企业中的桥梁纽带作用,建立市领导联系商会组织工作制度。市四套班子领导分别联系一个本地商会和一个异地商会,定期向商会成员企业通报市委、市政府关于扶持非公经济发展的重大决策部署,介绍市经济社会发展情况,听取商会和企业家的意见建议,了解和分析商会组织的困难和问题,并进行有针对性的工作指导,促进商会组织健康发展。协助市委、市政府顺利举办玉环在外创业人士新春联谊会，广邀在玉环以及玉环籍在外各界人士和代表欢聚一堂，市四套班子主要领导及分管领导、涉工部门的主要负责人与玉商们面对面交流，共叙乡情，共谋发展，并动员在外玉商反哺家乡，积极助推玉商回归。在各异地商会设立招商联络站，为吸引玉商回乡投资提供便捷高效的服务。广泛动员非公经济人士参政议政，加强非公经济代表人士的政治和社会荣誉感，更好地参与到全市政治、经济和社会事务中来。在市“两会”期间，非公经济人大代表、政协委员们围绕招商引资等方面共提交各类议案提案近百件，充分反映非公经济发展存在的问题和非公经济人士的诉求。

【法律服务平台搭建】 举办非公企业法律讲座，专门邀请市检察院作法律培训，帮助企业家提高法律意识，防范企业经营过程中的法律风险。

【商会建设】 以“强基层、优服务、促提升”为目标，专门印发《关于开展“五优”商会评选活动的通知》，持续推进商会组织规范化建设。成功创建“五优”商会10家。注重加强党建引领，高度重视商会“两新”组织党建工作，切实发挥商会党支部和党员先锋模范作用，实现党的建设和商会发展互融并进、同频共振。各乡镇（街道）基层商会党组织实现全覆盖，并成功创建一处“两新”党建示范基地。在组建异地商会时，做到商会组建与党支部组建同步开展、齐头并进，异地商会组建到哪，党支部建设就跟到哪。12个异地商会中，党组织覆盖率超过80%。

（张　钦）

群众团体

玉环市总工会

【职工状况】 开展25人以上百人以下未建会企业组建攻坚行动,以“清底、拓边、提质”为工作目标,开展摸底调研,对25人以上未建会企业开展应建尽建工作。截至2019年年底,单建工会1368家,联合工会100家,会员数198245人。在此基础上,实名制数据库建设自2017年边试边行,截至2019年年底,实名会员数录入突破14万人,会员入库率74%。普惠职工4.9万人,注重会员实名制数据在普惠服务中的运用,实现服务的精准化和普惠性。

【工会组织】 继续深化3家试点乡镇(街道)总工会改革工作,通过改革组织设置、创新服务方式、丰富活动形式等方式,完成3个改革试点乡镇的“回头看”工作。深入开展全市百人以上未建会企业工会组建专项行动,完成全市25家百人以上未建企业单独组建,建会率100%。积极探索工会组织新模式,9月6日,成立浙江省首家以网格员为主体的工会组织——玉环大麦屿街道“屿安”社会工作服务中心工会;12月,创新成立玉环市市级机关工会联合会。

【工会活动】 连续四年开展“爱·回家”大型公益活动。为职工送“回家车票”、赠送各类新春年礼,圆“新年心愿”,线下慰问环卫工人、玉环漩门湾大桥项目一线职工等一系列活动,输出福利36.5万元,覆盖职工9000人次。开展“夏送清凉”活动,为34家企业、重点项目工程、灾后救援岗位等送去消暑饮品,联合各乡镇(街道)、开发区总工会累计开展“送清凉”活动83次,投入金额27万元。开展“培育好家风——女职工在行动”主题实践活动。在全国第七届“书香三八”读书活动征集到10篇征文,24张摄影,4张书法作品,其中玉环市女职委选送的《拥军》荣获摄影一等奖。创建“小候鸟守护成长计划”特色品牌,获省级第二批“工会女职工特色工作品牌”,暑期累计开展送课、观影等活动16场次,服务企业职工子女1287人次。开展青年交友活动4场,覆盖职工390余人,促成13对佳侣牵手,进一步服务青年单身职工婚恋需求、拓宽单身青年职工沟通渠道,为单身职工搭建交友平台。2019年,依托各级职工文化阵地举办各类文体活动1000余场,服务职工群众3万人次。

【维护职工合法权益】 持续深化玉环市在职职工住院医疗互助活动。第十一期参保1431家单位、职工148436人次,收取互助金420.78万元,其中参保职工重大疾病互助保障项目人数63399人，收取互助金95.54万元。全年为1952人补助389.37万元，救助困难职工85人，发放资金26.88万元，职工满意度100%。深入推进2019年非公企业一线优秀职工疗休养活动，组织落实全市305名非公企业一线优秀职工开展疗休养活动。深入开展"妈咪暖心小屋"建设，新建6家小屋，验收前逐一走访，指导开展制度上墙、定员管理、领用登记等规范管理。其中中国移动玉环分公司清港区域营销部"妈咪暖心小屋"获台州市第三批"妈咪暖心小屋"示范点。按照《玉环市"妈咪暖心小屋"建设工作补助办法》，定期发放物资、定期开展考核、定期实行评比予以补助，2019年对21家单位发放物资20000元。

【参与经济建设和民主管理】 以技能比武大赛、劳动立功竞赛为引领，多途径提升职工总体素质。开展玉环时尚家居小镇2019年度立功竞赛活动，助推玉环时尚家居小镇争创省级特色小镇；联合市人力资源和社会保障局、市委人才办等单位在市中等职业技术学校举办玉环市第十二届职业技能大赛，来自136家企业的556名选手参与竞技。

突出劳模工匠的先进引领作用，凝聚职工群众发展合力。注重劳模培养与管理，推荐产生1名全国"五一"劳动奖章获得者、5名省级劳模以及1个省模范集体，推出"红五月·走近劳模"专题报道；创建全市首批5家劳模工作室；组织劳模义务劳动、灾后重建、技术服务等10场次。

组织各级工会开展2019年度"安康杯"竞赛暨安全合理化建议活动，上传安全隐患随手拍2531条，最终择优推荐5条优秀的"隐患随手拍合理化建议"上报台州市总工会。其中，浙江苏泊尔股份有限公司的金策《复打安全门改善》的建议获得台州市职工安全隐患随手拍合理化建议二等奖。辖区内企业无重大安全生产事故发生。

根据省、市"全省一张网"建设要求，完成"职工之家"网站县级频道建设；同时大力加强微信公众号平台"玉环工会"建设。至2019年年底，平台有粉丝数36487人，同比增长63%，日均阅读量1855人次。

【协调劳动关系】 组织开展2019年工资集体协商"要约行动"活动，发出要约书720份，收到回复705份，应约率98%，签订工资专项集体合同705份，覆盖职工113338人。联合市人劳局、市工程质量监督站等相关职能部门开展2次以"欠薪"为重点的工会劳动法律监督活动，惠及企业35家。指导全市各乡镇(街道)总工会开展普法活动，开展"尊法守法、携手筑梦"系列普法活动14次，覆盖职工3000人次，发放各类普法资料2000多份。其中，5场尊法守法 携手筑梦普法直通车法律大讲堂，450余名职工参加活动，发放宣传手册1200余份。坚持开展"互联网+工会"法律服务。坚持每周一、三上午律师坐班制度及"玉环工会"24小时在线律师栏目，线上线下解答各类劳资法律咨询250人次。

（董　莉）

共青团玉环市委员会

【概况】 2019年是中华人民共和国成立70周年、五四运动100周年。团市委荣获省五四红旗团委称号，志愿服务"益"条街获评台州市共青团工作、青年工作创新奖，信息工作获评台州市先进单位。坎门街道团委、市综合行政执法局团总支分别获台州市五四红旗团委、五四红旗团支部称号，楚门镇团委、传媒中心团委等5家团组织获评台州市先进团组织。省红领巾学院第三期高研班开学典礼暨台州市"弘扬森火精神、争做新时代好少年"主题实践活动启动仪式和台州市青少年“助力污水零直排、共建美丽河湖”青春先锋行动现场会在玉环召开。5月23—24日，团省委书记朱林森到玉环考察调研，为玉环市共青团工作点赞。

【青少年思想教育】 以五四运动100周年、中华人民共和国成立70周年、少先队建队70周年为重要节点，组织“青春心向党·建功新时代”“缅怀革命先烈·传承红色基因”“红领巾心向党，争做新时代好队员”系列主题教育，广泛开展党团知识竞赛、五四百年精神传承集体宣誓、“歌唱祖国”快闪、文艺会演、少先队标志礼仪教育等各项活动近百场，近万名青少年参与。

青少年理论武装持续强化，引导团员青年自觉参与“青年大学习”网上主题团课，组织开展“森火少年、少先队争章”活动，建立青年学习充电站11家、红领巾分院1家、红领巾e站2家，推出红色研学路线3条，推动团员青年学懂弄通做实习近平新时代中国特色社会主义思想，鼓励少先队员从小学先锋、长大做先锋。

举办新时代追梦好青年风采展，评选出13支在实干担当、创新创业、志愿奉献、独具匠心、振兴乡村5个方面表现优异的团队，以可亲可信可学的榜样力量向全社会展现当代玉环青年敢于担当、奋力追梦的良好形象。坚决守牢网上舆论阵地，在青年集聚的新媒体平台持续发声，入驻抖音平台，玉环共青团官方微信、微博影响力稳步提升，粉丝数量达到6.4万人。

【青年工作服务全市大局】 大力实施青春助力“两抓年”行动，全面动员部署“三服务”“百团进百企”活动，举办“组团送服务、精准解难题”政企交流对话会3场，帮助企业解决问题37个。

围绕“最多跑一次”改革，联合各级青年文明号，深化“奔奔助跑”服务，创建市综合行政执法局等4家单位“跑小青”工作室，涌现出市税务局纳税服务股全国青年文明号“跑改”青春典型。

全面实施“乡村振兴青春建功”行动，选培“新农人”12位，构建省、市、县三级青创农场建设梯队，龙额火山茶青创农场获评省级示范性青创农场。

启动玉环籍硕博学子“青桐计划”，首批84名学子加入人才库，并在美、英、韩3个国家和北京、上海等12个城市设立人才联络站，宣传玉环政策资讯，引导人才返乡扎根。

组织开展“青年微讲堂”“智联两地·共话发展”等主题沙龙活动，深化“小贤有为”品牌。

紧抓志愿服务工作，深化青年志愿者队伍建设，注重孵化志愿服务项目，组织开展平安建设宣传、生态环保、社区服务、抢险救灾等各类志愿服务320余场，让美丽玉环建设处处涌现团青身影，“少年警校”“向young花开，守护成长”项目获省志愿服务大赛铜奖，“志愿服务‘益’条街”项目获评台州市品牌公益服务项目。

【面向青年服务】 组织第五季“加油！青柚团”玉环籍大学生暑期社会实践活动，96名大学生在青春助跑、食品安全等7个岗位进行3周实习。

开展5期“彩虹21天”市民文明新风提升活动，7800余名市民围绕文明出行、健身运动、文化提升等9个项目进行打卡，引导市民自觉革除不文明行为、树立文明新风。

实施“新青年·新伙伴”计划，举办“花young部落”青年兴趣公益培训和红色青春交友派，为500余名青年搭建素质拓展、交友联谊平台。

深化与四川茂县扶贫协作“青伙伴计划”，组织209名团干团员参与“一户一码”结对帮扶，开展“羌山少年励志东部行夏令营”，为两地少年交流学习搭建平台。

举办“设计别来无young”“城市有机更新”玉环新青年论坛2期。推出“亲青筹”助学、助困、助医等项目4个，连续第15年开展爱心圆梦助学行动，资助学生160名。

深化“青春变奏曲”生命教育中小学百场巡回讲座和“星星点灯”“七彩课堂”小候鸟暑期关爱活动，设立“五色花”重点青少年帮扶和大白行动之“情暖童心”项目，采用“团干+社工+志愿者”模式，走访帮扶重点青少年349名，并为80余名困境儿童、农村留守儿童提供心理辅导。

【基层基础建设】 团市委党组开展“不忘初心、牢记使命”主题教育，把学习教育、调查研究、检视问题、整改落实贯穿主题教育始终，开展各类学习会25场，走访基层团干青年450余人，征集意见建议34条，完成《全乡镇团干部队伍人员配备》《完善校外少先队的阵地体系》2个调研课题和《共青团员“学社衔接”最多跑一次》《完善红领巾阵地体系建设》2个攻坚项目。开展团员档案协同管理，在乡镇（街道）便民中心和市人才市场设立团员“学社衔接”服务专窗。推进团属阵地建设，成立团代表工作室、青商书院和“亲青恋”线下活动基地，拓展“花young部落—青春V站”阵地，筑强两新团组织活动阵地，打造一批青年身边的共青团门店。

（团市委）

玉环市妇女联合会

【概况】 2019年，市妇女联合会打造的“湾区追梦·美好生活巾帼示范带”建设取得突破性成效，台州市相关现场会在玉环召开。玉环巾帼课堂登上人民日报，玉环“家事板凳会”“玉环娘姨”“柚一家·阅声书房”等工作分别在省级相关电视栏目播出，在省妇联系统维权工作培训研讨班、台州市和合家事调解培训班等做经验交流。

【主题教育活动】 结合“不忘初心、牢记使命”主题教育，深入开展“大学习、大宣讲、大宣传”“巾帼心向党 初心永不忘”“巾帼心向党 建功新时代”各类学习教育活动40余场。开展“跟着总书记 巾帼读好书”“我在玉环读新语”等系列活动，并在全市范围内推出“巾帼学习卡”。推出巾帼初心之旅，创建台州市级女性红色教育基地1家。采用“一馆一园一所一路线”模式，打造4个巾帼初心体验营新阵地。通过“初心铭记，初心传承、初心重温、初心守望”“一站式”活动，将主题教育贯穿于整个妇女思想引领工作中，营造无处不在、无时不在的“全天候”“立体化”女性红色思想引领氛围。其中，“巾帼心向党·礼赞新中国”快闪活动登上央视、浙江卫视和学习强国。

【服务大局】 启动“美丽经济服务年”专项工作，大力建设“湾区追梦·美好生活”巾帼示范带，打造“文明实践”“海韵文化”“社工‘管’家”“柚乡文创”“跨界关爱”等各有特色的美好生活巾帼示范带5条。在示范带中纳入妇女之家、三八红旗手工作室、执委工作室、美丽庭院、巾帼文明岗等阵地创建，将妇联工作串点成线。

开启“新时代‘妇联+金融’”服务，开展“好家庭信用贷”活动，以“浓情端午 普惠同行”等妇女群众易于接受的形式开展信用贷产品宣传10余场，参与妇女群众2000余人。深入全市各地指导创建“巾帼创益铺”，有效帮助更多女性实现创业和就业。组建“美丽经济”服务队，通过征集女性创业问题清单，对接相关部门扶持政策及“妇联+金融”等资金配套帮扶计划，破解创业发展难题。同时，因势所需加大月嫂培训，分三期每期有100名妇女参与培训。推进“我爱我家 美丽庭院”争星创优，组织“人间最美四月天 我家庭院美丽秀”的短视频征集活动，在新媒体平台展播美丽庭院优秀短视频作品20余个。参与星级美丽庭院创建和验收，对2018年度1600余户美丽庭院星级示范户进行逐户验收，并予以资金补助。开展绿色家庭创建活动，建成省级最美庭院1家，省级垃圾分类示范户1家，省级绿色家庭2家，市级绿色家庭10家，玉环本级绿色家庭100家。

【文明家庭创建活动】 持续推动“百千万巾帼大宣讲”进村入户活动，开展专题系列微课70余节。以“乡村振兴学院·巾帼课堂”为载体，通过“美好课堂”，让农村妇女变身创业“女达人”，累计开展活动21场次，覆盖妇女群众1600人次。

推出“美丽玉环 幸福相约”家庭乐游体验营系列活动，让家庭在乐游中探寻海韵文化、重塑玉环记忆。

持续开展“最美家庭”和“平安家庭”等文明家庭创建。选树一批“巾帼排头兵”，挖掘“玉环十二女将”、玉环海韵巾帼巡防队等基层优秀女性榜样，宣传“新中国70年70人台州‘第一’女性”9名，引导广大妇女见贤思齐。

开展“柚一家·阅声书房”全民阅读品牌建设，组织9家联盟单位开展柚一家·大咖分享、家长沙龙、安全教育、乡土文化等系列活动，通过阅声书房栏目推广。在各村（社区）文化礼堂、妇女之家、诵读馆设立“柚一家·阅声书房”亲子流动课堂，全年累计开展活动40余期。

开展“千村万户亮家风”主题推进行动，整合讲师资源50余名，开展主题巡讲30余场次。组织好家庭好家风“悦”读会、“新时代家庭观大家谈”等活动12场次，覆盖家庭2000余户。

结合“礼赞新中国·共筑美好家”爱心公益活动，在全市开展金婚典礼、集体婚礼等“新婚礼”宣传40余场次，“阳光笑脸——低保户全家福公益拍摄”“美丽嫁纱——中老年婚纱照公益拍摄”5000余户。

【关爱妇女儿童】 在玉环妇联微信公众号开设家事故事会栏目，以真实案例展示+法律解析的模式开展普法宣传。开展巾帼法治宣传三服务进村居社区、进学校、进企业活动，并借助平安早市、禁毒流动课堂、家事小剧场等载体，开展宣传活动30余次，印发宣传资料30000余份。

依托村社区网格内妇女微家，创新推行家事板凳会，建立15个“家事板凳会”示范点。在社区网格内开展楼宇妇建工作，设立3个“微客厅”示范点，为社区妇女提供家事服务。

举办“三近三服务”暨巾帼创益年货发布会活动，开展“暖秋计划”“暖冬计划”“尚善基金”慰问、六一慰问、“圆梦助学”、爱心加油包等关爱活动，累计为近521名贫困妇女儿童、“三留”人员送上慰问物资和善款。为全市16—60岁低保女性送去两癌公益保险。开展“东西部扶贫协作——爱心直通车”活动，为四川茂县的孩子们送上御寒衣物、棉被以及学习用品。全年合计筹集70余万元爱心款用于帮扶关爱。

【妇联组织改革】 延伸“市妇联—乡镇（街道）妇联—村（社区）妇联—网格妇联”的“4+X”妇联组织架构，深入推进“妇女微家”建设，开展村（社区）“妇女微家”提质行动和“四新”领域妇女微家扩面行动。全市建设各类型微家282个，打造“家事板凳会”“微家电影院”“板凳党课”“巾帼下午茶”等特色载体，广泛开展微宣传、微议事、微创业、微维权、微家风、微志愿的6+N服务活动。建成市级执委工作室2家，乡镇级执委工作室5家。

发挥妇女代表引领示范作用，打造代表+妇工（执委）、代表+社工、代表+志愿者三种履职模式，建成代表工作室1家、代表流动履职服务站21个，组织代表开展“关爱行、宣传行、健康行、维权行、帮扶行”五大主题履职活动，累计开展活动50场。

在以网格员为主体的“屿安”社会服务中心成立妇联，为省内首例。建成台州首家新居民妇联组织，优化对新居民群体的服务质量。

实施“巾帼领头雁”工程，重点加强妇联专兼挂干部队伍、妇联执委队伍、妇女代表队伍三支队伍建设，全面提升妇联干部的履职能力。

不断深化巾帼志愿服务活动，启动“红粉连心”巾帼5号固定服务日行动，将志愿服务与“党日共学”等工作相结合，推动服务常态化、规范化、机制化开展，全年志愿服务受益群众2.5万人次。开展“融志愿”行动，整合海韵救援队、公安女民警和巾帼志愿者的力量，成立全省首个专业海上女子巡防队。实施“巾帼公益合伙人”计划，整合社会爱心资源40余万元。市巾帼志愿者协会也被评为2018年台州市优秀志愿服务组织。

（戴华霜）

玉环市科学技术协会

【深化企业科技服务】 指导浙江昌亨机械有限公司院士工作站成功创建省级院士工作站。持续开展企业技术需求服务工作，促成院士、权威专家和玉环企业对接项目5个。推荐6个孵化项目参加2019年台州国家人才合作洽谈大会。

【推进科技惠农工作】 邀请中国科学院科技战略咨询研究院党委书记穆荣平到玉环考察指导海洋牧场建设工作，邀请苏州大学院士柴之芳、东北大学院士闻邦椿出席玉环文旦节。实施“金桥工程”，验收补助农业项目16个。推选7名农业技术带头人参加省市农函大培训。

【开展科学普及进文化礼堂】 组建农村科普讲师团，全年通过科普讲座、科普展览、科普读物进村社等形式，开展活动50余场，分发科普宣传品1000余套、科普历书3000册等。

【指导开展青少年科技活动】 开展科普大篷车进校园活动10场，中科院老科学家报告团巡讲10场。举办玉环市首届中小学生天文学知识竞赛、第二届青少年科技创新大赛、第二届科学嘉年华活动等，累计253人次在台州市级赛事中获奖。

【加强科普教育场地建设】 完成玉环市科技馆项目可行性研究报告编制。新创建玉环市级科普教育基地3家。玉环火山茶基地获得省级科普教育基地授牌。

【开展学术交流】 邀请东北大学院士闻邦椿到玉环作“学好方法论，争做智慧人，共圆中国梦”专题讲座。举办“玉环市汽车零部件产业高质量发展高峰论坛”，全市汽车零部件重点企业的200多位高层管理人员出席。

（市科协）

玉环市社会科学界联合会

【开展社科普及活动】 7—8月，举办主题为“普及人文社科知识 建设新时代美丽玉环” 社会科学普及月活动。创新“玉环云党课”公众微信号栏目，推出《趣品·社科》《读书频道》《社科史话》《之江新语》等系列社科普及栏目，推进重大理论和社科知识普及。在各乡镇文化礼堂和诵读点内，举办启蒙礼和经典诵读活动，带领未成年人传承中华文明、继承传统文化、弘扬儒学精神。购置社科类书籍送入社科基地和文化礼堂，普及人文社科知识，营造读书氛围。制作《玉环知多少》系列展板，在全市各社科基地和文化礼堂巡回展出，宣传普及玉环的历史足迹和奋斗进程。创新打造社科普及示范项目《阅声书房》，该项目通过“媒体+”的理念，致力打造“内融外合”的全民阅读综合体，推动社科普及，引领全民阅读新风尚。“打造《阅声书房》开辟社科普及新阵地”被评为2019年度“浙江省社科普及创新示范推介项目”。

【举办人文社科讲座】 结合“四千工程进文化礼堂”活动以及“玉环云党课”微信公众号宣传普及平台,举办线上线下人文社科讲座。其中,与台州学院人文学院合作“玉环和合人文讲堂”6期,课程包含《老子〈道德经〉的修身养生之道》《古代小说人物鉴赏的基本方法》《有趣的生活美学》等,每场讲座听众人数超200人。讲座视频全程在公众号上网络直播与回放。2019年,举办社科讲座、讲堂等46场。

【壮大社科普及基地建设】 有省级社科普及基地1家,台州市级社科普及基地5家,玉环本级基地37家,基地类型涵盖学校、文化礼堂、文物保护点、书院、红色基地等。从6月起市社科联对37家本级社科基地开展评估工作,通过实地走访考察、听取工作汇报、查看活动台账等方式,从组织建设、制度建设、载体建设、科普活动、社会影响五方面入手,最终评定8家为优秀等次,8家为良好等次,21家为合格等次以及5家新命名玉环市社会科学普及基地单位,并对优秀、良好等次及新命名的基地给予一定活动项目补助。

【激发社科团队活力】 于3月中旬召开第一届理事会第二次会议,通报部分理事会成员调整情况,及时传达上级会议精神。各社团结合自身优势,开展社科普及工作。市医学会、市中医学会、市预防医学会投身医学科学研究,开展医药知识普及;市文明单位协会、市志愿者协会组织文明志愿服务;市教育学会研究教育理论和实际问题;市会计学会做好会计实务交流;市土地学会开展主题宣传活动;市质量协会开展质量培训;市青年企业家协会组织青年企业家活动;市对外贸易促进会开展政策宣传和业务培训;市巾帼志愿者协会开展最美家庭故事、娘姨普法进社区等主题宣传活动。社科团队各司其职,有力推动玉环社科事业的繁荣和发展。

(陈　玮)

玉环市文学艺术界联合会

【概况】 2019年,按照玉市委干〔2019〕9号、32号文件精神和《玉环县文学艺术界联合会章程》相关规定,配齐文联党组,并召开第五届委员会第十次(扩大)会议、第十一次会议,对市文联第五届委员会主席、副主席、委员进行补选。

【工作平台建设】 推进乡镇文联建设,根据市文艺力量分布情况,制定乡镇文联培育规划,召开全市乡镇文联建设现场观摩会,建成清港镇文学艺术界联合会,启动玉城街道和大麦屿街道文联建设工作。

开展《玉环潮》改版工作,明确刊物的文学属性,鼓励本土作家创作,为展示玉环风土人文、社会变迁提供平台。

激活“网上文联”,以“玉环文联”公众号为载体,引导各协会团体共同发声,扩大玉环文艺工作影响面,提升文艺活动的社会参与度。

共筑“中国诗歌之岛”浙江联盟,与嵊泗、洞头两地文联共同签署《“中国诗歌之岛”浙江联盟协作发展备忘录》,以“中国诗歌之岛”建设为媒介,共同打造文艺走亲、采风创作交流平台。

打造“柚一家·阅声书房”联盟,发挥市作协、朗诵艺术学会的专业优势,主动对接市妇联、市图书馆、玉环新华书店等单位,共同搭建全民阅读平台,2019年,举办阅读活动近20场,录制《阅声书房》节目50余期。

【专题采风活动】 围绕新时代美丽玉环建设,开展“奋进新时代，壮丽70年”系列采风活动，组织文艺工作者先后走访“五水共治”建设一线、美丽乡村建设精品村、重点文物保护单位，引导文艺工作者在实践中磨砺“脚力、眼力、脑力、笔力”，讲好玉环人的圆梦故事、改革故事、奋斗故事。2019年，市文联及下属文艺家协会组织各类采风活动23次，其中“五水共治”主题创作成果在《玉环潮》结集刊出，“木榴风雅”文物书画展作品由市博物馆永久收藏。

【主题文艺活动】 以庆祝中华人民共和国成立70周年为主题，举办“红色记忆·玉环解放70周年”主题朗诵会、“壮丽七十年·奋斗新时代”主题征文比赛、“翰墨颂歌 丹青盛世”庆祝中华人民共和国成立70周年美术书法作品展、习近平用典书法篆刻作品名家邀请展、“美丽海湾，我的家”征文活动、“不忘初心 牢记使命”庆祝中华人民共和国成立70周年歌咏比赛、“讲文明、守规矩”主题征文和廉政清风“随手拍”摄影比赛等主题展览展演活动，讴歌美丽玉环建设成就，唱响主旋律，弘扬正能量。

围绕身边典型、抗台救灾、殡葬改革等题材，组织专业团队，开展主题创作。2019年，以郭口顺先进事迹创作的长篇报告文学《为了谁》入选浙版好书榜，歌曲《背影》获台州市第七届音乐新作演唱演奏大赛金奖，微广播剧《天不怕》入选“我和我的祖国”全国融媒微剧评选展播30佳；排舞《天耀中华》《晒鲜》分获浙江省广场舞（排舞）大赛银奖、入围奖；歌曲《海湾畅想》《哨所姑娘》由中国文联音像出版社正式出版；《唤起记忆 感受美好——改革开放四十年玉环故事会》等8件（次）语言类作品获得省级以上奖项。

【人才培育】 用好文艺工作专项经费，为文艺创作提供扶持、激励。2019年，举办“海韵玉环”黄建军摄影作品展、“今日楚门”叶云飞摄影作品展、“我爱你中国”黎晓明独唱音乐会，扶持出版散文集《家山巍峨》（下卷），30项文艺作品、26名文艺人才入选“金榴奖”。定期举办全市文联系统专题学习活动，明确新时期文艺工作的责任与担当，增强文艺工作者的文化自信。

发挥名家工作室示范引领作用，启动青年文艺人才库建设，协调各文艺家协会针对性开展业务培训，2019年，先后邀请许乐平、黄琦、辛冠中、金向怡、朱清宇、童建中等名家到玉环开展专题讲座、作品点评等活动，以提升会员的专业素养。

开展文艺交流活动，承办“同唱祖国好”全省青年歌唱家巡回音乐会首场演出；与台湾文化交流团、泰安摄影家协会开展书法、美术、摄影交流活动；组织玉环民乐团队参加浙江省国乐乡村展演活动；开展与黄岩、路桥、乐清等地的曲艺走亲展演活动，增加交流，提升视野。

2019年，一批新人新作脱颖而出：新增国家级会员2人、省级会员22人、台州市级会员35人；73篇（首）文学作品在国家级刊物发表、51篇（首）文学作品在省级刊物发表；颜传峰获第27届全国摄影艺术展优秀奖，《我和鱼儿说说话》获第十届“小荷风采”全国少儿舞蹈展演“小荷新秀”荣誉称号和优秀组织奖，舞蹈《海拔6000米》获全国第六届中小学生艺术展演金奖，林佳诺获浙江少儿戏曲小金桂荟萃大赛优胜奖。

【文艺惠民】 以“四千工程进农村文化礼堂”为主抓手，不断加强文艺志愿者服务队建设，以春节、中秋等传统节日为节点，开展送文艺下基层活动，做大做精送春联、摄影送全家福、传统曲艺乡村行等公益活动品牌，通过“送文化”满足人民群众不断增长的基本文化需求。

鼓励各文艺团体将文艺惠民与文艺推广、自身队伍建设相结合，开展摄影、书画、戏曲、诵读、排舞等培训进文化礼堂，创新形式，提升档次，扩大规模，通过“种文化”参与文化软实力培育，助力新时代美丽玉环建设。

2019年，市文联及各文艺家协会共向农村文化礼堂、单位团体送展览、展演、培训200余场，市朗诵艺术学会组织的亲子趣味朗诵、本土文学品读会、助残无障碍观影活动深受各界欢迎，市摄影家协会被评为全省2019元旦春节开展“放歌新时代 文化进万家——温暖全家福摄影惠民活动”先进集体，玉环市获评浙江省民间艺术之乡(摄影)称号。

(市文联)

玉环市残疾人联合会

【残疾预防】 实施孕产妇产前筛查诊断项目，对240名产前筛查高风险或具有直接进行产前诊断指征，并接受产前诊断的孕产妇，每人补助700元，其中通过筛查诊断发现胎儿发育异常并终止妊娠3例；实施0—6岁儿童残疾筛查诊断及康复救助项目，对24名复筛阳性并接受残疾诊断的0—6岁儿童，每人补助400元；实施残疾免费评定，为全市1079名自愿接受残疾评定的疑似残疾人办理残疾人证；开展残疾预防宣传教育，举办《“残疾需‘玉’防，健康‘环’你我”》等大型预防残疾宣传活动，并借助玉环电视台、电台、报纸、微信平台、手机短信、宣传展架、户外大型电子屏、公交车车载视频、宣传海报等宣传形式播放残疾预防公益广告、发布残疾预防核心知识。探索和创新残疾预防工作模式，创新出台《玉环市0—6岁儿童预防致残疾病经费补助办法（试行)》，推出“精准提醒”系统，精准定位孕产妇，提醒孕产妇定期做好产前筛查，发送告知信息9370条，有效控制儿童发育障碍致残。

【生活保障】 贯彻落实困难残疾人生活补贴和重度残疾人护理补贴制度，累计为2802名困难残疾人发放生活补贴，发放补助资金742.21万元；累计为6160名重度残疾人发放护理补贴，发放补助资金1457.27万元，两项补贴实现全覆盖。完善覆盖残疾人的基本保障救助机制，按照重点保障和特殊扶助相结合的原则，发放基本生活保障1687人次，发放资金389.69万元；发放生活救助1072人次，发放资金48.24万元。加大医疗救助覆盖范围，为全市12376名持证残疾人购买商业性的疾病住院医疗保险及人身意外伤害保险，提高残疾人抗意外伤残和疾病能力。完成2019年民生实事项目，成功运行市残疾人托养中心，符合条件的28名残疾人接收入托。

【精准康复】 建立健全残疾儿童筛查、报告、转介和早期康复工作机制，实行分类康复治疗及训练，为78名聋儿、脑瘫儿童、智力残疾儿童和孤独症儿童，提供康复训练和辅助器具适配服务，目标人群覆盖率100%。深入实施惠民康复工程，免费提供助行、助听、助明服务，配发轮椅、护理床、假肢、助听器、盲人智能眼镜等辅助器具748件，实施白内障复明手术749例，实施髋、膝关节置换手术135例。加强精神病人治疗管理，每年为931名精神残疾人提供免费药品服务。根据中国残疾人联合会服务平台精准康复系统显示，全市的残疾人康复服务率为99.97%，辅助器具适配率为100%。扎实推进无障碍进家庭项目，通过自行改造或公开招投标，为140户残疾人家庭进行无障碍设施改造和康复训练器材适配服务。

【就业扶持】 依法推进残疾人按比例就业，完成全市258家按比例企业年检确认工作，分散安置523名残疾人就业；稳定集中就业队伍，集中安置残疾人576名，对全市30家分散超比例安置企业发放奖励资金58.65万元，对全市34家集中安置企业发放奖励资金57.63万元。发展残疾人辅助性就业，发挥政府主导作用，积极动员、鼓励和支持社会力量，建成9家乡镇（街道）“残疾人之家”，经台州市残工委验收评定，9家“残疾人之家”均评定星级4星级。支持残疾人自主创业，对77名从事加工业、种养殖业、个体就业的残疾人进行无偿扶持和贷款贴息，发放扶持资金28.22万元。强化残疾人技能培训，采取线上、线下相结合的培训模式，线上推出“玉环残创商学院”，在线提供战略合作、专业学习服务等，线下举办手语、丝网花、蛋糕装饰、盲人保健按摩等各类培训，培训人数211人。

【文化助残】 开展教育助残工作，为320名残疾学生及残疾人家庭子女发放教育补助，发放补助资金57.01万元；改善特教学校办学条件，落实送教服务47人，全市6—14周岁残疾儿童少年268人，接受义务教育264人，入学率98.5%。组织开展文化体育活动，举办第二十九次全国助残日“快闪”活动、“共享阳光”残疾人事业摄影展、玉环市首届视力残疾人环海岛迷你马拉松公益跑比赛等，并输送优秀残疾人运动员参加国内外各类体育赛事，在全国第十届残疾人运动会暨第七届特殊奥林匹克运动会中，王存涛荣获特奥田径男子铅球第一名、200米第一名及4×100米、4×400米第三名的优异成绩；黄璜荣获田径女子听障组800米、4×100米、4×400米第二名以及400米、1500米第四名的优异成绩。

【夯实基础】 创新推出助残“一件事”，围绕残疾人证办理与27项助残服务，实行“为你跑”“掌上办”服务，使全市残疾人证办理“最多跑一次”、助残服务“零次跑”，办结助残事项6579件。5月，市委常委孙群在全省“最多跑一次”改革工作例会上介绍《“1+X”助残服务模式一次申请全程“为你跑”》的典型做法和经验，台州市残联系统“为你跑”工作推进会在玉环召开。8月，台州市委改革办、跑改办、残联、民政局、人力社保局、医保局等6个部门联合发文推广扶残助残“一件事”集成服务经验做法。扎实推进省级无障碍社区创建，坎门街道渝汇社区通过省级验收，被命名为浙江省无障碍社区。

（周　静）

玉环市红十字会

【应急救援和志愿服务】 组织开展各类救援工作和志愿者活动，所属阳光救援队带领团队及志愿者持续活跃在救援一线，为人员搜救、志愿服务、公益宣讲等方面做了大量工作。全年开展人员搜救73次，成功救援60余人次，在台风“利奇马”过后的重灾区，市救援队第一时间赶赴临海22小时，转移受困群众600多人，得到台州市委市政府的表彰。志愿服务方面，在坎门培训基地承办亲子教育主题活动、重阳节敬老院献爱心、步行街救灾防灾急救科普宣传等系列活动，组织志愿者200余名，深入社区、文化礼堂为老人们举办公益讲课50多场，受益群众2000余人。

【应急救护和人道救助工作】 举办第二期三级应急救护师资培训班，来自全市医疗卫生和教育系统等行业38名学员参加培训，经过理论、实操、试讲等环节，24名学员通过考核成为市第二批三级应急救护培训师。“五八”世界红十字日期间，联合市应急管理局、市防空办、市卫健局等十多个部门，在商业步行街开展救护普及培训及防灾救灾宣传活动，发放宣传资料2000多份，受益群众1500余人。2019年，完成持证救护员培训1336人次，救护专题讲座普及11445人次。在人道救助方面，组织开展“博爱送万家”活动，慰问11户因病致贫困难家庭。随同台州市红十字会慰问组，向家庭困难学生、造血干细胞捐献者、器官捐献困难家庭开展慰问，送上慰问金3.46万元。

【三献工作】 “三献”工作是指推进无偿献血、造血干细胞捐献、遗体和人体器官捐献。2019年，全市参与无偿献血5598人次，新招募造血干细胞志愿捐献者57人次，初筛38人次，高分辨再动员9人次，实现玉环市第五例造血干细胞捐献。联合卫健部门召开献血志愿者、造血干细胞捐献者座谈会，进行宣誓和签名活动，进一步推动和宣传造血干细胞工作。在医院重症监护室、神经外科、急诊科等重点科室门口设立人体器官捐献宣传栏，提高大众知晓率。

【宣传传播工作】 始终坚持宣传先进人物和优秀典型事例，讲好红十字好故事，传播红十字好声音，弘扬社会正能量。5月，玉环新闻发布人物新闻《乡土》《玉环这位90后姑娘真美》《浙江省中医院血液科里放着一台“有故事”的钢琴！》等文章，都是以玉环市第五位造血干细胞捐献者张莉莉为原型讲述造血干细胞捐献背后的感人故事。6月，台州日报和玉环新闻分别以题为《热心市民、红十字会、快递公司上演了一场爱心大接力》《“爱心大接力”3700多件新衣从玉环寄往四川茂县》，报道市红十字会把爱心企业捐赠的一批物资运送给茂县红十字会，向当地贫困群众发放物资价值共计6万元。“九九”公益日期间，通过各微信及信息平台大力推广上级红十字会的捐助项目，得到社会群体的合力支持。10月，联合团市委、市妇联、市慈善总会发动“脱贫攻坚 圆梦同行”活动倡议书，通过捐款捐物，持续帮助茂县、峨边两地贫困人口脱贫奔小康。

（王丽娜）

法 治

政法委及综治

【概况】 2019年，全市政法队伍坚决贯彻习近平总书记在中央政法工作会议上的重要讲话精神，依法履职，担当尽责，完成“平安护航新中国成立70周年”维稳安保任务，全年火灾起数同比下降22.7%、溺亡事件零发生、各级调解组织调处矛盾纠纷成功率99.94%，被省委、省政府命名为平安县(市、区)。

【平安创建】 开展“抓治理、防风险、保平安、夺星鼎”专项行动，统筹协调各乡镇部门等多方力量，全领域、全方位、滚动式排查、整改、预防各类平安隐患，全年未发生平安“一票否决”事项，未发生重大案件。

深入推进社会治安、防恐反邪、生产安全、消防安全、道路交通安全、海上渔业安全等专项整治，围绕城市有机更新、污水零直排区建设及重大项目推进等中心工作，重拳打击相关领域违法犯罪行为，防范化解经济金融风险、妥善应对社会热点和突发舆情。全市平安指数不断提升，安全生产事故起数、死亡人数分别同比2018年下降53.85%和38.46%，火灾数同比下降26.7%，交通事故死亡人数同比下降11.9%，溺亡事件连续两年零发生，刑事治安警情总量同比下降25.64%，历史性实现命案零发生。

【维护稳定】 以“平安护航新中国成立70周年”为首要任务，落实相应措施。

成功处置“东方晟龙”轮过驳卸货事宜，将价值600万美元的石榴石成功转移至“pride”号；对玉环滚装轮渡公司企业改制等85件涉稳问题进行市级挂牌督办，确保平稳可控；完成重大决策、重点项目社会稳定风险评估23项；完成台州市交办涉法涉诉信访积案4件，化解率100%；开展“金盾行动”“铁铲行动”“融雪行动”“春蕾行动” 等，持续深化和推进工作。

【综合治理】 市社会治理综合服务中心(公共法律服务中心)成立，打造涵盖多项综治司法行政服务职能为一体的“窗口化”服务中心，推动乡镇(街道)“基层治理四平台”有效运行，强化村(社区)网格责任捆绑运行，推动部门力量下沉到基层，提升基层社会治理能力。

以台州市创建扫黑除恶重点培育市为契机，判处打击黑社会性质组织2伙，恶势力犯罪集团7伙，培育“打财断血”、保健品市场整治、村(社区)党组织书记备案管理等扫黑除恶特色亮点项目。

开展“无盗抢城市”和省级禁毒示范市创建，开展赌博、电诈、走私、邪教、寄递安全、发票犯罪等专项治理，整治治安乱点，消除短板隐患，夯实基层基础。

【执法监督】 牵头推进涉案财物跨部门管理和处置机制建设，推进政法一体化办案系统提质拓面，协同率100%。

开展“清初访、查重访、化积案”行动，完成台州市交办涉法涉诉信访积案4件，化解率100%；接待初信初访8人，化解率90%；司法救助16件37.5万元，其中经救助而息访12件。

开展以民营企业合法权益保护和宽严相济刑事司法政策重点制度落实情况为主题的专项执法检查和案件评查活动，抽查案件30件。

组织开展涉政府产权纠纷问题排查工作，排查问题4个。

加强诉源治理工作，出台相关工作意见和目标任务责任分解方案，培育本地特色项目9个。

(耿传哲)

公　　安

【概况】 2019年，市公安局聚焦风险防控，聚力八项建设，全力打造最具安全感现代化海湾城市，助推社会大局、治安形势、公共安全态势持续向好。获评全省扫黑除恶专项斗争成绩突出集体、全省公安信访工作考核县级优秀单位；年度综合绩效考核列台州市同类地区第一；荣获全市经济社会目标责任制考核优秀单位、全市党建工作责任制考核优秀单位。省委常委、政法委书记王昌荣，副省长、公安厅厅长王双全到玉环视察并给予充分肯定。4个集体、2名个人荣立二等功，3个集体、17名个人荣立三等功，24个集体、16名个人获评全国及省、市先进荣誉。

【维护社会大局稳定】 完成“新中国成立70周年”维稳安保任务，全力抗击超强台风“利奇马”，确保社会平稳有序。严格重点人员分类分级管控，实现重点肇事肇祸精神病人全收治，吸毒人员零脱失。严密阵地防控，新完成人员密集场所反恐怖“四联三防”建设4家，其中吾悦广场为台州示范点，查扣违禁书籍981本、音像制品120件，妥善处置非法宗教活动8起，取缔非法活动点5处。推进治安要素全管控，研发“钉警务”平台，将人员、行业、物品、安全等1600余个管理对象纳入智能化、系统化管理。严格落实初信初访四级化解机制，实现45件初信初访案件全化解，成功化解2014年杜某被故意伤害案、2018年张某渔船被盗案等4件信访积案，有力推动沙门滨港工业区、清港环海工业区、芦浦高速公路土地征迁户以及新城漩门三期养殖户等集访群体停访息诉，全市没有发生有影响的群体性和涉稳案(事)件。

【护航社会经济发展】 纵深推进“扫黑除恶”专项斗争，严打深挖建筑工程、金融借贷、网络空间等涉黑恶问题，打处涉黑恶犯罪嫌疑人488名，判决省扫黑办挂牌督办玉环张某夫黑社会性质组织1伙数人，移诉省扫黑办挂牌督办临海胡某跃黑社会性质犯罪组织1伙22人，摧毁恶势力犯罪集团3伙21人。

深入治理金融领域非法活动，统筹推进“蓝剑2019”、发票犯罪整治等专项行动，破获侵犯知识产权案件7起、抓获24人，破获发票犯罪案件10起、抓获17人。

推进“天眼”工程、“智慧交管”建设，新增未礼让行人、违停测速等各类抓拍设备420余套，主城区和各乡镇(街道)主道路违停抓拍全覆盖，开展“全市道路交通秩序集中整治”活动，发动全警上路、全民参与，严管小微车辆、重点车辆，排查整改道路隐患351处，设立15条严管示范路，集中整治乱停车、乱变道等重点违法行为，建立“警家校”护校安园联动机制，覆盖218家中小学校，交通事故死亡人数同比下降11.9%。

扎实推进“防溺水”工作，组建巡逻队44支，排查整改安全隐患136处，溺亡事件零发生。

持续推进消防“铁拳”整治，行政拘留195人、处罚109人，居住出租房屋“旅馆化”作为省级标准完成规范审查，火灾事故、直接经济损失分别同比下降22.7%、51.5%。

【严密社会治安防控】 打响“无盗抢城市”创建攻坚战，组建快速查控专班，推进“智安小区”建设，实施易销赃行业源头治理、重点人员挂牌整治，电诈防范精准宣传，刑拘“盗、抢、骗”犯罪嫌疑人540人，同比上升37.76%，“两抢”案件发4起均在24小时内侦破，刑事治安警情同比下降25.64%，四类侵财发案同比下降26.98%，其中盗窃、盗窃电动车、盗窃电瓶案件同比分别下降28.39%、73.94%、59.23%，历史性实现命案零发生，群众安全感上升至99.5%。

打响禁毒示范市创建攻坚战，建立外省协作严打输入型涉毒犯罪，拓展毛发检测技术实行“逢嫌必检”，刑拘涉毒人员109人、查处吸毒人员210人、强戒37人，破获部目标案件1起、省目标案件4起，缴获冰毒100.2克，玉环列为全省首批15个创建禁毒示范县(市、区)之一。

深入践行新时代“枫桥经验”，实施“一所一品”，打造样板警务室，建立防控示范区，创新特色做法，擦亮“三大联盟”、阳光禁毒会所、少年警校、海韵救援队等共治品牌，坎门派出所获评首批全省“枫桥式公安派出所”称号，拘留所被评为全省“枫桥式”基层所队。市看守所实现57年安全无事故，相关经验做法得到公安部副部长孟庆丰批示肯定。

【深化警务机制改革】 持续推进“智慧公安、数据警务”战略。4月10日，台州市公安机关“大数据围城”现场会在玉环召开。

提升专业打击能力，以坎门派出所为试点推进综合勤务指挥室建设，建成集专案侦查、预审办案、物证管理等职能为一体的重大案件侦办基地，健全专案专办工作机制，破获部督案件4起、省督案件18起。

深化“最多跑一次”改革，推动派出所窗口进乡镇(街道)便民服务中心，推进窗口服务标准化建设，落实服务对象全量回访，“最多跑一次”满意率、实现率分别为99.51%、98.54%，出入境改革经验得到副省长、公安厅厅长王双全的批示肯定。

【推进执法规范化建设】 深化“三位一体”执法管理机制，持续开展“另案处理”、伤害类案件、网上文书等专项清理，整改问题50余件，倒查追责中层领导31人、民警56人。制定出台《玉环市公安局中层领导执法履职考评办法》《玉环市公安局执法办案正向赋分激励办法》，强化中层干部履职，86名办案民警得到正向赋分，营造“想办案、办好案”氛围。聚焦执法主体能力提升，组织“法制沙龙”活动，开展案例式教学，6名民警通过法律职业资格考试。聚焦执法执勤安全，制定《勤务安全手册》，组织开展培训7轮，488名民警参训，进一步规范警情警务处置。推动局机关集中受案窗口实体化运作，审核经济犯罪案件14起、移送案件85起，实行分级分类分段集中办案制度，回归大预审格局，深化“一体化”系统应用，协同率保持100%。8月13日，台州公安机关执法规范化建设推进会在玉环召开。

（陈　涛）

检　察

【概况】 2019年，市人民检察院经内设机构改革，全院设办公室、政治部、第一至第七检察部等

9个内设机构。另设楚门检察室1个派出机构。全院围绕"深化法律监督,彰显司法权威,维护公平正义"工作主线,各项工作取得新进展。集体、个人共获得市级以上荣誉31项,1项工作机制获评浙江省检察机关十大创新成果。被台州市人民检察院评为"2019年度台州市基层检察院综合考核优秀单位",并荣记集体三等功。一篇调研文章入选全省检察机关优秀调研成果、获评2019年互联网法律大会·检察论坛优秀论文一等奖;授课作品获2019年度全省检察优秀微课。

【刑事检察】 依法监督侦查机关立案11件11人、撤案3件5人,追捕追诉37人,其中被判处十年以上有期徒刑4人,被判处无期徒刑、死缓各1人。开展侦查行为合法性监督,发出纠正违法通知书和检察建议27份。加强刑事审判活动监督,依法提出抗诉和再审检察建议,获法院改判4件。加强刑罚执行和监管活动监督力度,监督收监执行4人、落实财产刑执行64件。逐案逐人进行捕后羁押必要性审查,提出并变更强制措施72人;开展重大案件讯问合法性审查35人,保障刑罚执行公平公正及在押人员合法权益。

【民事行政检察】 审结不服民事生效裁判、调解案件22件;对认为确有错误的裁判,提出抗诉或发出再审检察建议5件,获改判6件;对民事审判执行活动中的违法情形,发出检察建议并获采纳23件。持续打击虚假诉讼,成功办理郑官顺、王炳利等虚假民事诉讼案件。开展非诉执行专项活动,对法院审判活动及执行活动进行监督,发出检察建议66份。开展行政诉讼监督,张仁法诉玉环市沙门镇镇政府、玉环市综合行政执法局抗诉案获评浙江省行政检察精品案例。

【公益诉讼检察】 围绕生态环境和资源保护、食品药品安全、国有财产保护等重点领域,排摸立案公益诉讼案件98件,发出诉前检察建议73份,提起刑事附带民事公益诉讼4件。办理浙江省公益诉讼重大案件4件,助推玉环市"污水零直排区"建设。在海洋环境专项监督中,发出涉海检察建议9份;打击非法捕捞行为,督促违法者修复海洋生态资源。针对违规发放养老金问题,通过调查取证、发送检察建议等方式,追回服刑人员社保基金60余万元。

【未成年人检察】 加强未成年人综合司法保护,将罪错未成年人100%纳入帮教,最大限度地开展教育挽救。对严重侵害未成年人犯罪零容忍,依法办理性侵未成年人案件38件39人。推动未成年人保护领域社会治理,监督相关部门对学校食品、校服校车、校外培训机构等开展专项检查,发出检察建议13份。开展法治进校园活动,为2000多名在校生开展法治宣讲。由真实案例改编的微电影《心灵"捕"手》获评浙江省未成年人检察优秀微电影。

【扫黑除恶】 批捕涉黑涉恶案件20件39人,起诉8件50人。依法追捕追诉3人,立案监督3人,监督改变侦查机关黑恶定性案件1人。开展专案攻坚,提前介入省扫黑办督办的楚门张某夫等数人、临海胡某跃等22人涉黑案,引导侦查取证。致力"破网打伞",移送职务犯罪案件线索5件,被判决和立案调查各1人。深入"打财断血",参与郑某顺、张某夫涉黑恶财产和违法所得处置工作。注重综合治理,通过检察建议帮助有关部门完善制度漏洞,铲除黑恶势力滋生土壤。全院被台州市检察院荣记集体三等功,一名干警获评台州市扫黑除恶先进个人。

【认罪认罚】 协调政法各部门建立"认罪认罚从宽"配套机制,确保制度落地见效。联合法院、公安、司法等部门制定《关于贯彻执行刑事案件认罪认罚从宽制度的实施细则(试行)》,出台《关于规范认罪认罚案件量刑建议的若干规定（试行)》,得到省、市检察院检察长的充分肯定,并批示转发全省、全市检察机关学习借鉴。召开认罪认罚主题新闻发布会,着力提高认罪认罚制度的社会知晓度。全年认罪认罚从宽制度适用率、量刑建议采纳率位居全市第一、全省前列。相关经验在玉环召开的台州市检察机关认罪认罚制度实施工作现场会上推广。认罪认罚实施机制创新荣获“2019年度全省检察机关十大优秀创新成果”,省院检察长贾宇在《检察日报》上专门发表署名文章予以高度赞扬。

【司法体制综合配套改革】 完成内设机构重塑性改革,人员、机构和编制配置向业务一线倾斜。落实司法责任制,明确权力清单,完善员额绩效考核和职业保障待遇。加强内部监督制约机制建设,加强案件质量评查和流程监控,严格规范司法,强化责任追究。完成第四批员额检察官遴选、第二批司法雇员招录等工作。坚持科技强检,牵头做好“政法一体化办案系统”提质拓面工作,启用远程提审、庭审系统,有效节约司法资源。

（梅亚平）

法　院

【概况】 2019年,市人民法院有干警129名。全院设有政治部(机关党委)、综合办公室、审判管理办公室(研究室)、执行局、执行综合科、执行实施科、立案庭(诉讼服务中心)、刑事审判庭、民事审判一庭、民事审判二庭、民事审判三庭(知识产权审判庭)、行政审判庭(综合审判庭)、港北法庭、审判保障服务中心和司法警察大队等15个机构。全年受理各类案件16029件,办结16677件,7项工作在省级以上作经验推广，获台州市法院系统2019年度考核第一、玉环市2019年度经济社会发展目标责任制考核优秀。10项调研成果获台州市级以上奖项,其中一篇文章获全省法院学术讨论会一等奖。

【刑事审判】 新收一审刑事案件765件,审结762件,判处罪犯1218人。助力“我爱我家”环境大整治大提升行动和省级食品安全市创建,依法审结破坏环境资源保护类案件9件33人，审结危害食品药品安全案件4件4人。防范化解经济领域风险,妥善审结林某夫等人集资诈骗、非法吸收公众存款案。深入推进扫黑除恶专项斗争,围绕“深挖根治”的阶段性目标和“攻坚年”活动的要求，审结涉黑涉恶案件6件，其中审结省扫黑办挂牌督办的张某夫等人涉黑案件。进一步加大“打财断血”力度,平稳、高效处置郑某顺等28人组织、领导、参加黑社会性质组织罪等财产刑一案,摧毁黑恶势力经济基础。相关做法得到台州市扫黑除恶专项斗争领导小组肯定;涉黑恶案件庭审保障工作在全省法院作经验交流。

【民商审判】 新收一审民商事案件6743件,审结7050件,解决争议标的额19.23亿元。深化家事审判方式改革,台州市首创“家事实地回访制度”。与医保局建立医保基金追偿协作机制,全省率先实现医保基金支付与诉讼追偿的无缝衔接。妥善审结金融借款合同纠纷608件，审结知识产权案件423件。稳步推进破产审判工作,审结破产清算案件21件,破产重整案件3件,其中玉环世贸中心大酒店有限公司破产重整成功,玉环观光国际大酒店有限公司破产清算终结；试点个人债务清理,裁定受理个人债务清理案件10件。发挥港北人民法庭基础性作用,借力与辖区乡镇的联动机制化解矛盾纠纷。

【行政审判】 新收一审行政诉讼案件67件,审结

47件；审查非诉案件94件。加强"行政争议调解中心"作用发挥，通过协调促进行政争议实质性化解。强化司法与行政良性互动，召开府院联席会议，发送司法建议19份，发布行政审判白皮书，助推法治政府建设。落实司法救助制度，审结司法救助案件6件，发放救助金额19.6万元。

【执行破难】 新收执行案件6426件，执结6816件，到位标的额9.75亿元。以强化执行强制力为关键，开展涉民生执行及惩治拒不执行判决、裁定等专项行动；召开反规避执行专题新闻发布会，发布典型案例；联合教育局建立限制失信被执行人子女就读高收费私立学校的惩戒机制。强化惩戒措施，拘留864人次，罚款4032件，纳入失信被执行人名单4766人（组织），曝光922人，限制高消费6577人，因涉拒不执行判决、裁定移送公安机关立案侦查6件7人，判决3件4人。违法制裁率72.48%，同比上升55.46%。以提升执行规范化为重点，探索公证机构参与执行现场公证、执行终本事务公证、辅助司法评估、拍卖等司法辅助事务。以提升执行社会效果为导向，开展维护民营企业合法权益执行专项活动，保障企业高质量发展。加强"银法"联动，全省率先出台《关于银法联动双向激励自动履行的实施办法》，并与部分金融机构达成协作，建立起诚信激励、失信惩戒的双向联合治理模式，得到《人民法院报》点赞。

【司法改革】 完成内设机构改革，由原来的17个内设机构调整为14个，优化配置，提高效能。制定员额法官、速录员、综合管理部门临聘人员考核办法，建立科学的绩效评价机制。全面落实司法责任制，入额院领导负责重大、疑难、复杂案件的审理，7名入额院领导独立办案占员额法官平均办案量的33%。该项工作得到省高院院长李占国的充分肯定。着重关注疑难复杂且有重大影响、与类案裁判可能发生冲突、反映法官有违法审判行为等"4+1"类案件，强化对审判权力运行的事中监管。

【参与社会治理】 以创建省级示范诉讼服务中心为抓手，不断提升诉讼服务质量，全面推广应用移动微法院，深化司法领域"最多跑一次"改革。深化立案登记制改革，网上立案5675件，一审民事案件网上立案率84.16%；跨域立案63件，联合宁波海事法院台州法庭建立跨域立案服务点。主动将诉前调解工作置于党委领导、政府主导、综治协调的大治理格局之中，推广在线矛盾纠纷多元化解平台，组建诉调衔接工作团队进驻玉环市社会治理综合服务中心。按照"一镇一庭"探索设立10个巡回智慧法庭，为群众提供诉前调解、法治宣传、远程办案等一站式服务。诉前化解和民事可调撤率85.40%。健全当事人实名信访反馈机制，全力护航中华人民共和国成立70周年等重大活动，涉诉信访秩序持续好转。

【推进诉源治理】 深入开展打击"套路贷"、虚假诉讼专项行动，出台《规制民事诉讼虚假陈述办案指引（试行）》，完善"职业放贷人名录""虚假诉讼失信人名单"制度；强化法院与纪委监委、组织、公安、检察等部门协同治理，遏制"职业放贷"上升势头。发布"职业放贷人名录"694人次，发布"虚假诉讼失信人"名单24人（其中法人1名）；对涉虚假诉讼、"套路贷"等行为的49人进行打击处理，其中罚款拘留14人次，移送公安机关34人，刑事判决10人；协助税务部门对"职业放贷人"征缴税费10.65万元，民间借贷收案数同比下降20.91%。规制"职业放贷"制度在全省平安建设会议上得到省委书记车俊的点名肯定；相关工作在台州市法院院长例会上作交流发言，相关经验刊发于《人民法院报》《浙江法制报》等新闻媒体；民间借贷协同治理工作获评全省法院"诉源治理十大典型事例”。

【深化试点改革】 以服务审执、提升质效为指南，不断推进电子档案为主、纸质档案为辅的案件归档方式改革等四项全国试点工作，研发应用政法一体化办案系统e助理，推进电子卷宗在刑事案件审理中的深度应用，进一步健全全链路智能化办案“玉环模式”。“智能送达系统”获“2019年度检法信息化（智慧法院）最佳创新驱动实践奖”；玉环法院作为全国仅有的两家基层法院之一，被最高院指定参展第二届数字中国建设峰会。

（林鑫鑫）

司法行政

【律师工作】 新成立浙江环立律师事务所和浙江漩港律师事务所，截至2019年年底，全市律师事务所10家。完善律师行业党建管理体制，新发展成立环立律师事务所党支部、星汇律师事务所党支部，撤销靖宇律师事务所党支部。10月，全新打造的市公共法律服务中心正式投入使用，整合公证、法援、调解、司法鉴定、行政复议等职能，创新机制，形成全业务、全时空的公共法律服务网络平台。为全力护航市“两抓”年活动，选派16名律师组建专项工作法律服务团，充分发挥法治保障和法律服务职能作用。

【法制宣传】 开展宪法、扫黑除恶、金融风险防范、全民国家安全教育日等重点工作普法宣传，全市领导干部和公务员微信学法稳步推进，青少年普法教育形式多样；重点培育“一地一品”法治文化阵地，依托公园、广场、村（社区）文化礼堂等场所，完成芦浦镇法治文化公园、沙门镇法治文化公园、玉城街道北山村法治文化长廊等阵地建设；开展民主法治村（社区）建设，玉城街道北山村、坎门街道海港社区、芦浦镇芦北村、沙门镇水桶岙村、鸡山乡南山村等5个村（社区）获得省级民主法治村（社区）称号，玉城街道东门社区、金港村、坎门街道海港社区、海城社区、大麦屿街道古顺村、曾家村、楚门镇三联村、胡新村、清港镇王家村、下凡村、芦浦镇漩门村、道头村、干江镇干江村、炮台村、沙门镇龙联村、大岙里村、龙溪镇山里村、东港村、鸡山乡后岙村、海山乡横床村等20个村（社区）获得台州市级民主法治村（社区）称号；优化普法宣传载体平台建设，刊发“玉环普法”微信文章165期285条，播出电视普法栏目《333说法》22期、电台普法栏目《空中法律服务站》62期，编印《玉环法制》报12期19万份，刊印普法宣传挂图12期14000份。

【法制监督】 指导落实行政执法“三项制度”，截至12月底，市公开行政执法信息4412条，10家主要行政执法部门及11个乡镇人民政府、街道办事处均配置执法记录仪等设施设备，建立音像设备内部使用规程。做好重大行政行为备案监督工作及案卷评查工作，通过台州重大行政行为备案系统，收到重大行政行为报备1323件次，其中抽取18个执法单位的30份案卷进行评查，并通报全市行政执法案卷评查结果。结合机构改革，开展全市行政执法主体资格梳理和信息核对，确保机构改革后执法主体资格管理工作平稳过渡，同时联系市事业单位机构改革现状，完成40个一级执法单位的主体资格公告工作。组织开展“旁听百场庭审”活动，11月11日，组织行政案件庭审旁听活动，来自20多家行政机关、街道（乡镇）的领导和法制审核人员及政府特邀法制监督员45人参加旁听。举办2019年全市领导干部依法行政专题研讨班，40多个行政单位法治分管领导参加研讨班。做好行政执法主体和执法人员资格管理，上报法制审核相关目录及法制审核人员名单175

人，审核执法证件849人次，其中55人完成到期换证，234人完成跨区换证，1人完成补证，281人完成新领证，24人因退休等原因申请注销，录入执法辅助人员信息477人，开展行政执法证考试，226人参加考试，通过率89.8%。

【公证工作】 10月30日，公证参与司法辅助工作正式启动，派驻法院公证员1名，公证工作人员7名，参与法院执行中的查控、终本、拍卖事务及执行款提存、执行现场保全公证。截至12月31日，公证处办理各类公证事项2747件，其中国内民事公证1934件；国内经济公证200件；涉外公证589件；涉港澳台公证24件。其中，为市城区污水零直排改造工程、大麦屿社区改造一期工程和玉城街道塘里村城中村改造工程等重点工程和重点项目提供全方位的公证法律服务；两次赴江西为迈得医疗机械设备有限公司知识产权被侵案取证；为"坎门街道违章拆除"办理保全证据公证3件；为公租房办理抽签现场监督公证2件；为楚门山北村、东门村、王家村；玉城街道环城村、塘里村，办理安置房抽签现场监督公证9个场次，涉安置户619户；为玉城街道上段村办理城中村房屋拆除委托协议99份；为公办学校择校生入学摇号现场监督3场次，涉学生823名；为国有土地使用权出让办理网上挂牌、拍卖保全证据公证47件；合同公证36件，涉及成交金额26.7535亿元。

【法律援助】 加大法律援助办案力度，优化法律援助服务方式，切实做到应援尽援、能援多援、援则优援，并完善法律援助案件质量监督评估机制，实现监督检查常态化，提升法律援助案件质量水平。全年办理援助案件718件，挽回经济损失630.1万余元。

【人民调解】 根据市局的工作要求，全面部署开展"大排查、早调解、护稳定、迎国庆"专项活动，努力营造一个和谐稳定的社会环境；不断完善品牌调解室的创建工作，巩固和完善现有的个人品牌调解室，在有条件的地区培育调解品牌，努力形成一地一品的格局；深化人民调解"以奖代补"工作，将"以案代补"与浙江省大数据管理平台录入相结合，规范各乡镇、村居（社区）网上平台案件的录入工作。坚持发展"枫桥经验"实现矛盾不上交为主线，大力实施矛盾纠纷化解攻坚行动，有效提升预防和排查化解矛盾纠纷能力。截至12月，全市各级人民调解组织调处矛盾纠纷1661件，成功1661件，成功率100%。开展优秀人民调解员和优秀调解组织评选活动，在全市评选出优秀人民调解员59名，优秀品牌调解组织10个，优秀村级调委会6个。

【政策法规】 加强行政规范性文件管理，修订《玉环市行政规范性文件管理办法》，出台《玉环市行政规范性文件统一编号规定》《玉环市行政规范性文件制定主体清单》，进一步规范文件制定程序，提高文件制定质量；加强发文统筹，协助市府办拟订《2019年玉环市行政规范性文件制定计划》，规定起草单位没有上报年度计划或未经市府办同意，不得随意制定行政规范性文件；拓宽征求意见渠道，鼓励公众参与，建立行政规范性文件制定工作基层联系点27个；提高审查工作队伍业务水平，3月25日，专门组织召开全市行政规范性文件集中审查暨业务培训会，对2018年行政规范性文件制定情况进行总结讲评，并对存在问题进行通报；组织开展行政规范性文件全面清理工作，经清理，截至2018年12月31日，市政府行政规范性文件中继续有效文件238件、暂时保留文件12件、宣布失效文件53件、废止文件20件。2019年，登记审查市政府规范性文件41件，出具合法性审查意见41份，向玉环市人大和台州市司法局报备市政府规范性文件各41件，收到乡镇、部门报备案的规范性文件32件。协助市府办抓好重大行政决策目录化管理，梳理汇总各单位上报的事项75项，印发《玉环市2019年度重大行政决策目录》；做好重大行政决策合法性审查工作，重点对决策事项是否符合法定权限、决策草案的形成是否履行相关法定程序和决策草案内容是否符合有关法律、法规、规章和国家政策的规定进行审查，2019年，收到并审核市政府层面重大行政决策9件。

【社区矫正】 截至12月底，全市在册社区服刑人员340人，其中在册缓刑对象313人，假释对象19人，暂予监外执行对象8人。全年累计接收社区服刑人员276人，解矫321人，完成社区矫正审前调查101起，提请撤销缓刑收监执行3人，收监往年应收未收在逃人员2人，无发生脱漏管和严重再犯罪情况。落实政府购买服务，强化与楚门天宜社会工作服务社社区矫正工作衔接，不断完善社会力量参与社区矫正的管理模式；构建科学化矫正教育体系，每月组织安排集中劳动和学习教育，通过法制讲堂、天宜道德课堂、心岸手机App在线教育平台开展多种形式教育，提升教育学习和公益服务实效；做好特赦工作，组织召开特赦政策教育宣讲会4次，签订《特赦工作告知书》331份，经过严格的特赦评审程序，最终上报符合特赦条件社区服刑人员18人；加强专职社工队伍建设，8月24日，市委编办、市民政局、市司法局、市财政局、市人社局等五部门联合出台《关于加强我市社区矫正社会工作者队伍建设的实施意见》，明确增加社工编制20名，提高专职社工年平均薪酬至62656元，经费由市财政保障；全力做好70周年国庆安保工作，9月20日至10月8日开展24小时值班备勤，落实“日报告”制度，其间信息化核查5707人次，定位电话抽查1849人次；完成社区矫正中心搬迁至新城科技大楼办公，严格按照“三区十室”的标准重新建设。

【安置帮教】 截至12月底，市归正人员总数为2012人，其中五年内刑释人员总数为255人，三年内解矫人员总数为757人。市司法局落实专人负责“刑释解矫人员管理系统平台”，加强与监狱的衔接沟通，做好刑释人员文书接收登记和信息采集。各司法所根据市司法局安排，及时衔接办理刑释人员登记手续，落实安置帮教。市司法局积极落实监地衔接机制，加大与相关监狱的沟通交流，7月11日至12日市人大常委会及司法局一行8人到省金华监狱开展狱内帮教活动。

【复议应诉】 行政争议处理成效显著。充分发挥行政复议化解争议的重要作用，2019年，市人民政府收到行政复议申请34件，受理的案件涉及公安、市场、规划、房屋土地征迁、劳动及社会保障、信息公开等多个领域，其中未回复补正的复议申请2件，告知转送的复议申请4件，收案前经调解当事人撤回复议申请9件，受理复议申请21件，其中8件经调解后申请人撤回复议申请；市人民政府作为被申请人的复议申请5件，发生2件纠错案件。切实履行行政应诉工作的监督职责，及时向乡镇人民政府（街道办事处）、部门出具45份行政诉讼案件负责人出庭应诉的函件，出庭应诉率100%；做好败诉案件总结分析，情况通报和整改落实，2019年，发生行政诉讼案件52件，其中以市政府为被告7件，均与当事人积极沟通、积极调解，尽可能化解矛盾纠纷，未发生败诉案件；以市政府部门、乡镇（街道）为被告45件，发生5件纠错案件。全面强化政府合同审查工作的风险防范职能，直接备案政府合同184件，总金额28256.77万元；审查备案500万以上政府合同65件，涉及金额467866.35万元。

【依法治市】 3月10日，市委全面依法治市委员会办公室设在司法局，设置全面依法治市委员会办公室秘书科，负责处理市委全面依法治市办公室的日常事务，承办依法治市规划建议。依法治办秘书科协助市委做好依法治市委员会的筹建工作，成功召开玉环市委全面依法治市委员会第一次会议，建立了“1+4+N”即委员会统筹揽总、协调小组分工负责、各部门和乡镇(街道)具体落实的协调机制。出台《玉环市党政主要负责人履行推进法治建设第一责任人职责清单》《2019年法治玉环工作要点》等，将法治建设情况纳入党委巡察范围，牵头抓好全市法治政府建设考核工作，进一步完善制度、明确责任、动态跟进、定期研判、确保落实。2019年度荣获台州市法治政府建设(依法行政)考核先进县(市、区)政府。

(梁美法)

军　事

人民武装

【概况】 2019年,玉环市人民武装部(以下简称市人武部)围绕建设全面过硬一流沿海人武部目标要求,大抓应急应战训练、实抓民兵整组、严抓征兵工作,不断夯实人武部和后备力量建设基础,党管武装、国防动员和后备力量建设成效明显。

【政治工作】 2019年,市人武部将贯彻学习习近平新时代中国特色社会主义思想和习近平强军思想作为理论武装的首要任务,围绕"两个维护"、贯彻军委主席负责制和"政治纪律规矩"常态化组织理论学习。以坚持机关党支部"三会一课"经常化制度落实为基础,严密组织机关干部职工全程跟学,开展讨论辨析,撰写心得体会,不断巩固理论基础。结合新规禁令要求和作风建设自查自纠实际,领导带头查摆作风建设问题、破解"二八现象"、纠治"四风"问题,抓好军委巡视巡察反馈问题整改落实,确保机关作风整改取得实效。

【军事训练】 2019年,市人武部按照年度训练计划组织集训,先后保障上级单位和友邻的军事训练集训,完成民兵干部骨干参加跨区联训,主动对接军兵种专业分队民兵训练保障工作,完成民兵应急分队、民兵干部骨干和海上民兵分队的集训任务。8月, 在参与利奇马超级台风救灾过程中,先后组织两批民兵赴临海市跨区支援,民兵应急连全体官兵受到浙江省委副书记、省长袁家军,台州市委书记陈奕君的接见。组织民兵在辖区参与灾后重建工作,受到党委政府赞誉。

【全民国防教育宣传】 2019年,市人武部强化坎门哨所"红色阵地"作用,先后接待101批次3181人次的国防教育宣讲任务。清港中心小学开办第五期、第六期"少年军校",引领664名学生向下扎根、向上生长。4月,以"壮丽70年 奋斗新时代"为主题的玉环市2019年国防教育系列活动暨征兵工作启动仪式在玉环吾悦广场举行,市委副书记、市国教委主任阮聪颖参加。6月,"乐清湾海上游击根据地纪念馆"迎来开馆仪式,市委常委、宣传部部长杨良强参加仪式。下半年,市人武部协调对接申报省级国防教育基地相关工作,并通过省国教办验收。12月,浙江省军区司令员冯文平到坎门"英雄基干民兵营"哨所,聆听民兵营的革命历史,阅览革命历史照片和烈士遗物。

【双拥参建】 2019年,以市第8次省级双拥模范城争创工作为牵引,着力优化固化拥军优属好的做法，全力营造军爱民民拥军、军政军民大团结的生动局面。市人武部牵头协调完成3名转业干部以行政身份落编定岗，9名符合安置的转业士官100%得到妥善安置。2月，市人武部、市司法局到驻披山部队开展法律进军营活动，为驻岛官兵提供法律服务。7月，大麦屿街道因双拥工作成绩突出，被省拥军优属拥政爱民领导小组评为“浙江省爱国拥军、拥政爱民模范单位”。12月，浙江省军区司令员冯文平到玉环市调研军民融合发展工作。

【兵员征集】 2019年，市人武部组织完成新兵征集任务。其中，大学专科以上文化程度占总数的79%，大学毕业生占新兵比率19.2%，新兵综合素质较2018年有显著提高。征兵体检站内引进AI智能量体平台(用于外科检查)、自动电子视力表、电脑验光仪等数字智能化设备用于体检中，缩短体检用时的同时确保数据更精准，得到台州市征兵工作检查组的赞扬。

(应琼娴)

武警中队

【思想建队】 2019年，武警中队始终把思想政治建设摆在首位，努力锻造“听党话、跟党走”的标兵中队。

用海岛精神铸牢忠诚信仰。2019年，对党的重大会议召开、创新理论出台和首长重要讲话精神，中队做到主动收集整理，装订成册，并按照“圈一圈、杠一杠、注一注、记一记”的要求抓好学习；干部骨干率先垂范，用理论武装铸牢忠诚。4月，指导员带队参加支队政工四会比武，夺得团体第三，被评为十佳四会教练员；突出“三个半小时”载体作用发挥，用最新时事热点引导官兵学理论、信理论、用理论，为官兵补充正能量，提升涵养，达到官兵基本理论要点一口清，重要观点解读很到位的效果。

用海岛典型厚植传统力量。中队注重运用“活教材”，在新兵下队、干部调入等时机，开展以“忆队史、做传人”为主题的党团活动，请老队长、老指导员等“老海岛”“老典型”作报告，引导官兵做守岛建队传人。利用报刊、网络和黑板报等军地媒介，大力宣扬中队官兵扎根海岛、无私奉献的典型事迹。

用海岛文化培塑忠诚品格。中队始终扭住落实政治教育制度不放松，注重教育中“三个转变”(变单向灌输为双向互动，变模式教育为开放教育，变被动承受为主动参与)，严格落实“1+3+1”主题教育模式，及时讨论辨析消化理解。针对海岛宗教多、台胞多、外来人口多的实际环境，组织“扎根海岛如何铸魂励志”“身处前沿如何保持本色”大讨论，不断筑牢官兵忠诚纯洁的思想基础。

【精武强队】 2019年，武警中队始终聚焦使命练精兵，努力锻造“能打仗、打胜仗”的标兵中队。

以“严”抓训，锻造拳头尖刀。坚持从基础训练严起、从训练标准严起、从训练条件严起。在求熟求精上下功夫，凡是大纲规定的科目，要求官兵必须达到优秀。注意搞好在各种复杂环境、恶劣气候下的适应性训练，从而有效提高官兵的战斗力。

以“活”促训，增强训练实效。中队训练场地受限，“00后” 战士普遍反映训练内容单调乏味。中队注意在训练中改进方法，逐步摸索出多套行之有效的练兵方法。在科目编排上，注意把练指挥、练战术、练协同和练体能、练智能、练技能有机结合、穿插进行，开展趣味训练，既能达到训练效果，又较好地克服厌训现象。

以“实”管勤，聚焦中心任务。中队紧抓执勤战备不松劲，创新管勤方法。持续运行无职务士官“哨长制”，加强各哨位勤务日常管理、研究与训练，既提升勤务管理质量又提升无职务士官工作积极性。每月召开联席会议，着力推进智慧磐石工作进度、查摆整改各类隐患。严格落实“3+1”战备模式，尤其是“五一”“端午”“十一”等节日前夕，与目标单位联合方案演练，检验提升战备水平。落实应急班AB队轮值机制，有效解决备勤与执勤的矛盾。

【精细管队】 2019年，中队注重从大处着眼、小处入手，努力锻造“法纪严、风气正”的标兵中队。

中队结合实际用好《精细化管理实施细则》，对每个库室什么用途、物品怎么摆放、各类人员什么职责、吃饭开会怎么就座、打开窗户怎么朝向等作出规范，对卫生怎么打扫、窗帘怎么折叠、厕所怎么方便、吐痰弯腰几度等明确标准，使官兵“一看就明白、照着就会做”。中队在嘉兴支队正规化试点的基础上，率先进行统一和规范，精细了“统一、规范、整洁、井然”的精细标准。

中队官兵保持传统，自觉做到“三不”（脏手不扶墙、脏鞋不进房、脏衣不躺床），始终坚持“九化”（内务设置标准化、管理教育经常化、营区卫生常态化、日常养成正规化、一日生活条理化、登记统计规范化、人员职责明细化、各种用语文明化、召开会议程序化），做到日常“三转”（早上起床时转一转，中午休息时转一转，课外活动时转一转），使官兵像爱护脸面一样爱惜环境。

中队不仅注重规范有形的“面子”，还下功夫厚重无形的“里子”。中队严密组织“五不一有”“手机网络大清查”“涉网行动大家谈”“治违法、严纪律”等各项活动，确保部队内部安全稳定。通过先期拉账单、查流水、个人承诺、撰写致家长一封信，中期拍摄vlog定目标循环播放，展板宣传定期评比以及近期开展“型男养成计划”等活动，让“五不一有”活动扎实有效、持续经常，让官兵在“五不一有”的基础上，养成多锻炼、多读书、能自律、常反省的好习惯。

中队支部始终坚持民主集中，确保敏感问题公平、公正、公开。2019年年初以来，确定学员苗子2名、党员发展对象7名、入党积极分子7名、推荐技术学兵1名、预提指挥士官集训2名，发展党员1名，培养后勤专业兵2名，都是严格按照程序，群众普遍满意，组织一致认可。

【聚力兴队】 2019年，中队主动适应兵员成分结构的深刻变化，充分尊重官兵、相信官兵、培养官兵，努力锻造“聚兵心、重成长”的标兵中队。

中队干部始终坚持用爱心纠偏、用真心解难、用诚心帮困，上等兵张洛被武警医院诊断其有先天性疾病，中队干部高度关注他的身体健康，先后5次送他去县医院，3次协调他去杭州医院住院检查治疗，温暖了战士的心田，保证其安全退伍。上等兵夏斌2018年母亲罹患癌症去世，2019年父亲心肌梗塞突发身亡，家中变卖家产、因病致贫欠款30余万元，中队干部积极为他争取暖心基金，找老师为他辅导功课助其考学，2019年考上了杭州士官学院学习船艇技术。坚持让战士当主人，难点问题发动大家攻关，连续36年开展民主恳谈会活动，发动官兵提意见、拿措施。2018年上等兵夏斌在“民主恳谈会”上提出“现在地方河道都有河长，为什么哨位不可以实行哨长制”的建议，经过反复论证，中队采纳他的建议，无职务士官担任哨长的做法落地生根，推行至今。对官兵的建议，只要科学合理、符合实际，中队都积极采纳；一些不合理的建议，中队也能及时说明解答，让每名官兵有建议想提敢提，凝聚官兵智慧，让“四主五会”（四主：部队建设是主人、完成任务当主力、管理教育作主体、创先争优唱主角；五会：会用科学理论分析问题、会用心理常识调节情绪、会用法律武器履行职责、会用日常技能自理生活、会用文明用语处理关系）建队育人模式深入人心。

根据战士的文化程度、性格脾气、特长爱好

和成才愿望,因材施教,开展“军营梦想秀”,配对梦想导师,借助地方资源开展兴趣活动和学历提升,让军事技能过硬的担任军事小教员、有电工操作证书的担任电器维修工、文化水平高的担任理论辅导员,使每名官兵在部队有战斗力、走向社会有竞争力。

中队坚持“把后勤当前勤抓”的传统,让军事素质过硬的战士下后勤学习技术。老兵复退后,司务长自学月饼、蛋挞、蛋糕制作,2名新上任的炊事人员每月研究菜式,推出瓦罐汤、香脆饼等新菜品,暑期坚持每日送清凉,各项保障官兵普遍满意。民主恳谈会上官兵提出的购买镁粉、大绳保护套保障训练安全等意见,均能第一时间想方设法满足,让官兵各项保障普遍满意。

(陶宜成)

人民防空

【推动人防工程建设稳中提质】 谋规划审批。规划方面,按《控制性详细规划人防设施配置标准》在玉环市2个地块控规文本中设置人防专篇。同时加强与自然资源和规划局沟通联系,在土地出让方案和规划条件中明确了人防设施具体配置要求。审批方面,建成并运行人防“最多跑一次”服务系统,按要求完成上级下达的“最多跑一次”改革任务。

谋项目建设。自建项目方面,超计划完成自建人防工程建设。结建项目方面,竣工防空地下室若干平方米,人防停车位若干个;新审批防空专业队工程1个,兼顾人防要求工程1个。按要求开展了结建工程建设和人防工程易地建设费征缴政策执行情况专项清理,并如实上报专项清理相关报表。

谋质量管理。人防工程质量监督工作落实了属地管理,交由住建质量监督事务中心负责,并按《人防工程质量监督导则》开展工作。结合人防"护防服务行动"对结建工程平时维护管理工作进行了全面监督检查。

【推动人防应急建设不断提升】 在规范上下功夫。紧跟机构改革步伐,及时调整指挥部成员单位;及时完善指挥部及其办公室、成员单位平时职责;及时修订指挥部编组分工和战时编成方案。建立常态化工作机制,推进人防指挥部常态化运行。同时完成重要经济目标分级分类报批,按照“七有”标准,对市传媒中心开展重要经济目标防护试点工作。

队伍建设有突破,新建人防应急救援队伍(玉环海韵救援队),添置救援设施并开展训练。完成人防专业队和人防志愿者队伍的整组和训练。组织专业队骨干赴仙居开展封闭式军事化集训,进一步提升队伍军事素养和实战能力。

疏散演练有突破,在实现乡镇(街道)应急疏散演练全覆盖的基础上,2019年参与人数更是达到9.4万,累计组织参演人数约27万人。

警报建设有突破,完成人防警报与国家突发事件预警信息平台对接;完成防空警报中央站、中转站及部分终端数字化升级改造。

【推动人防宣教巩固深化】 抓好一个载体。大力推进人防宣教五进工作,开展“百场专题进党校,千所学校齐宣讲”活动,组织12所学校开展防空防灾安全知识宣讲,组织7000余人次中小学生到人防教育基地接受防空防灾安全知识教育。

抓好两个阵地。投入约30万元建成玉环市人防主题公园,内容包括人防主题墙、人防知识问答墙、人防雕塑、防空知识宣传长廊、民防知识科普等,进一步扩大人防宣教覆盖面。投入60余万元启动玉环人防教育展示馆改建扩建,对人防与民防主题进行区分,将宣传阵地向人防办公大楼拓展延伸。使参观者们更为全面地了解玉环人防。

抓好三个节点。利用3.1、5·12、9.18等人防工作重要时间节点,通过发放宣传手册、图片展览、刊出主题宣传橱窗、影城播放人防宣传公益片、参加“5·12”防灾减灾科普广场日活动、普法宣传活动等形式,推进防空防灾安全知识普及应用。同时加强信息对外宣传报道。

(市人民防空办公室)

退役军人事务

【概况】 2019年1月21日,玉环市退役军人事务局挂牌成立,主要承担原民政部门的退役军人优抚安置职责、市人力资源和社会保障局的军官转业安置职责,统筹做好退役军人安置创业、优抚褒扬、拥军优属以及退役军人服务保障体系建设等工作。市退役军人事务局坚持边组建、边协调,推进各项工作顺利开展。在优抚褒扬工作上,立心为民,开展信息采集,发放优抚对象补助2189万元,走访慰问困难对象,发放慰问金135万元;在安置创业工作上,以实为要,发放一次性经济补助金537万元;在双拥工作开展上,奋发有为,完成省级双拥模范城“八连创”工作,成为台州市唯一一个连续八次获得双拥模范城县市;在服务体系建设上,以全为上,组建市退役军人服务中心1个,乡镇(街道)退役军人服务站11个,村居(社区)退役军人服务站221个。

【拥军优抚】 2019年,玉环市义务兵家庭282户,为受抚恤优待补助的各类优抚对象发放各类补助2189万元,享受医疗补助747人。

重大节日期间,市四套班子领导分组带队,走访慰问驻玉部队和部分驻台部队,送去慰问物资120多万元;双拥成员单位为基层连队办实事活动持续开展,解决海岛部队用水难问题,帮助海军某部新建篮球场,向基层连队捐赠基础设备等;向随军未就业家属发放过渡性生活困难补助11名10.134万元。2019年,玉环市实现省级双拥模范城“八连冠”,大麦屿街道被命名为省爱国拥军模范单位,武警台州支队玉环中队被命名为省拥政爱民模范单位。

2019年,玉环市义务兵家属优待金标准居台州市首位。发放优抚对象补助2189万元、购买优抚社会化服务60人8.8万元、救助困难退役军人50万元、悬挂光荣牌10768户,走访慰问重点优抚对象、军属、困难对象1300多人,慰问金135万元。接待清明祭扫0.9万人、举行颜曰春烈士光荣证颁授仪式,增发一次性抚恤金26万余元,向22名在乡复员军人颁授“新中国成立70周年纪念章”。全市有省级烈士纪念设施保护单位1个,零散烈士纪念设施26个,烈士墓数267个,不可移动革命文物180件。

【退伍军人安置】 2019年,玉环市退役军人事务局组织为自主就业退役士兵发放一次性安置补助金537万元;为退役士兵开展职业教育和技能培训,补贴支出56.22万元;组织7家企业和退役士兵参加台州市专场招聘会,达成就业意向41人,帮助就业15人;为现有军休干部及无军籍退休退职职工发放离退休金62.11万元;承办台州市军休干部钓鱼比赛1次。

(蒋璐希)

农业

农业 农村

【概况】 2019年，市农办、市农业林业局、市水利局根据机构改革要求实现撤并，新组建市农业农村和水利局，设有13个行政科室、5个参公事业单位、25个事业单位。

【农林牧渔业总产值69.93亿元】 农业结构转型回升。2019年，全市实现农林牧渔业总产值69.93亿元，按可比价格计算，比2018年增长2.5%，增加值37.90亿元，增长2.7%。其中，农业产值7.09亿元，下降0.6%；林业产值0.11亿元，增长3.7%；牧业产值1.14亿元，下降21.7%；渔业产值60.75亿元，增长3.4%；农林牧渔服务业产值0.84亿元，增长5.0%。农村常住居民人均可支配收入35340元，增长8.9%。

【农牧业生产】 2019年，粮食播种面积2.80万亩，下降11.12%；粮食产量984.00万公斤，减少14.43%。蔬菜播种面积5.91万亩，产量10655万公斤，与2018年基本持平。水果种植面积7.44万亩，产量6.1万吨，与2018年基本持平。生猪出栏2.25万头，比2018年下降17.78%，家禽出栏94.28万只，比2018年增加1.87%。发展玉环文旦、火山茶、干江盘菜等特色产业。

【文旦产业发展】 2019年，文旦产量28554吨。做精做优玉环文旦特色产业，"玉环文旦"区域公用品牌随高铁列车跨过山川大海、飘香浙沪苏皖，授权25家农业主体使用"玉环文旦"证明商标。支持发展文旦初加工，文旦酥、文旦酒等加工产品小规模研发投产。

【粮食产能提升】 开展农业水价改革，农田灌溉水有效利用系数提升至0.59。建设高标准农田1.5万亩，新建省级绿色高效千(百)亩示范片(方)4个，高标准完成粮食功能区提标改造1124亩，建成绿肥示范基地4090亩，示范推广景观油菜全程机械化生产技术500亩。

【"一区一镇一体"建设】 稳步推进玉环市省级现代农业园区建设，建设项目21个。有序建设龙溪精品水果特色农业强镇项目4个、"文旦印象"美丽田园综合体项目8个。

【农业污染治理】 大力推进土壤污染防治工作，完成农用地土壤污染状况详查，建设省级控监测点6个、市级6个。启动并推广农药实名制购买工作，全市所有农药经营门店（共38家）实现实名制购买100%覆盖。实施“肥药双控”，开展化肥减量增效示范试验8个，实现不合理化肥使用量减少30吨，农药减量1.1吨，病虫害绿色防控2.75万亩。回收农药废弃包装物30吨、废旧农膜1389吨（棚膜921吨，地膜468吨）。建设省级氮磷生态拦截沟渠3条。

【农业安全生产】 强势推进变型拖拉机专项整治，清理报废在册变型拖拉机286辆，其中重点管控车辆256辆。加大非洲猪瘟等动物疫情监测防控力度，严格落实防控举措，反复排查生猪，未发现非洲猪瘟疑似症状。建立畜禽免疫电子“户口簿”，各类重大动物疫病强制免疫应注率100%，有效遏制柑橘黄龙病、加拿大一枝黄花等植物疫情，未发生区域性重大动、植物疫情。继续巩固省级农产品质量安全放心县创建成果，农产品检测合格率100%。

【“大棚房”整治】 扎实推进“大棚房”问题专项清理整治，完成15宗19处问题“大棚房”整治，恢复农业生产功能面积8.82亩，整治率100%，即查即改问题“看护房”86宗5038平方米。

【“美丽乡村”建设】 深化“美丽乡村+”行动，建设省级美丽乡村示范乡镇1个、美丽乡村精品村3个，建成星级美丽庭院1611户，60个乡村振兴示范村项目通过验收，新启动精品线路建设项目30个、乡村振兴示范村项目19个。深入开展省级历史文化村落工作，第四批（2016年）省级历史文化重点村山里村验收得分全省第二，第七批（2019年）重点村上栈头村规划通过省级评审。

【农村集体产权制度改革】 实施农村集体资产清产核资、登记赋码，完善农村集体经济组织成员身份界定，完成深化全国农村集体产权制度改革。高标准推进新村资产完全融合，通过集中资源、蹲点服务、一村一策等方式，以“资源互补式”“求同存异式”“股份合作式”等融合模式实现49个新村“三资”完全融合。

【村级债务控制化解】 启动村级控债化债工作，研究出台实施方案和管理办法，建立新增债务申报评估制度，提出“四色”预警机制，逐步规范村级债务。大力推进薄弱村消除计划，扶持25个村在干江滨港工业城抱团联购厂房进行物业出租，签订玉环—仙居共建发展集体经济“飞地”园区项目框架协议，全市185个村年集体经济总收入6.2亿元，比2018年增长8.47%，所有村均实现年集体经济总收入10万元以上且经营性收入5万元以上。

（市农业农村和水利局）

水　　利

【水利重大工程建设】 获评全国第二批节水型社会建设达标县。漩门三期围垦工程通过竣工验收。重点推进台州市南部湾区引水工程建设，隧洞开挖支护9.17公里，管道安装2.7公里，水厂综合楼结顶、主体结构通过验收，厂区完成部分桩基施工，累计完成投资3.67亿元。亚海水淡化（一期）抗旱应急工程累计投资1.21亿元，实现1万吨/日的试通水。漩门湾拓浚扩排工程项目建议书省发改委受理，项目先行段工程龙溪片应急工程开工建设。实施大麦屿高位饮水工程，铺设供水管网15公里，解决9个村、1.15万人的饮水安全问题，全市农村饮用水实现100%达标，城乡供水一体化率达98.5%。

【水域综合治理】 大力推进河道疏浚整治，建设省级美丽河湖2条，完成中小流域治理5公里、河湖库塘清淤30万立方米，整改“四乱”问题70个。

【水利工程管理】 推进双庙水库、垟岭水库水利工程标准化管理建设，及时竣工验收7座山塘水库、2座闸门。建立健全农村基层预警体系，完成1座水库除险加固、7座山塘水库安全鉴定。

（市农业农村和水利局）

自然资源和规划

【概况】 2019年，市自然资源和规划局整合国土资源、林业、海洋、规划等职能，完成机构改革工作，内设有14个科室，隶属事业单位有25个含12个基层管理所。围绕要素保障和资源保护两大重点，主动服务，严格规范管理，着力改革创新，各项工作取得新的成效，在市对部门考核中连续四年跻身优秀行列。

【加强规划引领】 完成第三次国土调查，高站位谋划国土空间规划。开展市域综合交通规划编制和新老城快速通道研究。完成高铁地块及周边地区城市设计成果编制和高铁新区控规报批。完成市域乡村建设规划编制和43个行政村规模调整后新村村庄规划编制。

【优化资源供给】 在2019年年初获得增减挂钩指标685亩的基础上，争取计划外指标946亩，主要保障网营物联、经八路延伸、沙门中学扩建、老旧工业点和小微企业园等重点项目用地。完成用地审批4823亩，其中工业用地2491亩。公开出让国有建设用地48宗，面积1839亩，收取土地出让金37.55亿元，创历史新高。全市有持证矿山5家，其中工程矿3家（大麦屿西山、芦浦石子岙、干江磨竹头），经营矿2家（清港镇扫帚山、沙门镇岭头），保有资源量1890万吨。

【节约集约用地】 腾挪经济社会发展用地空间，盘活存量建设用地2796亩，消化批而未供土地363亩，完成低效用地再开发1833.4亩。

【全域土地综合整治】 开展全域土地综合整治，完成村庄整治225亩，旱地改水田372亩，中低产田改造3216亩，园地还耕地135亩，完成废弃矿山治理17处，实现低效用地再开发1834亩。

【林业资源管理】 推进国家森林城市创建，完成各类绿化造林1.25万亩、新植珍贵树种13万株，创建“一村万树”示范村3个、推进村31个。通过各项林业重点工程的实施和森林资源的保护管理，市林地面积量达31.1877万亩（包括漩门二、三期），全市森林覆盖率39.42%，基本保持稳定，全市活立木蓄积量达652027立方米，较2018年增加3.59%。在森林资源审核审批中，严格把关，主动服务，审批长期占用林地项目28个，临时占用林地项目21个。办理林木采伐证57份，蓄积量合计4188.7立方米。

【野生动物救护】 充分利用市野生动物疫源疫病监测站平台开展野生动物疫源疫病监测工作，每日按规定上报野生动物疫源疫病信息。通过购买社会服务开展野生动物救护工作，放生救治野生动物152只。加强野生动物监管、审批和执法检查，野生动物审批5个项目。

【海洋生态环境】 2018年省海洋生态建设示范区创建量化评估位列全省第一，较上年上升一个名次。国家海洋督察涉及玉环市13项，其中9项销号，2项整改待销号、剩余2项达到序时进度，整改时限未到。完成围填海工程生态评估报告及生态修复方案编制，围填海历史遗留问题处理方案上报。在完成省级下达的华能电厂段、小普竹段0.92公里海岸线修复任务的基础上，自加压力，主动谋划，提前完成环岛南路坎门段能力提升和沙岙坑、鹰东沙滩等5个岸段1.57公里海岸线修复工程，全年修复2.49公里。海岸带整治修复项目完成总投资的88%，6个子项目中完工2项，剩余项目在有序推进中。

【严控资源利用】 出动土地、矿产巡查1885次，发现违法行为14宗，均及时予以制止，立案查处案件22宗，卫片执法检查违法占耕比为0.228%，连续六年保持台州市最低。开展松材线虫病疫木执法专项行动20次，检查企业398家，查处案件7起。办理林业行政案件8起。联合地方公安，铲除疑似罂粟1000多株，铲除罂粟618株，抓获嫌疑人一名，由地方公安机关办理。

【便民利民服务】 推进不动产登记“就近跑”改革，在台州市率先提出不动产登记“全域通办”和“就近跑”，将95%以上的审批业务下放至各乡镇（街道）便民窗口办理，在全省首推不动产登记村级自助服务终端，率先实现群众“咨询不出村、办事不出镇、就近可通办”。取消二手房交易中介评估环节，改由政府“买单”按照区片综合价进行统一评估，实现二手房交易“一窗受理、当场办结”，为群众降费减负。开展农房确权发证，累计完成农房确权发证49972户，确权发证率为141.75%，位列台州第二。

【治理地质灾害】 完成省“除险安居”三年行动17处地质灾害隐患点治理。2019年，强降雨、台风造成新增地质灾害隐患点17处，全部采取应急处置措施，并编制治理方案13本，交由乡镇（街道）开始招标，剩余4处基本完成编制，组织专家评审中。

【报件内审复核】 创新开展业务报件内审复核。根据”月自审、季互审、年抽审”的要求，开展内审复核14次，审核报件2873宗，下发书面整改通知8份，对9位业务报件出现差错的经办人开展提醒谈话。该项工作获省自然资源厅厅长高度认可，并将玉环经验批转各地学习借鉴。

（方　烨）

渔　业

【概况】 2019年，市港航口岸和渔业管理局持续推进“一打三整治”行动，推动渔业转型升级，贯彻落实国家渔船综合管理改革措施，配合促进大麦屿港区开发开放，努力实现“渔业增产、渔民增收、渔区稳定、港区繁荣”。2019年，水产品总产量24.82万吨，同比上升3%，其中海洋捕捞产量14.33万吨，同比减少1.67%，海水养殖产量9.86万吨，同比增加11.92%，淡水捕捞产量3258吨，同比减少20.15%，淡水养殖产量3043吨，同比减少0.2%。

【推进“一打三整治”工作】 落实伏休“三战”。2019年，市伏季休渔管理工作最大亮点是全局动员，部门联动，做到全覆盖无盲区。伏季休渔期间，组织开展联合执法检查118次，出动执法人员1218人次，检查场点5240场次，收缴渔获物8686公斤，移交公安机关20人，刑事拘留5人。

加强幼鱼保护。持续组织开展常态化“清网行动”，对“绝户网”基本实现码头、停港渔船、沿海滩涂“三不见”，开展清缴涉渔“三无”船舶专项行动，坚持露头就打、彻查彻打。2019年，清理违禁网具31247张，取缔涉渔“三无”船舶116艘（其中船长12米以上39艘，钢质49艘）。同时按照计划，展开市增值放流活动。开展渔业资源苗种增殖放流7351.91万尾，完成放流数量是任务数量的10.5倍。

落实中央环保督查整改。建立健全水域滩涂养殖长效监管机制，推进全市水产养殖业绿色健康可持续发展。2019年,市海水围塘养殖完成生物滤坝、生态浮床建设103家,面积197.26公顷,完成率100%[其中包括15个省级养殖尾水治理示范点建设,面积47.87公顷(场点23个),完成率100%],并基本落实增氧设备配备。成功创建农业农村部水产健康养殖示范场1家,省级水产健康养殖示范场6家。

加强近岸海域污染防治。截至9月底,完成配备玉环市船长≥35米国内海洋渔船防油污设备92艘,配备≥400总吨国内海洋渔船防生活污水5艘,配备船长≥12米国内海洋渔船垃圾贮集器401艘,配备总长≥12米国内海洋渔船垃圾公告牌408艘,为台州市最快完成此项任务的县(市、区)。

【平稳渔业安全生产态势】 2019年,无发生渔船安全事故,无产生人员死亡安全责任事故。同时,面对7次台风直接或间接影响玉环市的情况下,做到全省第一个完成进港任务、台州市内唯一未发生渔船抢风尾出海捕鱼的县市区。渔业防御“利奇马”台风取得全面胜利,实现“零艘渔船延误进港、零人员伤亡、零渔船提前出港生产”的“三零”工作目标。

动态监控,渔船信息化管控全覆盖。利用渔船安全信息指挥平台,借助北斗卫星渔船监测系统,实现对全市在外作业渔船进行24小时跟踪监管。2019年,市渔船动态干预综合评分和渔船进出港报告率两项重要指标位列台州市第一;全市渔船北斗终端24小时在线率每日达100%,累计干预9050次,处置有效报警85次,成功护救人员数量33人次。

排查整改,渔业安全生产零隐患。全面开展安全隐患整治行动,落实渔船秋冬季渔业安全生产检查。发现并整改安全隐患541处,查处安全类案件153艘次,记分421艘次,并对全市3艘涉氨冷藏船完成整改并通过专家组验收,检验并签发各类船只证书492艘次,重新划分渔船ABC类型,实施台州市渔船安全管理记分办法,以签订责任书的形式强化乡镇属地责任和渔业公司的协管责任。

强化教育,渔业责任制意识零缺位。强化渔业防台减灾宣传教育,组织开展培训活动。2019年,组织大型海上防台消防演练1次,参与人数近150余人;组织船东船长培训7期,普通船员培训5期等,培训船东船长、船员及渔船监护人1700余人。

健全组织,渔业基础化管理添活力。将全市18个渔业村(公司)整合成6个渔船基层管理组织,初步建立具有法人化、规范化、专业化的新型渔船基层管理组织,并健全渔船基层管理组织的职责和考核机制,推动渔业基层管理组织健康发展。

【促进渔业产业高质量发展】 建立生态捕捞促进产业升级。稳步推进减船转产工作,完成2019年度减船转产任务,并加强对失海渔民转产从事水产养殖、水产加工产业的服务对接工作。2019年,拆解渔船12艘,功率2750千瓦,提前完成2016—2020年捕捞渔民减船转产任务(五年计划)。同时,加强传统捕捞业转型升级,大力发展延绳钓业。截至2019年年底,全市发展钢质延绳钓渔船41艘,居全国首位,并在单船延绳钓钓带鱼技艺革新方面取得突破,从原先单一的钓鳗发展为兼钓带鱼,探索出一条随渔汛选择作业方式增收的新路子。

加快渔业创新驱动产业提质。持续关注追踪海捕虾海上加工中心建设,牵头组织联合相关专家,围绕“玉环市海上水产加工业”这一课题,开展为期近一个月的专题调研并形成报告,促进市拖虾行业快速发展。同时,“中鹿岛渔业综合体”正式运营,其大黄鱼成功入选农业农村部2019年全国名特优新农产品名录,获得SGS国际认证证书。截至2019年年底,该综合体完成近200亩的一期工程建设，首轮投放大黄鱼50万尾，产值5000万元。

加强品牌创建促进渔民增收。加大"玉环市十大海产品伴手礼"宣传力度，推进标准化生产和品牌化运营，组织全市10家渔业骨干企业赴福州市参加中国国际渔业博览会，集中展示玉环渔业特色品牌，吸引国内外客商的广泛关注，三天时间接待到访客商9100余人、接洽合作意向企业650多家。

【全面提升渔业民生保障水平】 谋划坎门中心渔港避风锚地项目建设。针对市渔港抵御超强台风基础设施薄弱这一短板，筹划玉环市坎门中心渔港避风锚地建设项目，拟在坎门南排山与外黄门山之间修建长2250米防波堤，初步估算工程总造价20亿元，总工期4年，该项目工程建成后，可形成5.5平方公里的外港池和4.2平方公里的内港池。外港池水深7~10米，东西两侧各有一个自然水流通道，东口门宽480米，西口门宽240米，可容纳市及周边县市约4500艘渔船锚泊；内港池是一个港中港，波高在0.5米左右，在强台风乃至超强台风来袭时，可容纳3000艘渔船避风，彻底解决市及浙南地区渔船无处避风的问题。另外，从长远来看，该项目的实施可极大助推坎门渔港经济区的做大做强，辐射带动其他产业及渔区城镇化建设。该项目工程正在前期调研当中。

谋划精深加工园区建设。积极谋划以坎门中心渔港西港区建设用地为核心，启动精深加工园区建设，视情况向坎门中心渔港西港区滩涂上拓展，以桩基梁板结构避开围填海，以透水构筑物名义向市政府报批用海，分年实施，逐步推进。并以发展渔业集聚区为导向，引导市渔民与水产加工企业向渔业发展平台靠拢，形成完整的产业链。

用好用活海洋产业基金。以全省首个海洋产业玉环子基金为起点，围绕"培育行业龙头企业、加快基础设施建设、构建普惠金融服务体系"三大方向，利用省级基金管理公司的平台和资质，充分、灵活地发挥基金杠杆放大作用和示范引领作用，带动起市海上加工中心项目和中鹿岛渔业综合体项目的高速发展。

【加强大麦屿口岸开发开放】 协调海关、边检、海事等查验单位做好口岸相关工作，2019年，对台直航出入境旅客累计20.7万人次，其中旅客数1.8万人，同比下降18.5%；大麦屿港集装箱装卸量32.2万标箱，比2018年同期增加17.1万标箱，同比增长113%；其中外贸5.8万标箱，同比增长58.7%；内贸26.4万标箱，同比增长130.5%。同时，协调相关查验单位支持港务公司两个批次钢材进口，从3万吨级码头泊卸。根据3万吨级现状提出相关建议供领导决策参考，助力完善对外开放港口设施完成。

【扎实推进机关内部建设】 党建工作稳步推进。进一步明确自由裁量幅度，缩小自由裁量空间。全年各类行政处罚200件，包括一般程序处罚184件、简易程序处罚16件，罚没近69万元。

维稳工作卓实有效。受理各类渔事、海事调解申请22件，调解成功率100%，涉案金额255.94万元，保障了渔区社会的和谐稳定。做好日常信访信息报送，重点做好中华人民共和国成立70周年等重要时段的维稳工作，全年未发生群体性事件。

党风廉政层层落实。推进"最多跑一次"改革，按简化网下网上办理环节，健全局行政审批工作制度，及时完成行政审批事项的日常受理办理工作，全年办件1648件，完成1648件，实现100%办结。规范公务接待，2019年公务接待51批次，接待费用6.05万元。

（陈　威）

工业经济

【概况】 2019年，全市工业总产值累计完成1531.83亿元，同比增长-7.94%，其中规上工业产值839.22亿元。限额上工业性投资完成62.24亿元，同比增长24.0%。截至2019年年底，全市工业企业有13372家。其中，产值超亿元企业188家，规模以上工业企业868家。

【抓政策推动】 兑现涉企扶持政策资金。5月，兑现2018年技术创新类项目奖励资金950万元。7月，开展2017—2018年度技术改造补贴申报工作，累计完成313家企业技术改造验收工作，兑现7家企业技术改造项目奖励资金2273.54万元。兑现43家企业2018年及2019年上半年工业机器人奖励金额529.63万元；兑现9家企业2018年度省级清洁生产审核验收合格奖励资金45万元；兑现7家企业2019年度一事一议奖励资金5292.99万元；兑现2018年度苏泊尔股份公司非玉环基地高层人员个税返还197.81万元；兑现2018年度股改奖励资金(第一批)527.31万元；兑现2018年度总部经济销售回归奖励资金3823.92万元。

【抓精准服务】 以"三服务"、走访汽车及零部件企业和涉美外贸企业等专题活动为契机，深入一线为企业排忧解困。2019年度，收集各类问题841个。其中，"三服务"台州市级层面问题完结率100%，玉环市级层面问题完结率97.76%。

以扶工助企为载体，坚持问题导向，开通96871服务热线，对存在的问题实现清单式管理、销号式服务。收集到市级层面问题141个，完结率93.62%。对金融"白名单"企业开展一对一上门服务；联合市金融办、市人民银行引导银行对涉及"双链"问题的企业不抽资惜贷。联合市教育局解决重点企业员工子女入学问题，帮助解决156名巨龙企业骨干员工子女就读市公办学校，其中新生126人，转学30人。

深入落实"最多跑一次"改革，完善技改项目备案制，变"跑一次"为"零上门"，全方位夯实服务支撑。全年完成企业技改项目备案1264件，同比增长138.29%。组织市约40家企业参加台州市多场行业专项对接会（包括轨道交通对接会、机床和智能装备对接会、管道和防水材料对接会等），帮助装备制造企业与省内外相关需求企业展开分行业对接，帮助企业打开市场。

【抓转型升级】 科学制定《关于深化"亩均论英雄"改革的实施意见》，编制《玉环市小微企业园高质量发展五年规划（2018—2022年）》，深入贯彻执行《玉环市传统制造业优化提升实施意见》《玉环市老旧工业点改造提升行动计划》《玉环市小微企业园建设三年（2018—2020）行动计划》等政策文件，全面铺开24个小微企业园建设，加快新旧动能接续转换。截至2019年年底，投运小微企业园7个，入驻企业291家，其中太平塘小微企业园被评为2019年度浙江省五星级小微企业园和浙江省数字化示范园区。

引导企业开展旧厂区改造，全年完成旧厂区改造53.04万平方米，完成计划的106%。禁止使用黏土类墙体材料，利用现场验收平台验收项目16个，验收项目面积25.8万平方米，返退新型墙体材料专项基金63笔，760.74万元。

7月，组织开展机器人验收工作，邀请“机器换人”专家组成联合验收组对市38家企业购置的430台（套）工业机器人完成现场验收。

深化“亩均论英雄”改革，对848家规上企业、2073家规下企业开展综合评价。加大优质企业正向激励力度。减免城镇土地使用税870.59万元，财政资金奖励和补助2.07亿元，新增供应土地906.6亩。

加快低效企业改造提升。完成586家低效企业改造提升工作，上报一企一档。盘活土地3923.12亩，腾出用能3780吨标煤，腾出环境容量（四项主要污染物之和）1.09吨，新增产值12.65亿元、税收0.87亿元。完成淘汰落后和严重过剩产能任务16家，“低散乱”块状行业整治提升任务190家。

【抓有效投资】 牢固树立“抓项目就是抓投资、抓投资就是抓发展”的理念，以项目建设为支撑，促进有效投资，开展“千亿项目、五大攻坚”。2019年，47个省重点技术改造项目完成投资20.26亿元，完成年度计划的176%；36个台州市“四个一批”重点技术改造项目完成投资18.67亿元，完成年度计划的157%；新增备案工业性项目1259个，同比增长37.75%，计划总投资额155.88亿元，其中新增亿元以上项目13个。在投资库项目530个，其中5000万元以上项目112个，全年完成工业性投资62.24亿元，同比增长24%，技改投资52.47亿元，同比增长33.5%，制造业投资59.69亿元，同比增长29.3%。

【抓两化融合】 贯彻落实《玉环市数字经济发展实施方案（2018—2022）》，加快创新体制机制，塑造数字经济新结构、探索发展新路径、释放数字新活力，构建特色鲜明的“数字玉环”，促进玉环经济高质量发展。逐步形成以伺服电机、工业机器人、半导体、专用电子设备等为主体的“硬”制造以及以嵌入式软件、信息服务等为核心的“软”业态，集聚琦星、里阳半导体、沪龙科技、迈得医疗、腾讯云等企业为代表的一批行业龙头骨干企业，继续实施“企业上云”三年行动计划，推进“企业上云”向“深度用云”转化，鼓励中小企业充分利用云化研发设计、生产管理和运营优化等软件，实现业务系统向云端迁移。截至12月底，“上云”企业3984家。

出台《关于促进新时代美丽经济建设的若干意见》中“数字经济”相关政策板块，支持企业数字化转型提升。完成2019年工业企业两化融合（信息化应用）43个项目备案；全年兑现省、市信息化奖励资金369.906万元。1家企业列入工信部制造业“双创”平台，1家企业通过两化融合管理体系贯标认定，3家企业列入全国电子信息行业优秀企业，1家企业列入省级制造业与互联网融合发展试点示范企业，2家企业列入浙江省电子信息50家成长性特色企业，2家企业评上浙江省第三批“上云”标杆企业，3家企业列入省级工业互联网平台创建名单。举办产业数字化转型暨工业互联网建设咨询服务活动和玉环市制造业与互联网融合发展专题研修班，深化市制造业与互联网融合发展。

【抓企业培育】 理顺“小升规”“规改股”“股上市”等企业发展路径。2019年，完成88家企业小升规培育工作。引导市企业开展股份制改造，建立现代企业制度，完善股改工作考核督办机制，推广“一对一模式、组团式服务”。新增的70家股份制改造企业中，上市上柜1家，一般性股改56家，新注册13家。1家企业成功获评浙江省企业技术中心，56家企业成功获评台州市市级企业技术中心，4家企业产品获评“浙江制造精品”，1个项目入选为2020年度浙江省制造业高质量发展产业链协同创新项目，15个项目获批为浙江省技术创新重点项目，45个项目成功获批为台州市技术创新重点项目，68个产品通过省级工业新产品鉴定，1套装备获评2020年度国家级装备制造业重点领域首台(套)产品，2套装备获评2020年度浙江省装备制造业重点领域首台(套)产品，10套装备获评2019年台州市装备制造业重点领域首台(套)产品，2家企业入选国家级专精特新“小巨人”企业，1家企业入选第一批“雄鹰行动”培育企业，1家企业入选2019年浙江省“隐形冠军”企业，4家企业入选2019年浙江省“隐形冠军”培育企业，3家企业入选台州市首批专精特新“小巨人”企业，14家企业被评为台州市第三批“瞪羚企业”，135家企业通过台州市管理创新工作验收。在企业培训上，坚持实施企业家综合能力素质提升工程，分级分类开展形式多样的企业管理培训工作。先后举办功勋企业家培训班、三龙企业家领袖能力提升班、数字经济发展暨制造业与互联网融合发展专题研修班等一系列培训以及四期企业家大讲堂，全年累计培训1550余人次。

（王晗晗）

工业类型

【汽车零部件产业】 汽车零部件产业是玉环工业的第一大产业，现有汽车零部件生产企业1700多家，其中上市企业2家，产值亿元以上企业67家，规上企业266家，“国家汽车零部件出口基地企业”5家，拥有减震器类、齿轮、方向盘等37个系列6000多种产品，先后被命名为“中国汽车零部件产业基地”“国家汽车及零部件出口基地”“浙江省汽摩配品牌基地”“中国汽车零部件出口共建基地”，“玉环汽摩配”被评为“浙江区域名牌”，1家企业获浙江省政府质量奖提名奖，3家企业获台州市政府质量奖。2019年，汽车零部件产业实现产值458.23亿元，出口78.47亿元。

【水暖阀门产业】 水暖阀门产业是玉环工业的第二大产业，现有生产和加工企业1310多家，其中年产值亿元以上企业63家，拥有铜阀门及配件、水暖件、柱塞阀三大系列，水嘴、龙头、管件等100多个品种1000多种规格，产品远销欧美、日本、东南亚等130多个国家和地区。被命名为“中国阀门之都”“中国五金建材(阀门)出口基地”“中国水暖阀门精品生产采购基地”“中国水龙头生产基地”，是浙江省阀门专业商标品牌基地和浙江省(玉环)水暖阀门出口基地，“玉环水暖阀门”被省质监局评为“浙江区域名牌”，1家企业获台州市政府质量奖。2019年，水暖阀门行业实现产值354.97亿元，占全市工业总产值的23.17%，其中，自营出口137.26亿元，占全国阀门行业同类产品总产值、外贸出口和市场份额的25%以上。

【工程机械产业】 工程机械产业是玉环的新兴产业，现有工程机械生产企业100多家，其中规上企业44家。拥有软管总成、焊接法兰、矿用接头、油缸接头、阀块、拨叉等两万多个品种的产品，主要为卡特彼勒、三一重工、徐工、重汽等国内外定级企业提供零部件配套服务，产品出口欧美、日本等国家和地区。随着国家“一带一路”战略的深入实施，工程机械产业呈现螺旋式上升发展态势，成为玉环工业经济增长的新动能。2019年，工程机械行业规上企业实现产值73.11亿元，同比增长3.14%。

【家具产业】 家具产业是玉环工业的特色产业之一，经玉环家具人的艰苦创业和政府的大力扶持，形成品种繁多、配套齐全、产业链条完整的集群发展模式，尤其是欧式古典家具，其档次和工艺水平处于全国领先地位。现有家具制造及配套企业280家，其中拥有自营出口权企业42家，在做精欧式家具的同时，开发有特色的“新古典、小美式、新中式、轻奢、现代”等不同档次、不同风格的产品，抢占市场份额。产品远销俄罗斯、乌克兰、澳大利亚、中东、东南亚等70多个国家和地区，国内各大中城市的家具商场都可看到玉环家具的身影，玉环家具不仅是一个产业，更是玉环的一张名片。从产业发展历史、集聚规模、产业链完善程度到发展壮大，在浙江省乃至在全国区域性产业集群中都有一定影响。先后荣获“中国新古典家具精品生产（采购）基地”“中国欧式古典家具生产基地”“国家级家具产品质量提升示范区”等称号。

【眼镜零配件产业】 玉环眼镜零配件产业是玉环工业的特色产业之一，也是朝阳产业，年产值达20余亿元，占全国市场份额的65%以上。现有企业350余家，其中规上企业15家，年产值5000万元以上企业6家，年产值亿元以上企业4家，省级科技型中小企业9家，台州名牌产品1家，玉环市政府质量奖1家，股份制改造企业2家。全行业拥有弹簧铰链、插芯、推板、连体四大系列3000多个品种和白铜、铝镁合金、记忆合金、碳纤维材料等多种高新材料，有200多种产品获国家专利。2005年9月，被中国轻工业联合会授予“中国眼镜零配件生产基地”荣誉称号，2014年4月，成立中国眼镜零配件专业委员会，是中国眼镜协会常务理事单位。2017年7月，被中国轻工业联合会授予“中国轻工业特色区域和产业集群创新升级示范区”和“管理与服务先进单位”荣誉称号。

【药械包装产业】 药械包装产业是玉环工业的新兴产业，是全国壳聚糖生产集聚地之一，全国一次性无菌医疗器械耗材生产发源地之一，浙江省医药包装生产基地之一，被授予“中国无菌医疗器械自动化装备制造产业（玉环）基地”称号。据统计，全市现有药械包装企业80余家，年产值亿元以上企业6家，规上企业26家。2019年，总产值为23亿元。全行业拥有科创板上市企业1家，新三板上市企业1家，国家高新技术企业4家、省级重点企业研究院1家、省级高新技术企业研发中心6个、省级科技型中小企业25家。

【机床产业】 机床产业是玉环制造业的主要组成部分，聚集了300多家机床生产企业，其中规上企业15家，主要产品为数控车床、数控专用机床等，是全国著名的数控机床和自动化装备生产集聚区，被中国机械工业联合会授予“中国小型‘专特精’机床生产基地”区域品牌。2019年，产值达46.8亿元。全行业1个项目被评为国家重大专项和教育部科技进步一等奖，1个产品被评为全国机械工业名牌，市级名牌产品8个，省级著名商号1个，1家企业荣获台州市政府质量奖，机床行业获“全国机械工业引领创新发展先进产业集群”称号。

【缝制机械产业】 缝制机械产业是玉环工业的新兴产业，现有生产企业38家，从业人员3506人。涵盖整机、电控、轴类、旋梭、螺钉、连杆、挑线杆、铜套、异形件、机头过线部件等综合性缝纫机零部件生产。2019年，总产值为17.74亿元，较2018年同比下降42%，占全市工业总产值的1.16%。

（王晗晗）

玉环经济开发区

【概况】 浙江玉环经济开发区的前身为玉环大麦屿经济开发区，建于1992年6月，1993年11月经省人民政府批准升格为省级经济开发区，2005年更名为玉环经济开发区。2008年12月5日经玉环县委常委会决定，玉环经济开发区从大麦屿整合到漩门二期围垦区，主要负责开发漩门二期围垦区、县汽摩园区、观光农业园等区块。2010年7月，浙江玉环经济开发区整合提升方案得到省政府正式批复。2011年1月召开的县十三届五次党代会决定，将漩门三期纳入玉环经济开发区发展空间，规划控制面积85平方公里。2019年2月，玉环市委将高铁新区纳入玉环经济开发区管辖范围，全区管辖面积达到87平方公里。

【招商引资】 2019年，开发区接待客商159批次，涉及医疗、地产、城市综合体、公交、4S店、农业、工业等多个领域；组织13批招商人员开展上门招商工作。新认定签约项目3个，其中10亿元以上项目1个，5亿元以上项目2个，新开工10亿元以上项目2个，万达文商旅综合体、玉环湖绿道沿湖文创项目推进土地挂牌前准备工作；玉环颐养康复医院项目完成初步方案设计；“智慧绿谷”项目实现动工，推进基础施工及展馆建设；中梁壹号院项目推进地上主体部分施工。

【城市建设】 2019年，玉环经济开发区有攻坚项目76个，其中18个项目列入市重大项目建设大比拼活动名单，各项目进展顺利。

在平台搭建方面，编制完成高铁新区控制性详规设计，并上报获批；完成科创园初步规划方案设计；海洋经济转型升级示范区完成一期建设，实现供地2308亩，十三条市政道路及相关基础设施配套投入使用，累计入驻企业39家，实现开工投产30家，1月至9月，实现园区工业产值16亿元；示范区小微园签约入驻企业80余家，52栋厂房均售罄。

在公建项目方面，实现玉环会展中心正式投用，完成市档案馆新馆竣工验收；完成博物馆、图书馆新馆主体施工；新城体育中心进入桩基施工阶段；完成南部湾区引水工程主体地基处理验收，启动附属楼验收工作；示范区保障房进入室内外基础配套施工阶段；实现中等职业技术学校一期部分楼栋主体结顶；完成亚海水淡化抗旱应急项目总工程量的85%以上。

在社会投资方面，实现家具精品城项目投用，完成建筑业大楼竣工验收，苏泊尔·滨江壹号2期、华龙·阳光星城2期等项目完成主体施工，相继进入项目验收阶段；国际阀门城3期、金湾半岛、中梁玖号院项目稳步推进外部装饰工程；国贸大厦、半岛·世贸大厦、百步纳商务楼等项目进入内部装修和招商阶段；骨伤医院完成内部装修工程量过半；碧桂园房产项目启动配套设施建设；养生健康小镇4号区块推进室外绿化配套施工；完成奥迪4S店主体施工，启动奔驰4S店内部装修。

在基础设施方面，玉环湖绿道一期、二期实现全线贯通，绿道分水山至鹰公岛段长桥项目完成招投标前准备工作，编制完成全长42公里环玉环湖绿道选线方案；漩门大道桥梁工程完成4号桥高压旋喷桩施工；开发区污水零直排建设项目完成工程量的25%；漩门湾拓浚排涝工程完成可行性报告审查，项目建议书审查报告和资金承诺书上报省发改委。

在旅游开发方面，2019年，漩门湾湿地公园、观光农业园累计接待游客46万人次，累计实现旅游综合性收入920万元，按期完成湿地公园创AAAA级各项申报工作，做好迎检准备。在投用湿地游客中心、牧歌码头、科普馆码头等一批旅游设施和配套工程的同时，相继完成湿地科普馆布展及水鸟栖息地、牧歌大道等改造工程。

【区域经济】 工业：经济指标稳步增长。玉环经济开发区紧紧围绕“两抓”年活动目标，全力打好“新城三年攻坚行动”的收官之战。2019年，全区累计完成固定资产投资38.52亿元，同比增长0.73%，其中政府性投资10.68亿元，增长3.7%，社会性投资27.84亿元，下降0.37%，完成税收8.85亿元，增长10.08%；实现工业产值99亿元，同比增长4.94%，其中规上工业总产值94.32亿元，同比增长2.37%；完成出口交货值30.63亿元，同比增长4.44%。2019年，开发区辖区企业获评国家高新技术企业3家、省科技型中小企业8家、省级高新技术研发中心2家、台州市企业技术中心11家、台州市高新技术研发中心5家、获评玉环市政府质量奖1家。

农业：配套设施逐步完善。重点完成灾后工作，做好灾后数据统计并及时上报相关部门。完成安全生产日常管理，完成对观光园及湿地公园受9号台风“利奇马”影响后受损设施及断树的清理工作。完成湿地公园安保、3号地—5号地保洁、观光园保洁三个项目的重新招投标工作；完成对湿地公园一号地管理房、三号地刘华贵管理房、四号地块归田庄、观光园草莓大棚及观光园员工食堂的约1305平方米“大棚房”违章拆除及复耕工作。

特色品牌效益初显。促进农产品质量体系建设和品牌宣传，为承包户提供技术服务和项目补助资金的争取，产区的品种不断丰富，质量不断提高，文旦基地等其他一些特色水果在当地有一定的知名度。

旅游业与生态保护：旅游产业有序推进。2019年，湿地公园、观光园分别接待游客约28.15万人次和23.35万人次，完成综合性旅游收入约1188万元。完成湿地游客中心装修并投入使用；完成湿地科普馆布展并投入使用；完成水鸟栖息地改造工程；完成牧歌码头、科普馆码头工程并投入使用；完成牧歌大道路面改造工程；完成观光园“旱改水”耕地质量提升项目；完成台风后修理。种植荷兰风情园草花100亩；种植水稻2000余亩，油菜1200亩，荷花300余亩。完成湿地、观光园全年绿化养护。

生态保护成效初显。不断建设完善湿地公园保育区鸟类栖息地监测网点，坚持全方位昼夜巡查，加强对湿地野生动植物资源的保护工作。同时，主动借力“世界湿地日”“爱鸟周”“世界野生动植物日”等公益宣传活动，不断加大环保科普力度；2019年，根据监测数据，漩门湾湿地公园范围内鸟类数量为186种，其中国家级保护鸟类21种（国家Ⅰ级保护鸟类1种，国家Ⅱ级保护鸟类20种），省级保护鸟类38种，发现珍稀鸟类黑脸琵鹭、东方白鹳、黑鹳、水雉、反嘴鹬等栖息在湿地。

【漩门三期建设】 示范区入驻“高新、三龙、可成长”企业39家、启动建设39家，其中30家完成投产；振兴桥、杭州桥完成主体建设；保障房完成主体和室内基础配套70%、室外基础配套50%，完成工程量的85%；小微园完成南区20栋厂房和北区26栋厂房主体建设；漩门湾拓浚扩排项目完成项目建议书上报省发改；漩门大道（桥梁）工程完成四号桥下部结构施工和三号桥地基处理。

【社会管理】 消防整治铁拳行动方面，严格执行开发区消防安全包干责任制度。2019年，发现各类消防安全隐患2546处，2424处整改到位，122处正在整改当中；督促101家规上企业落实消防安全标准化建设，56家企业完成建设，完成市里文件要求10月份完成率达到50%；督促442家小微企业落实消防安全整治，完成市里文件要求整改率达到30%；督促多业态厂房业主落实整治，多业态厂房有94栋，61栋完成，33栋正在整改中，完成市里文件要求整改率达到60%。

深入排查化解各类群体性矛盾隐患，累计排查矛盾及不稳定因素198次，受理矛盾纠纷63起，化解63起，涉及人数340人，涉及金额440万元，调成率100%，处理平安信息系统事件1335件。开展治安巡防累计300余次，设卡检查50余次，辖区内发生刑事案件6件，治安案件65件，刑事下降83.33%，治安下降32.99%。完成各类平安、综治、维稳、反邪教、扫黑除恶等会议27场，布置各类法律知识宣传栏68栏，发放各类宣传资料12600余份，发放宣传品3000余份，大屏幕LED宣传100余次，张贴各类宣传海报2100余份，广告牌宣传20个，悬挂横幅115余条，直接接受平安宣传干部群众1万余人。

“五水共治”方面，全区15个“五水共治”项目，完成投入资金约8316万元；完成辖区道路污水管网排查约21公里，完成约500个点位破损、渗漏等修复；完成辖区企业污水管网排查102家。

“三改一拆”方面，全年拆除拆违60宗，面积63158平方米，超额完成任务数的421.05%。

“清洁家园”方面，南区垃圾清理累计完成5400余吨、示范区累计完成1800余吨，建筑垃圾累计完成800余吨。

（玉环市经济开发区）

交通·通信

交　通

【概况】 2019年,全年完成交通建设投资13.66亿元。截至2019年年底，玉环市公路总里程为765.891公里，其中高速公路32.423公里，国道11.851公里,省道29.258公里,县道185.601公里,乡道105.115公里,村道401.643公里;农村公路总里程为692.359公里，约占公路总里程的90.4%。全年完成客运量1871万人次，客运周转量39279万人公里；完成货运量1687万吨，货运周转量188125万吨公里。

【交通工程建设】 1个续建项目:玉环市漩门湾大桥及接线工程完成投资3.02亿元。

2个开工项目：226省道玉环龙溪至坎门段改建工程完成投资3.36亿元，完成桥梁工程的36.4%;228国道清港连接线工程完成3.13亿元。

3个前期项目：鄞州至玉环公路玉环坎门至大麦屿段工程完成初步设计文件审查和施工图设计工作;沙岙至西滩公路工程(沙岙至内马段)完成初步设计、施工图批复。沙门至干江公路工程(西沙门大桥)已组织“工可”报告审查,完成初步设计编制和咨询工作,等待台州市发改委组织审查。

4个完工项目：温岭泽国至玉环大麦屿疏港公路(玉环段)工程于9月27日建成通车;高速玉环互通景观、亮化工程完工等待验收;玉环市城北大道提升工程完成投资1.45亿元;玉环县新城连接线(井分线)公路改建工程完工等待验收。同时完成“十四五”综合交通规划前期研究工作。

【“四好农村路”建设】 9月份,玉环市被浙江省人民政府核定为第三批“四好农村路”省级示范县,成为台州市首批获此荣誉的县(市、区)。目前完成投资1.51亿元,占年度计划的107%。完成新改建公路43公里,占年度计划的100%。完成路面维修48公里,占年度计划的100%。完成安防工程15公里,新建公路服务站1个。通过“四好农村路”建设的大力推进,我市农村道路的面貌有了很大的提升,打造了环岛南路、龙盐线、坎鲜线等网红路。同时对全市农村公路的安全防护设施进行全面的隐患排查,创新实施三级整改机制。目前已增设安全防护设施73公里,专门从交通省转移资金中安排1000万元进行补助。

【民生服务事业】 不断完善公共交通事业发展。全市公交实现移动支付全覆盖,支持市民卡、“便民玉环”App、支付宝、银联等多渠道支付系统。持续实行60周岁及以上老年人免费乘坐公交车政策，新建城市公交站点10座，优化调整城区101、106路公交线路2条，不断提升公交服务能力。《玉环市全域公交发展实施方案》通过市政府常委会讨论通过，工作全面铺开。

省政府为民办实事方面，全面完成新增清洁能源公交车55辆、新增清洁能源出租车50辆（实际新增59辆，完成率为110%）的任务。

交通行业管理不断规范。持续实施“打非治违”“两客一危”百日行动等专项整治工作，特别是开展的全市出租车专项整治行动，整治期间受理出租车不打表投诉件23件，查处各类违法违章出租车辆70辆次（处罚9辆），有效整肃行业乱象，提升行业形象。严管严治路域环境，封闭非法平交道口26处，特别是“利奇马”台风期间，清理积水路段80多处，清理塌方30余处3600立方米，有效保障群众出行环境。

“最多跑一次”改革扎实推进。以“交保联通”工程为抓手，实现客运省级业务、台州市级业务玉环办，探索办理小微涉路施工作业，极大方便企业和群众办事。同时完成39件议提案主办件的办理落实。

【行业安全基础有效夯实】 强化安全源头管控。严格落实客运企业安全生产主体责任，紧盯“两客一危”重点环节和重要节点的安全生产工作，全面开展安全隐患排查治理。排查治理事故隐患的生产经营单位73家，排查一般隐患4273项，整改4267项，整改率99.86%。

全面推进平安交通建设。圆满完成迎国庆70周年等重大活动的维稳安保任务，有效处置因出租车有偿使用费引起的驾驶员信访事件，全面落实客运企业和物流行业的实名制购票、寄递工作。全市在建交通工程项目实施监管全覆盖。

扫黑除恶专项斗争扎实推进。对交通运输领域的涉黑涉恶势力进行全面排查，大力营造扫黑除恶宣传氛围，在客运车站、建筑工地、物流园区等场所共张贴海报30张，悬挂横幅12条，滚动播放标语10余处。

（葛海占）

海　事

【成功防抗“利奇马”等超强台风】 2019年第9号台风“利奇马”（超强台风），是中华人民共和国成立以来登陆台州的最强台风，持续时间长，影响范围广，海上防台任务艰巨。玉环海事处根据上级部门和地方政府“重点区域重点防范、重点时段重点防御、重点对象重点监控”的防范策略，严格按防台预案做好各级防台警报的响应，督促辖区航运企业、无动力船舶以及法院扣押船舶管理公司、水工作业单位等全面落实防台措施，强化落实大麦屿港区的巡航巡查等现场管理工作，突出客运船舶、无动力船舶、水工作业船舶的管理，全处动员，全域覆盖，全力以赴完成海上防台各项工作。在防抗第9号超强台风“利奇马”期间，全处出动车辆16车次，海巡艇12艘次，执法人员138人次，发布航行安全信息300余条，组织防台避风船舶（非渔船）136艘，成功处置船舶走锚、搁浅、触碰码头、卡桥等各类险情10起，救助遇险人员92人，实现辖区防抗台“零伤亡、零沉船”的优异成绩，得到市委、市政府的高度肯定。

【全面提升执法“硬实力”】 着力推动“汗水型”向“智慧型”执法模式转变，推进值班室标准化建设，规范值班室具体职能、运行模式和运行机制，提高海事处对现场监管信息的分析研判和综合协调指挥能力，凸显值班室“大脑”作用，发挥执法大队的“拳头”效果，突出现场实时性、临时性、突发性监管任务设定，加强任务跟踪管理，提高任务执行质量，深化现场综合执法成效。全年发布“船员履职检查”专项任务352次、“国内船舶进出港检查”285次，“内河船涉海运输检查”102次，实施“船员无证上船”行政处罚235起、“船员未遵守值班规定擅自离岗”5起、“未按规定报港”68起、“内河船超航区航行”24起，行政处罚件数、金额分别同比上升33.43%、60.49%，行政强制同比上升7.1%，查违率15.92%。

【联合执法】 按照多部门联合执法工作要求，纵向深化“五合一”动态联动执法，开展2019“猎狐”系列专项行动，横向强化与海警、公安、港航、渔业等多部门的协同合作，在沙山、灵门水域蹲点驻守，在披山水域设置海上拦截线，对违法砂石运输船、内河船舶参与海上运输等违法行为形成打击合力，有力震慑“两船”违法运输器张气焰，有效规范辖区水上通航安全秩序。全年查处违法船舶210艘次，其中“两船”29艘次；行政强制扣押船舶15艘次，其中载重吨1000总吨以上船舶2艘次；违法移送23人次，其中被实施行政拘留14人次，被实施刑事拘留7人次。

【构建行政处罚办案新模式】 配合上级职能部门共同摸索和实践“零笔录”办案模式，加大现场笔录和电子证据应用，全面提升办案质量与效能。1—10月，该处开展“零笔录”办案17件，平均办案天数提速到11天。

【推进安全隐患综合治理】 推进市政府主导、各相关部门协作的“多元共治”工作机制，组织召开内部研讨会，形成玉环辖区客、渡运船舶存在安全隐患专题报告报送玉环市政府，引起市政府高度重视，有力加快隐患治理进程。及时更新隐患数据库；同时，配合宁波海事法院及台州市所属的22家单位，对扣押在玉环大麦屿的“东方晟龙”轮实施强制卸货移载，关闭“困扰”海事处近三年的安全隐患。推进小型“三无”船舶清缴纳规工作，与海警、公安、港航、渔业等部门建立常态化联合执法、工作会商机制，全年累计开展涉海部门联合执法40次，查扣“三无”船61艘次，推动拆解“三无”船45艘次，清理收缴碍航网具89副；纳规“非审批存量船舶”512艘，其中养殖服务船385艘，港口服务及其他类127艘，并最终推动地方政府出台“三无”船纳归管理规定，小型“三无”船这一海上安全隐患得以控制。

【致力于现代化湾区建设】 融入港口管理一体化，深化乐清湾海事监管联动协作机制。与乐清湾海事处签订《乐清湾湾区水域监管合作备忘录》，形成信息互换、监管互认、标准统一的区域管理模式，对乐清湾水域客渡运船舶监管、走私船舶打击、乐清湾跨海大桥通航管理等方面开展常态化沟通交流，共同构建温台水域海上安全监管新平台。融入玉环国家级对台经贸合作区建设，做好“中远之星”轮安全监管工作。坚持每周末“中远之星”进出港岗位值守，持续开通“绿色通道”，提高通关效率，2019年客运量和货运量同比分别增长19.3%和34.9%。青年先锋队坚持为“中远之星”安全护航，十年时间里累积为20万旅客提供优质贴心服务，主动配合政府开展“情暖台胞回家路 助力台胞返乡过大年”“对台海上直航十周年座谈会”“浙台海上直航十周年暨港航合作推进会”等文体活动，同心共筑“台台”海上文化新桥梁。积极服务大麦屿港区集装箱发展。紧抓宁波港集团收购大麦屿发展契机，两项措施保障集装箱运输，开展通航环境整治，确保集装箱班轮畅通，通过印制通航环境宣传图册，集中走访村镇、海警部门开展宣传，联合开展通航环境整治，对渔船、海警船舶乱抛锚现象进行整治，取得良好效果；研究制定港建费办理便民措施，积极开通绿色通道，有效满足大麦屿港集装箱船多班次、高频率的业务需求，确保集装箱船准点进出港。大麦屿港区集装箱吞吐量达246363标箱，同比增长148.9%，增长势头明显，预计年底将突破30万标箱。

【**海上溢油应急准备持续推进**】 为推动浙江海事局走在前列项目和美丽玉环建设，积极向市政府汇报应急溢油设备库建设事宜，组织大麦屿港区2019年海上船舶溢油应急综合演习，有效提升辖区船舶污染海洋环境应急反应能力，成功推动玉环市海上溢油应急处理服务中心项目于10月29日正式落地。

【**船舶防污染检查持续强化**】 与市场监督管理部门建立船用燃油质量联合监管机制。共实施船舶防污染检查数49艘次，燃油质量抽检21艘次，载运散装危险货物现场监督检查率达34.9%，防污染类行政处罚13起，罚款金额10.25万元。

【**探索实践"零跑次"优质服务**】 深化就近跑一次改革，该处创新思路，继续推进"小何微信热线"服务品牌创建工作，优化整合政务大厅"一站式"功能，加强对信息咨询、危防申请、海况信息及海事政策宣贯等政务的服务工作。全年累计回答各类业务问询2000多人次，船员任解职、文书签注、在港安全作业等业务办理实现就近跑一次，危险货物申报和进出港手续查验均实现零跑次，优质高效的服务得到行政相对人的一致好评。

【**加强队伍建设**】 依托"一基地，两小组"平台，充分加强人才队伍能力建设。抓好玉环大型船舶安检技能培训基地建设，在局船舶处的有力指导下，采用"一周一培训，一周一实操，一周一测试"的"三个一"培训模式，快速提升执法人员安检技能；同时规范安检、法制两个专业工作组运行，共对58艘船舶进行安检，对6艘船舶实施滞留，单船到港滞留率为1.35%。2019年，台州海事局安检比武竞赛中，玉环海事处喜获台州海事局团队第一；法制小组按要求开展季度培训，参加局案卷评查和部局的执法能力测试，参赛人员均取得满分的好成绩，业务骨干林剑鸣在台州局全员培训做"船舶进出港"专题授课，加强不同岗位业务交流，共同提升执法能力，打造一支"能力强、活力足"的蓝色铁军。

【**精神文明建设再创佳绩**】 成立浙江省首家高中海事学校，建设覆盖高中、初中、小学安全教育实践基地，将玉环少年海事学校正式纳入地方志愿服务平台，开展7·11航海日、防溺水沙滩课堂、海事体验日、寒暑期社会实践等主题教育活动，在青少年中大力弘扬航海文化、播撒海事基因，全面普及水上交通安全知识、航海知识和海洋专业等知识，发挥海事专业特长助力青少年成长。健全关爱机制，解决职工家属再就业；帮助外地青年在台州椒江争取租用房；在玉环吾悦广场开通健身卡，举办各项文体活动，职工精神文化生活得到有效提升。

（玉环海事处）

港　航

【**港航生产经营持续向好**】 2019年，大麦屿港实现货物吞吐量1435万吨、集装箱吞吐量31.7894万标箱，同比增长109.9%，其中外贸集装箱5.8252万标箱，同比增长61.6%。已开通国内12个港口内贸集装箱航线［包括唐山（曹妃甸）、锦州、营口（鲅鱼圈）、丹东、盘锦、天津、宁波、温州（驳支线）、泉州、广州（九江）、汕头、漳州等港口］。截至2019年年底，全市有沿海运输船舶73艘，14.46万载重吨，货运量681.96万吨，同比减少61.89%，货物周转量51.13亿吨公里，同比下降22.09%。船舶检验完成77艘次，3.0927万总吨。

【外贸货物】 新增至宁波舟山港内支线至每周6个航班，包括5个固定航班（周二、三、四、五、日）和1班机动班，新增至温州驳支线每周至12~16班。包括8家船运公司在大麦屿港设立提还箱点。地中海航运、山东海丰、宁波远洋、中远海运、长荣海运、阳明海运、海洋网联、达飞物流等8家船运公司在大麦屿设立提还箱点。从大麦屿港区陆改水外贸企业共392家17882标箱，同比分别增长57.4%和91.9%，其中玉环企业109家10979标箱，台州市内（不含玉环）228家6417标箱，台州外企业55家486标箱。

【港口项目建设稳步推进】 在上级政府及市局的领导下，全力以赴推进大麦屿港区布置LNG项目规划调整工作。完成“港区规划调整方案”“应急锚地选划方案”“应急锚地海域使用论证”“港区规划调整环境影响评价”等报告编制。市领导带队多次赴部规划院、交通厅、温州市、部队等单位对接规划调整工作，《台州港大麦屿港区规划调整方案》通过省交通厅组织审查，待规划环保同意后即可上报部规划院审查。

在市局支持下，2次赴省局汇报对接大麦屿港区多用途码头一期工程续建方案，协调土石方使用等工作，该项目完成招标并动工，年度累计完成投资5500万元。

开工大麦屿港水上交通指挥中心续建工程、配合做好华电海上风电航评、对台直航码头停靠邮轮改造工程、玉环滔海公司码头项目等工作。

【水运安全工作平稳有序】 严格安全管理，组织各类安全检查132次，参加检查387人次，检查企业（船舶）104家次（艘次），航道、岸线检查32次、航查里程1226公里，全年无发生重大安全事故。开展水上交通安全专项治理，抓好平安港航三年攻坚行动、水路运输违法经营联合执法、航道联合清障、反走私联合巡航、三无小船联合清剿等联合执法行动；全力做好“春运”“两会”“互联网大会”“国庆安保”等重点时段以及恶劣天气条件下的安全生产工作；加强渡口渡船安全检查，做好客流高峰期的运力调配工作。

（玉环港航事业发展中心）

邮　政

【概述】 2019年，市邮政分公司累计完成业务总收入7535.95万元，同比增长4.51%，利润完成195.69万元。

【寄递业务】 围绕“先能力后经营、先服务后营销、抓重点上规模、降成本出效益”的主线，着力于降本盈利，实现寄递业务收入1790.49万元，同比增14.84%。其中标快业务完成234.87万，快递包裹完成1233.54万元，国际业务完成299.49万元。

夯实基础经营能力。建立客户分析机制，持续聚焦夯实客户经营，年末，包快基础客户187户，同比增加103户，月交寄百件以上客户113户，同比增加50户，日均百件以上客户30户，同比增加10户。快递业务聚焦头部客户，发展腰部客户，扎实做好基础客户，优化客户结构；聚焦省内件和长三角省际等重点路向业务发展，以淡季做量、旺季做效益的经营理念，实现快速增量。2019年快包业务收入1233.54万元，同比增长41.23%；业务量348.18万件，同比增长79%，日均业务量9500件，12月市场占有率22.97%，较2018年同期提升3%；其中，长三角路向日均业务量2800件，占比达29%。标快业务重点攻坚政务市场、企业市场，实现法院E键送达、公安交管、邮税合作、保单配送等政务类、商企类项目的突破；开展现费业务、长三角业务系列劳动竞赛，以开通南京邮航为抓手，倡导客户优质体验，2019年实现现费业务收入21.06万元。2019年标快业务收入234.87万元，同比增长2.7%。

提升服务质效。加强主动客服建设，致力提升客户体验，让每位客户的问题都能得到满意的解决。2019年，主动客服团队处理问题邮件总量达18万件。“双11”期间单个客服处理峰值达300件。

【文化传媒业务对标市场加快转型】 以产品、渠道、项目为抓手，围绕国庆、党建热点和地方热点，开展新媒体、文化礼堂、电影票、政务图书、形象年册承揽等重点项目组合式营销，实现传统产品与文创、商演等新兴产品的整合，做新做强传媒业务。集邮业务实现收入212.21万元，完成率141.47%。超额完成2019生肖贺岁季项目。推进开报箱业务开发，其中吾悦房产信报箱创收24万元。成功营销熊猫金币一枚，开发税务局税务宣传致全市纳税人的一封信寄递业务。年度报刊大收订实现一次性流转额1384.76亿元，完成目标。《习近平在正定》《政府工作报》政务图书实现销售额7.8万元。

【专业协同项目有效落地】 开展邮银协同、惠农服务、政企服务等战略合作项目。签订邮银协同合作协议，定期召开板块协同联席会议和开展协同知识培训，固化板块标准化协同发展模式。协同金融，重点推进社银联通、ETC、信用卡、对公、信贷等项目，发展信用卡新客户175户，年净增快捷支付绑卡量9937户，成功引荐贷款发放23笔，贷款资金317万元。协同寄递，联合设摊、开办流动邮局、借助税务局改革企业落实会等方式对EMS微信公众号进行推广和宣传，累计吸粉2.12万户。协同邮务，开展新媒体广告、政务图书、分销业务全面合作。

【全面提升普遍服务水平】 围绕“五达标、两提升、两杜绝、一确保”指标，通过系统监控、视频监控、定期通报、营投服务专项检查活动，确保营业服务达标率、乡镇网点覆盖率、投递频次和深度达标率、建制村直接通邮率、平信条码收寄率均达到100%的要求。

【推进为民办实事工程】 与市政府相关部门沟通联系市农产品运营中心建设事宜，完成“建设农产品运营中心”为民办实事项目。农产品馆试营业，首次开展员工内购会销售台湾商品共132个品类，销售额达1.92万元。

【助力打好精准扶贫战】 以服务现代农业发展为导向，重点围绕惠农电商、惠农寄递、惠农保险、惠农贷款四个模块开展了惠农合作社系列服务推介，寄递、金融、电商三大专业联合开展惠农走访率达100%，业务转化率达30%，完成标杆农民专业合作社1家。

【强化安全风险管控】 层层落实安全生产责任制，开展以金融资金、邮件寄递、车辆交通、消防安全及防范自然灾害等为重点的安全隐患治理专项活动，进一步加强企业安全管理，持续提升安全防范和隐患治理水平，切实增强防范事故、案件的综合能力。持续开展“平安邮政”建设、金融业第六轮安全评估和安全隐患排查治理，组织平安邮政建设、“安全生产月”、信息网安全防范等系列活动。全年未发生重大案件、重大风险事件和重大负面舆情。

（洪梦曼）

电　信

【行业应用助推信息化水平】 玉环电信密切关注并积极参与社会信息化建设项目，2019年参与建设公安天网工程项目、交警天眼工程项目、公路局智慧公路二期项目、环保局环保监控项目、建设局智慧工地项目、农业局益农信息社平台等。

【提升网络建设和支撑能力】 全年重点对MR提升做总体的规划,加强弱覆盖区域的现场测试,尤其关注工业园区及小微园区内的信号分析与推测,精准建设多个站点,解决周末的MR波动问题。全年MR指标(-110dbm)从2018年的95.78%提升到97.49%,进入华为片区全省前八,保证了用户感知。建设开通LTE八期工程1.8G站点6个、800M站点8个及2.1G动态扩容站点35个。建成人民医院、电信老局营业厅PRRU两个5G/NSA试点。对城关传输机房、城南小灵通机房、清港新局综合机房及芦浦综合机房实施标准化改造,并将农商行中兴S385设备退网改造使用IPRAN设备,对全市机房老旧的传输设备、交换机、收发器等归并退网;对老旧开关电源、UPS、蓄电池等更新替换;全年累计盘活FTTB设备181套,软交换退网14657户,退网AG 4个网点,EPON退网2000多户。

【全力做好服务提升】 积极宣贯“服务倒三角”理念,围绕一线需求做好支撑服务。持续提升服务质量,成立服务质量委员会,每季度定期开展服务质量检查并召开服务质量例会,在支局营业厅开展总经理接待日活动。坚持以客户为中心,实现服务领先,严格推行“慢必赔”等服务举措,落实快装快修服务目标。通过加强服务培训、加大服务指标考核力度、提升服务处理技巧等方式,持续提升服务质量,各项投诉考核指标均在全市靠前。

【有效加强渠道建设】 截至2019年年底,公司共优化15家社区门店,优化调整2位渠道经理,其中城中包区被评为全省智能家居体验门店的标杆。深化五级划小承包工作,建立四大帮扶体系,提升渠道经理能力,推进“扶上马送一程”四大举措,落实标准化运营八大动作,强化线上线下一体化运营。

【加强精神文明建设】 城关中心支局营业厅、政企客户支撑中心通过市级青年文明号称号的复审,员工陈振南被评为青年岗位能手。在全国“诚信建设万里行、百城万金亮信用”活动中荣获“诚信示范企业”称号。组织志愿者参加业务咨询、交通执勤、社区安全巡逻等各类服务13次,参加人次107人次,充分体现企业的社会责任。

(吕晗晶)

移动通信

【用户发展】 用户发展良好,市场占有率稳步提升。2019年,公司累计用户总数60.2万户,用户市场占有率70.3%。运营收入良好,继续保持良好发展态势,全年收入5.5亿元。

【完善服务】 完善流程、制度,建设标准化服务体系,营销、客服、营业三条线推行三级督导体系,在客户关键的各个接触点上提供细节服务,全面开展便捷服务、满意服务,建设人性化服务。

【网络保障】 完善4G网络覆盖深度,建设4G+精品网络。2019年,全县移动4G网络基站规模累计2110个,实现全县所有行政村的全覆盖,形成一张覆盖广、品质优的4G精品网络。玉环移动将继续以用户感知为导向,以品质网络为目标,编织一张无缝衔接的移动4G+精品网络。

【文化建设】 公司着力建设和谐型、学习型、活力型企业,创新企业文化内涵,被评为省级文明单位、省级巾帼文明岗、省级青年文明服务号、省级消费者信得过单位。成功建设智慧消防平台,与市政府签订智慧城市、智慧消防战略合作协议,顺利完成“四个平台”、安监平台的升级与割接工作,有效支撑政府信息化工作。承担社会责任，秉承核心价值观，参与各项社会事业，做优秀企业公民。

（移动玉环分公司）

联通通信

【加快网络建设】 截至2019年年底，玉环联通服务的用户总数近10万户，年收入约8000万元。3G逻辑基站数461个，4G逻辑基站数461个，5G逻辑基站逻辑数8个；2019年建设并开通基站50个，其中5G基站8个；新建室分24个；管线建设共放光缆260公里，新建管道7公里。不断提升4G网络深度覆盖，重点聚焦住宅小区、沿街商铺、支付场景、拓展新区、重点乡镇等区域网络覆盖水平，并通过扩容提升建成区域网络承载能力，提升用户感知。

【提升服务能力】 开展网络提速降费，推广大流量产品，推出四大系列产品13个套餐，满足各类用户需求；规范资费营销和计收费行为，强化计收费监督管理，加大违规处罚力度，对捆绑销售、擅自变更套餐、不知情定制等违规营销行为进行严格管控；构建骚扰电话监测与处置能力，提升骚扰电话监测防范能力和拦截能力，并配合公安反诈中心做好拦截及关停等工作；持续推进用户入网实名认证，贯彻工信部要求，进行实体渠道动态人像比对认证，已将实名认证开户流程制作成视频作业标准，并组织营业人员学习执行，提升业务技能。

（韩玲燕）

商贸流通

商务贸易

【概况】 2019年，玉环市实现自营进出口总额267.94亿元，其中自营出口总额257.92亿元，增长-0.3%，出口额排名台州市第2位；实现对外投资1384.79万美元，实际利用外资15294万美元；实现限上社会消费品零售总额38.43亿元，增长5.1%，增速排名台州市第5位；实现网络零售额29.56亿元，比2018年增长20.7%，增速排名台州市第3位。

【对外经贸】 加大市场开拓力度，组织765家企业参加75个境内外展会。培育新增外贸自营权企业179家。孵化跨境电商企业300家。防范外贸风险，开展全市外贸企业大走访大调研活动，帮助企业解决实际困难。加大外贸扶持力度，兑现外经贸扶持资金2600多万元，受益企业800多家次。加大外贸人才和企业培养，组织15场外贸业务培训，出台加快外贸人才队伍建设意见，赴吉林开展人才招引活动，开展玉环市首届外贸实用人才评选。加大自主品牌、境外渠道的扶持，新增出口名牌企业4家。

【内贸流通】 出台《促进商贸业发展的若干扶持政策》，引导商贸企业做强做大。优化城市商业布局，楚门印象广场、新楚门商城等多个商贸设施建成投用。中石油环岛北路加油站、壳牌芦浦加油站等2个加油站投入运营，累计达到19个，成品油市场形成竞争格局，更好保障全市油品供应稳定。培育会展经济，成功举办第十六届中国（玉环）国际机床展，参展企业700多家，展出产品3000多款，登记采购商33000人。安全生产上，坚持铁拳办实体化运作，整治成效显著。

【电商培育】 相继举办第三届玉环电商峰会、抖音·创作营销进化论活动和天猫优品服务站招商会等多场专项活动。完成5个电子商务专业村创建，3个乡镇、5个行政村分获2019年淘宝镇、淘宝村称号。

【粮食保障】 完成地方储备粮规模，落实市外"代储粮"5000吨，宣传订单惠农政策，签订早稻订单12户，订单面积2876亩，完成夏粮收购1239.612吨。创新"补差价、包轮换"储备粮轮换新模式，与往常晚籼谷400元/吨/年的轮换差价相比，改革后仅需192元/吨/年，大幅减少52%。与市对口帮扶县吉林辉南签订1000吨大米代销协议，全市辉南大米超市专柜5个，直营店1家；签订180吨冻猪肉动态储备，做好救灾物资应急保障。

【散装水泥】 完成散装水泥中转库项目3个，意向投资达1.16亿元；推动落实预拌砂浆项目建设意向，2家企业联合投资2000万元落实生产线建设。恒丰搬迁项目和干江新建项目按清洁化生产要求完成施工建设，其中新建项目台州德馨建材有限公司开始试产。

（马力兵）

招商引资

【概况】 2019年，新签约5亿元以上产业项目29个，协议总投资额329.77亿元。新开工5亿元以上产业项目15个，总投资额212.51亿元。实际利用外资1.53亿美元，完成全年目标任务（6600万美元）的231.82%，同比增长109.47%，创历史新高。

【招商合力加速形成】 坚持招商引资“一把手”工程，由市领导牵头，组建新一代信息技术产业、智能汽车及零部件产业、高端装备制造及临港产业、文化旅游产业4个重大产业招商组和人才科技、玉商回归、教育医疗、乡村振兴、台资项目5个特色产业招商专班，抽调17名招商骨干派驻北京、上海、深圳、杭州等4个重点区域开展驻点招商工作，发挥乡贤联谊会、异地商会、招商中介的牵线搭桥作用，推动形成全市上下全员招商的浓厚氛围。

【招大引强成效显著】 省特别重大产业项目——里阳半导体一期芯片制造生产线正式投产；总投资10.8亿元的九桔科技现代轨道交通零部件产业园、总投资6亿元的津力汽车底盘件、总投资5亿元的东铁集团铁路配件等一批重大项目相继签约、建设，带动玉环传统汽车零部件制造产业提档升级；总投资50.57亿元的华电玉环海上风电场建设项目，引进总投资10亿元的风力发电设备项目，推进市装备制造和临港型产业高质量发展；总投资138亿元的台州市532否优招引项目——海山生态旅游岛岛屿整治及综合开发项目在12月顺利开工入统，打造滨海高级文旅综合休闲度假海岛。

【投资推介精准高效】 7月，举行2019·玉环招大引强投资推介会暨重大项目集中签约仪式，现场签约优质项目18个，涵盖轨道交通、电子信息、汽车部件、水暖卫浴、文化旅游等多个领域，总投资267.8亿元。召开2019玉环在外创业人士联谊会，引进接洽一批重点项目，促进在外先进产业以及资本、技术、人才、税源回归。此外，不断开拓展会招商、平台推介、活动招商等方式，组织参与厦洽会、互联网大会、深圳·台州周等省市专题招商活动，宣传推介玉环，对接一批有实力的企业和投资者。

【基础保障日益夯实】 聚焦市重点打造的产业链和产业集群，出台《玉环市招大引强突破年实施意见》，围绕“招大引强”提出路径方向、资金支持、保障机制等政策措施。组织各乡镇(街道)、经济开发区对辖内的闲置厂房、闲置土地、停产、半停产企业进行摸排调查，加大批而未供和闲置土地清理力度，优先保障重大产业项目用地需求。突出产业平台是招商引资主阵地导向，发挥海洋转型升级示范区、干江滨港工业城、城市有机更新主战场等多个平台组团优势，聚力重大项目转化落地。

【招商机制持续完善】 巩固深化全市“一盘棋”招商机制，坚持每月召开招商例会，每季度召开招商项目分析会、协调会，落实市领导领衔推进重大招商项目机制，攻坚解决制约重大招商项目落地的瓶颈问题。出台驻外招商管理考核办法，开展驻外招商“季擂台”比拼，建立乡镇街道差异化考核制度，将重点项目引进率、资金到位率、签约开工率等实战指标作为考核的主要内容，确保项目建设按时序推进。

（项云旗）

供销合作

【开展农业社会化服务】 拓展现代农业规模化服务。提供机耕植保、测土配方、农残检测、农资供应、农技咨询等农业综合服务。依托下属农资经营网点做好春耕备耕保障工作，服务早稻面积3000亩，购入优质化肥600余吨，优质农药20余吨。

提升涉农培训服务水平。2019年，举办文旦春季栽培管理、葡萄种植技术讲座2场，参训100人次；举办全市现代农业技术培训班，参训50余人次；组织参加台州市农合联领头人培训班，参训18人次。

推进庄稼医院建设。新建清港镇凡宏村庄稼医院，并依托现有5家庄稼医院平台，组织专家开展农技指导、病害诊治、农技推广等服务，促进农民增产增收。

【完善农产品流通网络】 成立玉环文旦产业农合联。作为玉环市农合联分支机构，抱团玉环文旦产业，增强农户组织化程度，逐步建立文旦生产社会化服务体系。加大品牌宣传力度，加强营销管理，拓宽销售渠道，将农户和大型市场、超市联结起来，推广电商等网络销售系统，逐步形成纵横交错的文旦销售网络。

推进供销超市建设。挂牌成立玉环供销超市有限公司，通过抱团采购、集中消费、公共服务等创新模式，降低农村消费成本，保障消费安全，便利农村居民生活，2019年，供销超市加盟65家，与10个公共服务单位签订产品代理协议。与杭州物恋网科技有限公司结成战略联盟，引入“物恋模式”，在楚门镇田岙村租赁5000平方米建设供销云仓，以点带面建设全市乡镇（街道）、农村供销服务网络。

搭建农产品销售平台。帮助搭建农产品销售新平台，扩展产销对接新渠道，组织农合联会员参加南京、上海农博会，开展农超对接、农校对接、农企对接等活动，增加农民收入。

开展农村假冒伪劣食品专项整治。响应省级食品安全城市创建工作，专题开展农村假冒伪劣食品治理宣传活动2次，向市民群众发放宣传资料300余份，悬挂横幅90余条，守住农村流通领域的食安阵地。

【抓好社属企业管理】 完善消防安全管理制度。开展社机关消防安全检查与登记工作，加强机关消防安全管理，制定《市供销社消防安全组织机构岗位职责》《市供销社机关消防安全管理应急方案》等。

督促企业加强日常安全管理。玉环商城严格落实每日巡查和市场跟班制度，实行黄线管理，安装智慧消防和智慧用电系统，加强消控室值班力量确保市场安全。农发公司继续做好春节期间烟花爆竹销售工作，严格按要求规范运输、销售、储存烟花爆竹，确保烟花爆竹仓库安全平稳。

定期组织消防知识培训与应急演练。玉环商城开展“安全生产月”和“安全生产万里行”活动，组织各项安全应急演练，大力宣传安全知识。农发公司组织开展灭火器扑灭明火、模拟扑灭山火、消防水泵应急启动三项消防演习演练，保障安全生产。

整改消防安全隐患。投入大量人力物力财力，加强对社有资产的安全管理，开展资产巡查2次，对存在安全隐患、年久失修的资产点进行修复改善。玉环商城利用摊位重组搬迁时机，大力整治消防安全隐患。农发公司引入第三方专业中介,加强对烟花爆竹仓库的安全监管。

(程舒青)

烟草专卖

【经济运行稳中有进】 2019年,全年销售卷烟2.61万箱,实现含税销售额11.78亿元,单箱销售额4.52万元。

量质并重,促进现代终端改造升级。坚持"严进高出、质量优先"原则,全力推进四层七类终端格局建设。

着眼典型,合作终端示范引领。现场评估客户能力,从客户的经营实力、业态、商圈、配合度、辐射力等多方案综合考虑,优选有代表性、有辐射性、配合度高的客户开展合作终端建设,强化全店铺设计和四全门店功能发挥,建成合作终端19家。

着眼质量,现代终端提质升级。积极开展终端回头看,严格对照终端建设新标准和"硬性指标+软性指标"评估结果,针对门头、柜台、数采、支付宝不达标的终端进行退出整改,提升终端整体质量,建成星级终端882户(占比21.6%),现代终端新标识门头882户,现代终端开通口碑的客户790户。

【专卖管理转型升级】 突出"持续高压",让打假破网实现突破。2019年,烟草与公安办案部门不断深化"烟草主推、公安主导、多警种参与、多部门协同"的良好联合执法合作机制,成功破获玉环市2019"4·02"销售走私加热不燃烧卷烟网络案。该案自3月稽查中队发现线索后,联合公安刑侦、技侦、网监、治安等多部门配合成立专案组,4月2日至7月12日,专案组先后在浙江、山东、辽宁等地收网,其间,台州海关缉私分局也积极介入推动案件进展,有多名涉案人员交由海关进行立案侦查。

【基础管理有序高效】 "两项工作"执行到位。全面梳理并完善采购制度,进一步强化主体责任、规范操作程序、严格审核流程。截至10月,采购项目32项,公开招标率93.81%。坚持执行办事公开民主管理,面向社会公开192条,面向单位公开295条,扎实做到权力运行规范透明,监督管理全面到位。推进分层分类对标工作。针对基层部门负责人以上开展分层分类对标工作专题培训,讲解"分层分类对标"的基本概念、评价标准的计算方法等内容,为各科室有针对性地调整工作方案、划定工作重点打下基础。

(玉环市烟草专卖局分公司)

中央储备粮玉环直属库

【严格数量质量管理】 2019年,玉环公司按计划完成轮换工作,把"数量质量"放在首位,严格出入库流程管理,规范使用"一卡通",智能出入库系统上线率100%,所有单据均可通过业务信息系统进行查询。做好入库粮食水杂升扣及运输损耗补量工作。严格做到每车(船)检测,认真做好入仓粮食每500吨为一个检验批次的抽样检测,并将检测结果及时报送分公司。规范执行粮食出库质量检测制度和3月、9月份品质检测工作。中央储备粮出库平均损耗0.71%,在国家《粮油仓储管理办法》的规定标准之内,损耗处理规范及时,库内存放粮食等级、质量、品质、卫生等指标验收合格率达到100%。

【开展仓储标准化和库区"6S"管理】 严格按照分公司标准化要求规范仓储作业流程。坚持每月对14个场所进行检查考核,管理效果明显提高,工作环境进一步美化。

【广泛应用科技储粮技术】 科学制定冬季通风降温和夏季控温方案，定期组织开展粮情分析，综合运用离心式风机、空调、谷冷机等储粮设施设备开展控温管理，控温储粮比例达到100%。科学制定害虫防治方案，根据储粮情况、仓房气密性和储粮害虫繁殖规律，有计划地开展熏蒸防治和气调储粮工作，取得较好防治效果。2019年，充氮气调仓容数量为2.18万吨，占安装气调装置仓容比例的33.3%，气调效果达到预期。

【持续完善仓储基础设施】 2019年，玉环公司5万元以上项目有6个，投资概算87.36万元。严格落实项目招投标流程管理，加强施工过程管理力度，规范进行项目验收工作，项目开工率和完工率都达到100%。通过对仓储基础设施的改造维修，设施性能得到大幅度提升，库容仓貌焕然一新。

【轮换购销工作】 严格执行轮换购销指令，在轮换购销中心的精准指导下，瞄准时机锁定粮源，在小麦涨价前落实本年度小麦补库任务，实现顺价轮换。

加强管理，规范操作，坚持按内控流程操作轮换购销业务，坚持前置审批，严格合同履约跟踪，规范合同变更和结算，坚持开展合同后评价，合同档案完整上传至业务信息系统，合同前置审批100%、执行率95%以上。

加强销售网络建设。通过召开客户座谈会、实地走访、电话联系等方式，与客户开展联系沟通，进一步密切与客户的关系，对客户生产经营状况有更清晰的了解。

【加强财务监督，促进业财融合】 以业务前置审批为抓手，严格审核购销合同的价格及数量，从源头把控风险。严格遵守销售先款后货、采购先货后款的原则，全程跟踪轮换购销业务；根据购销合同要求及时结清货款，有效规避资金风险，并及时将回笼款用于还贷。严格执行日预算审批流程，业务费用报销严格执行集团公司“一齐全、五一致”要求，做到无预算、超预算不支付。资金支付一律使用银企业直联，单据通过日预算系统直接推送。做好自由资金上存工作，除集团公司自动归集外，合理安排日常资金的上存、下拨工作，2019年资金上存率达100%以上。

【狠抓重点环节管控】 做细做实隐患排查治理、危险作业、设施设备维护、消防安全、职业健康、应急处置等重点环节管理工作，从源头上控制，切实增强安全管理的有效性，不断提高员工应急处置能力。2019年，玉环遭遇中华人民共和国成立以来第3强台风“利奇马”，由于思想重视、行动迅速、准备充分，储粮均未受损，人员安全，实现人安、粮安、库安。2019年，员工参加本单位组织开展的火灾、防汛防台、触电和中毒等应急演练共80人次。

（陈　馨）

中石化玉环支公司

【概况】 2019年，中石化玉环支公司成品油销售总量116935吨，其中零售完成98957吨，陆上汽油下降0.9%，海上柴油下降4.1%，直分销完成计划17978吨。IC卡充值额5.77亿元，同比下降7.6%。

配合政府部门开展打击成品油专项整治行动，2019年抓获走私油船1艘、改装油罐车3辆、非法改装加油车1辆、取缔非法经营点3个。共收储燃料油218.483吨，汽油102公斤。进一步规范了成品油的市场秩序，确保市场经营稳定。

【风险防范】 联合市商务局举办“玉环商贸系统

消防、防恐应急演练”;对所有加油站埋地油罐进行可燃气体检测排查;陆续开展了电气设备专项检查、计量专项检查、消防安全、节前安全检查等各类检查工作，并对存在问题落实整改闭环;全力抗台,实现非油品台损零损失;完成支公司及10个加油站的危化证变更换证工作;证照档案管理走在分公司前列;夯实油站基础管理,进一步完善管理制度,规范操作流程、加强巡站检查,推动责任落实,严防经营风险,消除安全隐患,确保2019年经营安全、数质量、环保无事故。

【网点提量改造】 加油站提量改造，效果显著。加油站进行柴改汽,实行全油品供应,优化场合综合利用,完善工艺,拓宽出口,实现现场加油车辆通过率翻两番;加快灾后重建,减少销量影响。受9号台风“利奇马”影响后,灾后恢复重建工作与提量改造相结合,对6座加油站受损的檐口以及檐口亮化进行集中修复,提升加油站夜间可视度。

【管理创效取得实效】 清芳、玉汽加油站的不动产换证更名历史遗留问题得到解决;应东油库降级运行完成模式,实行大班化管理,降低了投资费用及管理费用516万，人员从年初的29人降到18人,人均劳效不断提高;黄门供应站利用新工艺,推进新装备的应用,“废水”有效治理、延长设备使用寿命;港南加油站提量改造、提高通过率、增加服务功能,为漩门加油站改道销量分流提前准备；通过税收筹划实现税收政策性奖励全年4.44万,通过闲置资产的调剂使用,为公司节约成本1.29万元。

(余小贞)

浙台(玉环)经贸合作区

【平台创建】 由玉环领导带队多次赴国台办、商务部、省商务厅等部门作创建海峡两岸(玉环)经贸合作区等平台专题汇报。相关工作得到上级部门和领导的大力支持,省长袁家军作重要批示。创建水果进境口岸报海关总署备案,创建台湾商品免税中心完成向国务院的报件稿。商务部驻杭州特派员办事处、国台办下属的中国台湾网、省商务厅等领导受邀到玉环调研,指导创建工作。

【对台直航】 2019年,通过开展对台直航十周年首班船座谈会、对台直航突破20万人次庆祝活动等,创新“台胞玉环一日游”等旅游产品,进一步巩固和深化对台直航客运成果，全年运送旅客18346人次。对台货运方面,重点发挥“中远之星”轮滚装特点,开展车辆滚装业务,不断拓展运送类型,累计出口大巴车66辆、大型工程车306台、牵引车头139台和机坪摆渡车1台。加大集装箱补贴政策引导作用，加强与集装箱客户群体和船货代沟通、联系,在长三角地区形成稳定货源。全年进出口货物集装箱2638标准箱,同比增长35%。

【港区建设】 对接口岸查验部门,推进进境水果指定监管场地项目,完成可研报告评审、地址勘探作业和建筑方案审批。探索开展邮轮业务,与星旅远洋国际邮轮公司达成初步合作意向,并完成码头邮轮靠泊技术论证。全力申报设立台湾商品免税市场,申请粮油食品等六大类台湾商品免税政策支持。

【两岸交流】 深入践行“两岸一家亲”理念,高频率、多层次、宽领域地开展丰富多彩、形式多样的交流活动。2月1日,组织第三届“送台湾同胞回家过大年”活动。4月6日,大麦屿港迎来60余位文体爱好者台湾民俗综艺团。浙江玉环(台胞陆医)诊疗中心正式落户玉环洪福堂，并于4月26日组织专家组赴四川茂县进行义诊。5月25日,举办对台直航突破20万人次庆祝活动。6月1日，举办两岸乐乐棒球邀请赛。6月7日，组织两岸少年端午同心吟诗会。7月6日，开启2019台湾大学生在玉环暑期实习营。7月27日，第七届台湾单车天使神州圆梦公益之旅在大麦屿口岸启动。9月21日，召开浙台海上直航十周年暨港航合作推进会。9月24日，启动以“浙台情缘和合两岸”为主题的第二届浙台婚姻家庭文化之旅。

【完善机制】 贯彻落实玉环惠台30条政策，深化对台经贸合作服务中心职能。全年服务台胞台商300余人次，累计为在台州工作的台胞等赠送船票500多张，协助办理手机卡银行卡近百张。完成港区现有台资、涉港企业办公用房租赁管理工作。进一步理顺直航运营管理体制，完善防爆反恐设备设施，培训港口安保人员，开展口岸安全演练，保障航线运营安全。抓好大麦屿西山矿山安全生产工作，完成省级绿色矿山创建，通过环保“三同时”验收。

（林　伟）

金　融

金融工作

【概况】 2019年，玉环市新增1家商业银行。截至12月末，全市22家银行业金融机构各项存款余额776.63亿元，同比增长12.39%；各项贷款余额637.3亿元，同比增长15.82%；保险公司支公司23家，营业部38家，保费收入15.36亿元；证券公司营业部4家，证券交易额1124.54亿元；小额贷款公司3家，贷款余额6.53亿元。

【开展金融业态兴利除弊】 认定工商银行玉环支行为台州市新一批人才服务型支行；评定农商银行、农业银行、工商银行、永兴村镇银行、浙商银行、兴业银行为年度满意银行；对2家典当行开展年检，完成注册资本、经营场地、经营人员三到位；检查融资性担保公司经营情况，敦促5家公司停顿整改；评估农民专业合作社业务风险，提出三大处置意见；研究小额贷款公司主发起人拍卖方案，加快小额贷款公司司法处置进度。

【灾后重建】 2019年，超强台风"利奇马"造成玉环49.03万人受灾，直接经济损失高达35.7亿元，市金融工作中心围绕"态度要好、工作要细、定损要准、理赔要快"的工作要求，配合银保监玉环监管组组织督导辖内保险机构在报案、救援、定损、理赔环节全面开辟"绿色通道"，帮助企业和群众尽快恢复生产生活，提升群众获得感和满意度，玉环保险机构接到报案10212件，报损金额2.45亿元，定损率为99.47%，理赔率为99.66%。

【信保基金扶持力度持续加大】 台州市信保基金玉环分中心继续为企业提供年化利率0—0.75%的低成本担保。2019年，服务企业1153家，同比增长4.72%。承保笔数1430笔，同比增长0.56%。承保金额17.76亿元，同比减少7.46%，完成目标任务的118.4%，2019年年末在保余额14.82亿元，同比增长13.57%。

【开展多样化金融服务】 发挥特色支行精准服务作用，依托科技、人才等特色支行为载体，为企业科技创新、人才培养、提供高质量的金融服务，2019年年末科技贷款余额27.51亿元，贷款笔数211笔；人才贷款余额7.2亿元，贷款笔数12笔。

在商标质押、排污权质押、专利权质押贷款的基础上，不断挖掘企业贷款潜能，开发供应链融资等新贷款产品，不断满足企业多样化的金融需求。2019年，发放商标质押贷款140笔，余额5.34亿元；排污权贷款发放19笔，余额1.2亿元；专利权贷款发放39笔，余额2.3亿元。

【完成P2P机构清退】 综合运用定期约谈、问询笔录、整改通知书及实地核查等方法，紧抓P2P平台清退工作，完成两家P2P平台清退，“微贷网玉环分部”停止经营。

【开展非法集资风险防范工作】 牵头各行业监管部门开展各领域非法集资排查工作。排查民间投融资中介、影视文化、批发零售、电子商务、房地产公司、各类涉农合作组织、养老服务等领域近2700家企业。排查活动中均未发现存在非法吸收公众存款等行为。

发挥金融风险网格化遏制非法集资苗头作用。组织类金融机构集聚区网格员开展业务培训及金融知识主题教育，要求网格员加强风险识别意识、乡镇街道监管员对网格员发现的金融风险及时进行甄别处理。

切断非法集资传播途径。针对主要城区的非法金融广告，市场监督管理及行政执法部门出动执法人员及车辆525次，检查各类广告发布者381家，检查各类广告信息479条，查处非法金融广告27起。利用“3·15”“4·26”“5·15”等宣传节点，通过电视广播微信公众号反复播放散发宣传资料、展出宣传画、典型案例讲解等多种形式向群众宣传非法集资等涉众型经济犯罪的各种花样形式，提高广大群众非法集资的防范意识。

【推进上市“凤凰行动”】 围绕“凤凰行动”战略计划，上市步伐明显加快，特别是科创板设立后，借助科创板设立的有利机遇，2019年，成功上市科创板企业1家，科创板在审企业1家，截至2019年年底，上市企业7家，新三板挂牌企业3家，浙江股权交易中心挂牌企业77家。

（陶　梓）

中国人民银行玉环市支行

【支持辖区实体经济】 出台《关于2019年玉环市货币信贷工作的指导意见》，为玉环经济高质量增长营造适宜的货币金融环境。以持续深化金融“扶工助企”为载体，以“五心妈妈式”服务全面开展金融支持民营经济再创新辉煌和促进外贸高质量发展专项活动，引导辖区内银行根据园区开发模式提供量身定制融资方案，发放台州首笔小微园区利用集体土地在建工程抵押权证抵押的贷款。破解抵押担保难题，依托玉环市浙江省排污权资产化试点优势，做大排污权抵押贷款规模，实现排污权新增13户8400万元。推动金融创新产品增量扩面，继续推广专利权、商标权、应收账款等无形资产抵质押贷款，合理提高固定资产抵质押率。截至12月末，实现新增应收账款质押贷款18.08亿元，其中依托核心企业的应收账款供应链融资73笔2260万元；新增创业担保贷款1.42亿元，商标权质押贷款5.15亿元，专利权质押贷款2.36亿元。助推信保基金增量扩面，信保基金在保余额14.86亿元，累计融资1165笔。

【维护辖区金融稳定】 加强对辖内金融机构的风险管控，发挥央行评级导向作用，引导地方性小法人机构加强风险管控和不良资产处置。截至12月末，全市不良贷款率0.85%、比2018年年末下降0.1个百分点。联合市住建局加强房地产预售资金管理，开展全市商品房预售资金监管情况专项检查督促部分银行和房地产公司纠正违规行动。全力支持法人金融机构参与同业存单、大额存单等利率市场化创新产品发行，增强法人机构主动负债能力，法人机构同业存单和大额存单合计发行16.37亿元。发挥货币政策工具结构引导作用，利用支农支小再贷款引导银行业金融机构扩大“三农”、民营和小微企业信贷投放，发放再贷款余额1.9亿元，比2018年年末新增0.9亿元。

【推进信用体系建设】 巩固农村信用体系建设工作机制。截至2019年12月末，信用户户数2.40万户，农户信用档案入户数21.90万户，分别拥有省级、市级、县级信用村(社区)6个、26个、54个。持续做好征信窗口服务，成功创建2019年度省级征信服务窗口示范点，截至2019年年底，办理信用机构代码发放4398笔，企业征信查询1365笔，个人征信征信查询20870笔。

【打击涉汇违法行为】 市公安局移交案件25起，结案3起，涉及违规金额1.35亿元，处罚金额1335万元。1个案件被国家外汇管理局引用进行全国通报，荣获省外汇局、省公安厅联合表彰先进集体和先进个人(2人)。召开台州市首例外汇行政处罚听证会，相关工作得到上级局领导的充分肯定，并将听证会作为全辖检查工作培训的现场教学。

【服务涉外实体经济】 鼓励企业融入境外低成本资金，促成浙江汇丰汽车零部件股份有限公司向招商银行伦敦分行融入低利率资金，办理380万欧元外债业务登记，有效拓宽企业融资方式，为支持金融机构和企业扩大跨境融资营造良好的政策氛围。严密把控跨境资金流动风险，继续完善监测约谈制度，结合日常工作情况约谈个人1人，银行2家，企业4家。推进行政许可事项网上办理改革，6月28日，顺利上线政务服务网上办理系统，截至2019年12月末，通过该系统办理的行政许可事项158件。

【改善农村支付服务环境】 严格做好助农点分类评级工作，持续改善农村支付服务环境。辖内62个助农服务点开通移动支付功能，发生移动支付业务726笔金额86.67万元。持续推进“移动支付便民示范工程”建设，成功推动玉环吾悦广场移动支付示范商圈创建，完成辖内银行机构的移动支付受理功能改造，移动支付活跃用户和单月业务量同比分别增长2.17倍和3.77倍。深化“智慧支付工程”建设，多次协调市交通运输局、市民卡公司、银行机构合力推进辖内公共交通领域移动支付应用工作，落实资金筹集、系统改造、上线测试等多项工作并于11月中旬完成城区所有公交线路移动支付上线运行。不断拓宽医疗、旅游等其他民生领域移动支付应用工作，辖区内所有城区公交车、水电缴费营业厅、纳税大厅等均可受理移动支付。

(朱安然)

中国工商银行玉环支行

【存贷规模稳居四行首座】 截至2019年年末，本外币各项存款余额128.73亿元，较年初增加16.72亿元，四行占比36.93%；其中，对公存款增加4.1亿元，增幅7.0%，增量占比四行第一；储蓄存款增加12.62亿元，增幅23.7%，增量四行占比62.7%。本外币各项贷款余额87.66亿元，较年初增加10.93亿元，增幅14.25%，余额四行占比第一。其中，公对公贷款余额55.15亿元，增加7.35亿元，个人贷款余额32.51亿元，增加3.58亿元。

【多手段多渠道广拓营销】 坚持“存款立行”理念，做好“厚植一个根系”和“夯实两个基石”。专人对接，部门规划，合力促发展；拓展线上办公、网络融资、掌上办贷、扫描理财等方式，建立绿色通道，加快办理速度，提升业务质量；有的放矢、明确目标、按周、按月、按季稳步推进计划。

【贴心服务夯实客户基础】 坚持将“客户发展”作为久久为功的头等大事，提升客户的满意度为重中之重的首要战略。通过网格化营销、深耕发展、沟通交流、座谈培训等方式，落实基础服务，提升质量品质；库内客户营销走访，持续做好财政、社保、公安等机构大户的维护与拓展；践行“坐商与行商”理念，打好阵地营销与外拓营销组合拳。荣获2019年度玉环市满意银行、台州市分行服务工作先进单位称号。

（中国工商银行玉环支公司）

中国农业银行玉环支行

【存贷规模稳定提升】 2019年年末，各项存款余额119.92亿元，比年初增加7.22亿元，余额四行占比34.41%。其中，个人存款余额81.11亿元，较年初新增5.98亿元，余额四行占比40.14%。对公存款余额38.82亿元，比年初上升1.24亿元，四行占比26.50%，比年初上升0.35%。各项贷款余额78.16亿元，比年初上升17.87亿元，四行市场占比29.77%，比年初上升2.80%。其中，个人贷款余额29.93亿元，比年初增加3.25亿元，四行市场占比28.86%，比年初上升0.93%；公司贷款余额48.23亿元，比年初上升14.62亿元，四行市场占比30.36%，比年初上升4.11%。

【综合营销亮点纷呈】 成功中标市农业农村和水利局、市税务局、市公路局等基本账户，一举囊括包括玉环城投在内的6家国有企业基本账户。网银物联、嘉伟环保、九桔科技、大铁交通、德馨建材等贷款均获发放。成功营销全省首个寺庙缴费商户，与玉环城关一中成功签订银校战略伙伴合作协议。全年新增商易通有效商户1235户，新增缴费商户92户。支行营业中心成功创建中银协“三星级”网点，玉环楚门支行获评台州市农行“五星级”网点、玉环大麦屿支行获省级“三星级”网点称号。全年实现国际结算总额7.03亿美元，结售汇量3.98亿美元，中收1530.78万元，同比增长26.98%，保持国际业务零不良，连续三年被玉环外管局评为执行外汇管理规定考核A类行。

【普惠小微扎实推进】 立足服务“三农”、服务小微和践行普惠的市场定位，坚持把握投放重点，用活优势政策。2019年，上报小微企业厂房贷项目32个，新发放小微网贷48户、简速贷27户、信保通有贷户50户，发放贷款金额6.29亿元。为4家村股份经济合作社发放村流贷、富村贷、美丽乡村贷4800万元，小微扩面及村流贷均居台州农行系统第一。新营销法人客户146户，法人用信客户数量达383户，法人用信客户数与新营销企业数均居台州农行系统首位。

（农行玉环市支行综合管理部）

中国银行玉环支行

【本外币存贷】 截至2019年年末，支行本外币存款总额58.42亿元，本外币贷款总额56.45亿元，全年实现国际结算业务总量14.15亿美元、跨境人民币业务总量14.47亿元，实现净利润1.07亿元。

【支持地方经济建设】 2019年，支行紧跟“千亿项目、五大攻坚”突破年行动，主动加强对地方PPP项目和重点招商引资项目的信贷支持。对接市重点PPP项目——玉环市小城镇环境综合整治工程PPP项目的主体玉环基投建设投资有限公司，牵头与农发行共同为该项目核定银团贷款9.8亿元。支行还成功上报并获批台州市南部湾区水务有限公司的13亿元授信。2019年年末，公司时点贷款余额33.85亿元，较年初新增8.15亿元，增幅达31.71%。

【扶持民营企业发展】 2019年,支行针对玉环民营经济特点,推出中银利业通宝等适合中小微企业授信产品,不断丰富普惠金融的产品和服务内涵。通过将银税信息互动由线下提到线上,实现企业厂房、个人房产等抵押率高达100%,有效提升小微企业的授信额度。新增15户公司普惠金融客户和35户个人普惠金融客户,普惠贷款余额较年初新增1.83亿元。

推广应收账款质押融资业务,全年叙做应收账款质押60笔,实现贷款投放4.3亿元,有效地解决了小微企业由于担保问题引起的融资难问题。落实《中国人民银行玉环市支行关于开展进一步降低小微企业融资成本专项活动的通知》要求,对符合相关规定的小微企业在贷款利率定价上给予优惠,减免小微企业抵押评估费、新开户企业网银汇划费和开户费。践行"最多跑一次"服务理念,不断优化业务流程,推出企业移动柜台上门开户,将开户时间从原来的90分钟缩短至40分钟,改善客户服务体验。面对超强台风"利奇马"带来的灾情,支行通过接力通宝(立转贷)等产品和方式累计为受灾企业投放2450万元授信资金。

【做实外汇特色服务】 抢抓外汇金融市场业务时机,主动开展企业客户走访,针对不同时间窗口和不同的客户群,适时推荐合适金融产品,2019年,人民币汇率产品完成业务量29.5亿元,完成全年任务的128%,排名台州中行系统第一;完成外汇买卖业务量4.24亿美元、利率掉期2.15亿元、CCS业务量2985万美元。

打造外汇交流平台,提升服务形象。5月16日,与地方国家外汇管理局、商务局联合举办2019年人民币汇率形势分析及避险讲座,6月21日,为170多家企业开展外汇管理政策宣讲会,9月26日,组织重点企业参加中美贸易严峻性对策与汇率趋势分析会,有效帮助企业在理论和实践上加深对外汇形势的了解,为广大外贸企业保驾。

深耕国结优势业务,提升市场份额。紧盯苏泊尔2018年度权益分派业务叙做机会,以优质服务和专业水平分别为企业在6月和11月先后办理了2笔6.46亿元和1.63亿元的跨境人民币红利汇出业务,2019年年末,跨境人民币当地市场份额达35.25%。

【多措并举争揽存款】 抓好个金业务指导,利用高收益产品对到期的理财进行一一对接,做大存款蓄水池,利用手机银行、代发薪、来聚财、云缴费、建筑工人代发等重点项目,做大流量资金和结算资金,全年个人日均存款新增4.51亿元,增幅达15.56%。

加大行政事业源头营销,成功争揽1.5亿元政府财政性存款支持;紧盯出让土地不放松,全年营销36笔土地保证金总额达3.18亿元,营销53笔土地款总额达5.16亿元;优化应标策略实行精准招标,先后中标公积金中心定期存款1200万元、玉环市自然资源与规划局定期存款2400万元;抢抓机构改革机遇,先后开立玉环市退役军人事务局基本账户、财政局零余额账户等。2019年年末,行政事业单位日均存款8.52亿元,较年初新增1.56亿元,计划完成率150%,列台州中行系统首位。

充分发挥公司金融产品优势,2019年,通过贸易金融产品带来的保证金余额1.42亿元,较年初新增7018万元;银行承兑汇票保证金余额较年初新增3080万元;新型付款汇利达带动派生外币存款1326万美元;优利存外拓外币存款928万美元。

敢拼敢抢,在同业竞争中"虎口夺食",先后争揽苏泊尔到期5亿元理财、迈得医疗IPO募集资金5400万元等。

【内部管理】 抓好不良资产清收工作,通过各种方式逐户催收,全年化解不良资产金额3283.64万元，其中现金清收1814.99万元，2019年年末，不良资产余额5949.60万元，较年初减少446.11万元，不良率1.05%，较年初下降0.26%。不断提升服务质量，推动全行员工文明优质服务水平的提升和消费者权益保护意识的增强，支行营业部获评“2019年银行业文明规范服务四星级网点”，获评2018年度玉环市“满意银行”。

（潘　阳）

建设银行玉环支行

【主要指标】 截至2019年年底，建行玉环支行一般性存款为 40.29亿元，核心口径存款日均余额为42.99亿元，比年初新增2.17亿元。贷款规模为37.44亿元，新增2.4亿元。普惠金融业务贷款余额为5.24亿元，完成率175%，全市建行系统第一；新增小微快贷250户，新增贷款16628万元。实现中间业务收入3013万元，信用卡净增1622户，信用卡活动客户数新增1898户；完成信用卡专项分期4761万元，一般分期8337万元。支行以资产配置为切入口，全年实现销售偏股型基金728万元，零费率基金9662万元。不良贷款为8578万元，不良率为 2.12%，比年初下降 0.47%。

【业务拓展】 跟进重大项目，辖内优质PPP项目，跟进玉环漩门湾大桥及接线工程PPP项目、玉环市干江滨港工业城基础设施及服务配套PPP项目、228国道清港连接线工程PPP项目、玉环晶科电力有限公司农光互补地面光伏发电项目等。2019年，为浙江双环传动机械股份有限公司新增中长期贷款3亿元。与浙江苏强格液压股份有限公司、浙江琦星电子有限公司等准上市企业开展业务合作，完成授信以及信贷投放。

【普惠金融】 截至2019年年底，支行小企业普惠金融业务贷款余额达到5.24亿元，比年初新增2.29亿元，完成率175%，全市第一。新增普惠客户373户，完成率213%，全市第一。普惠口径信贷客户716户，客户总数全市第二，新增普惠口径贷款客户373户，新增完成率213%，全市建行系统第一。

【推进转型】 跟随渠道集约化、电子化趋势，深化“移动优先”策略，大力提升移动金融柜面替代率。拓展活跃裕农通193户，激活213户，覆盖173个行政村，实现村村通。新增龙支付活跃客户26278户，新增龙支付全量客户17695户，新增普惠金融个人贷款4833万元，推进网点生态圈建设，通过拓展裕农通商户等，各项业务努力向无网点乡镇延伸。

（翁建军）

玉环农商银行

【存贷规模】 截至2019年年末，全行各项存款余额180.21亿元，较年初增加20.13亿元，增长12.58%；各项贷款余额117.28亿元，较年初增加14.45亿元，增长14.05%，存贷款总量居全市银行业首位。不良贷款余额8872.43万元，不良贷款率0.76%。实现利润总额2.95亿元。上缴税收8148万元，地方税收贡献居全市银行业首位。2019年被评为浙江省民企最满意银行、2018年度玉环市服务业重点企业等。

【助力乡村振兴】 搭建“党建红盟”平台，发挥“党建+金融”叠加效应，将金融服务精准延伸至农村的“神经末梢”，创新“红色先锋贷”助力发挥党员“双创”引领作用；精准助力“扶贫消薄”，为村集体和农户送去脱贫致富发展资金；因地制宜以“一村一品”信贷支持农业特色化产业发展；开展丰收驿站省级旗舰店活动，拓宽思路营销“在外玉商”；连续11年开展“走千访万”普惠大走访，以“一村一员”模式做深整村授信，推进乡村信用“生态圈”建设，普惠金融服务“提质增效”。

【支持小微发展】 全力落实融资畅通工程，建立企业融资“三张清单”，做实做深做细“三服务”，当好民营小微企业的“店小二”，及时满足资金供给；优化民营小微企业信贷支持政策，创新推出到期无缝转贷的“小微续贷通”产品，助力企业减负降本；构建科技型企业专业金融产品服务体系，出台实施民营、小微企业贷款利率优惠政策，实行差异化利率定价模式，进一步降低融资成本；全力做好“利奇马”灾后金融服务，单列信贷资金、出台专项政策，支持受灾农户、小微企业恢复重建。

【践行最多跑一次】 以服务“最多跑一次”为发力点，与公安、人社、税务、市场监管、公积金等部门开展合作，全面承接和延伸政务公共服务；成立全市首家“电子税务局体验区”；布放“24小时政务E站”便民惠民项目；以“3+1”模式实现新生儿证件办理“跑一次”。积极介入民生服务重点领域，大力推行ETC高速出行，大力打造智能支付生态，大力推广电子社保卡，大力普及“缴费通”线上业务，实现学生缴费“一次不跑”，积极构建全方位“一次不跑”多元化场景。

【加快数字化转型】 全面上线“浙里贷·E点贷”“浙里贷·公积金贷”线上小额信用贷款产品，为客户提供无面签、无担保、无抵押的线上贷款服务，实现贷款贷得及时、贷得便捷、贷得放心，微贷业务向“全客群、全实时、全在线”的发展，数字化转型全面起步。

（林倩倩）

农发行玉环支行

【经营状况】 截至2019年年末，玉环农发行各项存贷款余额149134万元，比2018年增加93045万元。全行无不良贷款，无风险贷款。全省支行绩效排名提升8名；台州市支行绩效排名提升3名。

【业务发展情况】 农发行玉环支行针对当年经济形势及玉环当地基础设施需进一步改善的要求，结合自身业务特色，累计投放基础设施类贷款8.68亿元。其中，为解决城乡融合发展等方面的融资需求，促进城乡融合发展和城镇化建设，支持玉环市小城镇环境综合整治工程项目，累计投放贷款3.5亿元；为支持城乡基础设施和公共服务均等化的资金需求，支持玉环新城体育中心、全民健身中心、体育休闲公园及游泳馆项目，累计投放贷款2亿元；为解决农村交通新建、改扩建及养护等方面的融资需求，支持玉环市漩门湾大桥及接线工程项目，累计投放贷款3亿元；为保障玉环市地区淡水资源的供给，支持玉环市亚海水淡化(一期)抗旱应急工程项目，累计投放贷款1800万元。除此，聚焦民营小微提升工程，深入推进普惠金融，加强与玉环地方性银行合作，向玉环市农商行投放支农转贷款5000万元。

（孔金谷）

中政储蓄银行玉环支行

【金融业务】 坚持以“存款立行”和“客户经营”为核心，促进金融业务持续发展、持续转型。实现金融业务收入4136.36万元，同比增长3.33%。余额规模22.58亿元，年增1.04亿元，网点点均余额3.22亿元列全省第八。

优化业务发展结构。坚持价值存款导向，在持续扩规模、提份额的同时，注重存款结构优化，重点以代收付项目为抓手，全力拓展小微企业、社保等项目。加快价值保费发展，强化系统运用和数据分析，盘活存量客户资源，对保险客户和产品开展精准营销，实现保险客户转型。

扎实开展客户经营。以客户为中心，建立客群权益体系，以“三必访”“四类活动”为载体，持续开展多维度客户经营，加强客户建联建信活动，全年开展厅堂内外活动1268场，实现建联建信客户10.36万户。厅堂与片区齐抓并举，厅堂以维护存量客户、激发意向客户、拓展增量客户为重，片区以拓展增量客户、提高品牌影响力为重。增量客户与存量客户齐抓并举，加强存量维护，提高单客户收益贡献，加强新增客户拓展，支撑业务常态化发展。本地客户与外地客户齐抓并举。

创新形式发展高效业务。以急行军特训营形式，开展“昆仑保险急行军”项目及“闪耀C位等你来”华夏保险项目，通过与保险公司合作练兵提高网点人员销售能力，两项活动累计达成保费536.9万元。至9月25日，提前达成2019年保险各项全年计划，全年实现折算保费1.61亿元，完成率133.3%，完成率全省排第2，保险点均收入112.9万元，列全省第2。提前三个月完成中邮保险全部指标，期交点均全省第4，长期险点均全省第2。大力发展三个百万工程，加大对第三方支付、云闪付等互联网电子支付业务的开发力度，实现电子支付收入139.8万元，同比增加43.3万元，成为代理金融收入新增长点。全面完成市公司下达的渠道类各项指标，其中云闪付、手机银行完成率全省第1名，快捷绑卡完成率全省第3名。

高度重视合规风控。持续规范关键岗位人员轮岗工作和规范人员行为排查工作。开展“治顽疾、控风险”专项整治活动，进一步加强整改问责，严控高风险行为。加强对十五条红线、举报制度、相关业务操作规定等知识的培训。

【农村电商创新协同再获突破】 持续推进批销业务。全市累计建设“邮乐购”商超型站点107个，围绕“夯实站点、优化招商、强化地推、业务协同”，完善自运营、业务外包、邮伙伴合作等并存的模式，累计完成批销额1650万元，完成率100%。开展“玉环文旦”农产品进城项目创收9.38万元。

“自邮一族”项目常态化营销。围绕“车险+会员服务”发展思路，常态化发展车险业务；联合保险公司开展爆破日、爆破周等专项活动，提升单均会员收益。累计车险出单3388笔，完成保费1008.3万元。

简易险实现突破。简易险项目紧抓个单保险、健康保险、团体保险三条主线，组建虚拟团队，在企财团险开发上实现突破，2019年开发团险78单，实现保费68万元。截至10月24日，提前达成简易险全年目标，全年简易险实现保费88.88万元，完成率为计划的101%。

警医邮项目实现效益化。加快拓展违章和抵押解抵押等效益类业务，主抓效益类业务破零指标，业务笔数达9803笔，完成全年计划的101.67%，收费业务累计619笔，产生寄递收入2.4万元。

（洪梦曼）

玉环永兴村镇银行

【经营状况】 截至2019年年末，资产总额21.97亿元，负债总额18.43亿元，所有者权益3.54亿元；各项存款余额14.64亿元，各项贷款余额19.45亿元；实现税前利润6080万元，当年度缴纳税收2169万元。

【服务实体经济】 根据台州、玉环两级党委政府，台州银保监分局，中国人民银行玉环市支行“金融党建+民营经济”“金融服务民营经济”“4+1小微金融服务差异化细分”“降低小微企业融资成本专项活动”等统一部署,以“农社乐”“小微乐”为金融服务拳头产品,推进各项信贷产品营销,加强与优化金融服务。截至2019年年末,共发放“农社乐”901户余额2.27亿元;发放“小微乐”707户余额4.43亿元。全行普惠小微企业贷款平均年利率由9.44%降至8.99%,较全行贷款平均利率低0.17个百分点。

【创新金融服务】 设立“银法联动帮扶专项贷款”,对在诉讼审理阶段、法律文书确定履行期阶段、敦促履行阶段、执行阶段自动履行的涉诉当事人,按照相关规定给予相应的贷款帮扶。

【股权结构调整】 引入玉环市国有资产投资经营集团有限公司投资入股,股份占比2.225%。

(徐 君)

台州银行玉环支行

【经营状况】 截至2019年年末,台州银行玉环支行存贷款余额103.47亿元,较年初增长22.88亿元,增幅为28.39%。其中,各项存款余额为64.01亿元,较年初增长12.87亿元,增幅为35.64%;各项贷款余额为39.46亿元,较年初增长4.96亿元,增幅为18.14%;管户数19582户,较年初管户数增长2483户。小微贷款方面,有余额贷款户数5269户,余额26.64亿元,占全部贷款余额的67.51%,较2018年同期上升2.24亿元。支行总不良贷款余额为1945万元,不良率为0.49%,本年度新增不良贷款281万元,收回不良贷款569万元,整体信贷运行平稳。

【信贷投放】 通过客户群管理、行业专业化经营、探索供应链融资业务和小微园区金融服务,从零散服务到集群服务,从单一服务到专业服务,提升支行小微金融服务水平,截至2019年年末,与5个小微企业园达成合作,整体总意向授信金额超7.5亿元;累计发放信保基金业务203笔,金额8233万元,余额7903万元。

支行针对优质客户大力发放信用、类信用贷款。截至2019年年末,信用(类信用)年度信用贷款授信户数10557户,总授信金额16.15亿元,客户量占比高达53.91%,金额占比40.92%。

【“互联网+”】 2019年,支行推出“易收款”网络收单平台,为商户提供二维码码牌收款、移动App收款、公众号收款等多种收款渠道,完善金融便民缴费服务。推出“智慧校园”产品,为学校、培训机构提供更安全、更专业、更高效的多渠道收款服务。推出无卡刷脸取款业务,提升服务水平和客户满意度。

(池桑桑)

人保财险玉环支公司

【经营状况】 2019年,中国人民财产保险股份有限公司玉环支公司业务收入2.05亿元(市场份额34.59%,其中:非车险市场份额59.63%),为全社会提供2796亿元风险保障,支付赔款1.65亿元,缴纳税收1325万元。公司顺利通过省级文明单位复评。

【助力地方经济发展】 助力企业提质增效。发挥保险独特优势,大力发展出口信用保险、出口产品责任保险、“e信通”外贸融资保险,为玉环小微出口企业在管控贸易风险、降低融资成本、扩大业务规模、强化信用管理等方面提供有力支持。

保障农业生产。作为政策性农业保险首席承保人,在做好现有农业保险“提标、扩面的基础上，探索文旦产量、价格全产业链保险等地方特色农险；联合村镇银行开展支农惠农金融创新服务，探索解决农业生产融资难题。

参与社会民生。持续开展公共安全综合保险、食品安全责任保险、医疗责任保险等各项政保合作项目，参与社会管理，创新服务社会治理。

加强重大灾害救治。强台风“利奇马”过后，将救灾理赔头等大事来抓，加大理赔力量投入，加快理赔处理速度，帮助受灾群众和企业恢复生产和生活，成为抗台救灾的重要力量之一。

【深化服务品牌建设】 提出高质量转型发展的目标，持续完善服务体系建设，大力推进“以客户为中心”全面转型，“服务全面升级、服务优于同业”的格局初步成型。面向社会大众推出车辆安全检测、免费代驾和代年审、电子保单、线上理赔等增值服务；联合公安交警部门推出警保联动车驾管、减分学习等服务；联合交通运管部门推出交保联通服务，践行“最多跑一次”改革，努力实现让数据多跑路，让客户少跑路、不跑路。

【坚守合规经营底线】 始终坚持以合规经营为底线，健全合规管理机制，加强重点领域内控管理。组织签订《依法合规经营承诺书》，不定期开展合规、反洗钱知识测试，提升员工合规意识，营造合规经营氛围，提高风险防范能力。落实监管部门要求，做好身份识别、客户身份资料及交易记录保存以及对大额交易和可疑交易报告等环节，履行好反洗钱工作职责。

（陈荣剑）

中国人寿玉环支公司

【业务情况】 2019年，公司保费收入7.2亿元，同比增长19.87%，市场份额66.91%，同比上升2.57个百分点。赔付支出1.2亿元。完成标准保费6157.09万元，同比增长70.30%，完成率131.28%，完成总量居全市系统第二，完成率居全市系统第二；完成期交保费14753.09万元，同比增长55.13%，完成率163.22%，完成率、增长率居全市第一，完成总量居全市系统第二；完成十年期保费6845.06万元，同比增长61.80%，完成率140.84%，完成总量全市系统第二，完成率全市第一；完成大短险保费6903.69元，同比增长96.73%，完成率220.28%，完成总量全市系统第二，完成率全市第一；完成十年期以上保障型业务3524.74万元，同比增长80.72%，完成率134.07%，完成总量全市系统第四，完成率全市第三。

【经营险种】 公司向个人及团体提供人寿、意外和健康保险产品，涵盖生存、养老、疾病、医疗、身故、残疾等多种保障范围，全面满足客户在人身保险领域的保险保障和投资理财需求。

2019年，行业鼓励回归“保险姓保”，公司在风险保障型产品上尤为侧重。大力推广如国寿福系列的重疾险，康悦、两性安康系列的疾病医疗险，大绿洲、农村小额、学平险、补充工伤、建工险、百万如意行等短期意外系列险种，并通过灵活的险种组合，满足不同群体的保险保障需求。全年各类保障类保费10428.43万元。

参与大社保建设，补充类险种种类不断丰富，更接地气。如护林人员保险、教育局补充学平险、村干部保险、外来务工人员保险、企业补充工伤保险、计划生育家庭意外伤害保险、两性安康保险、残疾人保险、企业（出租房）火灾保险等特定人群惠民保险，在社保补充保险领域持续深耕。截至2019年年底，公司拥有超50万份有效的个人和团体人寿保险单，个人、团体意外险和短期健康险保单、年金合同及长期健康险保单。

【保险服务及行业履职情况】 利用队伍优势及

网点优势，持续做好保险服务基层工作。在防范非法集资宣传月及“7·8”保险公众宣传日期间，以客服柜面为主的宣传团队组织两场次对外宣传防范非法集资及金融保险知识专题宣传活动。以陈素云、徐长芬、陈和女、陈凤飞团队为主的诚信标兵团队进村入企组织开展多场次诚信宣传及保险知识普及志愿服务活动。在智慧消防推出之际，配合政府开展摸底及排查工作；在民政低保户保险应标阶段，主动优化配套产品，降低费率，服务于弱势群体。在计生家庭意外伤害保险推广期间，利用教培及专管员优势深入村居社区，为网格员提供专业培训，促进惠民保险有效推广。在保险服务代办过程中，自觉加大理赔查勘力度，通过高比例查件，甄选案件，大大减少医保基金的支出。

（余秋平）

经济管理

发展计划与经济

【概况】 市发展和改革局是全市国民经济和社会发展、改革的综合管理部门，担负着主管全市国民经济和社会发展战略、发展规划、年度综合计划、结构调整、投资项目管理、体制改革等重要职责。下设市重点工程建设促进中心、市投资项目服务中心、市服务业发展中心、市沿海产业带建设服务中心、市民卡服务中心、市行政事业性收费年审中心、市价格认证中心、市信用中心、市公共资源交易中心（台州市公共资源交易中心玉环分中心）等9个事业单位。

【经济运行监测】 围绕市委、市政府中心工作，紧扣发展和改革主线，强化规划引领，起草完成“十四五”的《规划编制方案》《规划课题研究方案》《规划体系建设方案》等三个方案，及时落实25个调研课题和21个规划体系建设的任务。强化经济监测分析，把握运行动态。进一步完善经济运行区域监测工作，切实加大对行业企业、专业市场的动态监测分析力度，及时做好75家重点工业企业和43家重点服务业企业监测数据上报的指导与督促工作，以及部分企业样本替换工作，力促经济持续健康平稳发展。全年实现生产总值617.50亿元，同比增长5.2%；城镇居民和农村居民人均可支配收入分别为71344元和35340元，分别增长8.1%和8.9%。

【深化体制改革】 深化小城市培育，楚门小城市培育获得考核优秀等次，连续7年获得优秀。特色小镇建设工作走向深入，时尚家居小镇全年完成有效投资26.68亿元，其中特色产业投资21.9亿元，荣获2018年度省级考核良好等次，获评台州市2018年度制造类特色小镇“亩均效益”领跑者；实现小镇客厅开放，获评国家AAA级景区。率先在台州市建成首个“不见面开标大厅”，实现工程建设交易“跑零次”。开发并试运行乡镇（街道）小额工程电子交易系统，为构建全市工程建设交易“一张网”奠定基础。全年企业投资项目均实现“最多90天”审批，“标准地”项目均在“30天”之内完成全流程审批，全年帮助企业代跑300余项项目审批事项。

【扩大有效投资】 全年完成固定资产投资169.66亿元，同比增长20.0%。重大项目前期工作稳步推进，杭绍台高铁温岭至玉环段项目顺利完成招投标和PPP合同签约，加快华电玉环海上风电场建设项目桩基先行施工许可证办理，持续推进漩门湾拓浚扩排项目可研批复工作。积极申报省、市重点建设项目，列入省重点建设项目计划14个，入选省海洋经济重大项目14个，列入省“411”重大项目5个，省服务业重大项目7个，入选省市各类计划的项目总数居台州市首位。加强项目审批服务，全年出具项目受理通知书95项，完成政府投资项目审批186项，企业备案251项(其中境外投资4项)。

【重点工程建设】 39个台州市对玉环市考核项目累计完成投资138.38亿元，完成率198.02%；14个浙江省对玉环市考核项目累计完成投资29.53亿元，完成率251.31%。玉环市漩门湾大桥及接线项目、市人民医院改扩建项目、创融·澜苑(渔家小镇)项目、浙江苏尔达高档水龙头生产线技改项目等超额完成年度任务，温岭泽国至玉环大麦屿疏港公路项目建成通车，市小城镇环境综合整治项目、市干江污水处理厂及配套管网工程建设项目、市档案馆新馆建设项目等顺利完工。

【海洋经济发展】 推进“一区两城”沿海产业带建设，玉环经济开发区和沙门滨港工业城基础设施建设新增投入3.23亿元，新增开发面积约1046亩，引进入园企业326家，新入园企业31家。积极争取专项资金，获得省海洋经济专项资金1.34亿元，位列全省县市级补助额度第三位，占台州全市补助总额的43.79%。

【落实对口帮扶】 持续深入对口支援西藏那曲嘉黎县、新疆阿拉尔、青海，强化与吉林辉南、重庆涪陵义和镇对口合作，落实帮扶资金4169万元。建立玉环—茂县“一户一码”结对帮扶工作机制，落实社会帮扶资金物资423.92万元，通过消费扶贫采销农特产品1120万元，带动脱贫740人，实施扶贫项目帮扶136个贫困残疾人脱贫。推动仙居山海协作，实施飞地项目，建立“基地(农户)+合作社+公司+市场”模式，落地“飞柜”经济，实现消费扶贫销售额1719万元。

【第三产业发展】 2019年，全市服务业实现增加值240.54亿元，同比增长6.7%，居台州市第5。新招引1亿元以上生产性服务业项目、5亿元以上生活性服务业项目均达8个。兑现2018年度服务业发展引导资金700余万元，首次兑现3家总部企业奖励资金2400余万元。业洲供应链入选浙江省第一批现代服务业与先进制造业深度融合试点企业。首次举办现代服务业创新发展高峰论坛，组织全市服务业重点企业负责人赴浙江大学培训学习。加强服务业重点企业培育，4家企业被台州市发改委认定为台州市服务业重点企业。评选2018年度服务业25家重点企业和10名优秀企业家。

【加强能源建设】 大力推进天然气“县县通”玉环支线工程、大麦屿能源(LNG)中转储运项目、华电玉环海上风电场等重大能源项目的前期专题报批工作，华能玉环电厂集中供热项目开工建设。编制《玉环市清洁能源发展规划》，着力构建高效清洁、多能互补的能源供应体系。倒逼高耗能企业淘汰落后设备、退出产能，能源“双控”多项指标居台州市前列。完成综合供能服务站年度建设任务。21个村级路灯项目列入2019年度“三电”资金补助计划，补助309.7万元。组织834户工商业企业参加2019年电力直接交易试点工作，参与交易电量11.38亿千瓦时，节约用电成本3464.66万元。

【强化价费监管】 制定玉环市守灵室租用、民办学校、部分城市道路、公立医院停车场停车等收费标准。深入推进农业水价综合改革及资源要素市场化配置改革，制定家具制造业挥发性有机化合物排污权有偿使用初始价格，开展玉环市污水处理收费调研工作。落实清费减负政策，取消部分行政事业性收费项目，取消公共资源交易场地租赁费和交易席位费，退付交易席位费181.67万元,退付滞留保证金353.8万元。强化价格鉴定工作,办理涉案物品价格认定257件,涉案标的576项,涉案金额230.36万元,案件办结率100%。

(金桢宇)

财政　国资

【概况】 市财政局是主管全市财政工作的政府工作部门,挂市政府国有资产监督管理办公室牌子。2019年,全市实现财政总收入87.4亿元,一般公共预算收入53.9亿元,完成预算的94.5%,完成调整预算的100.0%,同比增长1.1%。其中,税收收入43.4亿元,完成预算的86.4%,同比下降7.5%;非税收入10.5亿元,完成预算的153.2%,同比增长63.8%。全市一般公共预算支出80.2亿元(其中省款支出6.8亿元),完成预算的120%,完成调整预算的100.4%,增长14.6%。

【推进收入增长】 在经济下行、中美贸易摩擦、更大规模减税降费和9号台风"利奇马"等因素的叠加影响,收入形势空前严峻、增收困难和压力倍增的情况下,始终把组织收入作为财政中心工作抓紧抓实,完善财政要素保障,推动财税收入协调议事小组规范化常态化,密切关注宏观经济形势和减税降费等政策落实,精准完成省、台州市下达的年度收入增长指标和收入结构考核目标。进一步完善政府预算编制体系,将省财政提前下达的转移支付数全部编入年度预算。推进财政专项清理整合,整合专项21个,收回部门结转结余9973万元;全年统筹政府性基金17亿元纳入一般公共预算,提高国有资本经营收益收缴比例至30%。发挥"统一公共支付平台"作用,推进非税收入收缴全程跟踪,实现执收单位、代理银行、财政部门信息共享核对机制。研究吃透专项扶持政策,努力争取各类扶持资金,全年省对市一般性转移支付8.7亿元、专项转移支付4.4亿元,争取新增债券8.5亿元、再融资债券3.9亿元,为各项事业发展提供坚强的财力保障。

【服务经济发展】 运用现有一系列扶企惠企政策,切实将政策红利转化为企业红利,助推全市经济社会高质量发展。全年兑现各类财政扶持资金4.3亿元,其中工业扶持专项资金1.9亿元,科技发展专项资金0.58亿元,商务促进专项资金0.27亿元,三产发展专项资金0.38亿元,上市奖励专项资金0.21亿元,一事一议奖励政策兑现0.96亿元。按照"第一时间+顶格优惠+叠加享受"原则,全年累计减免税收28亿元,同比增长106.5%;社保降费2.7亿元。安排2.9亿元推进G228温岭泽国至玉环大麦屿疏港公路工程建设,构建港口、铁路和干线公路综合交通运输体系;安排公路建设养护资金5655万元,重点支持公路设施提升改造、维修保养和养护管理。完成总投资71.3亿元的新建铁路杭州经绍兴至台州线温岭至玉环段PPP项目入库,进一步梳理全市10个PPP项目,做到项目进度与项目库信息相对一致,确保全市PPP项目规范化运作。

【促进民生改善】 坚持共享发展理念,统筹保障各项民生事业发展,全年民生支出61.7亿元,增长15.8%。

进一步加快教育基本建设,投用新城学校,有序推进沙门中学、城关中心小学分校区、陈屿中心小学分校区、环山小学改扩建等项目;安排学前教育资金1800万元、教师专业发展培训及学历提升奖励经费810万元、教育人才引进及培养经费500万元。

安排资金1660万元,进一步完善养老服务体系建设;完善救助、养老配套设施,推动残疾人托养中心投入使用;发放低保补助金3622万元、医疗补助金996万元。

安排综合医改经费2247万元,推动大型医疗设备采购、卫生人才引进和重点学科发展；安排资金1750万元，支持地方和省级医院优质医疗资源下沉；安排1800万元用于大麦屿卫生院迁建；新增低保人群免费胃癌筛查，继续做好适龄妇女“两癌”筛查及60周岁及以上老人免费流感疫苗接种。

落实兑现好财政惠农支农政策，重点保障粮食生产，补助乡村振兴示范村、历史文化村落保护、美丽乡村精品村建设2919万元；安排清洁家园（垃圾分类）专项资金2627万元，深入推进“清洁家园、美丽乡村”活动，不断改善提升人居环境；全年争取中央和省级一事一议项目及各类试点资金3900万元，新争取并落实一事一议常规项目53个、一事一议助推美丽乡村建设试点项目5个。

【加快改革步调】 推动财政事业改革发展，不断提高财政运行质量。2019年，全市财政管理工作得到省政府重大政策措施真抓实干督查激励表彰。财政奖补政策“一网”通兑实现全程“零次跑”，市经信局等10个部门214个奖补项目纳入试运行，该项举措获副省长高兴夫、台州市长张晓强和台州市委副书记、政法委书记芮宏的批示肯定。

基于2019年预算以及未来几年财政收支测算，提出2019—2022年财政收支政策和重大项目资金安排，编制中（长）期财政规划，对现行可纳入“大事”的财政政策进行全面梳理、综合分析，实现规划周期内大事要事全覆盖。

稳步推进财政管理改革，选取市人民医院作为财政电子票据改革试点，启动医疗行业非税电子票据改革，彻底实现市民就医挂号、就诊、交费、电子票据交付全闭环电子化管理，推动玉环15家医疗机构正式上线，完成各乡镇街道全覆盖；企业会计岗位实名登记、国库集中支付电子化、“政采云”网上超市等改革创新举措落地生花。

加快融资平台转型步伐，市国投集团、市交投集团、市城建集团、市南部湾区集团“1+3”体系完成市场化转型，实现企业融资发展与政府债务脱钩；市国投集团主体信用评级和债券评级由AA提升至AA+，二期企业债券8亿元成功发行。

【完善财政监督】 优化升级财政内部控制“1+9+X”体系，完成9个风险控制管理办法、1个财政专项资金管理风险控制办法和“16+5”个内部操作规程修订。强化政府“过紧日子”思想，补齐日常开支管理制度框架，大力压减一般性支出，严控“三公”经费预算，除刚性和重点项目支出外，所有项目一律按照不低于5%的幅度压减。2019年，全市一般公共预算安排“三公经费”3154万元，支出执行数2374万元，下降3.8%，其中公务接待费595万元，下降10.6%；公务用车购置及运行费1656万元，下降4.4%；因公出国（境）费123万元，增长76.5%。

严格审批流程，有效对接“政采云”数据，切实把好政府采购入口关，全年审批各类采购项目4000多项。严格实行政府债务限额管理，规范政府举债融资等行为，做好全口径债务监测平台数据统计，坚决遏制隐性债务增量。

加大绩效评价力度，建立健全制度，优化指标体系，加强结果运用，全面推进预算绩效管理，实现全市财政绩效自评全覆盖和100万元以上项目跟踪全覆盖。加强对外借款清理、用款计划管理和大额支付动态监控，建立库款保障预警机制，利用国库集中支付动态监控平台加强对大额支出的监控，保持库款合理水平。

【加强国资管理】 紧盯国有企业优化重组，实时掌握企业转型进度，完成优化重组的国有企业52家，基本完成全市国企优化重组任务，国企“1+3”结构布局搭建成立。推进国资监管机制建设，加快国资监管相关文件的制定和梳理，推进玉国企采购平台升级及国资监管平台信息化建设。加强国资监管督查，完成12家国企三公经费审计及16家国有企业2018年度利润上缴审计。按照中央和省、市关于清理拖欠民营企业中小企业账款的工作部署，通过逐项梳理，摸清清欠账款底数，做到应付尽付、账款清楚。截至2019年年底，共清理拖欠项目214个，清偿欠款14238.55万元，清偿率100%。完成门面房出租从现场拍租到网络竞价形式转变，全年行政事业门面出租房成交标的25个，出租面积1463.34平方米，成交金额208.1万元。完成全市非参照公务员法管理的事业单位和国有企业公车改革车辆处置，处置车辆133辆，拍卖所得181.12万元，报废回收1.14万元。

（吴鹤仪）

税务

【概况】 2019年，市税务局全年组织各项税费收入106.44亿元，同比下降7.81%。其中，税收收入79.15亿元，同比下降10.18%；非税收入2.83亿元，同比下降9.97%；社保基金收入24.46亿元，同比增长1.09%。组织中央级收入35.31亿元，同比下降13.3%；组织地方级收入43.84亿元，同比下降7.49%；列入地方财政收入的税收收入43.38亿元，同比下降7.5%。

【税收法治建设】 推进欠税管理，联合法院保障破产清算纳税人清欠入库1954万元。建成汽车修理行业风险指标模型并入选全省税收风险管理项目计划。完成风险应对任务36批次，实现入库3031万元。加强企业所得税汇算清缴后续审核，对低税负率、连续亏损、研发费用加计等三类企业进行真实性核查，完成审核700户，调增应纳税所得额9336万元，调减亏损1189万元，补缴入库1312万元。

【税费优惠政策落实】 实现减税降费27.98亿元（不含社保降费2.67亿元），同比增长106.5%。新增社会保险费降费2.67亿元。其中，2018年度全市有257户企业享受企业所得税研发费用加计扣除新政，同比增加24.15%，扣除金额9.46亿元，同比增长78.49%。向863户困难企业返还2018年度社会保险费1.37亿元。办理出口退税22.35亿元，同比增长11.64%。

【纳税服务】 深化电子税务局推广应用，建成体验中心和数据处理中心，网上办税率87.13%。聚力"一件事"改革，实现"房地产交易一窗办"，入库税费2.12亿元。在市行政服务中心、乡镇党群服务中心、农商行等单位增设社会化办税网点6个。为纳税人提供发票免费"网申邮送"服务。设立4处代征点，为4.14万户次自然人申请零散代开票提供便利。全市办税窗口同比减少37个，减少40%，叫号量同比下降50%，纳税人排队等候时间同比下降69%。辅导3户困难企业办理延期缴纳税款6360万元。一、二类出口企业和所有出口企业平均退税时间分别缩短至2.54天、2.43天。优化"税银互动"服务，帮助1217户次小微企业获得信用融资12.46亿元。

【征收管理】 打造"一所一品"征管品牌，推动餐饮、家具、汽车零部件、眼镜和房地产行业规范化管理。联合自然资源部门清理耕地占用税，补缴入库1.02亿元。完成2018年度企业所得税汇算清缴工作，补缴入库8388万元。强化扣缴义务人源头控管，组织非居民企业税收6975万元。

【信息化建设】 城乡居民"两费"征缴软件在玉环顺利试点上线。

（董晓源）

审计

【概况】 全年完成审计项目69个，查出主要问题金额70758万元，其中违规金额5695万元、管理不规范金额65063万元。审计处理处罚金额14941万元；移送司法机关、纪检监察机关和有关部门处理事项22件，移送处理人员3人，移送处理金额1689万元；审计促进整改落实有关问题金额14941万元；审计后挽回（避免）损失14622万元。出具审计报告和专项审计调查报告78篇，被批示、采用1篇；审计提出建议125条，被采纳115条；推动被审计单位制定整改措施153项；促进被审计单位制定、完善规章制度45项；提交审计信息26篇，被批示、采用13篇。向社会公告审计结果40篇。财政审计科科长陈宝福获得省劳动模范和省“人民满意公务员”荣誉。

【财政审计】 以公共资金运行为主线，加大大数据分析技术的应用，助推财政审计审深审透，促进公共资金安全高效使用。完成市财政局具体组织的2018年度市本级预算执行情况审计，紧扣财政预算管理、全面预算绩效管理机制、财政性资金竞争性存放政策落实等方面进行审计，发现3方面15个问题，指出的问题得到市财政部门高度重视，积极建章立制完善管理，如：针对财政激励政策执行中未建立“失信联合惩戒”机制问题，在2019年8月份投用玉环市财政专项资金云平台，实现与税务、环保、市场监管、应急管理等执法部门信息资源共享；针对国有企业未实施公款竞争性存放政策问题，制定《玉环市国有企业公款存放管理暂行办法》，完成68家国有企业基本账户公开招投标，加强对国有企业公款存放的管理。完成坎门街道办事处和龙溪镇人民政府2018年度财政决算审计，报告得到市领导批示要求尽快落实整改。

【政府投资审计】 政府投资审计转型顺利推进，彻底退出工程价款结算审核业务。探索投资审计新方式，促进规范政府投资项目管理，提高财政资金的使用效益，全年完成政府投资审计项目61个，涉及保障性住房、医疗设施、教育设施、农田水利、农村环境等重大民生工程。

【经济责任审计】 主动把审计融入干部监督机制，持续加大领导干部经济责任审计力度。全年完成坎门街道、龙溪镇、市教育局、市旅游局、浙台（玉环）经贸合作区（大麦屿港区办）管委会等5个单位7位领导干部经济责任审计项目，查出管理不规范资金20895.02万元（其中直接责任6419.68万元，领导责任14475.34万元）。贯彻落实中央及省自然资源资产离任审计有关文件精神，结合玉环实际完成龙溪镇领导干部自然资源责任审计，揭示基本农田保护、饮用水源地保护等方面存在的问题，促进领导干部更好履行自然资源管理责任。

【政策执行审计】 完成民办教育发展情况专项审计调查，发现外国语学校、浙江江南理工专修学院等学校法人财产权未落实到位，城关育民学校和华盛体育中学以出借款形式转移学校资金278万元，实验学校将学校资金出借给民营企业，未收回资金4615万元，陈屿新民小学85.01万元学费收入未入账等问题。

参与完成全市2018年保障性安居工程跟踪审计，发现市6个棚户区改造项目应免未免1114.95万元规费问题，通过住建部门整改确保安居工程建设管理质量和资金效益的提高。

完成全市养老服务体系建设专项审计调查，发现城镇新建商品住宅项目少配建居家养老服务用房1236平方米、12家养老机构无证（照）运营、全市养老机构床位空置率达44.68%等问题，提出审计建议推动市全面增强养老服务能力。

联合温岭、茂县两地审计局完成茂县2017—2019年东西部扶贫协作援建项目专项审计调查，涉及项目27个、资金8260万元，有效维护扶贫资金安全和绩效。

【审计管理】“两统筹”工作增活力。统筹农业农村水利局和乡镇内审力量，共同完成2018年度全市村级财务专项审计调查，基本摸清全市230个村级集体经济组织财务状况，发现村级债务管理、专项资金管理、建设项目管理等方面突出问题，在全市各界引起强烈反响。市纪委对违规发放主职干部报酬和违规向公职人员分红问题进行专项清理，市委办出台《关于控制化解村级债务的实施意见》加强对全市村级债务的监管，国家税务总局玉环市税务局补征相关村和企业税款179.48万元并将全市村集体房产出租收入纳入征管范围，市农业农村和水利局出台制度加强村级财务人员管理。通过“同级审+”方式，将农民工工资保证金政策、就业补贴政策等落实情况与财政同级审有机结合，达到信息成果共享、提高审计效能的目标。采取“三合一”审计方式将龙溪镇领导干部经济责任审计、自然资源责任审计、2019年财政决算审计整合，减轻被审计单位负担。

科技强审强动力。构建大数据审计工作模式，提高审计能力、质量和效率，扩大审计监督的广度和深度。在财政同级审中编写的《追加预算指标执行率分析》《预算单位支出均衡性分析》等财政大数据审计分析模型，提高审计效率。在自然资源资产审计中，利用专用软件工具对各部门的地理空间数据库和关系数据库数据进行比对分析，审查土地、林地、水源保护区等资源的开发利用情况，报送的《巧用数字技术破解自然资源审计“最后一公里”》案例获评省优秀大数据审计案例。

部门联动聚合力。坚持利用审计整改督查系统，实行审计整改“挂销号”制度，实现审计整改规范化、动态化、精细化管理。2019年审计整改情况首次纳入对乡镇、部门党风廉政建设考核内容，营造全市下上合力促审计整改工作的良好氛围。通过对2018年移送问题线索的跟进，1名科级以下人员受到政务警告处分。

【内部审计】　全年组织内审人员继续教育4批126人次，进行内审工作研讨3次。联合市教育局、市卫计局、市国投公司三个单位同步开展三公经费专项审计调查，对41个预算单位2018年度的公务支出公款消费情况进行审计，有力推进审计监督全覆盖。

（刘　霞）

统　计

【统计网络】深入推进全员统计工作体系建设，进一步完善统计网格化管理工作制度，建立部门、乡镇（街道）、村（社区）“三级网格化”统计管理体系，修订统计单位规范化建设标准，理清各部门、乡镇（街道）主要负责人、统计分管领导、网格负责人、驻村干部、统计人员，以及企业各层级领导、统计人员的责任清单89条。理顺各级网络的日常工作责任关系，搭建信息沟通渠道，着手编印《全员统计工作联络通讯录》《统计工作任务清单》，不断夯实统计基层基础建设。

【统计制度】坚持以制度建设促进规范管理，注重建立防范和惩治统计造假长效机制，11月，制定出台《玉环市统计局防范和惩治统计造假弄虚作假责任制实施办法》，建立数据生产全过程质量管理责任制和问责制，单位主要负责人负第一责任、班子成员负主体责任、各专业负责人和从事具体工作人员负直接责任，并逐项细化专业统计数据质量评估流程，为提高统计数据质量提供机制保障。

【统计调查】 按照国家现行统计制度规定，全面完成农业、工业、建筑业、投资、贸易、服务业、房地产业、科技、能源和国民经济核算等各项常规统计调查，高质量完成各项统计报表任务。完成城乡住户调查、规模以下工业抽样调查、畜禽监测抽样调查、工业品价格调查、月度劳动力调查等多项调查任务。在统计调查中严把源头数据质量，确保数据有理有据。

【统计预测分析】 持续加强对GDP、工业、服务业、投资、城乡居民收入等重点指标的跟踪监测，及时进行统计数据跟踪、比对、分析，全面、准确、客观地判断经济运行态势，为党委政府掌握玉环经济发展趋势、进行决策部署提供翔实的数据依据。2019年，完成课题6篇，统计分析21篇、每日要讯52篇，统计政务信息156篇，统计专报2篇并均获党委政府主要批示。

【统计信息发布】 严格执行数据对外发布的相关制度，促进门户网站信息发布工作的规范化和制度化，做到信息内容实时更新、数据发布及时有效。2019年，在政务信息公开网、统计局内网、微信公众号等平台发布各类信息149条。同时，及时完成《2018年度玉环统计年鉴》《2018年玉环简明统计资料》的编印出版工作，按时发布统计公报，每月定期印发统计信息卡片，为党政领导和社会公众及时了解社会经济发展现状提供更方便的统计资料。

【数据质量管理】 落实统计数据质量管控机制，强化专业统计数据质量评估，不断完善数据收集、台账建立和资料审核等操作流程，加大对重点调查指标的审核及逻辑平衡关系审核，做到"即报即审"，确保原始统计资料的真实、准确、完整。全年对200余家重点企业开展数据质量核查，对数据存在较大差异的企业跟进开展执法检查，切实提升统计调查对象依法统计意识。2019年，执法大队检查企业46家，立案21家，行政处罚21家，罚款总金额3.5万元。

【统计队伍建设】 进一步夯实统计基层基础建设，不断加大基层统计队伍建设力度。深入开展"服务基层大走访"活动，深入乡镇(街道)统计中心和企业开展指导服务，2019年，各专业累计走访企业150余家，投资项目45家，帮助解决统计工作难题300余条。另一方面，按照年度业务学习培训计划，针对不同专业、不同对象等分门别类、各有侧重地开展业务培训，开展业务培训28次，有效提升基层统计人员数据采集能力和数据直报能力。

(应谷一)

市场监督管理

【"最多跑一次"改革】 市市场监督管理局落实"一日办结"，设立帮办咨询"大综窗"，涵盖全部51个登记事项，实现常态化企业开办仅需7小时。落实电子化申报，开通网上申报"绿色通道"，设立6家营业执照代办点，配备"最多跑一次"自助服务终端，2019年度全市企业设立网办率86.6%。落实住所承诺制，推出住所自主申报负面清单，企业群众回访满意率98.3%。

【三强一制造建设工作】 深化质量提升行动，举办"质造玉环·智领湾区"产业高质量发展论坛，2019年，新增"浙江制造"认证企业7家，制定并发布"浙江制造"标准10项，累计居台州首位，获评"浙江制造"品牌培育工作优秀单位。开展千百万对标达标工作，形成对标结果90条、对标方案6个。完成国家级《居住出租房屋"旅馆化"管理服务业》标准化试点项目中期评估及省级

《海捕虾全产业链水产品溯源》标准化试点项目申报。

【小微企业三年成长计划工作】 2019年，新增小微企业2760家，引导和支持“个转企”263家。成立全市首个商圈党支部“玉环吾悦商圈党支部”和台州市首个骑手临时党支部。成立跨境电商联合办公中心、亿工场跨境电商产业园，入驻企业570余家，楚洲人才梦工场先后获评省级中小企业服务平台、省级优秀众创空间、国家级众创空间等称号。推动“小微企业云平台信用宝”“小微网贷”全面对接支持小微企业，全年新增小微贷款1.8亿元，办理商标权、股权、动产质押抵押金额11.1亿元。

【知识产权服务与保护工作】 2019年，PCT国际专利申请量40件，位列台州首位；商标注册申请3175件，注册公告3477件，有效发明专利拥有量1520件，新增企业知识产权贯标认证8家，25家规上企业建立知识产权管理机构。浙江苏泊尔股份有限公司、琦星智能科技有限公司、浙江沪龙科技股份有限公司三家企业成功入选2019年度国家知识产权优势企业，上榜数量位居台州首位。成功培育“定海针”水产品及“龙额”火山茶2家重点农产品品牌企业及“干江盘菜”地理标志商标（产品）1件。严厉查处“红牛”饮料、“科罗娜”啤酒等商标侵权假冒案件23件，其中团伙型犯罪3起，移送公安机关6起，刑拘15人，涉案物品货值超2千万元；联合公安在江苏徐州捣毁假冒苏泊尔厨具产品销售窝点，当场查获假冒苏泊尔厨具产品4000多件，涉案金额10余万元，刑拘3人；开展春秋两季地理标志产品保护专项执法行动，保护和宣传本地“玉环文旦”等地理标志证明商标产品。

【质量安全监管工作】 食品安全监管不断创新，推出“红黑榜”机制，首创食品安全抽检闭环管理模式。开展网络订餐“线上线下一体化”监管，全年关停、下线、取缔106家。网络订餐整治工作被台州市市场监管局推荐申报全省市场监管系统创新项目。推进“阳光厨房”建设，2019年，新增403家、累计建成633家，其中学校、幼儿园食堂实现全覆盖。完成农村家宴放心厨房建设7家，省级名特优食品作坊5家，亮化达标食品小微企业6家，全市基层食安办规范化创建达100%。查处食品案件135起，罚没款465多万元，公安立案18起，刑拘29人，其中查处的翀源公司保健品虚假宣传案，开出近年来最大罚单299万元，被国家市场监管总局列为联合整治“保健”市场乱象百日行动和反不正当竞争执法重点行动典型案例。开展假冒伪劣食品专项整治行动，刑拘犯罪嫌疑人13人，查获涉案食品货值近1620万元。药品安全监管日益完善，2019年，报送药械不良反应监测报告419例，指导浙江海昌药业顺利通过GMP认证，3家四级监管医疗器械生产企业顺利通过省级飞检；启动“送药上山进岛”便民服务项目建设，建成海山乡茅坦岛服务站、沙门镇乌岩村服务站等5个站点。在全市率先制定《区域块状产业质量安全风险排查工作方案》，开展重点工业品质量安全专项整治行动和特种设备专项整治专项执法行动。

【市场秩序整顿】 2019年，查处办理各类案件423件，其中大要案186件，移送公安机关刑事立案21件，罚没款计1005.26余万元。

开展滥用行政权力排除、限制市场准入和违规排除、限制民营经济公平竞争行动专项整治。扎实推进价格监管和反不正当竞争执法，设立10家全省涉企收费监测点，对教育、农水、住建、交通、公共资源交易中心等五个单位开展涉企收费专项检查，清退违规金额2073.72万元，降低收费标准后涉及相关金额约100余万元。

开展转供电收费行为、公立医疗机构收费专

项检查,全市31家转供电主体清退多收价款32.47万元,3家市属公立医院清退中药饮片多收价款111.17万元。

开展商业秘密保护省级示范点培育工作,迈得医疗工业设备股份有限公司获评省级商业秘密保护示范点。

强化广告导向监管,开展各大购物节、文化艺术培训机构、在线教育微信公众号、青少年视力矫正经营机构等定向监测,全年线上检查网站网店1344个,实地检查网站网店288个,监测广告5531条,约谈电商经营者107家,督促网络交易平台删除违法商品信息78条,责令整改40家,责令停止服务3家。

全面推进市场监管领域"双随机、一公开"抽查,实现全程无纸化和电子化管理,抽查市场主体2442家,抽查结果公示率100%,清理长期未经营企业公告2236家,依职权注销个体工商户2670家。

【民生实事项目】 2019年,接到投诉举报1576件,诉转案34件,有效处理率100%,接受各类咨询4213件,行政调解、消费维权率98%,办理诉调对接61件。成功培育放心工厂180家,放心餐饮30家,无理由退货消费示范商店155家。创新开展"放心消费维权大讲堂""放心消费送影下乡"活动,助推沙门镇水桶岙村成为台州市首个启动放心消费乡村建设的试点村。深化"百千万"美丽消费示范工程创建工作,成功创建3家示范商场并通过市局验收。

(林　君)

出入境边防检查

【口岸辖区连续九年安全稳定】 夯基础强协作,织密口岸"防护网"。全面围绕"捍卫2019"系列专项行动、70周年大庆安保这一主线,深入开展口岸大走访活动,整理完善6万多字的口岸基础信息数据库;先后派员4次实地考察大麦屿港务公司五万吨级码头设施设备,2次召开码头建设协调会,2次书面反馈意见建议,指导口岸建设;推进码头执勤点、泊位视频监控系统高清数字化改造,优化监控布点,实现在港船舶、巡查监护、处置突发事件的"360度"监控和"24小时"防控;推动建立《大麦屿港口岸查验单位合作备忘录》,推行"联动服务'一站式'通关"模式和海上联合巡查机制,邀请口岸联检单位、涉港部门及涉外企业召开"警地合力·共筑平安"口岸维稳管控工作推进会,完善警企联动协作机制,形成多方参与的口岸社会化管控格局。联合海事、海关、公安等六家单位开展口岸联合演练,查获违法违规案件4起。

促改革优服务,深化边检"放管服"。主动融入玉环市"海湾城市"港口经济、旅游经济建设目标,推出7×24小时行政手续单证审核和预约查验制度,保证船舶随到随检,证件手续随到随办;全面深化国际贸易"单一窗口"应用,实现船舶入出境通关"最多跑一次"的目标;开辟"绿色速航通道",让鲜活产品船舶、急需救助船舶零等待通关,为企业节约大量成本支出。2019年年初,边检站连夜为2名缅甸籍海上获救船员办理紧急临时入境并帮助其顺利回国的事件得到央视、台州电视台等新闻媒体的广泛报道,得到市委市政府和口岸相关单位的一致好评。发挥对台交流桥头堡作用,成立对台直航工作办公室,设立对台交流活动人员专用通道,优化手续办理流程为两岸交流提供"一证式"证件办理,在全省率先将台湾旅客纳入30分钟通关对象,完成"台湾单车天使神州圆梦公益之旅""2019玉环·台湾大学生实习营""海上直航十周年" 等8项对台专项勤务保障任务。自对台海上直航开通以来,累计服务两岸同胞超20万人次。省台办副主任何永明、台州市委统战部长单坚、台州市副市长林先华、台湾南投县县长林明溱等领导先后到该站执勤现场调研指导时，对该站将30分钟通关对象扩大到台湾居民等服务举措，给予高度评价。

挖潜力建平台，全警实战“练尖兵”。以《边检机关全能型检查员能力标准》为指引，以总站“大调研大培训大比武”和“三学三考三评”活动为抓手，科学制定拟招录民警培训、全能型检查员培训、“全员学外语能力大提升” 三年行动第一阶段方案，分层次抓好站领导、科(队)领导、检查员、机关检查员、拟招录民警等人员的学习培训；通过“走出去”与“请进来”相结合的方式，选派民警到玉环市公安局开展跨警种跟班学习，提升口岸情报信息搜集能力，搭建“开放式”培训平台，邀请市公安局优秀教员、外聘英语教员来站授课，拓宽培训宽度和深度。全年组织开展业务授课140余课时，邀请4位专家骨干到站授课。在34名民警中，26名具备旅检和货验放能力，占比76.5%，1名入选总站人才库，队伍专业素质得到全面提升。

【队伍管理教育更加规范严整】 规范队伍作风养成。深入贯彻落实习近平总书记在全国公安工作会议上的重要讲话精神，按照“四个铁一般”的标准，以点带面强化队伍作风养成，提升队伍正规化管理水平。扎实开展“风险隐患大排查大整改”“百日安全无事故”“内务规定学习月”等活动，紧盯“人、车、枪、酒、密”等重点环节，建立“一对一”三级排查表，深化安全管理机制，扎实做好安全管理。全面深入学习《国家移民管理机构内务管理规定(试行)》等条令法规，狠抓管理规范化，对照《规定》要求，一条条抓规范，一项项抓落实，提升民警条令规范和遵章守纪意识。严格规范执行人员请销假、教育签到、补课等制度，明确固定责任人，确保上级精神传达至每名民警，保证“人员、时间、内容、效果”四落实。

常态督导跟踪问效。坚持问题导向和底线思维，贯彻执行总站进一步加强队伍管理教育工作的通知要求，全面落实“两个规定”，扎紧扎密制度笼子，集中开展“两会”安保、国庆70周年活动安保、第二届中国国际进口博览会安保、节假日、转改民警随岗实践期间等重点时期的专项督察和条令执行、作风养成、警容风纪、一日生活制度等日常督察，跟踪问题整改落实，提升队伍正规化建设水平，确保队伍安全稳定。

紧盯问题整改落实。深入推进违规公寓住房集中排查、违规参与经营、利用名贵特产资源牟取私利和“两个整治”等活动，该站无民警职工涉及此类问题。探索建立纪检“三三三”制，充分发挥纪委成员、纪检联络员、信息员的作用，刚性落实纪委成员包干到科队，切实达到精准排查、精准评估、精准消患“三个目的”，既延伸管理触角，又扩展信息来源。建设监督执纪“第一种形态”处置相关办法。将民警思想反映、日常表现、执勤执法、落实制度等方面细化，落实了记分、警示谈话、通报批评三级处置，做到“咬耳扯袖、红脸出汗”成为常态。围绕该站一起违规使用数字证书查询事件，研究制定教育引导、规范管理、明确责任监管、查摆剖析等4项举措，对违纪人员追究政务警告一人次，追究领导责任，诫勉谈话一人次，有效警醒队伍。

（大麦屿出入境边防检查站）

住房城乡建设

【农村生活污水建设】 按照《农村生活污水处理设施标准化运维评价标准》，严格把握标准化运维评价质量标准化，按照企业自评、乡镇复评、主管部门抽评的评价流程，落实“五位一体”运维管理职责，提高农村生活污水处理设施运维水平，鼓励推进其他设施的标准化运维，完成标准化运维任务20个，完成率100%。荣获浙江省农村生活污水运维工作优秀市。

【美丽乡村建设】 推进乡村振兴战略，以点带面打造美丽乡村。大力推进村庄资源共享、项目共建，推动新时代美丽乡村以点带面，连线成片，建设美丽宜居示范村3个。沙门镇水桶岙村通过省级验收，其中芦浦芦北村启动建设，礁西村、龙联村成功申报省级美丽宜居示范村启动白马岙村、炮台村国家级传统村落建设，高水平提升农村人居环境。完成10场村镇建设技术指导、政策宣讲等内容进农村文化大礼堂活动，完成“四万工程”宣讲活动。

【建筑业管理】 结合“平安护航新中国成立70周年”，重点加强建筑工程质量安全监管，对357个在建工地实施高、频、密检查，累计出动巡查人员1980人次，检查建筑工程1071个次，发出隐患整改通知书75份、停工通知书30份，督促各方责任主体单位及时整改到位，总计排查落实隐患整改1.5万余项。

【民生保障】 住房保障工作扎实推进，完成龙溪一期保障房分配，解决82户中低收入家庭住房问题；完成环湖小区整体改造，制定住房分配方案；完成楚门一期保障房申请对象的部门联审。开展全市危旧房治理改造，1996年以前的3605幢、163.52万平方米城镇老旧房屋全部纳入保险，新增的20户农村危旧房全部完成解危。

【园林绿化建设】 完成庆澜河绿道、楚门塘洋河绿道等10公里绿道项目建设；完成车站南路道路绿化、华鸿嘉园、新吾悦公馆、鲤鱼山公园等10公顷绿地建设；完成水之斑块等海绵城市创建；创建1个优质综合公园、1条绿化美化示范路，3个园林式居住区，3个园林式单位。

【工程建设】 牵头负责玉环新城体育中心项目、市中等职业技术学校迁建项目、市人民医院改扩建项目、市档案馆新馆项目等市重点工程，累计完成投资9.16亿元，其中市档案馆新馆项目完成竣工验收，其余项目按序时进度有序推进。

【营商服务】 贯彻落实“最多跑一次”改革、工程建设项目审批制度改革深化落地，行政审批事项全面梳理86项，结合“八统一”要求，同步完成线上线下“跑一次”指南及办理流程信息更新公布，全年，窗口接办受理事项1216件，许可面积278万平方米，按时办结率100%。

【房地产业管理】 全年实现商品房销售1722套、面积24.36万平方米，住宅库存1624套、面积25.95万平方米，消化周期12个月。同时，对华鸿、龙溪首府、御龙庄三个涉稳项目实施防控化解措施，坚决制止“房闹”，维护社会稳定。

（市住房和城乡建设局）

城市管理

【“三改一拆”行动】 全面推进存量违建处置，提速老旧工业点拆后重建。先后开展饮用水源保护区违建、道路两侧非法户外广告等专项整治行动，累计拆违264.05万平方米，完成“三改”91.12万平方米，拆后土地利用率82.44%。全市59个老旧工业点开工建设43个，其中22个已出形象。台州市老旧工业点区块改造暨“十大示范点”创建工作现场会在玉环市召开；相关经验做法获副省长高兴夫批示肯定。

持续开展“四边三化”行动，启动省“无违建市”创建工作。聚焦“十大类”问题，全面排查并整治省级问题点位10处、市级问题点位55处，整治率均100%。先后被评为2018年度浙江省“四边三化”行动优胜单位、第三批“四好农村路”省级示范县；修订《玉环市违法建筑处置意见》，实现“基本无违建乡镇（街道）”全覆盖。“三改一拆”工作获市对县年度考核“优秀”等次。

【其他类“污水零直排区”建设】 实施专班攻坚，全域开展其他类污染源的摸底排查、技术服务指导和季督查通报，制定“一店一档一策”。累计排摸污染源3548家，整改率98.68%，其中2808家“六小行业”全部完成整改，基本实现“三年任务两年完成”目标。引进专业运维公司，分片区、分阶段、分周期实施“六小行业”隔油池市场化有偿运维服务。负责的点位在台州市“污水零直排区”建设现场推进会上进行典型展示。

【高层建筑消防整治铁拳行动】 顺利完成市委常委会交办的欧洲花园小区专项整治任务，落实乡镇（街道）、中队、社区、物业服务企业四级管理职责，规范消防设施维修资金应急维修程序。同时，继续以“周二消防隐患集中整治日”活动为载体，实施“回头看”检查和分类分级挂牌整治，全面实现全市113家344幢高层建筑消防安全的“常态严管”。全市高层建筑消防设施完好率95.38%，消防远程监控系统联网率、微型消防站建成率及消防安全经理人或楼长配置率均100%。

【市容环境综合治理】 坚持“一月一主题、一周一行动”，实施“五定”工作法，全面落实“门庭三包六清”责任；运用“监控+喊话”执法新模式，靶向治理市容“乱象”和“顽疾”，助力玉环市顺利通过“创国卫”省级考核和国家暗访。累计取缔乱堆物32000余起、乱摆摊29000余处、乱搭建300余处，拆除无主广告、灯箱广告、横幅等5500余处；全年市容类立案615件，均办结，同比增长215.38%。

【城市管理委员会运作】 做实业务督查考核，制定《玉环市城市精细化管理提升年活动方案》《玉环市背街小巷、房前屋后及城乡结合部环境整治方案》《玉环市城市精细化管理示范路创建工作实施方案》《玉环市城市道路 “桥头跳”“窨井跳”专项整治行动方案》等文件，开展现场管控成效督查28次，其中对物业管理、“创国卫”、示范街创建等工作进行专项督查5次，发现并整改问题点位1141个。做优“五大精品工程”，实行月报送制度，全程跟踪进度，一个背街小巷和老旧小区改造精品工程、一个山水景观精品工程、一个城市公共空间精品工程，一个城市门户廊道精品工程及主次街(路)精品工程均完工。用好智慧城管平台，受理数字城管案件59824件，按期结案率98.3%，结案率99.77%；110社会应急联动工作平台受理159起，签收率和办结率均100%。

【行业管理】 物业行业：紧盯“1119”行动目标，规范物业维修资金管理，推广物业信息化平台应用，全市物业住宅小区业委会成立率91.04%、信息化管理覆盖面100%，对物业服务企业信用考评率100%；推进“红色物业”建设，创建华鸿嘉园、绿地一品等“红色物业”示范小区10个，成立物业服务行业综合党委和物业服务企业党支部2个。

环卫行业：全面排查建筑工地底数，实行建筑垃圾运输企业和消纳企业备案及信用考核制度；推进建筑垃圾专项整治行动，立案查处乱倒建筑垃圾、建筑泥浆案件150起，累计处罚金额80.1万元；推进建筑垃圾和建筑泥浆资源化处置中心建设，集中固化建筑泥浆56000余立方米。

燃气行业：加强对全市5家燃气企业、10个瓶装燃气配送点、14个管道燃气场站、282名送气工的安全监管；实行瓶装燃气12分制记分管理，全面开展城镇燃气领域隐患大排查、执法大检查专项行动，查扣各类钢瓶960只，立案17起。

市政行业：通过“常规管养+定期检测”，对管辖范围内的40座桥梁进行维修和护栏加固，修复城区道路6603.33平方米、人行道8062.13平方米；14座桥梁22处“桥头跳”隐患和260个“窨井跳”隐患均整改到位。

【城区生活垃圾分类】 全域铺开城区生活垃圾分类工作，推进“四分三化”体系建设，加大宣教、指导、督查、执法力度，自制《玉环市餐饮业垃圾分类执法整治行动告知书》，特色化开展垃圾分类主题宣传活动80余次，对各机关企事业单位及垃圾分类示范点开展督查30余次。城区生活垃圾收集覆盖率90.49%，无害化处理率100%。

【交通治堵】 全面铺开城区公共自行车“共享单车”模式改造，推出扫码骑车、一图导航等功能，玉城、坎门和大麦屿3个街道范围内建有虚拟桩位站点452个，投用公共自行车3530辆，均实现支付宝扫码；科学施划人行道停车位，城区停车位差异化收费比例达52.66%；自主研发“玉环停车指南”小程序，开通“玉环智能泊车”微信公众号缴费查询功能，催缴欠费智能泊车13921辆，59.58万元。

【“最多跑一次”改革】 严格落实省“八统一”要求，推进业务办理标准化，实现所有事项标准化全覆盖；全面梳理证明材料，推行信用承诺制审批机制，助力“无证明城市”创建；推出容缺预审服务，先行容缺办理21件，实现审批事项100%应用守信容缺受理类承诺，国有土地上房屋装修备案实现“一证通办”。累计办结“最多跑一次”审批件1283件，其中“零次跑”办结审批720余件。

【信访工作】 建立“简单信访马上办、一般信访快速办、疑难信访包案办”工作机制，实施定领导责任、定承办责任、定回访责任的“三定”管理，试行阳光执法投诉处置“掌上通”，深化“开门纳谏”信访恳谈活动，有效化解疑难信访积案。累计受理信访投诉1293件，办结率100%，满意率98.95%。

【文明规范公正基层队所建设】 按照“三年创建任务两年完成”目标，推进文明规范公正基层队所和“最佳实践”创建。将新招录的10名公务员全部分配至中队，并聘用一批协管员进行添齐配强；建立健全中队管理制度，完善执法工作机制；改造提升办公环境，配置高拍仪、笔记本电脑等网上办案设备和对讲机、执法记录仪等执法装备。12月12—13日，承办全省文明规范公正基层队所建设现场推进会，并在会上作典型发言。玉城中队、楚门中队获评台州市综合行政执法系统2019年度中队规范化建设考核优秀单位。

（潘胜燕）

城市更新与发展

【概况】 市老城改造指挥部成立于2012年4月27日，2019年8月27日更名为玉环市城市更新与发展中心，为市政府直属全额拨款公益一类事业单位，负责协调、指导玉城、坎门、大麦屿街道辖区及相关部门的老城改造工作，建设玉环特色的新型城市。内设办公室（财务室）、政策处理科（协调联系科）、规划发展科、工程管理科、珠港大道建设办公室等5个职能科室，受市政府委托管理玉环市老城改造投资有限公司。

【规划编制】 委托编制《玉环市玉城片区老城改造总体策划》《玉环市城市有机更新专项规划》《玉环市主城区未来社区总体策划》以及工程项目等城市更新规划，系统谋划玉环城市有机更新的定位、战略和途径。制定并提请市政府出台《玉环市城市有机更新三年行动实施方案》，按照“一年破题、两年见效、三年蝶变”的目标，全面铺开城市有机更新。

【政策完善】 制定《玉环市城市规划区国有土地上房屋征收补偿办法》《玉环市城市规划区集体土地上房屋征收补偿办法》《玉环市城市规划区工业用地房屋征收补偿办法》，规范玉环市房屋征收与补偿活动，维护公共利益，保障被征收房屋所有权人的合法权益。

【项目攻坚】 以西青老街及周边等八大区块作为首轮城市有机更新重点项目，在市委市政府的领导下，实行“一个重点区块、一名市领导、一名直接责任人、一个工作专班”的责任包干制度进行集中攻坚。完成西青老街及周边项目改造意向调查、设计方案编制和社会稳定风险评估。完成三潭路两侧（南山村）项目规划设计方案编制、征收补偿方案初稿拟定。完成三合潭工业区三期项目征收补偿方案初稿拟定。完成前后塘垟区块项目改造意向调查。完成塘里村及周边项目安置区块征拆工作并启动建设，拆除建筑面积约9000平方米，启动第二批区块签约工作。完成榴岛大道与珠港大道交叉区块项目改造意向调查、企业调查摸底、房产地籍资料收集和评估外业调查。完成大麦屿社区二期签约129户，签约率85.4%，房屋拆除60户，拆除建筑面积9300平方米。完成铁龙头工业区改造意向调查。完成坎门东风工业区项目民房评估和47家企业签约，签约率70%。

【城中村改造】 全部完成12个城中村改造项目任务，考核完成率100%，拆除户数2012户，拆除建筑面积284679平方米，完成投资额9.042亿元。安置房建设项目新开工5个，续建3个，续建项目结顶验收。

【工程建设】 12月5日，上段村22号区块完成出让，由常州世贸房地产有限公司以115300万元的价格摘牌。城区60号地块华鸿幼儿园项目进行竣工验收。龙门路东段道路排水工程完工通车，龙门路西段道路排水桥梁工程完成立项和施工图设计。6月,珠港大道建设工程完成竣工验收。

(余姝谚)

市城建集团

【工程建设全速推进】 市城建集团围绕中心工作,全年"挂图作战"实施新建、续建重点工程30项,协同政策处理、征地拆迁完成12万平方米,建设资金投入4.7亿元。台州市南部湾区引水工程、市人民医院改扩建、大麦屿高山供水及亚海水淡化工程进展顺利,城区7号地块改造前期加速推进;全市废弃矿山综合整治基本完成;城区"污水零直排区"创建进程过半,城北一级污水主干管道完成建设;玉兴东路隧道开工建设,榴岛大道建筑景观风貌、泰安路与三潭路大剧院交叉口完成改造,经八路、车站南路延伸段建成通车,停车泊位新增218个,全市首座人行天桥实现投用。

【经营能力明显增强】 围绕全市发展大局,主动加强银企对接,融资能力切实加强。全年争得融资授信20.1亿元,实现资金筹集15.7亿元(其中,银行放贷资金10.5亿元、地方政府债资金1.5亿元、企业债资金2.7亿元、项目融资1亿元),为城市建设事业发展和全市重点项目建设,提供有力资金保障。开展楚门蒲田、丁岙、筠岗老旧工业点改造投资试点,经营业绩稳步改善。玉环总部回归园、解放塘农场四大队和坎门海都花园西侧地块招拍成交3.27亿元,市得土地出让金收益稳步增长。李家小区闲置资产拍卖回笼资金361万元,低效资产资金收入302万元,存量资产有序盘活。全市供水、建设工程质量检测、城市市容环卫、管网建设、智能泊车、城区果蔬批发市场、楚门商展中心经营业务保持稳定,主业营收有效加强。

【优化重组稳步开展】 按照"先易后难,先急后缓"的原则,循序渐进开展资产移交、人员划转、股权变更等优化重组工作,完善法人治理结构,推进国有投融资平台转型。下属市装饰材料市场、商展中心、房地产交易中心、水利水电服务和茅埏潮汐发电等5家子公司完成撤并,市城中开发、后沙建设公司资产清算有序推进,组建成立市房地产开发公司,完成16家子公司的出资人变更。科学分类梳理21家子公司管理模式,12家子公司列入紧密型管理对象,9家子公司实行松散型管理。结合业务发展,优化调整内设机构,完成集团总部"一室六部"搭建,初步实现市场化运营企业定责、定岗、定员。委托国内顶级咨询企业上海华彩集团,启动集团战略规划设计,为推动城建集团加快转型升级、实现高质量发展描绘新蓝图。

(郑李应)

台州市住房公积金管理中心玉环分中心

【业务运行状况】 截至2019年年底,全市公积金实缴单位1436家,正常缴存住房公积金总人数37587人,净增人数2322人,净增家数216家;归集住房公积金76396.29万元,累计归集总额528676.30万元,住房公积金归集余额224170.02万元;因购建房、退休、还贷提取等提取住房公积金50450万元,全市累计提取使用住房公积金304506.28万元;发放住房公积金贷款1072笔39584.60万元,全市住房公积金贷款余额198720.59万元,存贷比率88.65%。住房公积金贷款逾期额53.08万元,逾期率0.027%;住房公积金增值收益35142457.54元。按规定提取60%贷款风险准备金21085474.52元,提取中心管理费用4261667.86元,提取廉租住房建设补充资金9795315.16元。

【多措并举促扩面】 加大政策宣传力度。构建多元化的宣传体系，通过报刊、电视、网络等媒介，宣传住房公积金惠民政策，深入玉环公园、吾悦广场、进企业玉环巨星机床厂、净化集团等现场宣传、解读政策，普及公积金法规制度，利用公共自行车亭、车身广告位宣传公积金政策，共同营造良好的舆论氛围，扩大社会影响力；上门做好制度推广工作。梳理目标企业名单，班子成员带领进企业做好制度推广工作，通过带政策上门，送服务上门，与企业主开展交心谈心活动，促使其建立住房公积金制度；建立部门联动机制。加强与经贸、社保等部门的协调沟通，建立信息数据联动共享机制，借助银行开户登记信息、社保部门的职工参保信息，动态掌握全市应建未建单位，及时跟进催进建缴；完善激励机制。强化对受托银行的归集业务指标考核，完善银行扩面考核存款奖励办法，定期通报银行公积金业务开展情况，调动银行征缴工作的积极性和主动性，保证扩面效果。

【规范制度建设防风险】 健全完善制度机制，修改完善《住房公积金岗位风险防控机制》《住房公积金内控制度》，强化责任追究，建立长效机制。加强住房公积金提取管理，进一步健全完善提取业务“一证通办”、电子影像系统程序，完善提取业务事后监督制度，事前入口审核，即时拍照存档，事后稽核跟进的管理模式，杜绝套取住房公积金现象。根据扫黑除恶的要求，加强部门协作，联合打黑办、公安部门做好有关线索的移交工作，充分发挥跨部门联合执法的威慑作用；同时持续开展打击骗提骗贷工作。2019年，开展对骗提人听证会、发律师函、上门催收等各种举措，追回骗提资金。

【规范资金监管保合规】 加强贷款楼盘管理，对新申请合作的楼盘，严格审查其资金运行情况，查阅公司历年的资产负债表、开发企业征信、建设审批手续、项目推进等方面进行调查，依据调查事实出具报告，由主任会议集体讨论合作结果；对已合作的楼盘，组织审查小组实地走访，考察其结顶楼盘，及时掌握可能出现的风险情况。同时不断加强与市房地产交易监管中心信息交互，强化签约楼盘项目跟踪管控，及时掌握开发商项目建设和监管账户情况，有效规避开发项目烂尾风险；强化贷后联防。持续跟踪每月定期与不定期催收，加强逾期贷款监控，落实逾期贷款月度通报制度，开展专项业务检查，着力提高个贷催收、立案移交、强制执行工作实效，督促借款人按时履行还款义务，保障资金安全回收。落实内审监管，消除潜在风险。持续创新内部稽核审计工作方式，瞄准提取等风险高发点和网厅新增开户等新兴业务风险点，多点突破，开展各类业务合规性和经费管理专项审计，结合业务运行情况，不断扩展审计范围，力求做到全覆盖、严把关、零死角，以内审促规范防风险。

【减证便民增力度】 深入落实市中心各项规定要求，全面推广容缺受理，减免提取单证明等业务凭证，力求材料更简、门槛更低。落实“无证明城市”创建，借助一证通办共享系统、部门间核查长三角协查系统等平台，避免办事企业和职工在部门间“多头跑”。落实公积金贷款“一件事”办理，与不动产登记部门联合办理，建立贷款审批、抵押登记一体化的工作流程，减少办事环节，优化办理流程，实现职工办理公积金贷款“只进一扇门、只收一套材料、一站式办结、最多跑一次”。在推进“百千万”专项行动及“深化三服务、办好三件事”方面，玉环分中心统筹安排11个事项进驻乡镇（街道）便民服务中心，以授权、委托方式进行办理。10月25日，中心初步对接完所有乡镇（街道）便民服务中心联络员。11月上旬，公积金中心开展对乡镇（街道）便民服务中心工作人员的业务培训，同时发放事项指南文本，明确业务办理事项名称、办理条件及所需资料，便于参训人能更快更好地学习掌握。其中，楚门便民服务中心作为一个重点乡镇网点，玉环分中心申请电信公司通专线至楚门，楚门便民中心开始试运行。通过公积金事项下延到乡镇（街道）办理，让企业、群众更加便利地办理公积金业务，做到少跑腿、不跑腿，实现对企业和群众办事服务“零距离”。

【线上平台扩维度】 2019年，依托浙江政务服务网、“浙里办”App、“台州住房公积金”微信公众号和网上办事大厅，住房公积金缴存、提取、贷款等全部30个办事事项网上可以办理。将更多线下业务引入网上办理，切实提高“零跑腿”业务率。

【线下服务升温度】 持续推进大厅服务标准化、规范化建设，不断细化服务标准，开展政策法规、办事流程、服务礼仪等系统化培训，做到统筹有规划、推进有章法、结果有考察，切实提高一线窗口业务技能。在窗口、公积金网点培养选树服务标兵，鼓励一线人员向身边的榜样学习看齐，以点带面发挥典型示范作用。树牢“店小二”意识，深入推进“一次办好”改革。常态化开展服务督导检查，建立服务回访制度，对窗口柜面、电话、线上等渠道提供的公积金服务进行专题回访，充分发挥评价反馈的激励约束作用，通过广大职工的反馈和监督，把群众满意与否作为工作的出发点和落脚点，进一步改进作风，规范服务，提升社会满意度。在工作日还提供午间值班服务和未结事项延时服务，在双休日针对贷款受理等事项业务提供预约服务，努力做到办事时间零断档，优化服务零空档；同时推进窗口服务前移，主动上门到浙江正裕有限公司、双环传动有限公司等企业为职工现场办理业务和政策宣传，增强便民利民成效。

（季　节）

供　电

【概况】 2019年，国网浙江玉环市供电有限公司完成固定资产投资2.17亿元，全社会用电量47.17亿千瓦时，同比增长0.12%；完成售电量45.93亿千瓦时，同比增长1.38%；实现营业收入28.82亿元，同比增长1.68%；实现利润1484.97万元，资产总额9.13亿元，资产负债率32.69%；全员劳动生产率100.02万元/人·年。

先后荣获浙江省防台救灾先进集体，浙江省“AA级守合同重信用”企业称号。省公司对标进步单位、抗击台风“利奇马”先进集体、配电自动化信息化先进集体、物资管理先进单位和台州市防台抢险救灾先进集体。调控中心获评国家电网有限公司先进班组，公司营业厅获评浙江省青年文明号，楚门所获评国网五星级供电所，环山所获评省公司五星级供电所，清港所获评省公司绩效管理标杆班组，营销部营业班和坎门所获评省公司四星级班组，团委获评省公司五有团支部称号。

【安全生产态势平稳】 主动联合政府部门，建立政企“5+5”工作机制，全面开展电气火灾隐患排查治理专项行动。扎实开展春秋季安全大检查，圆满完成各项保供电任务，2019年网络攻防演练实现“零攻破”。

编制印发2019年安全责任清单，明晰安全职责界面和责任分工。全方位推进隐患排查治理，开展“大巡查、大分析、大治理、大清障”专项行动。

8月10日凌晨1时45分，超强台风“利奇马”登陆温岭，造成玉环电网90%以上电力设施受损，2906个台区、20余万用户停电。玉环电力公司在全省各地支援下克服积水未退、树障倒伏、道路不畅、高温闷热等诸多困难，连续奋战5天5夜全面恢复全市供电，得到上级充分肯定和群众频频点赞。

高质量完成3个样板化变电站建设，新增2个变电站巡检机器人应用。提升带电作业能力，全年开展不停电作业1222次，同比提升54.5%，减少停电49948台区小时数，全年停电时户数由2018年的72334户下降至34938户。

【电网发展有序推进】 35千伏及以上电网布局规划通过政府批复，编制完成玉环市配网目标网架规划，三年储备项目达7.1亿元。

完成220千伏沙岙变3号主变扩建工程。投运110千伏徐都变、芦北临时变、湾海临时变，有效缓解局部地区供电紧张局面。开工建设500千伏麦屿变3号主变扩建、110千伏盐坑变、里黄变输变电工程，进一步增强玉环电网供电能力。

新建改造配网10千伏线路238.96公里，新增配变容量5.99万千伏安。投资1374万元，完成175台智能开关、196套故障指示器安装，架空线路配电自动化有效覆盖率83.54%。

扎实推进为民办实事项目服务乡村振兴，投资1021万元，提前完成中山村、苔山村等54个行政村电网升级改造，共计扩容变压器92台，更换绝缘线路45千米、集束导线183千米、电力电缆11千米、水泥杆342基，满足乡村日益增长用电需求。

【营销服务创新转型】 响应“最多跑一次”改革，主动融入“无证明城市”创建，创新开展优化电力营商环境“365”行动，取消36项办电证明材料、办电环节压缩至4个。业扩平均时长缩短至33.6个工作日，同比下降44.25%，相关工作得到玉环市委主要领导批示肯定。

主动服务小微企业，提前为14个拟投运小微园区编制“一园一案”供电方案，试点开展“专变改公变”、临时用电租赁，推行业扩代办和预约上门服务，为企业节约成本114万元。推动834户企业参与2019年电力直接交易，交易电量11.38亿千瓦时，全年减少企业用电成本3464.66万元。全面实现“降低一般工商业平均电价10%”目标，降低一般工商业及其他用电价格每千瓦时7.48分，全年累计为企业降低用电成本5251.94万元。

服务能源消费革命和清洁能源示范省创建，台州首个实现居民小区智能有序充电，完成芦浦停车区充电桩建设等57个电能替代项目，全年替代电量1.09亿千瓦时。推动社会节能项目46个，节约电量325.68万千瓦时，社会能源利用效率全面提升。

响应玉环市委、市政府号召，累计投资1.21亿元胜利完成中鹿岛通大网电工程，助力“中鹿岛渔业综合体”建设。快速推进蒲田小微园区综合能源合作项目，打造全省首个综合能源示范工程。

【“三个建设”持续深化】 深入学习习近平新时代中国特色社会主义思想和党的十九大精神，高质量开展“不忘初心、牢记使命”主题教育。全面实施“党建+”工程，开展“诚信为本·责任在我”主题行动。

启动“千户万灯”残疾人贫困户室内照明线路改造公益项目，组织红船党员服务队对市内32家残疾人、贫困户等困难群体提供免费室内用电线路改造服务，确保居民用电安全。

全面落实党建活力“四聚”工程，扎实开展“大学习、大调研、大讨论”活动，覆盖人员510人次。推进“旗帜领航·三年登高”，实施创先争优年行动计划，组织开展“传习讲堂”系列活动，完成10个党支部换届选举。深化“青安心”课题研究，组织开展青年员工大讲堂等活动。

推进"一所一主题"文化建设,"逴优""同善""峰屿""三合"等主题实践在基层站所落地生根。完成"浙电记忆"口述历史档案采访,编制出版《光明战歌》弘扬抗台精神,举办"同心同行 筑梦奋进"元宵主题游园等系列活动。《带电抢修电杆保障居民正常用电》等58条新闻在央视、《浙江日报》等主流媒体报道刊发。

(朱桂林)

市水务集团有限公司

【概况】 2019年,集团经营总收入1.8亿元,比2018年同期增加12.5%,其中售水收入1.08亿元,实现利润493万元,与2018年相比增加2025万元;供水总量为3283万吨,比2018年同期增加8.6%,其中境外1644万吨,境内1639万吨;售水量3011万吨,比2018年同期增加7.2%;水损率控制在8.3%;收费率99.9 %,出厂水质综合合格率为99.9%。

【安全稳定供水】 2019年,集团继续把保供水工作作为集团的中心工作来抓,按照"用足境外水,留好境内水"的总体调水方针,加强对境内外水资源的科学精准调度,有效应对原水突变等突发事件,保持全市正常稳定供水;在水质安全方面,继续加强对原水、出厂水理化指标和管网末梢水微生物指标的检测工作,委托有关单位完成水质106项全分析及42项常规全分析,确保玉环市的供水安全。

【项目建设取得新进展】 南部湾区引水工程建设全面推进。2019年,引水工程隧洞开挖支护9.17公里,完成工程量的38.94%;管道安装2.7公里,完成工程量的16.09%;水厂综合楼结顶、主体结构通过验收,厂区完成部分桩基施工。工程累计完成投资3.04亿元,较好地完成年度建设任务目标。

重点供水工程大麦屿高山供水工程及亚海水淡化工程进展良好。大麦屿高山供水工程建设单位集团管网公司克服该工程提升供水高程约300米,需建三级提水泵站,工程建设难度大、技术要求高的困难,完成供水管网铺设15公里,完成总工程量的54%,完成二座泵房建设及泵房机电设备的招投标工作,该工程受到上级相关部门领导的高度好评,成为台州乃至浙江省农村饮用水达标提升的玉环方案;亚海水淡化工程完成投资9700万元,完成投资额的75%,14个单体建筑完成12个,完成了1万吨/日的试通水。

供水管网配套、改造建设项目按期完成。市政府布置的重点民生项目200套消防栓的改安装工作在9月份全部完成;配合市"五水共治"建设,对蓝天花园等老旧管网进行全面改造,解决老百姓反映较大的供水最后一公里问题,约投资120万元完成全市10项共3373米主要道路的供水管网改造;完成小陈岙水库原水管改造工程、清港净水厂水泵变频控制系统改造及鸡山泵站补氯系统建设。

【提升水务管理基础】 2019年,集团进一步深化、细化三级绩效考核办法,充分发挥绩效考核的导向作用,促使集团整体管理水平不断提高;规范集团劳动用工管理,将原有的费用工转为派遣制用工,集团有派遣制职工38人;推进抄表模式创新,逐步以手机抄表代替原先的手工抄表;深化收费模式创新,在原有窗口缴费、支付宝微信缴费等基础上,增加跨片区缴费和POS机缴费业务;启动GIS系统管网基础数据探测;继续推进分区计量管理,增设6套分区流量计;在城关及芦浦区域各安装5只智能消火栓,推进消火栓的智能管理改装试点。

【水务服务跨上新台阶】 2019年，集团以实现“最多跑一次”工作为契机，全面助推水务服务，极大提高人民群众对水务工作的满意度。围绕“最多跑一次”优化营商环境的改革，集团认真开展业务调研，出台具体操作细则，对非居民接水报装业务进一步简化办事程序、压缩办理时限，对包括接水申请、更名过户、用水性质变更等十二项公共服务业务的办理资料和办事程序予以最大限度的优化；对集团微信公众号进行全面升级，推出“玉水e家服务平台”，用户足不出户借助微信平台即可申请办理多项用水业务；打通浙江省政务网与“浙里办”App接口，实现网上多渠道受理；为推进供水“最多跑一次”政务服务下延乡镇，公司派相关人员入驻各乡镇便民窗口，全市10个街道乡镇进驻7个，剩下3个正在协调办理中。

持续推进各项服务举措，提升水务服务层级。充分发挥供水热线作用，全年供水服务热线受理各类咨询、投诉等近700条，其中110应急联动131条，继续推行清洗水塔2594个，补助金额近23万元。继续推行多渠道缴费，全年通过支付宝缴费的用户达24169多户，微信缴费用户达15792多户，通过银行代扣用户达20987多户。

【防汛防台工作成绩显著】 集团高度重视防汛防台工作，严格执行各项防汛防台措施和预案，各供水水库严格汛期值班制度，严格执行水库控运计划，确保各供水水库的安全度汛。

第9号台风“利奇马”正面袭击玉环市，造成全市性停水，在灾难面前，集团干部职工齐心合力，积极做好各项防台抗台工作。台风过后，为尽快恢复供水，解决老百姓灾后迫切的用水需求，集团想方设法克服各种困难进行生产自救，台风登陆12小时恢复供水量40%（4万吨/日），36小时恢复供水量80%（8万吨/日），60小时达到台风前的正常供水量（10万吨/日）。供水的及时恢复，使玉环市城乡居民在台风后恢复正常的生产生活秩序有了基础，同时为玉环市灾后重建工作提供有力保障，集团也被市委市政府评选为玉环市抗击9号台风“利奇马”先进集体。

（市水务集团）

环境保护

环境综合治理

【生态环境保护成效明显】 2019年，玉环生态环境质量有较大提升，县控以上水质断面持续改善，集中式饮用水源地水质100%达标，大气环境质量优良率99.7%，综合指数2.57，高居全省第八，PM2.5排名全省第十、全市第一，获评浙江省首批清新空气示范区，化学需氧量、氨氮、二氧化硫、氮氧化物四项主要污染物分别较2018年削减8%、11%、1.0%、2.1%，完成年度减排任务，获评2018年省委、省政府美丽浙江建设考核优秀县(市、区)及美丽台州建设突出贡献集体，审批流程再造和模块化环评改革双双评为玉环市2019年度改革优秀实践案例，并因机关党建工作突出被评为台州市机关党建工作先进示范点。

【污染防治】 全面排查清理饮用水水源保护区内违规项目，开展3个乡镇级集中式饮用水水源规范化建设；完成普青工业园区验收工作，基本完成玉环经济开发区工业企业“污水零直排”整治；深入推进金属表面处理行业整治，12家整合入园企业全部进入厂房建设阶段；全面推进家具行业挥发性有机物(VOCs)及散乱污企业污染整治，完成家具制造重点区域销号，完成20家重点VOCs企业治理项目整治，160家散乱污企业完成清理整顿；打响柴油货车污染防治攻坚战，启动非道路移动机械调查摸底工作，完成1146辆非道路移动机械编码登记，1313辆非道路移动机械上牌工作；开展危险废物“动态清零”行动，对电镀、表面处理、熔炼等80家重点企业开展危废产生量与环评批复量审查，完善企业危废电子台账12362份，完成3869批危废转移联单备案；开展重金属减排核算工作，完成21家电镀企业的重金属核算工作；实施土壤先行区建设，着重强化源头管控，开展重点行业企业土壤调查，完成49家土壤采样和监测，推动79家企业签订土壤污染防治责任书。

【执法监管】 保持环境执法的高压态势，开展“蓝天保卫”“护水斩污”“清废净土”三大系列执法攻坚行动、双随机和“雷霆”行动等专项执法行动，全年出动执法人员2.48万人次，检查企业1.13万家次，立案查处76起，作出行政处罚决定72起，处罚款902.2万元，作出查封扣押41件，全年移送公安刑事拘留4件，刑事拘留6人。

狠抓生态环境问题整改落实，中央环保督察方面，玉环涉及整改问题13项，10项问题完成整改销号；华东局督察方面，涉及的金属表面处理企业无组织排放问题,基本整改完成;省级环保督察方面,涉及整改任务26项,完成整改13项;长江经济带审计方面,涉及牵头整改任务1项,配合整改任务3项,完成2项配合整改任务;2019年工业固废专项审计方面,反馈15个问题,完成14个问题整改。

【生态改革】 在全市首推企业投资项目厂房建设、生产项目“独立审批”的环评审批方式,持续开展“区域规划环评+环境标准”审批改革试点工作。积极探索VOCs排污权资产化试点改革,成为浙江省内首个进行VOCs排污权定价试点地区,其中在金属表面喷涂行业中开展VOCs排污权试点更属全国首创,明确6000元/吨·年初始交易价格。“环资贷”绿色金融产品持续发力,发放33笔“环资贷”计14605万元。率先试行小微企业污染物处理新模式,成立玉环首家废乳化液专业处理公司,并引入滚光废水第三方处置项目,有848家中小微企业采用废水第三方处置模式。探索建立小微企业信息化收集试点,提供“物联网+信息化”系统服务以及综合环保管家式服务,达成意向性合作683家。开展“散乱污”企业及集群整治,实施1000家环境敏感区工业企业搬迁计划,实际完成1020家。探索实施环评项目模块化,分行业分区域建立模块管理体系,切实减轻企业经营负担,在20个区域启动,1050家企业开展环评编制,预计为企业减负800多万元。

【环境宣传教育】 开展里墩水库水质自动站“最美水站”创建;强化宣传,在《中国环境报》发布2篇,《浙江日报》发布3篇、《台州日报》发布26篇专题报道;组织环保技术宣传团深入企业、社区、学校,提供生态环境管理政策指导、法律宣传、技术咨询、知识培训等支持和服务,全年组织28次讲座,并依托“四万工程进文化礼堂”项目,在全市开展22场“美丽玉环我是行动者,请为玉环市生态满意度点赞”专题活动,先后举办生态环保公益林植树、“6·5”世界环境日、“创建省级生态文明建设示范市”主题晚会、环保小领袖夏令营等主题活动;探索建立线上生态环境公众参与平台建设,依托微信小程序为群众随时提供环境信访举报和生态环境业务咨询等功能,平台基本完成技术建设。

【队伍建设立新标】 开展“‘三服务’推进高质量发展”专项活动,组建20个技术服务组,走访服务2586家企业,解决问题458个;围绕主题教育主线,大力营造学习氛围,召开9次专题学习研讨会,完成14个调研课题编写,并通过民主座谈会、走访服务等形式,征求意见建议333条次,整改282个;7月份在市委党校开展生态环境保护专题研讨班;深入开展“守初心、担使命、找差距、抓落实”的主题教育,先后组织党员干部开展“牢记初心使命,争当生态环保铁军”、参观红色教育基地等系列主题教育活动。

(林培瑜)

“五水共治”

【概况】 2019年,玉环市以“全域水质提升年”为主载体,深入实施“五水共治”碧水行动,全面推进“污水零直排区”和“美丽河湖”建设,深化河(湖)长制,水环境质量各项指标进一步提升,治水工作取得新成效:玉环市连续第三年夺得台州市“五水共治”工作考核第一名,连续第3次获全省治水最高荣誉——“五水共治”工作优秀县(市、区)“大禹鼎”,连续第三年获评美丽浙江建设工作先进县(市、区)和全省农村生活污水运行维护管理考核优秀县(市、区),创建全国第二批节水型社会建设达标县。清港镇、干江镇获评浙江省“五水共治”工作优秀乡镇。全市纳入自动监测的25

个断面中20个水质有明显提升，比2018年新增Ⅲ类水断面1个、Ⅳ类水断面5个；台州市交接断面水质评价结果均为优秀；成功创建2条省级美丽河湖。自3月台州市“污水零直排区”建设“百镇竞赛”考核启动以来，每月保持第一，整体建设质量和进度均居台州市首位，9月成功举办台州市“污水零直排区”建设推进现场会。“五水共治”工作公众满意度得分从2018年的83.4提升到2019年的89.02，《人民日报》、中央电视台《新闻联播》栏目4次报道玉环治水工作情况。

【推进“污水零直排区”建设】 聚焦短板，强化保障。针对“污水零直排区”建设工作难度大、资金投入大、乡镇顾虑大、技术人才缺的实际，坚持领导垂范，超前谋划，统筹落实相关保障措施。强化领导帮扶保障。市委、市政府将“污水零直排区”建设纳入攻坚比拼项目和市级领导联系督办、市人大政协视察项目，2月、4月召开2次现场推进会，分析问题短板，狠抓整改提升。市主要领导明确要求发改部门对“污水零直排区”建设项目优先予以立项。强化建设资金保障。采取财政兜底、城投融资、乡镇自筹相结合的模式落实资金。市财政保障80%的建设资金，对2019年通过“污水零直排区”建设验收的乡镇（街道）按一、二、三类分别奖补300万元、200万元、100万元。国企通过发行企业债完成首期融资8亿元，其中2亿元已用于“污水零直排区”建设。各乡镇（街道）因地制宜筹措资金，其中玉城街道、大麦屿街道采用EPC总承包模式，坎门街道实行垫资招标。强化部门职能保障。市政府按照“六小行业”、机关企事业公建单位、生活小区、工业园区等分类实施“污水零直排区”建设，由各牵头部门负责修编工业集聚区、畜禽养殖场、生猪屠宰场、茭白种植等5个“污水零直排”创建技术指南和技术标准，并进行业务指导。

聚焦民意，精准服务。坚持问题导向、民生导向、结果导向，变做工程为做服务，确保各地“污水零直排区”排查建设工作高效有序推进。优化技术服务。全年举办15次专题培训班，分别邀请省环科院高级工程师、省治水办业务组专家牟永铭、台州市政府治水顾问赵晓夫、河海大学副教授向龙等对全市河长、乡镇驻村干部和治水监督员等进行“污水零直排区”建设知识培训。市治水办牵头组建精准服务队和3个技术服务组，深入基层解疑释惑，协调解决跨部门难题。干江镇组建11支专业施工团队，推行“1+2+7”的组团施工模式，其中1名为改造技术顾问，2名为村干部，7名为水电工，负责整村推进生活小区改造。注重便民服务。坚持想群众所想、急群众所急，切合实际提供“五心妈妈式”服务。如大麦屿街道在城南村李家小区“污水零直排区”建设工作中，主动为村民修建底层隔离墙，避免雨污管网改造破坏墙体立面。干江镇总结出墙体“微创”等13种雨污分离入户改造方法，由村民根据各家实际进行自由选择施工。玉城街道整合市级部门力量，组建1个智囊团、3个技术服务组，对三大类重点领域进行定向服务。探索特色服务。各地各部门结合实际，不断创新，探索各具特色的方式方法。如市综合行政执法局在主城区“六小行业”整改中采取“三色管理法”，按整改进度分红黄绿三色进行挂图作战，每天上墙工作进度，每周召开例会分析总结，强势推进912家“六小行业”完成隔油池、毛发收集器等改造提升。

聚焦质量，严格监管。市治水办按照“事前咨询、事中控制、事后评估”原则，委托河海大学对各地“污水零直排区”建设进行全过程绩效评估，并将评估结果良好作为市级验收前置条件；聘请“两代表、一委员”等20人为特邀监督员，参与集中巡查和日常对“污水零直排区”建设工作的监督，确保发现问题及时反馈、快速整改。市纪委、市委组织部将党员干部在“污水零直排区”建设工作中的担当作为情况列入监督考察范围，对项目推进不力的责任人予以问责，有4名农村党员干部因阻挠工程建设被处分。市检察院开展“守护美丽河湖”专项行动，向4个“污水零直排区”建设工作责任落实不到位、问题整改不及时的单位发出检察建议，对3名市管干部进行约谈。

【推进美丽河湖建设】 围绕“大湾区大花园大通道大都市区”行动和“山海水城”建设两条主线，修复河湖生态安全底色，增强河湖绿色发展特色，全力推进全域美丽河湖建设。

强化规划引领。委托浙江水利河中研究院编制《玉环市美丽河湖建设总体规划》，加强全域14个水系的规划统筹和技术指导。出台《玉环市“美丽河湖”评定管理办法》，首批启动直塘河等6条美丽河湖先锋创建行动。

强化铁腕管控。坚持“全覆盖、零容忍、重实效”的原则，重点开展“河湖清四乱”专项行动，保持河道两岸违建拆除高压态势，持续加大水环境综合执法力度，强化沿河工业企业违法排污、沿河农业面源污染以及六小行业排污整治行动。全市拆除沿河违建14.6万平方米，完成“六小行业”污水排放整改2783家。

强化系统修复。紧盯25个监测断面，加强日常监测和预警。扎实开展高标准生态修复项目试点，完成7个断面“一河一策”的编制，全面加强泗头、长屿、城南等重点断面的系统治理工作，综合运用控源截污、活水循环、生态修复等措施，增强水体自净能力，努力实现断面水质向Ⅲ类水提升。

强化亮点打造。结合美丽乡村、美丽城镇等建设，加快城市水系景观规划建设，因地制宜建设亲水便民设施，推动形成一批河湖相通、江海交汇、山水交融、水城相映、人水相亲的滨水景观。楚门塘垟前港——直塘河连片河湖和清港芳斗塘河成功创建省级美丽河湖。大麦屿庆澜塘河被评为台州市“我最喜欢的家乡河”，河畔花园成为台州市“污水零直排区”建设网红景点。

【推进河长制落实】 以“河长制”为主抓手，纵深推进责任落实，推动河长制从“有名”向“有实”转变。

以上率下“管河”。结合人事变动调整河(湖)长，明确全市14个水系473位河(湖)责任人，进一步健全三级河(湖)长责任体系。大力开展河长制工作培训，4月，市治水办专门邀请省治水办、台州市治水办2位专家到玉环授课，对150多名河长及联系部门负责人进行“五水共治”(河长制)工作集中培训，全市各乡镇(街道)举办11次河长制工作培训会议，实现县、乡、村三级河(湖)长培训“全覆盖”。

履职尽责“护河”。以《玉环市河(湖)长标准化实施细则》为抓手，发动各级河(湖)长巡河护河，组织开展各级河(湖)长责任落实情况电话抽查、治水督查竞赛等系列专项行动和全市河(湖)长牌问题自查活动。全市473名河（湖）长巡河(湖)34104次，发现并解决问题9582个，问题处理率100%。

科技加持“治河”。坚持高标准、严要求，以台州河长助手App为平台，对河长履职情况进行电子化考核，考核结果通过市平台同步上报市河长办，以科技手段助推河长治河。启动实施河长制信息化提升行动，进一步完善系统功能、健全系统信息，完成一河(湖)一档应编制1080份，并全部上传信息系统。

【推进全民治水】 牢固树立全市“一盘棋”理念，切实加强部门联动、督导考核、宣传引导，合力促进全市水环境质量逐年改善，坚决打赢碧水保卫战。

强联动，发挥叠加效应。将“污水零直排区”建设与城市有机更新、美丽城镇建设、“一老一小”等工作有效衔接，充分发挥好各专项资金的叠加效应，实现资金效益最大化。同时推动各乡镇(街道)、部门主动衔接、整体联动，构建党政同责、部门联动、职责明确、统筹有力、水岸同治、监管严格的治水格局。

勤督查,倒逼担当作为。按照治水督查竞赛活动要求,建立起市领导重点督办—市治水办日常督查—乡镇(街道)自查自纠的三级联动督办机制,重点督查"五水共治"年度工作项目推进情况,加大明察暗访力度,对党员干部在"五水共治"工作中不作为、慢作为、乱作为、推诿扯皮等行为亮牌。同时,每年设立100万元专项经费,鼓励社会各界积极举报无许可证排水、超标排污、偷排化学废水等违法行为,倒逼治水成效。全年全市涉水执法立案76件,作出行政处罚决定书72件,6人被行政拘留。

广宣传,激发公众参与。全面部署"五水共治"宣讲进文化礼堂系列活动,完成专场文艺演出、专题辅导讲座等24场大型宣讲活动,超额完成台州市下达的21场宣讲任务,得到群众点赞好评。同时,大力开展"污水零直排区"、美丽河湖建设进家庭、进学校、入企业、进社区(村)等主题宣传及图片展览,累计受众3万多人次。建立龙溪镇邱岭村、大麦屿里墩水库自动监测站等水文化教育基地,倡导节水护水。从5月份开始连续组织满意度测评工作,充分利用电视、报纸、微信公众号、新媒体App等媒介,以及LED播放治水宣传标语、墙体彩绘、张贴宣传标语、发放满意度调查问卷等多种宣传方式,进一步动员全民参与治水护水,为全面深化河长制、持续推进"五水共治"和"污水零直排区"建设营造浓厚的社会氛围。

【创新推进智慧治水】 推行排污权资产化。以2018年获批"省级排污权资产化试点"为契机,大力实施企业排污权交易,通过改革排污权交易体制,构筑二级交易市场,不断提升排污权价值,激发企业主动治污减排。涉改行业2019年废水排放较2017年减少22%。

探索亚海水淡化。投资1.3亿元,于11月建成浙江省首例调试运行成功的玉环市亚海水淡化(一期)抗旱应急工程,3个机组全部通水后日可产水3万吨。

落实运维监管精细化。由市综合行政执法局牵头,为全市"六小行业"、大型机关企事业单位和机关食堂的所有隔油池设置二维码,推动全方位云监管;由排水公司牵头,整合市生态环境分局、市建筑设计院等相关单位资源,构建含地下排水管网、城镇生活污水、农村生活污水、市重点排水户等4个子系统于一体的智慧治水平台,集水量水质监测、故障快速处理、视频远程监控于一体,24小时在线监测,实现污水收集处理从粗放式管理到信息精准化管理的转变,有效巩固"五水共治"尤其是"污水零直排区"建设成果。

(游国文)

科技工作

科学技术

【概况】 2019年，市科学技术局按照上级要求，顺利完成机构改革、职能调整。全市科技工作围绕贯彻落实浙江省“科技新政50条”，纵深推进“科技新长征行动”，积极培育一批科技精英企业、打造一批高能级科创平台、实施一批重大科技项目、集聚一批优质创新要素，着力营造十联动创新生态，科技创新工作取得了较大突破。在2019年度全国科技创新百强市（县）榜单居第40位，充分显示科技创新工作对经济社会高质量发展的引领作用。

【公共科技平台】 高水平推进“一园一体一廊”建设。申报创建省级高新技术产业园区，成立申创领导小组，加强顶层设计，编制完成《创建玉环现代交通装备高新技术产业园区总体方案》，制定出台《玉环市高新技术产业园区产业项目管理办法》《关于推进省级高新技术产业园区创建的若干意见》等专项扶持政策，引领园区项目招引和科技资源集聚。全方位推进产业创新服务综合体建设，实现四大产业创新服务综合体全覆盖，继水暖阀门之后，汽车零部件产业创新服务综合体再次列入省级创建，智能制造装备和家具产业创新服务综合体列入台州市级创建。

优化布局“一湾两岸”科创走廊，一批新平台相继落地，建成玉环首家省级科技企业孵化器——玉汽科技孵化器；投用天大玉环数控与智能制造技术创新中心和水暖阀门产业创新服务综合体，完成“500精英计划”创新创业产业园装修工程；一批老平台重焕新颜，完成浙大汽摩所、中科院、高校联合研究院等平台“腾笼换鸟”工程，并顺利迁入亿工场，2019年，平台服务企业260多次，开展技术研发项目169项，检测项目242项。

【高新技术产业】 大力培育创新主体，健全科技型企业“微成长、小升高、高壮大”梯次培育机制。2019年，新认定国家高新技术企业23家，国高企享受税收减免共计1.32亿元；新增省级高成长科技型中小企业30家；新增省级科技型中小企业160家，居台州市第一；新增省级高新技术企业研发中心8家；新增台州市级高企研发中心50家，居台州市第一；琦星智能科技股份有限公司成功列入省创新型领军企业培育名单。实施重大科技专项，发挥省级以上重大科技项目在高新技术产业发展上的引领作用，列入省级重点研发计划项目4项，创历史最佳；入选省级外国专家引智项目各1项。

【科技人才】 大力培养企业科技和管理人才，浙江海德曼智能装备股份有限公司高长泉入选省万人计划科技创业领军人才、浙江双环传动机械股份有限公司张琦入选省万人计划科技创新领军人才，双环公司“机器人精密传动创新团队”认定为市首个省级领军型创新团队；入选省级海外工程师2名、台州市级1名。

【科技合作与交流】 成功举办第十四届科技·人才活动周，突出“玉环+北京”内外结合方式，在玉环开展科技成果发布、海外博士玉环行、科技智库论坛、科技专家企业行等活动，签订科技人才合作项目17项，颁发市政府科技顾问和第二批24名科技智库专家证书；首次赴北京中关村举办青年企业家创新加速营活动，开展专家授课、考察科创平台、科技对接等系列活动，为青年企业家引荐先进地区一流科创资源。建成市首家科创飞地——深圳玉环电子信息产业科创飞地，嫁接深圳半导体研发资源，为市半导体产业链发展提供技术项目支持。促成台州学院与市政府签订校地合作框架协议，组建“1139科技小分队”一对一服务市企业和行业。组织浙工大与阀门企业、浙江大学与药企、天津大学与工程机械企业等各类专场对接活动，全年开展对接会10场，服务企业86次，解决技术难题35个。

（徐琼璐）

气象测报

【概况】 全市建成常规要素自动气象站以及灰霾、能见度、负离子等监测站点35个，站网密度小于5公里，数据监测传输达5分钟/次。2019年，发布台风、暴雨、大风、大雾等预警信号115次，向乡、村、重点单位和各级负责人等免费发送气象预报预警短信99万条次。组建乡镇气象协理员、村级气象信息员、社会各界人士组成的基层气象队伍近500人。推进“三位一体”事业发展格局，2019年11月，在市政府的充分协调下，气象防灾预警中心业务楼顺利取得不动产权证，成为玉环气象事业现代化建设的又一里程碑。

【主要气象要素概述】 气温：全市年平均气温18.2℃，较常年偏高0.8℃。从全年各月看，除6月、7月平均气温较常年同期略偏低（均偏低0.4℃）外，其余月份均较常年同期偏高。其中，1月、4月、12月偏高最明显，分别偏高1.7℃、1.4℃、1.5℃，分别为历史同期第三高、第六高和第六高年份。全年无寒潮过程。高温（日最高气温≥35℃）主要出现在7—8月，其中7月平均气温较常年同期偏低0.4℃，8月较常年偏高1.0℃。全市高温日数普遍少于2018年，最多芦浦34天（2018年35天）、清港10天（2018年13天）、玉城8天（2018年15天）、大麦屿5天（2018年9天）、楚门4天（2018年5天）等。玉环国家基本气象站（下称“本站”，未特别指明则默认采用“本站”数据）极端最低气温2.5℃，出现在1月27日（全市最低-2.2℃，分别于1月23日出现在清港苔山文旦基地，以及于1月27日出现在龙溪樱桃基地大棚）；年极端最高气温33.7℃，出现在7月19日（全市最高38.1℃，于8月7日出现在芦浦）。四季时间上，3月6日入春（较常年偏早17天），6月15日入夏（较常年偏晚2天），10月15日入秋（较常年偏晚18天），12月6日入冬（较常年偏早1天），全年冬、春、夏、秋季日数分别为90天（常年106天）、101天（常年82天）、122天（常年106天）、52天（常年71天）。四季呈现：冬季降温频，春季回温快，夏季酷暑长，秋季时日短。

降水：全市年总降水量1716.6毫米，较常年偏多22.7%（常年1398.6毫米）。全年有9个月的雨量较常年偏多，分别是1月（偏多3.0毫米）、2月（偏多59.0毫米）、3月（偏多2.8毫米）、4月（偏多76.4毫米）、6月（偏多78.3毫米）、7月（偏多107.5毫米）、8

月(偏多161.3毫米)、10月(偏多38.3毫米)、12月(偏多8.2毫米);其余月份均较常年偏少,分别是5月（偏少82.8毫米)、9月（偏少68.6毫米)、11月(偏少65.5毫米)。上半年雨量偏多18.4%,下半年雨量偏多27.6%。本站出现7个暴雨日,分别为4月11日（50.2毫米),6月13日（72.0毫米),7月4日(57.2毫米),8月9日（147.8毫米),8月10日(170.6毫米),9月4日(59.4毫米),10月1日(80.7毫米)。全年大到暴雨总日数16天，除3月、5月、11月、12月未出现外,其他月份均有出现,最多为6月、7月(均4天)。年总雨日160天,较常年(147天)偏多13天。2019年,全市总面雨量为1741.0毫米,较2018年(1452.2毫米)偏多20%。全市最大雨量站点为大雷山2036.0毫米，最小雨量站点为沙门1450.7毫米。从雨量分布看,总体上是陆地多海岛少。

日照时数:全市年日照时数1775.3小时,较常年(1753.7小时)基本持平。全年各月上看,9月较常年同期偏多最明显(偏多93.9小时);2月、7月较常年同期偏少最明显(分别偏少69.9小时、69.8小时)。

【主要气候事件】 台风:2019年,影响玉环的台风有4个,分别是:1909号“利奇马”、1911号“白鹿”、1917号“塔巴”和1918号“米娜”。其中,1911号“白鹿”、1917号“塔巴”影响较小。1911号“白鹿”影响期间全市面雨量12.8毫米,沿海出现9级风;1917号“塔巴”影响期间,受台风与冷空气共同影响,全市无降水,沿海出现10级风。

1909号台风“利奇马” 8月4日17时,在菲律宾以东洋面上生成,8日2时加强为超强台风,8日夜里进入东海,8日21时至9日4时近中心最大风力达到峰值62米/秒,10日1时45分在温岭城南镇登陆,登陆时强度为16级(52米/秒),中心最低气压935百帕,登陆后向西北方向移动,强度逐渐减弱,10日夜里进入江苏境内。受其正面影响,全市过程面雨量339.1毫米，极大风速55.7米/秒（披山),均创历史最大纪录。

1918号台风“米娜” 9月28日,在菲律宾以东洋面上生成,其后向西偏北方向移动,30日08时前后在北纬22度、东经123度附近转向偏北方向移动,10月1日20时30分在舟山普陀区登陆,登陆时中心气压980百帕,近中心最大风力11级(30米/秒)。受其影响,全市面雨量86.2毫米,最大雨量为大雷山145.2毫米,极大风力14级(披山42.5米/秒),本站12级(35.7米/秒),全市无明显灾情。

梅雨:2019年,玉环市6月18日入梅,至7月17日出梅,持续1个月,其间总雨日23天,局部出现大暴雨天气。年梅雨量本站332.1毫米,全市平均347.5毫米,最大为玉城396.3毫米,最少为大鹿岛300.5毫米。

烂冬:从2018年12月7日入冬,至2019年3月9日入春期间,雨水明显偏多,日照又特别少,出现严重的“烂冬”天气。①12月5—15日,总雨量15.6毫米,日照3.9小时;②12月20日—1月16日,总雨量70.2毫米,日照22.3小时;③2月5日—3月9日,总雨量207.3毫米,日照20.2小时。特别是第3次连阴雨过程(33天),为历史最长连阴雨纪录。整个冬季的阴雨日约占了八成。

高温:全市的年极端最高气温为38.1℃,并不是很高,但高温影响依旧较明显,其中芦浦高温出现34天,超过2018年1天;8月,虽然平均气温只偏高1.0℃(也是历史同月第六高),但由于正值盛夏，体感闷热。芦浦10月2日极端最高气温达35.8℃,出现十分罕见的10月高温。

干旱:“米娜”台风过后,全市降水极少,10月2日—11月30日降水量18.2毫米,仅占常年同期的2成,10月26—28日虽出现11.8毫米过程雨量,但11月降水仍持续偏少(月雨量4.7毫米)。10月中旬至11月干燥度（蒸发量与同期降水量比值171.6/16.5)10.4,达气象干旱标准。

【守牢防灾减灾第一道防线】 准确及时服务“利

奇马”“米娜”台风侵袭，获地方主要领导充分肯定，被评为玉环市2019年抗击“利奇马”台风先进集体。成功保障涉外货轮“东方晟龙”2万吨石榴石海上卸货过驳作业，获美国哈德森航运、挪威斯库德保赔协会联合致谢，中国法治频道采访报道。与应急管理、农林水利等部门签订合作协议，联合政法部门出台落实网格员气象灾害防御职责文件。

【落实行业气象效益化服务】 将田间地头为农服务的调研切实转化为支农惠农举措，为大鹿岛、东沙渔村授“浙江避暑气候胜地”牌，与人财保险、农气专家推进文旦低温气象指数保险，帮助黄鱼养殖户减少“利奇马”台风灾害损失300万元。强化应急叫应服务机制，在森林防火救火、交通安全通行、种养殖灾害防御等方面常态化发挥气象服务效益。

【推进全省党建示范点建设】 依托省(市、县)党建联动，推动党建项目孵化，在省、市减灾处指导下，推进双龙创建全国气象科普教育农村实践基地；在省、市人影办指导下，加快全省人工影响天气试验基地建设，提升坎门气象站“中国百年气象站”的综合性监测、服务功能，累计投入升级改造资金250万元。联动省台、省减灾处、市局党支部开展“共办实事暨乡村振兴服务”主题党日等活动2次，联动村(社区)党支部联动开展党建共建活动3次。在全省党建示范点建设现场会上作交流发言。

【团队建设】 推进多媒体信息发布、“玉环映像”等创新项目孵化，《气象新媒体信息智能服务系统》《气象景观监控与预报服务系统》两项成果分获台州市气象创新大赛二、三等奖，一项代表台州参加全省创新大赛。获得《翻斗雨量传感器抗连跳算法模块软件V1.0》计算机软件著作专利1项。新申报《基于数值模式的能见度精细化预报研究》课题1项。

(李泓明)

教育

教育综述

全市初步形成由基础教育、职业教育、成人教育、特殊教育和地方性高等教育组成的具有地方特色的现代国民教育体系，所有乡镇(街道)均为“省教育强镇”“市教育明星乡镇”。1995年普及九年制义务教育，1996年顺利通过浙江省“两基”验收，1997年获省“两基”进步奖，近年来，实现十五年基础教育高标准普及，2014年通过浙江省义务教育发展基本均衡县评估、2015年通过国家级义务教育发展基本均衡县评估。2016年成功创建浙江省教育技术装备规范管理示范县，2012年到2017年被列为国家教育信息化区域综合试点地区。2019年，成功创成浙江省教育基本现代化市。

2019年，全市共有学校72所，其中浙江电大玉环学院、教师进修学校、民办专修学院、特教中心各1所，普通高中4所，十二年一贯制学校1所，完全中学1所，职业高中1所，成技校11所；义务教育阶段学校51所，其中：小学29所(3所为民办)，初级中学14所，九年一贯制学校8所(4所为民办)；幼儿园97所(63所为民办)。全市在校生总数92348人，其中普通高中6242人，职业高中4044人，初中在校生17907人，小学在校生45303人，幼儿园在园数18852人。义务教育阶段巩固率100%，初升高比例为99.89%。小学、初中入学率、巩固率均100%，三残儿童少年入学率100%，学前三年入园率99.85%。全市在编在职教职工4069人(不含公务员)，其中正高级职称4人，高级职称705人，一级职称1672人，中高级职称占比57.2%。

2019年，全年财政性教育经费投入14.26亿元，高分创成省教育基本现代化市，市教育局荣获国家义务教育质量监测实施县级优秀组织单位、第26届全国青少年爱国主义读书教育活动先进集体、浙江省关心下一代工作先进集体称号，荣获2019年度浙江省教育工作业绩考核先进单位、台州市教育工作业绩考核优秀单位、市工作目标责任制考核优秀单位和市落实党建工作责任制先进单位称号。

【教育质量不断提升】 高考方面，一段上线547人，一段上线率28.49%，连续五年位居台州第一。玉环中学一段上线率在台州市同类学校中名列第一，共计375人，上线率80.5%，实现“四连冠”。3人被清华、北大录取，10人被复旦、交大录取，名校录取人数创历史新高。

中考方面，各项指标位居台州市第一，台州

市前3000名达到329人，以6.6%的生源占10.8%的份额，再创新高。

学前教育方面，推进学前教育第三轮三年行动计划，启动7个乡镇(街道)第二公办园建设，公办园覆盖面达41.95%。实施“义务教育城乡一体化工程”，开展6对11所县域内“互联网+义务教育”和2对跨区域城乡中小学校结对帮扶工作。

落实“最多跑一次”改革，义务教育学校新生入学报名和新玉环人随迁子女“积分入学”实现“零跑”。43所小学提供放学后校内托管服务，惠及11571名学生。

实施职业教育质量提升行动，推动与嘉兴学院等省内外高校、市内重点骨干企业开展“校院合作”“校企合作”，台职院玉环分院成功挂牌。全年开展社区教育进文化礼堂185场次，存入学分银行成果数102246条，占常住人口16.2%。

【教育资源增量扩容】 制定实施“项目建设双进计划”，教育经费总投入13多亿元，推进46个项目建设步伐，投用8个，完成投资7.9亿元。中等职技校迁建工程一期校园、环山小学新校区、陈屿中心小学新校区结顶。联合开工沙门中学迁建工程、干江中心小学滨港校区、清港中心幼儿园新园等12个教育重大项目，扩容教育用地368亩，新增学位1万余个。启动中小学校舍改薄扩容三年行动计划，分期分批推进城关四中、陈屿普青小学等中小学校舍改造，陆续投用玉城中学、清港中学、芦浦中心小学等改扩建工程。创成坎门双龙小学、龙溪密溪小学等5所省标准化学校。制定启动“玉环教育信息化2.0三年行动”，融合引入“互联网+”、大数据、人工智能等新技术，深度推进“国家数字教育资源公共服务体系建设与应用”试点示范，大力实施教育技术装备“添翼计划”，生均装备值居全省前列，探索区域教育信息化应用省级典型，获得省厅专项奖补1000万元。

【立德树人彰显成效】 加快区域德育研究共同体建设，实施德育“1258”工作方案。大力推进“中小学生体质健康三年提升行动”，2018年全省高校新生体质健康测试总成绩合格率排名与增幅均位居台州市第一。启动近视综合防控行动，完成省厅学生近视率考核指标。精心设计“校中书院”载体建设，新增5所“校中书院”，共建成投用10所。以“1+X”模式创建中小学生素质教育实践基地(营地)，被评为省首批中小学生劳动实践教育基地。不断推进“两体一艺”工作，在全国、省市体育文艺活动中创历史最好成绩。4所学校入选全国青少年校园篮球特色学校，1所学校成为国家级国防教育示范校，2所学校列入省中小学劳动实践教育试点学校，成立省首个高中海事学校，创成全国及省级体育特色学校8所。

【教师队伍持续优化】 树立以郑青岳为代表的先进典型，先进事迹在省内外产生广泛影响。开展“不忘育人初心，争做一流教师”师德师风建设主题教育月和“最美教育人”系列先进培育选树活动。全面推进“县管校聘”管理改革，在省“县管校聘”管理改革推进会上作典型发言。分5批次招录新教师176人，在台州市率先实施教师“备案制”管理。在台州市率先出台《玉环市加强新时代教育人才队伍建设实施办法(试行)》，教师队伍管理经验入选全省教育大会典型案例。实施“致远计划”和“成蝶计划”，首创“一带一路”师训合作项目，6人走出国门参加海外研修，14位后备干部挂职历练，全年教师培训人均达到93学时。组建23家名师名校长名班主任工作室、工作坊、工作站，2所学校获台州市首批示范性校本研训基地学校，1人获评国家“万人计划”教学名师，1人获评台州市“500精英”，1人被评为“台州市教育杰出人物”，20人获全省、台州教坛新秀、名班主任等荣誉称号。

【教育管理全面加强】 在台州市率先召开全市教育大会，制定出台《关于推动新时代教育高质量发展，打造现代化教育强市的实施意见》。开展“不忘初心、牢记使命”主题教育，出台“三夜”制度，在深化“三服务”“百千万”专项行动中发挥教育示范引领导向。开展“抓落实、保稳定、促发展”作风建设年活动，推进“拉标杆、树品牌、争一流”主题教育实践活动，打造“党建促育人，红烛争先锋”特色品牌。民办学校党建工作质量全面提升，台州市民办教育党建工作现场会在玉环召开。建立覆盖全系统的“三重一大”风险监督管理平台，组织开展教育巡查工作，建立校(园)长述职述廉制度和校级领导直系亲属任教履职情况报告制度，制定“清廉学校”建设实施意见，创建“校务直通车”试点校。建立健全安全隐患排查分析和机关联系学校制度，强化溺水、消防、交通、食品安全、传染病防控等领域安全卫生管理，编印首部地方性学校防范体系“1+3”规范图解，强化学校保安业务培训，实现民办幼儿园智慧用电全覆盖，新增阳光厨房112所，整改消防隐患545处，推进改造学校厕所8所，创建台州市十佳示范食堂1所。

（潘阳滨）

各类学校

【市中心幼儿园】 市中心幼儿园创建于1956年9月，占地面积14亩，建筑面积8000多平方米，系浙江省首批一级幼儿园、省绿色学校。园内设有专用的户外活动场地和自然绿地，配置美工室、木工坊、小厨房、阅览室、科学探索室、建构室、感统室、演艺厅等多个幼儿专用活动室。幼儿园设15个教学班，配备两教一保。现有450名幼儿，80名教职工，其中在编教师37人，高级职称教师2人，中级职称教师23人，浙江省“春蚕奖”1人，台州市名校长1人，台州市教学能手1人，玉环市教学能手4人，玉环市名师2人，玉环市骨干班主任2人，玉环市骨干教师4人。近年来，幼儿园荣获由浙江省教育厅授予的全国足球特色幼儿园称号、台州市AAAA级平安校园、玉环市教育系统先进集体、玉环市校本培训示范学校、玉环市文明单位、玉环市垃圾分类示范学校等多项荣誉。

幼儿园秉持“让幼儿享受幸福教育，让教师享受教育幸福”的宗旨，践行“人文管理，幸福教育”的办学理念，以培养“会生活、会学习、会做事、会共处”的幸福小主人为目标，致力于建设“幸福教育”幼儿园，让每一位孩子获得全面和谐发展，享受幸福教育，让每一位教师成就自己，享受教育幸福。

【环山小学】 环山小学系玉环市市属实验小学，省级城镇示范性小学。现由本部与一年级校区两部分构成，占地面积26亩。2019年，学校有56个班级，学生2495人，教职工140人，其中浙江省特级教师2名，浙江省名教师培养对象2人，浙江省教坛新秀1人，台州市名教师3人，玉环市名师工作室2个，玉环市名教师11人，获得玉环市级以上教坛新秀、骨干教师、教学能手等70多人次。学校秉承“学尚儒、行安雅”的校训精神，追求教育创新、教学创新与管理创新，致力于培养“三好四善五会”的儒雅学子。学校曾先后获得了国家级语言文字规范化示范校、全国现代小学数学实验示范学校、中国陶行知研究会实验学校、浙江省城镇示范性小学、浙江省教科研200强学校、浙江省教科研先进集体、浙江省校本教研示范学校、浙江省书法教育研究实验基地、浙江省依法治校示范学校、浙江省科技先进学校、浙江省“三育人”先进集体等60多项荣誉称号。

【玉环中学】 玉环中学成立于2012年，坐落于玉环县新城区北片，占地面积209亩，系全日制、寄宿制公办重点高中，为浙江省二级普通高中特色示范学校、省绿化模范单位、台州市绿色学校。学校现有36个教学班，学生1424人，教职工160人。学校始终以办“人民满意学校”为宗旨，以“执中合德、立行致知”为校训，以“学生、教师的共同成长促进学校的卓越发展”为发展目标，克难攻坚，实干创新，奋勇争先，努力成为省市一流的高品位学校。学校曾获得浙江省模范集体、浙江省教育系统“三育人”先进集体、浙江省健康促进学校银牌单位、台州市模范集体、台州市教育系统实干论英雄先进单位、台州市AAAA级平安校园、玉环市高考工作卓越奖等荣誉。

办学几年来，学校教育质量始终保持高位增长，高考成绩稳居台州市前列，2019年高考，玉环中学高分总数居台州市前列。其中，被北京大学录取2人，清华大学录取1人，复旦大学录取5人，上海交通大学录取5人，中国科学技术大学录取3人，等等。录取人数创玉环历史新高，居台州市同类学校首位。一段上线率(不含体艺、三一自招)连续三年超过80%，连续四年居台州市各校首位，实现四连冠。

【楚门中学】 楚门中学创建于1946年3月，占地面积186亩，建筑面积55056平方米，系省一级重点中学、省高中特色示范性学校、省文明学校、省现代教育技术实验学校、省教科研百强学校、省教科研先进集体、省绿色学校、省治安安全先进单位、台州市文明单位。学校现有38个教学班，1771名学生，170名教职工，其中高级教师57人，中级教师59人，研究生学历23人，台州市名师2人，玉环市名师1人，玉环市骨干教师11人。

学校坚持坚持“厚德、博学、强身”的校训，以“把人字写端正，把人字写辉煌”的办学理念，积极推进教育创新，教育质量稳步提升，得到上级领导的好评和社会的肯定。2019年，学校被评为台州市第三批中小学生德育工作示范性学校，暑期社会实践小分队被评为浙江省暑期社会实践优秀团队；1位老师被评为台州市优秀教育工作者，1位老师获台州市第11届中学生球联赛优秀教练员称号。在2019年的高考中，学校实现质量提升新突破，一段上线人数再次突破百人大关，达144人（其中文化课一段上线人数达121人、体艺生一段上线人数达23人）；二段上线率达88.8%，优秀的教学成绩逐渐使学校成为台州市同类学校的领跑者。

【玉城中学】 玉城中学创办于1956年，是浙江省首批普通高中特色示范学校、省级重点中学、省文明学校、省体育特色学校、省共青团示范学校、省治安安全单位、省绿色学校、省体育协会篮球分会会员单位、省第三届基础教育教学成果一等奖获得单位、市群体师德创优先进学校。学校现有36个教学班，1700多名学生。学校拥有一支敬业奉献、勤奋务实、进取创新、业务优良的师资队伍。近160位教职工中，有高级教师50人，中级教师53人。学校还先后涌现出全国优秀教师、省特级教师、省教坛新秀、市名教师十多位。

学校在长期办学过程中，逐步形成“文化引领、制度创新、发展内涵、形成特色”的办学思路，提炼出“一德二能”的育人特色，并确立了“多姿的师生、多样的成才、多重的课程、多元的发展”的特色发展方向。随着新课程改革的进一步深化，新高考改革方案的逐步出台，学校科学谋划进一步发展的方向，努力实现学校的转型发展，把学校的发展思路综合提升为“学生多元发展、教师高位发展、学校特色发展”的办学思路，以“项目建设—学科建设—文化建设”为核心策略，立足于打造“人本校园”和“人文校园”；学校将进一步提升办学品位、品质和品牌，培养高素质、有特长、能创新的人才。

【坎门中学】 坎门中学创建于1956年，占地面积

20亩，建筑面积8336平方米。学校现有17个教学班，736名学生，73名教职工，其中高级教师19人，中级教师17人，研究生学历7人，玉环市骨干教师3人；在2019年的高考中，学校实现质量提升新突破，体艺生一段上线人数达21人，二段上线率达21.6%。

学校坚持“自律自强、尚善尚美”的校训，以“创特色学校”为办学理念，推进教育创新，全校教师同心同德，众志成城，教育质量实现低进高出，得到上级领导的好评和社会的高度肯定。

【玉环市中等职业技术学校】 玉环市中等职业技术学校创办于1996年8月，1999年8月搬迁现址。学校是首批国家级重点中等职业学校、省一级重点职业技术学校、省中等职业教育改革发展示范学校。曾先后荣获“全国中小学党建科研先进单位”“省职业教育先进集体”“省现代教育技术实验学校”“省模范职工之家”“省先进团组织”“省优秀职业教育培训基地”“市职业教育科研基地”“市安全文明学校”“市优秀职工教育培训基地”“市关心下一代工作先进集体”“市‘五四’红旗团委”等称号。

学校占地面积150亩，建筑面积5.4万平方米。拥有实习实训场所6670平方米，包括金工实训车间、逆向工程和精密测量实训室等37个实验室和实训车间，实验实训设备总价值2500多万元，建有50多个校外实习和就业基地。

学校开设有数控技术、模具制造、机床装调、工业机器人、机电技术应用、会计、电子商务、学前教育、美术设计与制作、计算机网络、音乐等五大类十一个专业。学校拥有省级实训基地3个，台州市级实训基地2个；省示范专业2个，省骨干专业、名专业1个，省中职教育质量提升行动计划品牌专业建设项目1个，省级心理健康辅导室1个。台州市示范、精品、优势专业3个，台州市大师工作室和名师工作室各1个。学校有在编在岗教职工246人，其中专任教师192人，中、高级教师121人，双师型教师105人，研究生学历（学位）17人。

【东方中学】 东方中学始创于1939年，占地面积38.13亩，建筑面积15000平方米，系省三级重点职业学校。学校现有27个教学班，1265名学生，88名教职工，其中高级教师20人，中级教师28人，研究生学历9人，专业课教师中“双师型”教师占比达85%以上；2019年的普通高职考试，学校实现数量与质量双提升，取得良好社会效益。学校秉承“尚德、勤学、求实、创新”的校训，以“大道至简，匠心做事”的办学理念，始终坚持升学教育和就业教育并重的办学思路，注重教育质量，严格教学管理，强化职业技能，毕业生就业率达98%以上。

【浙江电大玉环学院】 浙江电大玉环学院系全国示范性基层电大。2019年有教职工30人，兼职教师40多人。开设开放教育和现代远程教育等学历教育模式的本科专业36个、专科专业14个，在读的本、专科学员约2000人。学院紧密围绕“教学、科研、社会服务”三大任务，认真贯彻落实国家开放大学提出的学历教育创优提质、社会培训发展壮大、老年大学做优做强三大战略，为当地培养更多经济建设和社会发展应用型人才，为构建和推进终身学习型社会建设做出更大贡献。学院全年共招生792人，其中开放466人，网院326人，另外中专131人，进一步提升了电大教育为当地经济建设服务的功能。开展社区教育培训活动50多期，7000多人次受益。同时，开展老年教育，开设16个班，在“第三年龄学堂”注册学员累计近2000人，培训总人次每周达到800人。2019年，学院荣获全省电大思想政治工作先进单位、市县电大业务考核第十三名（B等）、全省电大教材发行先进集体、玉环市教育系统先进集体、玉环市2017—2018年度科研先进单位、东财网院支持服务优秀奖等多个奖项。“梦想女性”劳动力培养、“三位一体” 茶与生活培养实践研究、“社区礼仪培训”分别被评为浙江省成教品牌项目、浙江省社区教育实验项目和浙江广播电视大学第三批非学历教育培训品牌项目。

【市教师进修学校】 市教师进修学校创建于1978年，2014年3月份搬迁至新校区，占地面积15亩，建筑面积6000多平方米，教学设备设施齐全。2019年有在编教师19人，其中高级职称11人。学校曾荣获浙江省农村中小学教师素质提升工程工作先进集体、台州市“十一五”中小学师干训工作先进集体、玉环市文明单位、玉环市教育系统先进集体、玉环市“2A平安校园”等荣誉。学校以“进德修业、知行合一”为校训，秉承“引领教师专业成长”的办学理念，坚持做有效的培训，已初步建立起覆盖全学段、公民办并重、师干训并进的多层次培训体系。

学校积极创新拓展，创建教师心理健康服务中心，借助高校优质培训资源，创新培训方式，夯实新教师培训工作，搭建幼儿教师培训新平台，探索“浸润式”干训模式，围绕中心工作，谋划提质增效，服务基层学校教师专业成长，服务中小学(幼儿园)校本研修，助力玉环教育改革发展。

【玉环市特殊教育学校】 玉环市特殊教育学校创建于2009年10月，占地面积3200平方米，建筑面积1916.94平方米，系浙江省健康促进银牌学校、台州市扶残助残先进单位、玉环市文明单位、玉环市特殊教育指导中心、玉环市教师师德培训实践基地学校、玉环市第一批新时代文明实践点。学校现有在校生100名，40名教职工，其中高级教师2人，中级教师4人，玉环市名校长1人；2019年，学校被评为浙江省健康促进银牌学校、玉环市文化助残志愿服务团队；在2019年的工作中，学校激流勇进，敢于突破，获得了2018学年教育系统先进集体、2018学年教育宣传系统先进集体、2019年校园清廉文化建设优秀项目一等奖。

学校坚持“自强、厚德、平等、博爱“的校训，围绕“让每一朵花都在阳光下绽放”的办学理念，不忘初心，砥砺前行，积极推进玉环市特殊教育发展，努力奋进，得到了领导和社会的一致好评及肯定。

(潘阳滨)

文化　体育　旅游

文　化

【概况】 2019年,芦浦镇获评第三批全国“扫黄打非”进基层示范点并取得示范标兵称号,至此玉环市连续三年有乡镇(街道)上榜全国“扫黄打非”进基层示范点名单,为全省唯一,“扫黄打非”进基层工作连续三年受到中央或省级表彰,基层网络扫黄跨域跨境难题破解经验得到省市领导批示肯定。通过浙江省基本公共文化服务标准化建设验收。省级公共文化服务体系示范项目第三方托管基层公共文化服务模式推广破题起势、面上铺开,市场机制引入公共文化服务领域成果明显,楚门镇社会化管理运营成效被央视《新闻调查》栏目专题报道。乡镇综合文化站提标扩面工程初步完成,全市累计有9家乡镇综合文化站实现硬件升级,大麦屿街道获评省级“文化强镇”,玉环市省级“文化强镇”达到4个。坎门街道以“东海渔俗文化”为方向入选“浙江省非遗主题小镇”,非遗舞台剧《玉环映象》经多场演出具备自我运作能力,非遗保护向平台集成系统展示方向迈出新步伐。

【公共文化服务】 完成龙溪、干江、大麦屿和海山四个综合文化站提标扩建工程,新建32家农村文化礼堂和2家和合书吧,完成“名家楼”一期改造工作,全市“馆—站—堂—吧—楼”设施矩阵日趋完善。在大麦屿街道实施乡镇综合文化站托管模式成功移植,文化阵地服务效能得到极大提升。结合“四千工程”,深入开展“文化三巡行动”,全年以主题节庆类、品牌展演类、公益培训类等文化“三大件”为主抓手,开展文化惠民活动5000余场次,全年荣获国家级奖项6项、省级11项、台州市级25项,新增舞蹈和戏曲类2个名家工作室(分别是柯青名家工作室和孟科娟名家工作室)。

【文化市场主体培育】 兑现产业扶持资金472万元,以省级文化产业示范基地——玉环市老铜匠铜制品有限公司为龙头,以楚门湖滨路、清港文旦花开和大麦屿青年路等三个文创园区(街区)为空间布点的文创产业集群格局初步形成。新认定3家重点文化企业,成立玉环市文化创意设计协会并举办玉环“山海杯”创意设计大赛,打造全市文创产业“智汇集聚地”。依托“一龙头三布点六区块”,打造全市文化产业发展的主引擎地带和全市经济发展的潜力增长带。楚洲人才梦工厂、沙门跨界自造园区、亿工厂产业服务综合体等创新工程相继投用,成为当地经济发展新动能。

【文化遗产保护传承】　大型非遗舞台剧《玉环映象》完成台州市区首场巡演，成为玉环对外旅游宣介的文化金名片；玉环非遗馆在四川茂县古羌城落成投用；坎门街道以东海渔俗文化非遗展示方向入选第五批浙江省非遗主题小镇；完成《玉环非遗》系列短片13集拍摄；《晒鲜》等舞蹈作品荣获国家、省、台州市级层面多项荣誉，其中鳌龙鱼灯舞获“非遗薪传”浙江省传统舞蹈展演展评活动“薪传奖”。文物监管网络平台建设项目顺利完成，博物馆馆藏不断充实，2019年，玉环“文化和自然遗产日”主场活动暨文化遗产保护实践成果展顺利举办。发挥玉环“小百花十大校园爱越基地”辐射作用，开展“越剧进校园”“越音飞扬”等活动，全年完成越剧进校园教学95课时、精品戏曲进农村文化礼堂11场。

【文化市场监管】　加速优化简化审批程序，拓宽各项审批事项公开覆盖面，“最多跑一次”改革持续深化。完成执法主体认定和执法领域范围梳理，增加旅游、体育行政执法权限。基层“扫黄打非”再获荣誉，智慧消防建设持续推进，全市人员密集场所智慧用电系统安装率达80%，印刷企业基本完成智慧用电安装和第三方社会化服务签约。围绕护航中华人民共和国成立70周年大庆、扫黑除恶等重点任务，结合“护苗”“净网”等专项行动，对网吧、娱乐场所等开展线上到线下全方位检查，全年出动执法检查人员1365人次，检查各类文化经营单位1284家次，收缴各类非法音像制品2331张、非法书报刊1403册。该局荣获2019年度浙江省“扫黄打非”工作成绩突出集体荣誉。

【主题教育】　深入开展“不忘初心、牢记使命”主题教育，始终坚持立足于用习近平新时代中国特色社会主义重要思想武装头脑、指导实践这一根本任务，紧密结合文旅工作实际，把理论学习、调查研究、检视问题、整改落实贯穿始终。严格履行“一岗双责”，召开半年度及年终党风廉政建设工作汇报会，开展科室廉政风险点自查互评，实现动态掌控、防微杜渐；组织全体党员参观红色革命场馆和警示教育基地，做到使命在肩、警钟长鸣；坚决执行公务出行、报销审批等财务制度，完成市文化馆、市越剧保护传承中心内部审计，全年共报备“三重一大”150余项，开展廉政约谈60余人次，自查违纪违规案件1起，处分2人，“清廉文化”品牌效应彰显。完成局机关机构改革，实现行政审批和执法职能有效衔接；启动文化市场综合执法体制改革，完成下属事业单位合并整合，推动市人民剧院改制，文旅系统高质量发展基础布局初具雏形。

（申宗民）

市传媒中心

【概况】　市传媒中心是玉环市唯一的新闻机构，主要担负着全市新闻宣传、广告发布、有线电视网络规划建设运营等职责。下设玉城、坎门、大麦屿、楚门、清港、沙门、干江7个乡镇（街道）广电站。自办电视频道2套，分别是新闻综合频道和社会生活频道，开设自办栏目9档，分别是《玉环新闻》《333新闻窗》《金色港湾》《榴岛聚焦》《榴岛先锋》《乡土》《榴岛面对面》《玉环话散》《天南地北玉环人第二季》，每天8：00开播至晚上24：00结束。自办广播节目1套，频率FM91.3，开设自办栏目9档，分别是《玉广新闻》《913快报》《在路上》《山水玉环》《我在玉环》《阅声书房》《校园零距离》《闲话微生活》《开心大赢家》，每天6：00开播至次日2：00结束。开办报纸《今日玉环》，以及玉环新闻网，“无限玉环”客户端，“玉环发布”“玉环传媒”两个微信公众号。有线网络传送标清电视节目261套，高清电视节目41套，3D电视1套，数字广播节目10套，有在册正常收视用户终端93583户，覆盖全市185个行政村，综合覆盖率100%。还有网站、客户端、微信、微博、抖音号等新媒体矩阵。还开办玉环广电网络有限公司和玉环传媒文化发展有限公司两家企业。

【媒体融合工作】 归并新媒体中心，将编辑力量和技术力量分别归入新闻中心和技术中心。对新闻中心内设机构进行重组，由5个部室(采访部、编辑部、外联部、影像部、播音部)，扩展为7个部室(策划部、采访部、民生部、编辑部、外联部、影像部、播音部)，解决新媒体平台资源割裂问题。重构采编发流程，按照1个工作平台、1套技术支撑体系、1套全媒体内容管理系统、1套传播效果监测反馈系统“四个一”要求，对采编发流程进行再造重构，建立共享共通的全媒体数据库，解决原来资源分散、内容同质、策划能力弱、报道效率低等问题。

【重大主题报道】 开设全媒体专题专栏30多个，刊播主题性报道6000余条。开设“壮丽七十年，奋进新时代”“爱国情 奋斗者”“迢来望望我们村”“我和我的祖国”“壮丽70年·照靓玉环”“寻找奋进印迹”等专题，刊播稿件270多篇。推出《“不忘初心、牢记使命”主题教育宣传报道》之《双扶双强》《推进“百千万” 深化“三服务”》《领航型青年企业家》等系列报道360余条；在玉环新闻网、“习语心得接力共享”专栏刊发四套班子领导习语心得录音18篇；在玉环新闻网和“无限玉环”App客户端同步推出“玉环市‘不忘初心、牢记使命’主题教育区域联盟展示”50期；在浙江卫视、中国蓝新闻播出10余条；台州日报头版刊出8条、二版刊出5条；集中展示高铭瑄、郭口顺、郑青岳等10多位“初心榜样”。

【节目栏目创新】 推出《阅声书房》《玉见》《爱心改造家》《玉环话散》《史说玉环》等一批具有开创性意义的新栏目。首档融媒体方言栏目《玉环话散》立足玉环本地，心系群众，栏目的社会影响持续扩大。舆论监督栏目《榴岛聚焦》继续火力全开，落点精准，采制播出88期，有力倒逼市委市政府各项工作推进，受到各相关部门的重视和肯定。首创“融媒体制播+妇联特色+企业援助+公益帮困+社会化服务”的新模式，推出大型公益援助行动融媒体节目《爱心改造家》。成立微视频创作团队，创作《今天是你的生日》《玉环24小时》《70年70人70秒》《我和祖国同生日》等多个微视频。融媒体直播实现常态化，开展“台州沿海高速通车仪式”“玉环市首届道德模范颁奖晚会”“第35个教师节颁奖典礼” 等直播活动54场次，粉丝突破36.57万，访问量527.7万人次，其中观众达“10万+”的有7场。首次组队赴四川茂县举办“玉茂同心——玉环传媒援川扶贫新闻行动”，这也是玉环历史上首次组织跨省的新媒体直播报道。短视频专栏“环视界”，实现每日更新，发布视频392期，单条点击量基本维持在4000次以上，并持续为“美丽浙江”抖音号、“天目新闻”客户端供稿。

【外宣工作】 组建外宣团队，围绕重点项目、重点选题积极与上级媒体联系，策划重大宣传主题，做到月月有策划、天天有片送。报纸外宣方面，为新华社、《人民日报》《浙江日报》等央媒省媒提供稿件300多件，《生态好 引候鸟》在10月31日人民日报头版刊出，《村支书黄松土：我们村有“金饽饽”》在2月10日《浙江日报》头版头条刊出。电视外宣方面，央视录用18条，其中央视新闻联播录用5条，浙江卫视录用130条；广播外宣方面，市级以上媒体录用播出151条，其中中央台录用11条，《浙江新闻联播》和《浙广早新闻》播出140条，其中头条9条。被中央和地方各级媒体采用稿件3000多篇次，充分展示玉环经济社会发展中的新成就、新风貌，为全力打造现代化海湾城市起磅礴的精神力量。玉环广播电台、玉环电视台分获2019年度浙江省广播电视新闻融合传播协作先进集体二等奖。

【节目创优】 2019年，全中心有56件次作品在市级以上获奖。其中，国家级8件次，省级16件次，《蒋国基：笛韵人生》荣获第二十届全国电视外宣"彩桥"节目创优评析优秀作品；《玉环到玉树：为见你，我的爱穿越2375.3公里》荣获浙江省县市区域报2018年好新闻奖评比副刊类一等奖；《走进高温下的劳动者》荣获浙江省县市区域报2018年好新闻奖评比新闻摄影奖一等奖；《一场"欠"了19年的婚礼》荣获2018年度浙江省广播电视新闻奖广播社教专题三等奖。完成2019年度全省对农节目服务工程考核，电视获全省对农节目服务工程考核鼓励奖。

【新媒体矩阵】 重构"两微一端"移动传播矩阵，形成玉环新闻网、"无限玉环"App客户端、"玉环发布"新浪微博和"玉环发布""浙玉环""玉环传媒"三个微信公众号。4月，通过行政手段关闭所有乡镇和57个部门发布平台，在"无限玉环"建立乡镇频道，落实专人对接信息编辑发布。迁入部门公号资源，撤销"今日玉环"公众号，增设"浙玉环"公众号。全媒体矩阵实现广播、电视、报纸、网站、移动客户端、微信、微博的全覆盖，县域居民信息综合覆盖率100%。其中，"玉环发布"微信、"玉环发布"微博、"玉环传媒"微信粉丝达98700人，"无限玉环"粉丝74000人，可实现媒体矩阵信息推送99%以上。

【技术改造升级】 7月17日，全面完成融媒体指挥中心建设，包括升级融媒体平台，搭建集融媒体汇聚系统、多工具生产系统、融媒体发布系统、融合报道指挥系统为一体的融媒体"中央厨房"生产平台，实现与台内子系统对接，各平台资源实现共建共享、共融互通。启动与省级平台的对接，入驻省广电集团蓝媒号，开通玉环频道。实现与浙江广电集团中国蓝云系统对接，投用"咔咔生产"App，启用玉环传媒融媒体指挥中心。11月21日，通过单一来源谈判方式，向浙江卫视中国蓝云租用融媒体中心业务、"中国蓝新闻"客户端、运营服务、直播服务等功能模块。完成8讯道全媒体高清直播车车体改装和系统集成工作，5月7日，车辆到位，7月份正式投用。

【广电惠民工程】 为全市3378户低保户减免数字电视入网费、机顶盒费和收视费，覆盖率99%。全年向各乡镇下拨维修工费25.6万元，下基层指导维护维修12次，维修村级广播线路100个村。应急广播系统每天转播广播节目三次，每次一小时，在消防安全、平安综治、海洋禁渔等工作中发挥重要作用。

【有线网络建设】 全年网络建设投入1772.93万元，同比增长43%。新敷设光缆皮长503.65公里，新增光节点1410个，覆盖用户数16075户。全市光缆总长2514.38公里，芯长46260.38公里，二级光节点4967个。完成东青村、里澳社区、五一村、小山外村、甸山头村、桐林村、茶头村等35个行政村(社区)的旧网改造，覆盖用户6600户。实施大麦屿和澜名苑小区、龙溪玉龙庄小区、坎门滨海商寓小区等14个新建网络工程建设。完成大麦屿连屿村、火叉口村、干江盐盘村、梅岭村、玉城鳝鱼头村漩门环湖小区、坎门紫桂苑小区等14个村(小区)网改、新建工程验收工作。全年组织各类移线抢修工程570多起。完成大麦屿机房至坎门机房48芯主干光缆、大麦屿机房至鲜迭机房48芯主干环网光缆升级改造。

【产业经营】 完成楚门三联村和大塘村的视频

监控系统建设。为11个乡镇(街道)的110个村级文化礼堂,安装220个点位的视频监控设备,为台州市文化礼堂现场会提供技术支持。参与设计、开发“平安楚门”软件平台。搭建玉环市党员志愿服务平台,成为全市各级基层党组织密切联系群众、服务群众的桥梁纽带。实施数字电视业务全员营销新举措。全年新增数字电视主终端2820台,第二台以上副终端1574台,新增互动电视终端3313台,云宽带2052户。截至12月底,全市有线数字电视正常收视主终端90985台,其中高清终端30283户,用户保有率96.96%。完成有线电视业务向乡镇(街道)为民服务中心的延伸扩面,将有线电视业务新入网、报停、注销、移址、恢复等业务纳入电话受理、网上受理工作范围,全年受理有线电视政务服务热线34636人次,其中电话咨询17015人次,派发工单17621件,工单办结率100%,服务满意率95%。全年受理12345台州政府便民服务热线交办件24件,均在规定时间内办结。完成省华数呼叫系统割接和省网掌上营销App的相关工作。处置110社会应急联动事项63起,处置数字城管应急联动事项1起。2月11日,玉环市传媒文化发展有限公司揭牌。全年完成“美行玉环德耀榴岛——首届玉环市道德模范颁奖仪式、玉环市第二届少儿春晚等文化旅科项目11个,四川茂县结对扶贫文旅产业直播2场,举办小主播培训、小作家班培训、小记者培训等7期。全年实现广告、产业营业额1008.59万元。组建玉环市少儿艺术培训中心和玉环传媒阅声少儿朗诵团,成功申报国家文化旅游部在浙江设立的第二个全国语言(朗诵)艺术考级点资质。

【安全播出工作】 按照“突出重点、狠抓落实、消除隐患、抓出实效”的原则,紧抓安全播出不放松,圆满完成“元旦”“春节”“两会”“五一”“七一”“中秋”“国庆”“世界互联网大会”等重要保证期的安全播出任务。以有线电视前端播出机房、电视发射机房和电台播出机房为重点,全年开展安全生产检查14次,安全播出网络巡查4次,及时消除各类安全隐患。举办“迎国庆”安全播出应急演练活动,有效提升技术播控人员的应急处突能力。完成田螺基变电房低压防雷工程建设和田螺基发射机房外墙水沟、铁塔底座泥水施工;完成广播调频发射维修维护和主备发射机自动及手动调度控制系统改造。启动有线网络传输机房升级改造,坎门、大麦屿信息机房改造有序推进。

(颜玲佳)

体　育

【概况】 玉环系全国体育先进市、全国群众体育工作先进单位、全国全民健身先进单位、省体育强市。2019年,当地财政对体育事业投入594万元(其中群众体育361万元,竞技体育117.4万元),以及365.6万元基建经费用于体育事业发展。根据浙江体育科学研究所调查统计和查验核实,截至2019年年底,玉环国民体质监测合格率93.2%;经常参加体育锻炼的人数(不含学生)比例为28.2%。

根据中央、省委、台州市委和玉环市委关于深化事业单位改革的有关精神,和《关于调整玉环市部分局级事业机构名称的通知》文件精神进行机构改革,原玉环市体育局调整为玉环市体育事业发展中心,玉环市体育事业发展中心为市政府直属事业单位,机构规格正科级,归口玉环市文化和广电旅游体育局管理,内设办公室、群众体育科、竞赛训练科和体育产业科。下辖玉环市少年儿童业余体校、玉环市体育中心、玉环市社会体育指导中心等3个事业单位和玉环市榴岛健身中心1个国有企业。

【体育组织和队伍】 2019年,新成立太极拳、健身操舞、龙舟、体育舞蹈4个单项体育协会,同年底全市体育社团达到29家，其中协会18家，分会11家，体育俱乐部和体育培训机构95家。12月上旬根据《玉环市体育社团星级考核评估办法（试行）》《玉环市体育社会团体星级考核评估细则》文件规定，对体育社团进行考核，评选出五星级社团3家、四星级社团4家、三星级社团6家。

2019年，新增三级社会体育指导员329人，同年底全市社会体育指导员有1587人，其中国家级4人、一级43人、二级72人、三级1468人，占玉环市常住人口的2.53‰，比2018年增长25.4%。

【体育场馆及设施】 以第四次全国经济普查及体育场地统计调查和2019年"健康浙江"考核体育场地统计调查工作为载体，全面摸清体育场地设施建设底数，2019年6月前建成的体育场地有1566处，总面积为149.8477万平方米。对比2014年，全国第六次体育场地普查的55万平方米，5年间增长近95万平方米。全年新增体育场地面积41599平方米，全市人均体育场地面积达2.39平方米（按常住人口统计）。据第三方测算，全市人均体育场地实际增幅为3.14%。

新城体育中心建设加快推进。新城体育中心工程总投资8.86亿元、总用地面积231.8亩，总建筑面积64710平方米，主要建设内容为体育场1座，体育馆1座（配套全民健身中心）、游泳馆1座（配套体育休闲公园）。2019年度，完成投资1.92亿元，完成市政府考核目标计划的192%，按计划完成体育馆、体育场、游泳馆桩基工程；超计划完成体育馆底板工程量的80%、体育场内田径场地基加固桩基80%。

公共场地运动设施不断完善。2019年度，建成14个省级小康体育村升级工程、4个省级社区多功能运动场、1个省级中心村体育休闲公园、1个游泳池。投入260万元，建成19个标准篮球场、8个"三人制"篮球场和64个乒乓球场（馆），以"乒乓球桌进文化礼堂"为平台，向44个村赠送乒乓球桌75张。启动基层健身路径更新工程，投入50万元，拆除594件健身路径，更新407件，2019年年底全市实有健身路径4938件。

【群众体育】 2019年举（承）办中国围棋甲级联赛（玉环专场）、第二届玉环国际海岛徒步邀请赛、台州市中小学生篮球锦标赛暨阳光体育（体育传统项目学校）篮球比赛、台州市老干部地掷球比赛、玉环市第27届十一人制足球锦标赛、玉环市老年人太极拳（剑）交流展示活动等体育赛事活动246场次，35130人次参加。

【竞技体育】 深化基地和名师工作室建设。10月11日，市少体校通过台州市运动项目训练基地2019—2022年考核验收；帆板、女篮、田径、游泳队成功创A类台州市项目训练基地；"三人制"女子篮球创C类训练基地；通过省高水平体育后备人才基地中期检查。新创建李政帆船帆板名师工作室。

提升业训绩效，奖牌创历史新高。90.5%应届体校生成功考上大学；输送到省体育职业技术学院，运动员2名转试训，2名长期集训。全年累计获奖牌数创历史纪录，国家级青少年比赛22块金牌、13块银牌、9块铜牌，省级青少年锦标赛32块金牌、15块银牌、13块铜牌。申报一级运动员6人、二级运动员9人，向省体育局注册运动员75人。

【承办浙江省第三届海洋运动会】 玉环赛区承接举办浙江省第三届海洋运动会海岛拓展比赛、沙滩拔河比赛和海岛徒步赛等3个大项8个小项。8月5日至7日分别在干江白马岙沙滩和上栈头举行海岛拓展比赛和沙滩拔河比赛，全省11个设区市和11个沿海县（市、区）共22支代表队近400人参加。

10月17日在玉环湖绿道举行玉环市第二届国际海岛徒步邀请赛，全省的27支队伍和英国、美国等国家以及上海、江苏等省市的徒步爱好者

1400多人参加(其中海岛徒步赛261人参加)。开展赛事图文直播,点击量达86万多次。省体育局发文通报表彰市体育事业发展中心为浙江省第三届海洋运动会“特别贡献奖”单位、玉环经济开发区和干江镇为优秀赛区。

【第十五届市运会】 6月24日,举办玉环市第十五届运动会开幕式暨第二十四个全民健身节启动仪式,市四套班子领导、市第十五届运动会组委会成员单位和36个参赛单位近1000名参赛代表出席仪式。该届市运会规模大,项目多,时间长,模式新,历时150天,设置14个大项88个小项,足球、游泳两个大项首次进入市运会,围棋重新列入市运会,由老体协、游泳协会、足球协会、乒乓球协会、篮球协会、羽毛球协会、象棋协会、围棋协会等8个协会承办各自项目,其中老体协承办所有老年组项目。

(王仁信)

旅　　游

【综述】 2019年,玉环旅游围绕“全域景区化”战略目标,加快旅游产品开发、完善旅游服务体系、提升旅游服务品质、塑造特色旅游品牌,旅游经济呈现稳健发展的良好态势,全年接待旅游总人数1206.45万人次,同比增长19.73%,实现旅游总收入134.84亿元,同比增长21.67%。

【旅游资源开发】 推进旅游品牌创建,大鹿海岛公园于2019年9月被列为省十大海岛公园重点培育对象,漩门湾国家湿地公园成功创建国家AAAA级旅游景区,芦浦百丈岩、玉环时尚家居小镇成功创建国家AAA级旅游景区,3家国家AAA级旅游景区通过复核,鸡山乡通过省级旅游风情小镇验收并成功创建省AAAA级景区镇。推进“万村景区化”建设,新增省A级景区村庄16个,提升景区村庄等级2个。推进旅游项目招商引资,完成《旅游招商手册》编制,海山生态旅游岛、慧心湾旅游度假项目、干江滨海生态旅游区等重点旅游项目的招商安商工作进展有序。

【旅游品牌推广】 以“山海寻味·玉环领鲜”为主题,开展全媒体推广,推进品牌传播,先后策划举办“湿地花开、玉环等你”5·19中国旅游日主题推广活动、“山海寻味·玉环领鲜”2019玉环文旦旅游节、“寻美干江·跨山越海”活动、“品味杨梅·秀丽彭宅”杨梅采摘节等旅游节庆活动;组织赴上海、杭州举办玉环旅游资源暨项目招商推介会,参与乐清湾山海联盟旅游产品推卖会、仙居—玉环山海协作“那山那海”疗休(旅游)推介会,与中国旅游热线(上海)联盟、浙江品质旅游组团联盟等达成合作,紧密区域协作,让旅游客源市场越拓越宽。

【旅游管理服务】 推动旅游饭店和旅行社标准化创建,天鸿饭店通过三星级旅游饭店评定,长城宾馆通过三星级旅游饭店复评,2家旅行社通过四星级品质旅行社复评。深化本土旅游行业人才培育,先后开展旅游行业管理、旅游系统垃圾分类、消防安全知识等培训,提升旅游行业整体素质。配合加强旅游行业监管,开展消防铁拳、扫黑除恶、迎国庆70周年维稳安保等专项行动,全年处理旅游投诉11起,满意度达100%,为游客营造和谐安全的旅游环境。

(李苑茜)

医疗卫生

综　述

【玉环卫生事业发展】　2019年度，玉环市居民健康素养水平27.38%，居民人均预期寿命77.94岁。截至2019年年底，全市医疗卫生机构总诊疗达798.2万人次，市域就诊率82.51%，基层就诊率77.36%；各类医疗卫生机构291家，其中医院9家、基层医疗卫生机构276家、专业公共卫生机构4家、其他机构2家；各类卫生技术人员3903人，其中执业（助理）医师1467人，注册护士1624人，实有床位2521张，每千人医生数、护士数、床位数分别为2.32人、2.57人、4.00张；全市无偿献血6119人次，献血量122.38万毫升，无偿献血占临床用血比例的102%。

6月11日，台州市县域医共体现场推进会在玉环召开；10月22日，玉环健共体做法在全省县域医共体建设工作推进会上作典型发言；11月13日，《玉环市创新构建“健康共同体”，推动卫生健康事业高质量发展》被浙江信息（工作交流）专刊录用；11月21日，中央党校中青班学员到玉环考察学习健共体和健康玉环建设。2019年度“健康台州”考核位居台州市第一，基本公共卫生服务考核蝉联台州十三连冠，被省人民政府评为2016—2018年度浙江省无偿献血先进集体。

【机构改革】　根据《玉环市机构改革方案》要求，整合原市卫生和计划生育局、原市深化医药卫生体制改革领导小组办公室的职责，以及市民政局承担的市老龄工作委员会办公室职责，市安全生产监督管理局的职业安全健康监督管理职责，组建市卫生健康局。1月21日，召开市卫生健康局干部大会暨揭牌仪式，标志着玉环市卫生健康局正式成立并运行办公。

【全面从严治党】　1月11日，经玉环市委发文决定，设立市卫生健康局党工委，撤销市卫生和计划生育局党委。局党工委撤销公立医院党委，设立市人民医院健共体集团、市第二人民医院健共体集团党委。开展卫健系统“不忘初心、牢记使命”主题教育，启动医疗卫生单位三年一轮内部巡查，2019年完成3家单位巡查。强化监督执纪，诫勉谈话等组织处理13人，党政纪处分8人次。

【医药卫生体制改革】　2019年上半年接受2018年度全省公立医院综合改革考核，居全省第二。被台州市卫健委列为县域医共体薪酬制度改革试点，出台《关于推进玉环市健共体集团人事薪酬制度改革的指导意见》以及健共体集团总院院长（党委书记）年薪制、任期制及目标责任制管理办法。重点构建健共体医防融合体系，动态更新疾病地图，设置专科专病临床诊疗中心14个、“全—专科”特色门诊23个，卫健部门主导下“二级区域中心+基层中心”的“1+X”MMC玉环模式写进《国家MMC建设与管理指南》。探索医保支付方式改革，实施城乡居民医疗保险门诊医疗费用按人头包干，慢性病患者门诊医保费用按人头包干等试点。

【医疗卫生技术水平】 市人民医院和市第二人民医院的医疗服务技术难度CMI在全省74家二级综合医院（下同）居第15名、第3名；RW≥2病种数居全省第12名、第19名；全市三、四级手术达4256台，同比增长19.6%。新购置DSA、1.5T磁共振等14台大型医疗设备，推广市级医疗新技术新项目45项，建成卒中中心、胸痛中心、创伤中心等专病中心，其中胸痛、卒中中心通过国家评审验收。启动市人民医院创建三级乙等医院，一、二类指标均达标，医院三、四级手术量居全省第5，上榜全国县级医院综合服务能力达标300强。

【卫生资源配置】 基础建设方面，总投资7.95亿元的市人民医院改扩建工程完成桩基施工，2019年度投资额8921万元；启动楚门镇卫生院搬迁改造工程并完成项目建设；大麦屿中心卫生院新院、沙门镇卫生院病房楼等工程持续推进。

人才学科方面，全年招录卫技人才178名（其中有31名待入编），其中玉环籍104人，高层次人才26人；定向培养招生（招聘）签约24人。新增省级以上名医（团队）工作室7家，获评台州市名中医2名，新挂牌玉环市名医工作室2家，获各级科研立项57项。

卫生信息化方面，完善区域卫生信息化综合项目，玉环首个5G网络服务点落户市人民医院，开通市级公立医院“刷脸就医”“医后付”等服务，医院高峰期挂号排队平均用时2.53分钟，病房、门诊智慧结算率分别达76.11%、79.83%。

【基层卫生健康】 2月，接受浙江省2018年度国家基本公共卫生服务项目绩效考核，居全省第二。全市规范化电子健康档案建档率93.5%，档案有效性98.6%，高血压、糖尿病患者规范管理率达80%以上。家庭医生签约服务提质扩面，组建150支签约团队，完善“10+1”菜单式签约服务包，制定个性化服务套餐，共签约17.82万人，规范签约率40.9%，重点人群签约率87%，签约居民综合满意度93.2%。财政基层补偿机制改革全面推进，基层医疗机构服务工作当量同比增加8.15%，基本医疗工作增量15.6%。加强基层医疗机构达标建设，坎门中心卫生院达到“优质服务基层行”活动国家推荐标准，受国家卫健委通报表扬。

【疾病预防控制】 2019年，报告甲、乙类传染病933例，较2018年下降6.42%。启动第五轮国家心血管病高危人群早期筛查与综合干预项目，初筛调查2027人，长期随访干预5159人。开展45周岁至70周岁低保人群免费胃癌筛查1989人，检出中高风险701人。全人群HIV检测率17.5%，抗病毒治疗比例94.56%。全年无一例预防接种事故，60岁及以上老人免费接种流感疫苗37058人，实施口服六价轮状病毒活疫苗Ⅲ期临床试验并完成400名受试者全程接种。全年无一例严重精神障碍患者肇事肇祸事件，规范管理率97.93%，救助费用100万元。

【卫生应急保障】 院前急救全面发展，受理各类急救电话29013次，院前急救出车7384车次，接收病人5513人次。应急处置高效有力，做好超强台风“利奇马”卫生应急工作，医疗救治388人次，出动防疫人员12226人次，发放消毒药品27.23吨，消杀面积240万平方米，实现灾后无疫情。

【卫生监督执法】 2019年度,卫生监督综合执法效能位居台州前列,查办行政处罚案件474件,罚款金额201.83万元,由卫生监督所承办的一宗案件获2019年度浙江省卫生行政执法十大优秀案例之一,在台州首个启用全省医疗废物智慧管理系统。强化医疗机构监管,查处违法医疗机构69家,不良执业行为记分61家次。强化打击非法行医工作,查处非法行医34起,罚没款12.69万元。强化公共场所整治,查处公共场所违法经营行为273起,罚没款25.09万元。完成浙江省卫生监督援疆工作,收到来自国家卫生健康委卫生健康监督中心的感谢信。

【卫生健康创建】 国家卫生城市创建先后于3月通过省级暗访、5月通过省级考核、12月通过国家级暗访;清港镇、沙门镇通过国家卫生乡镇考核评估(等待国家爱卫办正式命名),全市国家卫生镇创建率达37.5%。加强健康环境建设,全年验收命名市级健康单位12家,健康村9个;启动芦浦、干江、龙溪、海山创建台州市健康乡镇活动;新增浙江省健康促进学校43所,健康促进医院1所,全市创建率分别达89.8%、100%;玉环在全国第四届"万步有约"职业人群健走激励大赛中排全省第1名、全国第31名,被授予浙江省杰出贡献奖。

【老龄健康】 全市60周岁及以上老年人91416人,占人口总数的20.94%,其中65周岁及以上老年人62034人,100周岁及以上老年人37人,设有3家医养结合机构。做好老年人意外伤害保险工作,投入89.9万元为80周岁及以上老年人和60周岁至79周岁低保老年人购买意外伤害保险。丰富"银龄"生活,2019年度浙江省老年电大教学点招生3848人次,玉环市老年电大招生988人次。

【妇幼健康服务】 启动市级公立医院"出生一件事"改革,户籍孕产妇系统管理率98.32%,高危孕产妇管理率100%;3岁以下儿童系统管理率96.91%,婴儿死亡率1.24‰。强化出生缺陷综合干预,免费婚前医学检查率91.29%,免费孕前优生检测率97.14%;新生儿疾病、听力筛查率分别为100.21%、100%;开展新生儿先天性心脏病筛查2351例,双指标阳性237例。实施适龄妇女"两癌"免费检查,其中宫颈癌、乳腺癌检查各完成14667人、14586人,发现宫颈癌7人,乳腺癌16人。

【人口监测与家庭发展】 新增出生人口3256人,户籍人口出生率7.45‰,人口自然增长率1.13‰,出生性别比113.09。查处"两非"案件4例,其中行政处罚4人;行政征收社会抚养费167万元。确认计划生育奖特扶对象1977人,发放奖特扶资金417.648万元。实施计划生育系列保险工作,全年参保13.6万人次,累计赔付223万元。

(黄蕾茜)

医疗保障

【概况】 2019年1月21日,市医疗保障局正式挂牌成立,是市政府组成部门。主要承担医疗保险、生育保险和新型农村合作医疗职责,药械集中采购和监督管理有关职责,医疗救助职责,药品和医疗服务价格管理职责等。市医保局内设机构:办公室、综合业务科、基金监管科、下属事业市医疗保障局服务中心。2019年,市医保局推进医保领域"最多跑一次"改革,持续推进医保支付方式改革,高质量落实省、市民生实事,有力推进打击欺诈骗保工作,为广大参保群众提供更加安全、高效、便捷的医疗保障服务。

【医保参保】 基本医疗保险参保覆盖面进一步扩大,2019年,职工医保参保人数15万人,城乡居民医保参保人数30万人，参保率99.85%。

【医疗救助】 医疗救助保障进一步强化，2019年，全市贫困人员等资助参保对象参保率100%，参保人数13120人，资助金额1574.4万元，资助全年医疗救助22367人次，门诊包干5556人次，共27923人次，医疗救助金额9961800.49元，医疗救助政策落实率100%，医疗救助“一站式”结算实现率100%。

【城乡医保】 实施城乡医保免缴对象补充医疗保险，7月1日，全面完成城乡居民医保免缴对象直接在医疗机构刷卡报销结算工作，受益人群13896人。全年，刷卡结算9795人次，报销金额336779.27元。

【慢病报销】 在台州市率先确定5家连锁药店64家门店为城乡居民医保慢性病门诊定点零售药店，将高血压、糖尿病、肺结核、冠心病等14种常见慢性病纳入可购药范围，一次性处方医保用药量从4周延长到12周，报销比例一级医疗机构从50%提高到60%、二级医疗机构从20%提高到50%，允许药店购药且报销比例等同于二级医疗机构。全面推进医保慢性病药品第三方配送，超出省内要求两家，完成率达300%。7月1日起，开通购药刷卡报销。2019年，共刷卡报销慢病541人次，统筹支付31045.82元。

【抗癌药报销】 全面落实17种国家医保谈判抗癌药执行落实工作，玉环市第二人民医院等医院配齐17种抗癌药，保证患者用药权益不受损害，17种抗癌药累计报销595人次，报销金额5919551.63元。

【“4+7”带量采购】 推动国家“4+7”扩面谈判药品在玉环落地，25个品种平均降幅59%，节约资金1700多万元。落实台州市首批中成药联合采购，平均降幅21.6%，节约资金2000多万元。

【落实减税降费】 对制造业、交通运输业、建筑业三大行业实施阶段性降低医疗保险费两个月，为企业减免金额3855.49万元。

【全面推进医保支付方式改革】 作为“台州市基本医疗保险门诊费用实行按人头与家庭医生签约服务相结合定额结算改革”全省试点的唯一先行先试单位，市医保局全力推进总额预算下的基本医疗保险门诊按人头包干。出台《玉环市医保支付改革总额预算管理办法》及改革配套文件。在参保人待遇不变的基础上，确定与医共体门诊结算定额。改革实施以来，医保基金门诊支出增长呈放缓趋势，职工、城乡医保门诊费用增幅分别较政策实施前下降9.34%和5.30%，职工、城乡医保门诊次均费用分别较政策实施前下降3.48%和15.13%，经测算节约医保基金1000万元，提质增效成效初显。开展医保支付方式改革和2019年国家医保药品目录培训，培训1896人次，玉环在台州市县域医共体医保支付方式改革省级试点工作推进会上作改革工作经验典型发言。

【深入推进“最多跑一次”改革】 致力于打造医保经办服务最便捷城市，持续深化“就近办、联网办、聚合办”等便民举措，做好“简化、扩展、下沉”三篇文章，实现网办率、掌办率、即办率、办结率、承诺率五个100%。全年“网上办”“掌上办”2.8万件，占总办件量的71%，同比增长65%。实现省内门诊和住院免备案直接刷卡，开通长三角地区门诊直接刷卡服务，全年刷卡结算1529人次。增加全国一卡通定点医疗机构6家。全面梳理医疗保险参保登记、关系转移、费用报销、生育保险待遇核准支付等11个主项、34个子项“最多跑一次”医保业务事项，各类医保领域申请材料由96份减少到75份，材料压缩比达21.9%。对医疗保险参保个人账户清算、生育保险待遇核准支付、参保人员办理异地就医备案等10项证明事项全部予以取消。将34个“最多跑一次”办事事项的办理时间进行全面压缩，其中18个事项压缩为限时办结件。办事群众平均等待时间压缩35%，报销时限缩短达50%以上。

全力构建四级服务体系，下沉社会保险参保登记、医疗救助对象救助金给付等20项服务事项，打造30分钟服务圈，群众在“家门口”就能完成医保业务办理。2019年，培训镇、村级人员386人次，就近办理医保事项29.8万件。在台州市内率先建立医保医院互动平台。2019年，平台办理各类业务457件，服务群众430余人次，办事效率提速90%以上。2019年共计发放代配药证198张，解决高龄老人、失能半失能人员配药人、卡、证合一问题。推出医保政策“订单式”课堂，累计为医疗机构、机关单位、村（社区）等多家单位开展医保政策课堂35次，服务群众3000余人次。2019年，为偏远地区人员、老弱病残、特困家庭等特殊群体提供医疗保险零星报销、特殊病种办理、外伤登记等7项医保事项上门办服务达300余人次，办理事项57件。在台州市内率先推出面向所有台州市医保参保人的“医保为你跑”服务，承接、代办台州市内医保领域11项“最多跑一次”事项，让“群众跑腿”转变为“政府跑腿”。

【打击医保欺诈骗保行为】 深入开展“打击欺诈骗保、维护基金安全”主题宣传及专项行动，及时完善定点医疗机构、零售药店协议管理。2019年，检查定点医药机构226家，总计268家次，处罚57家，追回医保基金14.05万元。联合市场监督管理局等有关部门，落实中药饮片价格相关政策，对不合规的公立医疗机构落实整改并追回医保基金1111678.84元。借助行业协会力量，发挥医药机构自我监督的主观能动性，2019年，定点零售药店自查自纠40余次。比对死亡火化人员10300余人，发现15例死亡刷卡人员在医疗机构有可疑数据，追回违规费用2888.61元。在全省率先与法院建立追偿医保基金协作机制，实现追偿医保基金行政与司法无缝衔接，追回12000元医保基金。通过阳光智能监管平台对两定机构上传的费用进行全面审核，全年拒付基金2197304.39元。

【医保政策宣传】 2019年，举办“医保政策宣传进文化礼堂”活动53场，专场巡回演出5场，主动加强媒体融合，在《333新闻窗》《今日玉环》等媒体开辟医保专栏和专版，并通过局官方微信号、《玉环发布》等平台进行医保政策和亮点工作宣传，在上级各类媒体发布工作动态、政策宣传类稿件100多件。荣获“台州市医保工作先进单位”、玉环市级青年文明号等荣誉称号。

（陈致远）

社会民生

民　政

【概况】 2019年，市民政局根据机构改革要求，划出退役军人优抚安置、老龄工作、救灾减灾、医疗救助4项职责；根据事业单位清理规范要求，对下属事业单位进行整合。内设办公室(挂党建工作科、行政审批科牌子)、社会组织管理科、社会救助科、基层政权和社区治理科，下属地名服务中心、殡葬执法大队、养老服务和儿童福利指导中心(社会福利中心)、婚姻登记中心、慈善事业促进服务中心、残疾人福利保障指导中心、社会救助服务中心、水库移民工作中心、殡仪馆等9个事业单位。

【基层自治组织建设】 落实行政村规模调整后续工作，完成54个新村(社区)“两约”(村规民约、社区居民公约) 修订和城市社区布点规划修编。试行《玉环市村(居)委会主任备案管理办法》，全面规范完成现任村(居)委会主任建档、建库工作，对222个村(居)委会主任备案管理，提升村(居)委会主任队伍规范化管理水平。7月，市委办、市府办印发《玉环市加强社区建设工作实施方案》，全面开展社区专业化、职业化建设工作，进一步保障全市36个社区“人财物”配置，采用新建、划转、购置、租用等方式统筹解决办公服务用房，通过公开招聘和在岗转聘等方式配齐专职社区工作者，全面提升社区工作专业化水平。11月，举办全市首届专职社区工作者培训班，全市社区书记、乡镇(街道)社区办专职工作人员及2019年新考录的专职社区工作者共93人参加为期4天的专业培训。全面贯彻落实市委办、市府办《关于减轻基层负担的12条意见》，印发《基层减负标准(事项)清单》，以整治社区挂牌问题为突破口，针对社区机构牌子、上墙制度“多乱杂”的现象进行专项整治，持续为基层松绑减负。

【行政区划及地名管理】 加强行政区域界线管理，7月，联合温岭市民政局检查玉温线界线、界桩，维护行政区域界线法定性、严肃性和稳定性。深化地名文化信息资源调查、挖掘、整理，将各类地名标准名称、地理位置、来历含义等地理实体特征及相关信息编辑整理、入典入志，最终修改核定《浙江省标准地名词典(上卷)》内容，确定《浙江省标准地名词典(下卷)》词目表并完成资料收集，完成《国家标准地名志》样条撰写和修改。有序开展不规范地名清理整治，重点针对居民区、大型建筑物、道路、街巷中存在的违反地名法规政策规定的不规范地名，特别是“大、洋、怪、重”地名，列出不规范地名清理名单7条，上报台州市民政局。“利奇马”台风后，排查全市范围路牌倒伏情况，排查247个点位，扶正19个轻度倒伏路牌，对44个倒伏严重路牌进行维修或重新安装。

【社会组织管理】 截至2019年年底，全市依法登记社会组织611家，其中社会团体170家、民办非企业单位438家、基金会3家；备案登记社区社会组织1569家，其中平均每个城市社区15.7家、平均每个农村社区5.4家。

以天宜社工机构为试点的社会组织参与社会治理工作经验在央视“新闻调查”栏目专题报道40分钟，相关工作专报获副省长王文序和副市长赵海滨批示肯定，并在台州市进行经验推广。

开展“依法登记枢纽型支持型社会组织”攻坚行动，全市注册登记城市社区枢纽型支持型社会组织34家，覆盖率94.4%，农村社区枢纽型支持型社会组织131家，覆盖率70.8%。

全面实现市本级兜底管理社会组织党组织和党建“双覆盖”，覆盖社会组织34家。

推进政府购买社会组织服务机制，86家符合条件的社会组织编入购买目录。

组织参加全国社会工作者职业水平考试，发放教材并开展考前辅导，2019年全市1426人参加考试，181人通过，玉环市荣获2019年度浙江省全国社会工作者职业水平考试最佳组织奖。截至2019年年底，全市持证社工547人，其中机关事业单位385人、村居社区126人、社会组织21人、企业15人。

加强社会组织服务平台建设，市级社会组织服务中心采用“政府资金支持、专业团队管理、社会群众受益”的运营模式为社会组织提供孵化培育、政府购买、公益创投等服务。

举办第六届全市社会组织公益创投活动，项目涉及为老服务、助残服务、青少年服务、救助帮困及其他公益服务等6大领域，有效激活社会组织的“造血”功能，其中玉环市楚门天宜社会工作服务社“让蓝天更蓝”、玉环市心灵花园青少年心理服务中心“大白行动”、志愿者协会“益条街”等3个服务项目获评台州市公益服务项目品牌。

全市社会组织2019年在服务经济、化解矛盾、提供服务、促进和谐等领域累计支出2030多万元，开展服务活动5200多场次，受益群众达97万人次。

【社会福利事业】 全市养老机构27家，其中国办长者公寓1家、公办敬老院8家、民办养老机构18家，机构总床位数3644张。6家养老机构新建未启用，全市在运营养老机构21家，在院老人1125人。

鼓励社会力量发展养老产业，6家乡镇（街道）养老机构统一实施公建民营。推进省、市政府民生实事项目，新建坎门、楚门、清港、沙门、龙溪家兼具日间照料及全托服务功能的乡镇（街道）示范型居家养老服务中心，为区域内老年人提供日托、中短期全托、助餐、助浴等服务。加快居家养老三级服务网络建设，全市居家养老服务照料中心303家，其中213家运营专业化托管，托管率70%。推进老年助餐、配送餐服务扩面工作，老年爱心食堂为64个村居（社区）2000多名老人提供配送餐服务，开展敬老爱老服务系列活动49场次，配送老年爱心餐近30万份。深化发展“医养融合”型现代健康养老，促进养老机构与乡镇（街道）卫生院合作，全市养老机构和居家养老服务照料中心实现“抱团”签约率100%，建成坎门夕阳红托老院、幸福家园托老院、今夕家园托老院3家医养护一体养老机构，护理型养老床位约占50%。依托台州、玉环两级养老护理人员培训基地，培训全市养老服务人员和养老机构管理人员102人。实施养老机构消防整治专项行动，全年派出督导检查组44组次、检查人员240人次，检查养老机构21家116次，排查治理安全隐患150项，并推广智慧消防，通过公开招标委托第三方机构对全市养老机构提供安全管理信息化服务。

儿童福利精准化救助工作在全省儿童福利工作培训会上作典型发言。实施困境儿童、农村留守儿童关爱行动，对全市139名留守儿童和101名困境儿童、事实无人抚养儿童开展家境调查，并委托社会组织（玉环市救助救灾协会）定期探访。暑期联合市总工会、团市委等部门开展"守初心·助成长"关爱困境儿童、农村留守儿童、小候鸟活动，开展12次送课进文化礼堂进企业和3次小候鸟免费观影活动，服务儿童1000人次，覆盖11个乡镇（街道）和15家非公企业。实施"添翼计划"，对11名贫困家庭重病和残疾儿童实施阶段性集中养育康复，以儿童康复治疗为重点，同时开展家属团体互助、一对一心理咨询支持等服务项目。全年办理弃婴收养登记15件。全市社会福利企业协会会员单位40家，安置残疾职工921人，企业年收入总计15.21亿元，协调落实福利企业税收等优惠政策。

全年销售福利彩票2463.8万元，开展"福彩暖万家"公益活动，其中"福彩助力·点亮梦想"公益活动资助困难家庭留守儿童、残疾儿童等困境儿童20人，"福彩牵手·助圆大学梦"公益活动资助2019届困难大学新生10人，"福彩有爱·孤老不独"公益活动资助生活困难的孤寡、空巢、低保老人40人，"福彩牵手·一路有你"公益活动资助家庭困难的一线环卫工人10人。

【社会救助工作】 全市最低生活保障对象3664户5367人，占户籍人口的1.24%；保障标准770元/月，人均补差约550元/月，全年低保资金支出3614.89万元。开展低保专项治理和民生领域不正之风、侵害群众利益问题集中整治，组建6个专项治理督导检查组，按每个乡镇（街道）不少于3个村（社区）、抽查的村（社区）按不少于低保户30%的要求进行上门入户核查，并通过明查暗访、随机检查、乡镇（街道）互查等方式开展督查，杜绝"关系保、人情保、错漏保"等现象，建立长效机制，加强家庭经济状况信息核查，实施精准救助。

低保边缘对象1250户2435人，占户籍人口的0.56%。实施低保、低保边缘对象一年渐退期制度，确保稳定脱贫后再退出。

特困人员供养79户79人，供养标准1785.5元/月。

实施社会救助保障标准与物价上涨挂钩联动机制，发放物价补贴359.6万元。

临时救助636户1590人，发放临时救助资金174.8万元，其中"利奇马"台风后向困难受灾群众发放临时救助资金52万元。

救助流浪乞讨人员368人次，其中提供医疗救治288人次、护送返乡10人、未成年人救助4人、提供返乡车66人，支出救助金138.56万元。

鼓励社会力量参与社会救助，通过购买服务开展"馨居行动"低保家庭居家环境改造等帮扶工作。

【婚姻登记】 全年办理结婚登记2008对、离婚登记1302对、补发婚姻证件453件、各类婚姻查档746件、开具无婚姻登记记录证明6份。实现结婚生育户口"一件事"联办和婚姻登记事项全台州市通办。

9月，第二届"浙台婚姻家庭文化之旅"活动在玉环举办，民政部社会事务司、浙江省民政厅、浙江省婚姻家庭协会、海峡两岸婚姻家庭服务中心、台湾中华经贸交流协会、台湾大陈乡情文化促进会、省内两岸婚姻代表、有关地区民政局及台办共80余名代表参加活动。

9月25日，玉环市婚姻家庭协会成立。

【殡葬管理与服务】 深化丧葬礼俗改革，实行丧事集中办理，玉环市域居民（包括外来人员）亡故后，遗体须在亡故后24小时（陆上交通未通达的海岛可放宽至36小时，遇台风等不适航天气可顺延)内运送至市殡仪馆,亡故时间以死亡医学证明推断的死亡时间为准,治丧时间不超过5天,在殡仪馆完成出殡前所有丧事活动,其间不得另设场地办丧,出殡当天骨灰须从市殡仪馆直接运送到墓地入葬,规范出殡行为和规模,倡导市民文明办丧、从简办丧。7月31日,市委办、市府办印发《玉环市深化丧葬礼俗改革工作实施方案》;8月1日,全市深化丧葬礼俗改革工作动员会召开;8月26日,市政府发布《关于在全市范围内开展丧葬礼俗改革工作的通告》;9月1日起,丧葬礼俗改革新政策试行3个月,其间市殡仪馆守灵室租费减免;12月1日起,深化丧葬礼俗改革正式实施。为配合丧葬礼俗改革,市殡仪馆设立集中守灵服务中心、家属用餐中心并拓展停车区域,积极协调公交部门将108路公交车线路调整为途径殡仪馆,站点名为"纸扇山"站。深化亲人身后"一件事"联办,亲人亡故后只需要一通电话即可足不出户办理丧葬事项,实现丧葬事项"零次跑"。9月25日,民政部社会事务司司长王金华一行赴玉环调研,参观市殡仪馆二期工程,了解深化丧葬礼俗改革工作及身后"一件事"工作,指出玉环"小海岛"有"大作为",丧葬礼俗改革措施积极稳妥,集中守灵模式值得推广。

【水库移民安置】 核定大中型水库直补移民144人,全年发放移民补助资金86400元;开展水库移民后期扶持项目6个(见下表),发放项目资金202万元,受扶持村居及移民生产生活条件改善、创业技能增强、经济收入提高,移民生活水平稳步提升。

(胡　玮)

2019 年玉环市水库移民后期扶持项目表

表 8

序号	项目名称	地　点	内　　容	实施主体	资金(万元)		受益人口(人)	
					总资金	其　中 移民项目资金补助	总人数	其　中 移民人数
1	玉环市龙溪镇邱岭村邱家岭片道路护栏及亮化工程	玉环市龙溪镇邱岭村邱家岭片	护栏 2215 米,路灯 132 盏	玉环市龙溪镇邱岭村村民委员会	52.39	40	1137	245
2	玉环市龙溪镇山里村动漫花谷道路美化工程	玉环市龙溪镇山里村动漫花谷	石板路 820 米,宽 4 米	玉环市龙溪镇山里村村民委员会	68.88	52	1947	0 (无移民,土地淹没村)
3	玉环市沙门镇小间村观音堂至后山头道路修建工程	玉环市沙门镇小间村	修建道路长 2200 米,宽 1.5 米	玉环市沙门镇小间村村民委员会	84.48	65	938	74
4	玉环市楚门镇筠岗村前环溪路修建工程	玉环市楚门镇筠岗村前环溪路	前环溪路路面长约 300 米,拓宽至 4 米,路面硬化	玉环市楚门镇筠岗村村民委员会	30	20	2782	23
5	玉环市 2019 年度水库移民培训(第一期)	玉环市奥菲职业技能培训学校	中级茶艺师 19 人,中级西式面点师 70 人,中级美容师 11 人	玉环市奥菲职业技能培训学校	15	15	100	100
6	玉环市 2019 年度水库移民培训(第二期)	玉环市奥菲职业技能培训学校	中级西式面点师 66 人,初级西式面点师 1 人	玉环市奥菲职业技能培训学校	10	10	67	67
合　　计					260.75	202	6971	509

慈善事业

【募集】 2019年，玉环市慈善总会善款收入2189.35万元。以“凝聚社会力量 助推精准扶贫”为主题，开展“慈善人人捐”活动，收到200多家单位捐赠善款178万多元。不断创新募捐路径，企业基金势头良好，4月与浙江康华有限公司续签了该公司的第二份十年冠名基金200万元，“康华”公司另捐资200万元设立玉环市康华教育基金会；11月与浙江双环传动机械股份有限公司续签冠名100万元，另捐赠20万元教育基金。致力探索更适合长远发展的基金募集模式，会长陈志鹏提出建立“乡镇街道企业慈善基金联合体”，立足于乡镇、街道，融合企业零散的慈善资金，发动乡贤和企业家们情系桑梓，热心慈善，历经半年努力，7月16日，“大麦屿街道慈善关爱基金”正式成立，27家企业和个人捐赠善款4780万元。

【救助】 2019年，市慈善总会支出善款1851.08万元，受助8162人次。

常规救助抓细做实，慈善助困开展孤寡老人、困境儿童、低保群众入户走访慰问；大病救助支出228.42万元，救助特困重病患者985人次；“尿毒症患者免费血透”项目救助支出50.92万元，救助669人次；“慈善圆梦助学”活动支出105.85万元，结对助学274名贫困学子。

凸显项目特色化，市公安局的“金盾基金”、各学校的“爱心基金”、城管局的“城管基金”都开展得有声有色，“城管基金”4年来坚持结对贫困流动摊贩董小西；“爱心食堂配送”项目支出21.18万元，帮助3342名低保户和孤寡老人就餐。

助推东西部协作和赈灾救助，接收全市各界捐款341.9万元用于四川省茂县和峨边县的结对帮扶工作，出台《茂县东西部扶贫协作和对口支援社会帮扶资金使用管理办法》；“利奇马”台风接收社会各界赈灾款283万元，全部拨款用于灾后重建。

【传播慈善文化】 2019年，市慈善总会开展“‘聚焦脱贫攻坚 共创美好生活’9·5中华慈善日”大型公益宣传活动。报道《爱从身边做起——把爱传给大家》的玉环康华企业董事长高克胡；报道《热心慈善公益不停步》的“浙江省劳动模范”胡再贵；报道《大德相承播爱心》的医生章文贵。刊出《玉环慈善报》和《玉环慈善》杂志第三期。积极开展慈善救助的“最多跑一次”，简化慈善救助申请流程，根据“无证明”办理要求，去掉村一级证明盖章。市慈善义工积极开展“浓情端午、粽叶飘香”端午送粽活动、“精准帮扶、大爱同行”义工志愿服务进礼堂活动、“利奇马”台风赈灾救助活动等。

（丁　艳）

人力资源和社会保障

【就业创业】 推动创业园建设，组建创业导师队伍，开展“学子归巢”、“春风行动”、“民营企业招聘周”、乡村振兴创业大赛等就业服务专项活动，多举措推进民生实事。全年电商就业创业扶持204家，实现雁归创业企业208家，促进乡村就业2218人，落实技能和创业培训补贴2093人，扶持电商就业创业812人，发放创业担保贷款1.3亿元、贴息601万元，实现城镇新增就业12500人，完成目标的195.31%，乡村新增就业2218人，完成考核指标的123.2%；失业人员再就业4982人，完成目标的276.7%，困难人员再就业297人，完成目标的118.8%，城镇登记失业率2.15%，低于4%的临界率。

【招才纳贤】 举办“智联全球·才聚玉环”中国玉

环第二届国际高层次人才创业创新大赛。深化人才服务联盟工作，成立人力资源服务协会。深入推进“500精英倍增计划”，前两次直接认定9人，以赛引才5人。“500精英”路演实现9个项目在玉环落地。成功申报3家台州市博士后创新基地。组织春夏两季人才招聘和外出校园招聘等大型人才招聘会8场，达成就业意向1152人。

【校地合作】 出台《强化校企合作优化用工服务的若干实施意见》《加强高校毕业生集聚工作的实施意见》，推动校企合作深度发展，玉环企业在武汉交通职业学院等校建立3个玉环班，制定并实施人才联合培养三年方案，开展订单班技能竞赛，接收玉环班高校学生顶岗实习、见习近300人。通过“以赛选才、实战培养”模式，在长春举办玉环长春政校企合作洽谈会暨玉环外贸人才招聘会，11所长春高校、22家玉环企业、300多名学生参加，6所高校分别与6家玉环企业一对一签订校企合作协议。拓展校企合作区域，提高针对性和实效性，加强与湖北武汉、江苏南京、湖南怀化、沈阳大连及台州学院等高校的联系交流，启动百校引才活动。

【职业能力建设】 扎实推进职业技能提升行动，筹集职业技能提升行动专项资金7900万元，完成职业技能提升培训17500人。

健全技能人才评价体系，推进企业自主评价；开展第二届“企业实用人才”评选，评出企业实用人才20名，其中外贸人才5名；深化技能大师工作室、“杰出工匠”评选工作，成功评选台州市级技能大师工作室1家、玉环市级技能大师工作室3家，杰出台州工匠2人、杰出玉环工匠3人；推进企业新型学徒制试点工作；深化技能人才培育，建立以公办技工学校为基础、社会培训机构为补充、企业和行业协会自主培养的多层次技能人才培养模式；延伸培训触角，送技能培训进企业、进文化礼堂；举办玉环市第十二届职业技能大赛，有136家企业556名选手参加10个项目的角逐，参赛人数、企业数创历届之最。全年完成技能人才培训和鉴定13379人，合格数10090人，高技能人才2761人，超额完成高技能人才培养考核任务，完成省“拔尖技能人才”培养项目人选2人，台州市拔尖人才1人。全年发放职业技能培训与鉴定补贴423.78万元。

【社会保障】 加强社保体系建设，严格落实惠民新政策，完成阶段性降低社会保险缴费近亿元，惠及全市12510家企业，个体参保2.6万人。全年企业职工养老保险基金收入138515.77万元，支出183844.17万元，累计结余439876.04万元；工伤保险基金收入19370.52万元，支出18205.56万元，累计结余1510.59万元；城乡居民基本养老保险基金收入14962.94万元，支出11535.41万元，累计结余10171.49万元。

【事业单位人事管理】 做好工资福利待遇工作和机关事业人事流动、招聘考录工作，深化市属国有企业改革，推进国企负责人薪酬制度改革。全年招聘教师169人，卫生技术人员49人，录用事业人员131人；完成工龄变更薪级工资调整1752人；国有企业办理企业年金备案手续4家。

【劳动维权】 加强部门联动，开展专项检查、双随机执法检查，严格执行拖欠工资“黑名单”制度，召开在建工程领域工资支付现场会，省“无欠薪市”创建成果进一步巩固。全年受理拖欠工资投诉举报212起，涉及人数744人，处理工资939.2万余元，处置重大欠薪案件1起，涉嫌拒不支付劳动报酬罪移送公安2起，查处违法使用童工10件，案件数和涉及人数与上年同期相比分别下降了47%、32%，延续前两年大幅下降态势。

强化仲裁调解职能，制定案件审理流程管理

规定和仲裁员行为规范，开展仲裁员廉政教育活动，启用“劳动人事争议仲裁专递”，开展劳动纠纷多元化解机制试点，办案质效大幅提升。劳动争议案件办结829件，调解率82.6%，结案率94.1%，一裁终局率56.8%。

【最多跑一次改革】 建设全市人社一体化项目，实现社保、就业业务数据共享。抓好“互联网+政务服务”工作，一证通办实现率100%，网上办实现率100%，掌上办实现率100%，跑零次实现率100%，办事时限压缩率96.57%，即办率89.29%，材料电子化率100%。全力推进“社银联通”工程，“社银联通”工程已实现乡镇（街道）全覆盖，下放81项人社业务到农商行各大网点，设立专窗，实现群众和企业“就近办”“多点办”。全力推进“下沉办”“自助办”“掌上办”，78项业务下延乡镇平台办理。

（陈小春）

民族宗教

【概况】 宗教基本情况：玉环是全省宗教工作重点市和天主教工作重点市，是台州市唯一的天主教工作重点市。全市现有宗教四个：佛教、道教、天主教、基督教。现有宗教及民间信仰活动场所1018处，有证452处，无证566处。依法登记的宗教活动场所157所，其中，佛教59所、道教41所、天主教6所、基督教51所。民间信仰场所861处，登记编号的甲类场所182处，乙类场所113处。登记备案的宗教教职人员396人，其中，佛教130人、道教237人、基督教圣职人员28人、天主教1人。

少数民族基本情况：截至2019年12月，在玉环常住少数民族人数1629人，涉及31个民族，其中人数最多的民族有土家族、苗族、壮族、回族、彝族。以婚迁、出生居多，另购房落户、退伍安置、干部调动、大中专学生毕业等因素入户玉环。主要集中在玉城街道、大麦屿街道、坎门街道、楚门镇等大乡镇（街道）。截至12月，全市流动少数民族人数4.7万人，涉及49个民族，其中人数较多排名前5位的为土家族1.8万人、苗族1.1万人、侗族0.5万人、彝族0.3万人、布依族0.2万人。主要来自贵州、四川、湖北、湖南、云南等地。

【夯实宗教工作基础】 实施以宪法为主题的“十百千万”普法工程，由佛教、道教、基督教、天主教四大宗教的宗教团体牵头，民宗局领导主讲，组织涉教场所负责人深入学习党的宗教政策，及新修订的《宗教事务条例》《浙江省宗教事务条例》和《浙江省少数民族权益保障条例》《中华人民共和国国家安全法》《中华人民共和国反恐怖主义法》等法律法规，同时增加老年人交通法、丧葬礼俗改革等内容，举办培训8期，受教育的宗教界人士3000多人。

开展宗教政策法规进党校、进文化礼堂活动，在市委党校举办人武干部、农村干部培训班4期，受教育的人武干部、农村干部2000人次；在文化礼堂宣讲163场次，受众2万多人。参与2019年玉环市“宪法宣传周”暨“12·4”国家宪法日上街宣传，现场发放《宗教事务条例》《浙江省宗教事务条例》《民族基本知识汇编》《浙江省实施〈中华人民共和国反恐怖主义法〉办法》和反邪教宣传折页等宣传资料5000册，纸巾等普法宣传品5000件。

在致力推进宗教场所“五进”过程中，将宗教政策法规宣传作为重中之重，申报第四批民间信仰场所的宣传橱窗布置美观大方、引人注目。干江基督教堂被评为省级宗教法治宣传教育基地。

【宗教领域建设】 加强宗教团体建设。指导道教协会做好换届前工作，改革以往代表产生办法，改由乡镇与道教协会联合推荐。

推进财务上平台工作。对有人举报存在异议的宗教场所进行财务审计，规范场所财务管理。

全市宗教活动场所财务按要求全部纳入全省宗教财务服务管理平台，上线率100%。

【开展宗教场所安全稳定工作】 结合平安建设工作，以高水平推进“1+9”平安场所创建工作为抓手，将157处宗教活动场所纳入综治“四个平台一张网”，实行网格化管理，充分利用“浙江掌上宗教”App开展安全隐患检查。按照统一部署、统一标准、统一管理、统一台账的工作思路，结合场所消防整治十个一律，对排摸出的1374处安全隐患进行清零行动，明火不进大殿、电线套管、幔帐清除、多人群居清离等达标率在95%以上，开展消防安全知识宣传16次，组织开展消防演练13次，有效防范安全事故发生。

创建民间信仰场所“五进场所”示范点76个，“五进六有”示范点48个。联合宗教团体、乡镇(街道)开展宗教场所安全隐患排查，确保活动场所安全。

建立市领导联系教堂制度，明确23名市领导联系57所天基教堂；落实督促宗教场所“1+5”服务小组机制，正常发挥服务引导、值班驻守、属地管理等三项职责。有效处置矛盾纠纷5起，息访1起。

查处宗教商业化违规事件5起，相继拆除40处宗教商业化场所。

【发挥宗教界正能量作用】 开展“民间民俗、多彩浙江”传统文化活动2场次。慰问宗教界重点人士62人，送去慰问金3万多元；3月，开展第十三届纪念老子诞辰传统文化活动；6月，开展第七届海上增殖放流活动，将100万尾鱼苗放归大海，累计金额25万元；9月，组织全市四大宗教团体举行“礼赞国旗——祖国在我心中”升旗仪式，向中华人民共和国成立70周年献礼；10月，设立传统文化指导员队伍，举行全市首批传统文化指导员聘任仪式暨微电影《一枚银针》首映式活动。创建“五进六有”民间信仰场所87家，为第四批民间信仰活动场所登记编号工作奠定基础。12月，指导市佛教协会承办台州市佛教协会巡回讲经活动，全面做好各项安全预案，确保活动顺利开展。

【民族团结进步工作】 做好省内民族乡镇、民族村结对帮扶工作，根据要求，完成温州苍南县莒溪镇上村村8万元的结对帮扶款及丽水云和县雾溪畲族乡80万元的结对帮扶款。

做好困难少数民族人员慰问。慰问困难少数民族人员41人，送去慰问金3万元。

以“民族团结进步宣传月”为主要平台，对民族政策进机关、进企业、进乡镇、进社区、进学校进行广泛宣传。1月，指导坎门街道举办“同心同行 文化共荣” 在玉环苗族同胞喜迎共享改革开放40周年文化交流活动，吸引了200多位来自云南、贵州、四川的苗族同胞参与。培育坎门街道双丰村为省级民族团结进步示范单位。审核高考加分学生4人。5月，全面做好斋月期间和开斋节宣传工作。对全市辖区内46家兰州清真拉面馆进行全面排查整治，摘牌5家。

（市民宗局）

流动人口管理

【注重示范带动，自治水平进一步提高】 通过出台《玉环市流动人口党组织工作规范》，明确双重管理职责，完善《“三好”服务型流动人口党组织考核办法》，对29个地缘型党支部书记实行绩效考核、评星定级，加强党组织规范化建设。开展“不忘初心，牢记使命”主题教育，组织29个地缘型流动人口党支部书记开展集中辅学，9个乡镇（街道）流动党总支组织辖区流动党支部开展集中领学，形成“1+29”“9+N”学习网络。进一步探索党建引领基层社会治理有效机制，开展“我在异乡当先锋”主题实践活动，引领流动党员开展“我爱我家”、文明出行、防台抗台等各类志愿活动230多场次，有“新玉环人”相对固定志愿者231人；“春风送岗”帮助就业600多人。流动人口党组织成功调处各类矛盾纠纷764起，其中伤亡14起，涉及金额1730多万元，与玉城派出所打造先锋联建工作站化解率100%，群众满意度98.2%，有力维护社会和谐稳定。

【注重便民利民，服务体系进一步完善】 启动电子居住证功能上线应用，拓展居住证商业应用，推进跨区域协作和异地医保结算工作。加快推进新玉环人安居工程建设，创新在职职工住院医疗互助活动，2019年，4万名外来民工参与，累计发放医疗补助135万元，600名患病外来民工受益。推进流动人口服务“最多跑一次”改革，精简证明材料，优化申报程序。审核通过新玉环人子女入读公办学校积分申请2520人。推进跨区域代办，通过授权审核代办、派员上门代办、返乡集中代办等方式，全程代跑流动人口异地办理居住证、生育登记服务、商事登记、积分入学等各项需求，提供“全天候”“不打烊”服务800多件，节省老乡往返开支200多万元，让老乡享受节支便民服务。

【注重宣传引导，融合水平进一步提升】 用好“新玉环人”杂志、微信公众号、移动“心”广场、“我在玉环”广播栏目等宣传平台，讲好新玉环人故事，并开展首届最美新玉环人评选并举办隆重的颁奖晚会，培树典型模范，在全社会弘扬“最美”社会主义核心价值观。结合“新中国成立70周年”，开展我为祖国唱赞歌、我和国旗合个影、我为祖国送祝福、我和祖国共成长等系列活动18次，加强爱国教育。到招聘会现场、工业园区、新民小区、企业、民工子弟学校、农村文化礼堂等开展各类宣教活动477次，加强对新玉环人的关心关爱，春节期间慰问返乡新玉环人500多人，“六一”“七一”开展慰问活动，发放慰问金15万元。

【注重基础管理，流动人口“四率”不断攀升】 增配180台流管通手机和15台考核机，会同公安部门，对260个村居进行流动人口信息交叉检查和抽查。建成台州市对玉环考核示范村五个、沿街店铺两条、工业区一个，及玉环自建示范村八个、沿街店铺五条、示范企业七家。截至2019年年底，全市登记在册流动人口33万人，流动人口“四率”均达到省市考核标准。此外，完成汽摩新民小区污水零直排验收，白岩新民小区人脸识别门禁系统试点，着力提升流动人口居住安全感和满意度。

（张恬铭）

市关心下一代工作委员会

【概况】 2019年，市关工委实施了机构改革。从老干部局中独立出来，成为独立事业单位，明确相应的编制。市关工委的主要职责是抓住有利时机，积极开展青少年思想道德教育；搭建学习平台，大力实施帮扶帮困工程；开展关爱活动，努力营造青少年成长成才环境；夯实工作基础，不断加强关工委自身建设。全市在部门、乡镇（街道）、中小学、村居、企业建有关工委组织508个。全市有19518人从事关工委工作。

【引导青少年树立和践行社会主义核心价值观】

充分挖掘红色资源，扎实开展爱国主义教育。利用玉环烈士陵园、坎门英雄基干民兵营纪念馆、林森火纪念馆、潘心元烈士墓、东方中学爱国主义教育基地、乐清湾海上游击根据地纪念馆等场所，充分发挥“五老”的优势，结合清明节、国庆节等节日或烈士纪念日，开展爱国主义教育。

以中华人民共和国七十周年为契机，市关工委与市教育局联合发文《关于在全市青少年中深入开展“弘扬垦荒精神 争做时代新人”主题教育活动的通知》，在全市中小学开展主题教育，举办以此为主题的征文、摄影、演讲、读书比赛活动。市关工委“五老”宣讲团成员深入各学校、村社区文化礼堂开展“改天换地谱七十载华章 继往开来铸新时代辉煌”为主题的国史、党史教育，以及“弘扬垦荒精神 争做时代新人”青少年主题教育。

以青少年综合教育实践基地为抓手，在劳动中锤炼青少年的道德品质。与市教育局合作，在研学实践基地的基础上，进一步拓展实践内容和形式，丰富课程类目；开展青少年思想道德教育，将青少年德育及社会主义核心价值体系的内容融入劳动教育的课程中；开设“五老”忆苦思甜红色课堂，将红色基因融入青少年血脉；开展礼仪礼节、人际沟通、悦纳自我等心理团辅游戏，促进青少年心智健康发展。

【开展青少年法治教育】 深化法治宣传教育。以“关爱明天、普法先行”青少年普法教育活动为抓手，充分发挥法治副校长的作用。法治副校长每学期开设一门以上法治讲座。选送一名法治副校长参加台州市举办的法治副校长优质课比赛，获二等奖。开展“学法律、讲法治、守法规”主题教育活动。推进“禁毒我先行”禁毒宣传月活动，优化“五进”宣传方式，举办禁毒知识有奖竞答活动，提高宣传效果。联合市禁毒委等单位在“6·26”国际禁毒日举行主题为“拒绝毒品、绚丽青春”的宣传活动。

扎实推进“老范面对面”法治教育进课堂工作。“老范面对面”工作室着重青少年法制宣传教育、校园凌霸的预防、青少年公民意识培养等方面的内容，通过宣讲、交流讨论等形式，培养青少年的法治意识和自我保护的能力。为提高宣讲的针对性和有效性，工作室专门制作发放调查问卷，了解学生的法律素养，捋清学生需要掌握的法律知识以及亟须得到的帮助。设计相应的教案，并邀请市检察院未检科以及市教育局的有关同志一起，先后深入城北学校、玉环双语学校开展宣讲活动。

法治帮教工作进一步推进。推进未成年人保护组织代表队伍建设，主动承担起询问涉案未成年人保护组织代表的职责。协同市检察院开展“绿色司法”活动，组织“五老”为相对不起诉未成年人和失足失范青少年进行思想教育、心理疏导、行为矫正和融入社会等关爱服务。各地进一步加强“阳光驿站”建设，切实发挥五老在涉罪青少年帮教工作中的作用。坎门阳光禁毒会所在郭口顺的带领下，禁毒帮教工作取得显著的成绩，2019年，被省委宣传部、省文明办等单位评为“群众身边的活雷锋”，郭口顺被省委、省政府授予第六届浙江省“道德模范”称号。截至2019年年底，坎门阳光禁毒会所“五老”累计帮教吸毒人员440人，95%以上的吸毒者就地接受帮教，276人成功脱毒，占总吸毒人数的62.7%。帮助安置就业、创业人数达300余人。

【开展关爱服务青少年工作】 抓好青少年助学帮困工作。春节期间，市关工委深入各乡镇(街道)为20名困境儿童共送上3万元慰问金。走访核实各乡镇(街道)上报的困难大学生，15名贫困大学生获得社会爱心人士的资助，共资助资金9万元。举办第七届“鸟巢关爱工程”奖学金、助学金发放仪式，70名优秀学子和贫困学生共获得5万元的奖助学金。

开展“净网、护苗”行动。各地关工委的网吧监督员认真开展督查活动，2月和8月，楚门镇关工委先后组织“五老”网络监督员，深入全镇8所营业网吧，开展“绿网护苗”检查活动。大麦屿关工委组织网吧联动督查5次。特别是校园附近网吧，保证月月有人巡，周周打招呼，杜绝未成年人上网，恋网现象。

玉环市“心灵花园”青少年教育者成长基地挂牌成立。市关工委与市教师进修学校合作，成立成长基地，推出“蒲公英计划”，提升青少年心理教育者（心理老师、班主任、家长以及心灵花园志愿者）服务技能和综合素质。基地为青少年心理教育者量身打造素质提升的成长课程。先后邀请台湾嘉义大学副教授、心理教育专家施玉丽和中科院心理学研究生、资深心理咨询师付衍清等到玉环讲课，为青少年心理教育者举办六期成长课程。

【培育民间公益组织】 培育玉环市心灵花园青少年心理服务中心（以下简称心灵花园），发挥心灵花园在关爱呵护青少年心理健康方面的独特作用，特别是在为广大困境儿童、农村留守儿童等弱势群体提供精神关怀和心灵抚慰，助力他们健康成长方面的作用。

开展“翩翩心助”活动。心灵花园志愿者每月两次为孤儿院孤儿提供亲情陪伴、学业辅导和心理辅导服务。认真实施“小候鸟”（新玉环人子女）助飞计划。在龙溪、芦浦、大麦屿三地举办“小候鸟助飞”成长营，开设7门特色兴趣课，9场团体心理辅导，一堂亲子沟通讲座，一场汇报演出，有100余名小候鸟及其父母受益。

深入实施“大白行动之情暖童心”计划。心灵花园志愿者进村入户，利用专业测量工具对困境儿童（残疾儿童、服刑人员子女、留守儿童、贫困儿童）的心理健康状况进行检测、评估，并开展监护人访谈，建立心理档案，为每人制订专属的帮扶计划，进行相应的心理干预和心理辅导。完成全市80名困境儿童的两轮帮扶工作。

与楚门镇人民政府合作，举办青年干部“美丽心成长”优培班。项目为期一年，聚焦青年干部的心灵成长，结合“不忘初心、牢记使命”的主题教育和“美丽玉环建设”的实干要求，创意推出以成长型思维为主旨的课程设计。课程包含36节EAP分享类课程、8次互动体验式课程和4次短程研学，涵盖认知拓展、工作职场、家庭生活、心灵成长等多个领域，提供更生动、更有趣的个人成长和更具体验感的团体成长活动，促进青年干部的身心健康，激发青年干部干事创业的热情。

举办“七色花”读书会。面向志愿者、青年学生和青年家长，每月推出四期读书会。内容涵盖家庭教育、个人成长和幸福职场系列。其中特别为“福彩牵手，助圆大学梦”的贫困大学生开设寒暑假两期的“悦纳自我，终身成长”读书会活动。

【加强“心灵花园”品牌建设】 在关工委的一手扶持下，“心灵花园”经过四年的发展，各方面工作都取得长足的进步。2018年年底，玉环市民政局发文确认玉环市心灵花园青少年心理服务中心为民办非企业组织，2019年1月24日，心灵花园青少年心理服务中心成立大会在玉城街道小礼堂召开，市政协副主席、关工委主任吴灵芝出席成立大会。市关工委与“心灵花园”深度合作，通过购买服务的形式，为广大青少年提供大量精准的精神关爱服务。

【加强宣传报道】 做好信息的收集和上报工作，宣传好关心下一代工作先进典型、先进事迹，营造有利于青少年健康成长的良好环境。关工委全年收到信息稿件553篇，在《新星》上刊登2篇，被新星网选用117篇，被曙光网选用336篇。

（林　颖）

玉城街道

【概况】 玉城街道位于玉环本岛中部，东临漩门湾三期围垦区，与江干镇、鸡山乡隔水相望，东南接坎门街道，西南邻大麦屿街道，西濒乐清湾、北连芦蒲镇。辖区陆地面积70.16平方公里，2019年，经行政村社区规模调整，下辖35个行政村，12个社区。人口22万人，其中常住人口10.5万人。财政总收入10.7547亿元。

【经济建设实现新跃升】 2019年实现工业总产值365亿元，其中规上工业产值154亿元，同比增长1.43%；工业性投资8.84亿元，同比增长37%；固定资产投资42.42亿元，同比增长67.7%，七大千亿产业快速发展，规上工业增加值5.69%，产业制造业投资增速63.21%，主要经济指标体量稳居全市第一。

金融中心、世茂玉环等项目落地开工，2019年实际利用外资1.32亿美元，占玉环总量的86.3%。"三服务"活动常态化开展，扶工助企工作不断纵深推进。玉城7号和22号地块成功出让，金融大厦、塘里村安置房项目开工建设，城北大道、大昌技改、三合潭区块吾悦广场等重点项目进度均达年度预期。小水埠、密杏工业点一期工程量完成过半，南大岙、龟山工业点前期工作基本完成。城北太平塘小微企业园一期基本完工，获评全省首批五星级示范园区。

扶优育强、科技创新成效显著，新增国家高新技术企业6家、省级科技型中小企业30家，完成小升规12家、个转企58家。亿工场跨境电商园、亿工场众创空间、玉汽科技孵化器(亿工场科技孵化园)三位一体综合性孵化器列入省科技厅第三批浙江省产业创新服务综合体创建与培育名单。昌亨机械入选省院士专家工作站，双环传动入围工信部制造业"双创"平台企业。

【城乡统筹力度加大】 玉城西青老街及周边、三潭路两侧(南山村)、三合潭工业区三期、前后塘垟区块、塘里村及周边、榴岛大道与珠港大道交叉区块等六大有机更新区块改造全面启动。上段村棚户区改造全面完成。首座人行天桥建成投用。蓝天花苑、县前路等老旧小区和背街小巷改造任务基本完成。"三改一拆""两路两侧"整治，全年拆违72.1万平方米。创"国卫县城"通过国家级暗访。改造、新建公厕82座，全面完成城区公厕优化改造。"污水零直排区"建设完成目标，建成区面积10.65平方公里，市政管网总长度640公里。外马、西滩围塘海水养殖完成标准化改造。高标准农田建成2972亩，绿化造林新增3652亩。科学开展病媒生物防制工作，玉城街道巷内均为“除四害”达标区。

【民生改善再上新台阶】 超强台风“利奇马”正面袭击，累计发动干部群众万余人，灾后防疫消毒户数达2万余户。玉环中学扩建工程、实验学校乌岩校区及道路工程政策处理有序推进，玉环人民医院、环山小学改扩建工程，玉城敬老院建设项目进入主体施工阶段。完成玉潭猫狸垒游步道、瑶岙游步道、玉兴游步道、城东游步道、青峰小塘游步道等五条游步道工程。社会保障和救助体系不断健全，全年处理各类劳资纠纷案件322起，涉及337人1188万元，发放各类扶贫救助款项695万元，帮扶危房改造256户。消防整治保持高压态势，火灾率与往年同比降低26.7%，火警率同比提高39.8%。北山村、金港村反邪教宣传教育阵地完成建设。完成新增基层工会组织37家。

【文明行进多元化】 江岩渔枫驿站、峦岩山庄乡村体验综合体正式运营，创建青峰、城东、北城、九山、西滩等5个“新时代美丽乡村达标村”。新时代文明实践所挂牌成立，文化礼堂“家”活动获玉环市宣传思想工作创新奖。新增“省万”人才1名（樊奇），“台州市500精英计划”人才5人（王国祥、计时鸣、李海青、梁治樱、蔡遂生），双环传动企业入选省创业创新领军团队，实现玉环“零”的突破。郑青岳入选“中国好人榜”，陆绍盛、田世伟、柳守愈、黄品松入选“浙江好人榜”。凯凌集团杨杰，被评为浙江省劳动模范。开展巾帼志愿服务，爱心围巾编织团事迹被浙江法制报、台州日报等媒体报道。推行“家事板凳会”，为妇女解烦忧、护权益，受到《浙江新闻》《台州日报》等主流媒体报道。组织参加玉环市第十五届全民运动会，取得团体总分“乡镇组第一”“优秀组织奖”等荣誉，参加玉环市庆祝中华人民共和国40周年合唱比赛获“银奖”。

（玉城街道办事处）

坎门街道

【概况】 坎门街道地处玉环东南端，陆地面积25.68平方千米，海域面积约253平方千米，海岸线长44公里。下辖13个社区、6个村，常住人口6.9万人，外来人口3.2万人。有工业企业1700多家，产值在2000万元以上的规上企业有111家，其中“三龙”企业32家，1亿元以上企业26家，3亿元以上企业7家。2019年，实现工业总产值208.8亿元。

【经济建设砥砺前行】 2019年完成工业总产值208.8亿元，同比下降26.9%，其中规上企业产值92.1亿元，同比增长1.6%；财政总收入8.3亿元，地方财政收入4.6亿元，分别下降23.5%、23.4%。转型升级稳步推进，培育小升规企业11家，通过台州市管理创新审核验收企业18家，生物医疗衍生品研发投产。科技创新步伐加快，成功申报国家级高新技术企业2家、省级科技型中小企业24家、省级研发中心2家，成立玉环首个博士后工作站，引入“特聘专家”2人、“500精英”2人。招商引资取得实效，台州丰润等5个新项目成功落地，总部经济回归超7000万元。

【城乡面貌切实改善】 大力推进美丽城镇建设，切实开展“大棚房”、道路交通、垃圾分类等专项整治行动。“五水共治”深入实施，“污水零直排区”建设完成总工程量的80%，在台州市“百镇竞赛”中屡获佳绩。城乡基础稳步提升，振兴路、海港菜场周边道路改造工程全面实施，解放南闸新闸工程顺利完工。“三改一拆”强势推进，全年拆除违建28万平方米，基本实现无违建。城市管理纵深推进，交通劝导、文明礼让、环境整治等活动深入开展，连续6年荣膺玉环市清洁家园考核优胜单位，通过创国卫国家暗访。

【社会事业多点开花】 教育事业佳绩频传，坎门中、高考上线人数屡攀新高。民生实事惠民暖心，率先成立“乡贤名医工作室”，群众在家门口看上省级“专家号”。社会保障更加健全，全国综合减灾示范社区、省级无障碍社区、省级居家养老服务中心相继创成。“最多跑一次”改革不断深化，街道便民服务中心扩容提质，群众办事更加便捷。非遗文化大放异彩，玉环市首家渔民画衍生品展示馆、台湾匠人馆落户坎门。丧葬礼俗改革深入民心，丧事简办蔚然成风。

【平安根基愈加牢固】 消防整治持续推进，累计消除全领域、全行业消防安全隐患16000余处，建成电动车充电桩179处，建立社区微型消防站13个、村居志愿队6个、规上企业微型消防站95个，完成海城新民小区建设，解决近千名企业员工的住宿问题，红旗、海城、双龙、水龙四个村社顺利通过玉环市消防摘牌验收。安全生产平稳有序，开展企业安全生产排查整治400余家，立案8起，拆解“三无”渔船42艘，实现伏休零违规。综治维稳措施有力，社会治安持续向好，全面完成19个村社综治中心标准化建设，化解矛盾纠纷167起、化解市级积案2起。成功实现台州市“信访整改重点街道”摘帽目标，如期通过全市社会治安重点地区和突出问题挂牌整治验收，完成台州市邪教突出问题和重点地区整治任务，“一体两翼”工作体系建设经验在玉环市全面推广。

（林超群）

大麦屿街道

【概况】 大麦屿街道位于玉环市西南角，全区陆域面积70.93平方公里，常住人口5.6万人，下辖7个社区、28个行政村。

【经济发展态势良好】 2019年累计完成工业总产值157.67亿元，同比增长1.79%，其中规上工业产值118.88亿元，同比增长0.88%，完成出口产值29.34亿元，同比下降2.6%。限额上批发零售业完成17.57亿元，同比下降4.35%，限额上社会消费品零售总额达1.86亿元，同比增长10.03%。大麦屿港集装箱年吞吐量突破30万标箱，对台客运直航走过“风雨十年”，累计运送旅客超20万人次，浙东南重要枢纽港和对台交流合作“桥头堡”地位更加凸显。招大引强成果丰硕，全年引进投资项目14个，旺盛航天航空产业园、飞挺工程机械产业园等一批重点项目顺利落地，计划投资超40亿元。常态化开展“三服务”活动，践行“五心”“妈妈式”服务理念，扶工助企持续深入，成功举办街道首届人才招聘会，收集并解决企业难题116个，完成小升规7家。扶优育强、科技创新成效显著，新增国家高新技术企业3家，苏泊尔、中捷、沪龙、琦星等企业核心竞争力不断增强。“项目双进”抓紧抓实，LNG、福腾宝、眼镜产业园等重点项目进度均达预期。“三无渔船”全面纳规，“一打三整治”成果不断巩固，渔业资源保护有力有效。

【城乡建设协同发展】 城市更新初战告捷，大麦屿社区棚户区改造一期工程破土动工，4大城市有机更新项目同步推进，榴榕路建设正式启动，东、西入城口、庆澜公园提升改造顺利推进。五水共治再创佳绩，污水零直排顺利完成建成区建设目标，高分通过台州市验收，获评优秀等级，其间6次名列台州市“百镇竞赛”A类第1名，工作经验在台州市现场会作介绍。“我爱我家”环境大整治大提升行动持续深化，清洁家园、美丽庭院、垃圾分类等工作扎实推进，创国卫通过国家级暗访，创成“基本无违建街道”。“一老一小”有序推进，连屿、小麦屿小微园区进展顺利，7个新增老旧工业点违建清零。“美丽公路”建设步伐加快，获评台州市“四好农村路”建设表现突出集体。乡村振兴初显成效，建成美丽乡村精品线路2条、乡村振兴示范村8个，山区乡村大步迈向“变乱为美”“变衰为兴”，成功获评浙江省美丽乡村示范乡镇。南部片区旅游规划获市政府批复，大龙湾综合开发项目步入实质性洽谈阶段，全市美丽乡村建设现场会在街道召开，古顺村新小区环境提升等“一事一议”项目进展顺利。

【社会治理稳步推进】 陈屿中心小学分校区、陈屿中心幼儿园新园、大麦屿中心卫生院迁建等工程土建全部结顶，首届教育发展大会顺利召开，教育发展奖励办法正式出台，大麦屿中心卫生院成为全国第一家MMC(国家标准化代谢性疾病管理中心)认证基层中心。引入“天宜”团队，探索基层公共文化服务社会化运行模式，推出“我屿文化”活动品牌，为群众提供“有温度的文化服务”，创成浙江省文化强镇。青年路文化创意街区改造提升，岗仔头村获评浙江省文化示范村，峰阳村入选浙江省第八批历史文化(传统)村落保护利用重点村，尤蒙岙“海姿韵”、小古顺“凤之舞”排舞队等文艺团队斩获市级大赛多项金奖。社区体制、婚丧礼俗改革全面启动，“最多跑一次”改革持续深化，“就近办理、集成服务”基本实现。劳动争议调解连续5年荣获省级先进，全市首个乡镇(街道)“慈善关爱基金”正式成立，27个企业和爱心人士捐赠善款4780万元，全年发放各类救助帮扶款项242万元。中华人民共和国成立70周年大庆等重大活动维稳安保完成，全台州首个由网格员组成的“民办非企业”组织——“屿安”社会工作服务中心正式成立，扫黑除恶专项斗争、“无盗抢城市” 创建及平安系列专项行动深入开展，社会治理能力持续提升。

（倪文萱）

楚门镇

【概况】 2019年，全镇实现工业总产值208亿元、规上工业产值85亿元，分别增长2%和1.52%，财政总收入7.59亿元，其中地方财政收入4.3亿元。位列2019年度全国综合实力千强镇第74位。小城市培育试点再次荣获省级考核优秀单位，第三轮小城市培育收官。

【产业升级迈出新步伐】 深入实施“工业强镇”战略，中山老旧工业点、蒲田小微企业园建成投用，另有3个老旧工业点、2个小微企业园主体完成、8个老旧工业点启动建设。数字经济“一号工程”全面实施，柔性引进郎新科技等工业数字化服务平台，成功举办“楚门新美居”家居产业发展论坛等系列活动，新增国家级高新技术企业3家、省级科技型中小微企业27家、市级研发中心5家、工业互联网应用试点示范企业2家。玉环时尚家居小镇创建全力推进，小镇客厅、家具产业创新服务综合体建成投用，全省首家欧式家具研究院正式落地，国家AAA级景区验收通过，科技产业功能区改造全面推进，获评台州市制造类特色小镇“亩均效益”领跑者。现代服务业加快发展，印象广场、楚门商城改造投入使用，城市商贸综合体、东泰房地产项目等加速推进。现代农业稳步推进，100亩垦造耕地项目、1387亩高标准农田建设项目竣工验收。

【城乡建设展现新面貌】 实施“旧城改造、新城开发”战略，省级历史文化名镇保护和旧城改造加快推进，楚门镇卫生院搬迁工程投入使用，消防专职中队新营房及小王、直塘旧村改造等进展顺利，楚柚路改造、共建路一期完成基本建设，吴蒲路二期、直塘路延伸段、河东桥等一批道路桥梁工程正式开工。胡新新民小区建设完成，筠岭三期移民工程、山北农贸综合市场、三联副食品市场仓储工程等村级项目加速推进。国家卫生镇复审顺利通过，“三大革命”深入实施，垃圾分类、公厕改建工作均位列全市第一。美丽城镇建设全面铺开，“无违建乡镇”创建基本完成，直塘河—塘垟前港喜获省级“美丽河湖”称号，美丽河湖二期工程全面启动，小城镇环境综合整治获得副省长陈奕君充分肯定，被评为浙江省突出贡献集体。

【社会事业跃上新台阶】 “最多跑一次”改革纵深推进，实现民生类业务全覆盖，在全省乡镇级率先引入个人征信自助查询机。召开教师节表彰大会，设立教育专项奖励资金，成立乡贤教育发展基金，楚门一中考入玉环中学人数首次突破100人大关，居全市各乡镇(街道)首位。楚门中心幼儿园晋升省一级幼儿园，楚门成技校创成省级现代化成技校。开展首届文化创投公益项目，成立玉环市首支新时代文明实践志愿服务队，开启新时代精神文明建设新征程。“小城大爱”惠民关爱工程深入实施，“残疾人之家”规范化建设成为全省典范。创新打造“警保联防”“党建联盟”“志愿者联盟”三大联盟，引导天宜等社会组织参与基层治理，获得央视、《人民日报》等主流媒体点赞。平安建设扎实开展，消防铁拳整治保持高压态势，火灾警情数量大幅下降。中华人民共和国成立70周年大庆等重大活动维稳安保完成，信访维稳工作取得实效。扫黑除恶专项斗争、“无盗抢城市”创建及交通安全、食品安全、安全生产等专项行动纵深推进，社会大局和谐稳定。

（王俊杰）

清 港 镇

【概况】 清港镇位于玉环市西北部，北邻温岭市城南镇，东接沙门镇，南连楚门镇，西靠玉环经济开发区。镇域面积54.2平方公里，下辖28个行政村，1个居。2019年，全年财政总收入5.3亿元。

【综合实力迈上新台阶】 2019年，完成工农业生产总值149.8亿元，增长4.5%；财政总收入5.3亿元；实现固定资产投资13.5亿元，增长30%；规上工业增加值15.9亿元，增长3.5%；外贸出口交货值45.5亿元；增长1.2%；城镇、农村常住居民人均可支配收入分别增长8%和8.9%。蝉联市对乡镇(街道)经济考核优秀单位。

【城乡建设】 228国道清港连接线工程取得新进展。作为清港有史以来投资总额最高的“一号工程”，2019年上半年开工建设，土地征用基本完成，房屋拆迁接近尾声，施工便道全线贯通，隧道、桥梁、互通、路基建设均全速推进。截至2019年年底，工程完成投资4.1亿元，占总投资的44.2%。

“一老一小”激发新活力。始终将此项工作作为破解清港镇企业低小散和工业用地难的治本之策。截至2019年年底，凡宏老旧工业点基本完成主体工程；徐都小微园启动主体工程，其余点位也均按照计划有序推进。

美丽城镇建设争创新目标。锁定省级美丽城镇示范乡镇创建目标，截至2019年年底，共完成老街改造、下湫至双郑塘连接桥工程等共计3200万元的新增项目建设。

南部区块拓展迎来新契机。2019年12月，创融桃花源项目正式开工。同时，前湖区块、柚园南路安置地块已启动审批。

园区更新计划提振新信心。工业园区更新完成主路管网铺设和支路道路硬化工作，主路改造也已正式启动，同步谋划楚北塘1600亩地块规划审批，园区基础设施更新和配套设施建设正全面开启。

农业强镇建设走出新路子。创成台州市特色

农业强镇。同善塘河滨水景观带全线贯通，芳斗塘河创成省级美丽河湖。建成区污水“零直排”建设进度过半，公建单位和沿河“六小行业”整治完成。投入2070万元的小流域治理项目完成工程量的85%。总投入3000万元的东部污水管网一期二期建成投用。

新村融合工作凝聚新动力。成立专班进行调研帮扶，基本完成7个合并村的资产融合，新村一事一议项目落地率和开工率均达100%。有序推进村级债务化解，减轻村级集体负担。

教育事业发展再取新突破。启动清港中心小学扩建工程规划设计等前期工作，启用投入1500万元的清港中学新建综合楼，困扰清港镇多年的教育硬件设施薄弱困难得到进一步缓解。

消防长效机制进入新阶段。建好4消防智能管控平台，新建村级消防站2个。消防整治保持高压态势，率先全市实现10人以上通天房“智慧消防”安装全覆盖。

【稳增长促转型，实体经济实现了新跨越】 工业发展稳中有进。深入贯彻“两抓”年要求，推动工业发展再上新台阶。2019年，实现工业生产总值146.5亿元，增长4.6%。项目双进高歌猛进。新环医疗一次性医疗用品生产线回归项目进场施工，100兆瓦渔光互补光伏项目即将进场施工。科创驱动展现新貌。新增国家高新企业3家，省级企业技术中心1家，实现500精英创业项目零的突破。特色农业态势喜人。现代农业园区建设加快推进。芳清河系河道整治(二期)竣工验收。芳斗精品村通过验收。完成河道清淤13.7万立方米。第三产业活力渐显。2019年，实现限额以上社会消费品零售总额2.1亿元，增长20.6%。

【优环境严整治，城镇面貌展现了新蝶变】 完成楚北塘区块初步方案规划编制。投入500万元的党群服务中心建成投用。投入3500万元的清港综合市场二期完成主体工程。完成温玉高铁项目及拆迁安置用地报批工作。创建“四好公路”示范乡镇，完工台山至小青段道路工程。全年累计完成拆违31万平方米。垃圾分类成效明显，农作物秸秆厨余垃圾机器堆肥项目通过验收。“公厕革命”持续推进，26座公厕完成改造。“物业革命”全面开展，辖区内4个高层住宅小区业委会正式成立。

【强保障惠民生，人民福祉跨上了新台阶】 众志成城防御9号超强台风“利奇马”，实现全镇人员零伤亡。教育工作再创佳绩。清港中学、清港小学、清港中心幼儿园同获2019年全市教育系统先进集体。文体事业繁荣发展。先后承办台州市文化礼堂建设现场推进会、台州市“乡村振兴·巾帼四美”行动现场推进会。清港镇新时代文明实践所正式成立。新建农村文化礼堂5家、村级体育场地11个、省级小康体育村升级工程2处。举办“文旦花开”首届音乐节等大型活动18次。丧葬改革破旧俗树新风，厚养薄葬观念渐入人心。建成2400万元的养老服务中心。平安态势持续向好。连续两年获得台州市平安建设先进集体称号，创成台州市禁毒示范乡镇。中华人民共和国成立70周年大庆等重大活动维稳安保工作完成。村级综治中心规范化运行，扫黑除恶专项斗争常态化开展，各类案件发案率下降48.3%，其中刑事发案下降14.3%。

(吴卓霖)

芦　浦　镇

【概况】 芦浦镇位于玉环本岛北端，南接港南，北接港北、接壤新城；西邻乐清湾，东有漩门湾。省道、国道、高速、大桥、高铁汇集，区位枢纽优势凸显，是温台的桥头堡、南部湾区的新客厅、玉环对外开放的西大门。全镇陆域面积约19.7平方公里,海域面积0.8平方公里,耕地面积约6316亩,山林面积约6800亩。下辖12个行政村,户籍人口1.77万人,外来人口1.8万人。2019年,实现生产总值107.31亿元,财政总收入5.04亿元,地方财政收入2.76亿元。

【经济发展】 传统产业实现"二次创业",漩门老旧工业点收回78亩国有土地并完成挂牌出让,推进企业自主改造和园区基础设施建设;道头老旧工业点完成总投资额20%;小微企业园完成工程量的70%。工业企业不断做大做强,完成企业上规8家,企业上云126家,企业股改12家,入选玉环市"三龙企业"15家,"巨龙企业"1家,实现零的突破。新增国家高新技术企业1家、省级科技型中小微企业13家;申报台州市"500精英"人才1名。营商环境不断提升,建成漩门园区扶工助企服务中心组建17个帮扶团,收集问题解决率达95%以上,兑现企业奖励资金57.3万元。农渔业现代化进程持续推进,2495亩高标准基本农田建设基本完成;玉环市万丰水产养殖有限公司的深海大黄鱼成功入选2019全国名特优新农产品名录。

【重大项目】 总投资近1.4亿元的新城连接线(井分线)公路改建工程交工验收;漩门湾撤坝建桥项目主塔封顶;杭绍台高铁玉环总站及高铁新区建设项目前期工作有序推进。浙江里阳半导体项目一期投产,量产生产线在扩建;富春网营物联(浙东南)智慧供应链项目一期桩基工程全面完成,二期土地已拍卖。

【城镇建设】 完成行政村规划、漩门工业区、红沙塘区块等国土空间规划修编,联合经济开发区完成高铁新区规划编制。大塘、小塘、金山、井头、芦岙综合大楼建成投用,红山村部大楼结顶,芦北、大塘新民小区启动建设。芦浦中心小学食堂及多功能厅完成建设、综合楼启动建设,芦浦中心幼儿园分园完成主体工程。红山、上岩村庄整治复垦项目完成率200%,形成红山"梯田";5个废弃矿山生态治理全面进场施工。

【宜居生态】 持续深化"三改一拆""五水共治""三大革命"等专项行动,完成省级"无违建"创建验收,累计拆违超17.7万平方米;"污水零直排区"创建通过台州市验收;小城镇环境综合整治通过复查验收;"大棚房"整治全面完成;落实"河长制"长效管理机制,常态化开展巡河、治河,投资1500万元的西塘河系整治工程全面启动。创成台州市"四好农村路",百丈岩景区获评国家AAA级旅游景区,西塘村荣获2019中国最美村镇乡风文明成就奖。坚持"十个一"美丽系列创建,改造美丽庭院200户、新建公厕7座、完成危旧房和农房改造120多户,完成漩门湾山体公园前期勘测和分水劳动公园土地征用;清洁家园工作暨垃圾分类考核排名全市前列,西塘村、芦北村创成省级农村生活垃圾处理示范村。

【民生事业】 获评全国第三批"扫黄打非"进基层示范点,并夺得全省唯一一个全国"扫黄打非"进基层示范标兵荣誉称号;西塘吴氏碉楼被评为"台州市爱国主义教育基地";道头小学创成省义务教育标准化学校,芦浦成技校被评为台州市级现代化成人学校;兑现教师奖励政策14.8万元;成功举办芦浦镇第二届全民运动会;西塘村大坑片完成省级小康体育村提升工程创建;文化综合体和漩门湾园区党群服务中心成网红打卡点。调解企业劳资及工伤纠纷64起,新农合应保尽保;实施残疾人安居工程,为困难残疾人申请安居工程4家、康复工程进家庭5家,建成"残疾人之家"1个;保障母婴权益,新建公共场所母婴室3个;发放"利奇马"台风等各类救灾补助200余万元,民政慈善救助金61.6万元。

【社会治理】　完成中华人民共和国成立70周年大庆等重大活动维稳安保，获评2019年台州市法治宣传先进乡镇，井头、西塘两村获评省级善治示范村；创新探索“网格书记”工作载体，化解台州市级信访积案4件，申报首批市级城乡社区治理和服务创新实验区。保持消防整治和安全生产高压态势，全市首创出租房“旅馆化”管理、“闭环管理、行业自治”模式和“厂中厂”安全专职总监制度，安全生产事故同比下降50%。

（林梦雪）

干　江　镇

【基本情况】　干江镇位于楚门半岛最南端，距县城13.5公里，东濒东海，南与鸡山乡隔海相望，西临漩门湾，北接龙溪乡。境内古有一条自东向西的横港，长10千米左右，后因年久淤塞，水流干涸，故名乾港，后称作干江而得名。干江镇地势南北高，中间低，北有垟岭、梅岭，南有栈台山、凤凰山，中间是干江平原。全镇总面积29.37平方公里，下辖15个行政村，户籍总人口21680人，外来人员近6100人。

【经济发展概况】　2019年实现财政总收入1.47亿元；地方财政收入8495万元；规模以上工业企业增加至30家，实现工业总产值30.27亿元，同比增长9.58%；实现规模以上工业产值19.2亿元，同比增长10.15%；规模以上工业增加值增速6.04%；固定资产11.66亿元，同比增长42.33%；工业性投资完成9.22亿元，同比增长47.07%；外贸出口3.07亿元，同比增长1.96%。工业产业项目招商和建设出现井喷态势，全年累计供地1046亩，引进企业19家，总投资约40亿元，其中九桔科技、雷博司等一批优质项目成功落地。金融服务不断丰富，第三家金融机构——台州银行干江小微企业专营支行进驻干江，村镇银行筹划选址。

【社会发展概况】　基础设施加快推进。干江滨港工业城2019年完成基础设施投资约6亿元，磨竹头石矿、宫后山石矿、龙溪石矿、坎门石矿等共供应石渣400万吨，回填1330亩；南北大道完成总工程量的25%；滨河路完成总工程量的6.7%；110千伏盐坑变建成投用；职工之家、消防站等配套设施工程启动建设。村镇道路基础设施建设快步推进，建成育才东路、翠苑路两条建成区道路，盐盘工业区经二路、经三路完成工程量的80%，建成炮台至花明和白马岙通村道路。

农业工作稳步提升。“绿彩”干江进一步推进，完成平原绿化97亩、珍贵树种示范林建设抚育360亩、基干林带建设抚育补植75亩、迹地更新51亩，新建“一村万树”行动推进村2个。水利条件进一步提升，完成垟岭水库除险加固工程、稻臼坑整治工程、栈台渔港补网场挡墙工程和防波堤挡墙修复工程，清淤河道6条3.6万立方米，实施沙岙坑山塘除险加固工程和礁门塘除险加固及配套斗闸工程。渔业安全生产进一步强化，大力开展渔业船舶规范化管理和“一打三整治”工作，查扣各类“三无”船只28艘。农业基础进一步加强，完成干江镇高标准农田(控制性工程)一期、二期工程，1942亩耕地质量提升项目基本完工，新建农业操作道7公里。村级财务管理进一步规范，根据“四必清”“四必查”要求，完成全部15个村财务清查工作。

乡村振兴激发活力。大力发展文旅产业，与杭州无华集团签订党群院落、上栈头船屋和悬崖酒店的合作合约；建成炮台高空玻璃漂流项目；完成垟坑荷塘主题乐园建设。大力推进景区建设，完成炮台村AAA级景区村庄、下栈头AA级景区村庄评审，梅岭、滨海、双兴通过美丽乡村验收。大力改善生态环境，深化河长制工作，在全市率先完成“污水零直排区”建设，多次获得台州市

“污水零直排区”建设“百镇竞赛”活动评比第一名,“控新”做法被全省推广,获评浙江省“五水共治”先进乡镇。大力整治违章建筑,开展“无违建乡镇”创建活动,全镇党员、干部、代表带头拆除违章建筑,掀起建设美丽家园的高潮,累计拆除违章建筑12万平方米,完成危房改造35户。大力开展农村生活垃圾分类,干江村和双兴村被评为台州市垃圾分类示范村,垟坑村被评为玉环市垃圾分类示范村。

社会事业全面提升。教育基础设施建设大步迈进。干江中学综合楼已投用,干江中心小学(滨港分校)项目完成全部桩基工程,干江公立幼儿园(滨港校区)项目完成主体结构。投入乡贤教育基金和政府助教补助105万元,开展首届“最美教师”评选,首次发放乡贤教育基金40余万元,筹建乡贤书吧。体育健康活动精彩纷呈。成功协办浙江省第三届海洋运动会,获评优秀组织奖;开展万步有约、荧光夜走等“燃烧你的卡路里”科学健步走系列活动。卫生事业不断提升。医疗康复中心工程项目正在编制建筑方案,干江镇卫生院荣获浙江省基本公共卫生服务项目考核第二名,完成家庭医生签约服务9901人,开展60岁以上老人免费接种流感疫苗、低保人员胃癌筛查、育龄妇女两癌筛查、优生两免等服务工作。文化事业繁荣发展。建成投用镇综合文化站,引入天宜社会工作服务团队管理。举办第二届干江越剧戏迷演唱大赛、第二届“干江新歌声”比赛,结合垃圾分类、禁毒、创省卫等工作,累计开展专题文艺演出12场。社会保障持续发展,实施精准扶贫,新增低保户11户、低保边缘户21户,累计发放各类救助金265万元。实现15个村的社会组织服务中心和退役军人服务站全覆盖。社会治理协调发展,消防铁拳整治保持高压态势,安全生产形势持续稳定。

【年度大事要闻】 9月3日,台州市委书记陈奕君到干江滨港工业城调研。陈奕君调研时指出,滨港工业城是台州南部湾区的重要组成部分,更是玉环狠抓产业项目、大抓实体经济的主战场。要着眼长远,高起点、高标准做好项目规划,以大气魄、大手笔招大引强、招高引尖,确保项目能落地、发展可持续。10月17日,台州市副市长吴丽慧到干江调研玉环干江公立幼儿园;随后走访干江村周边农户,开展社区访谈、家庭访谈。9月3日,台州乡村振兴发展论坛干江分论坛在玉环市干江镇上栈头村举行。镇村干部、乡村振兴负责人与专家等一一上台互动,共同探讨干江应当如何做好产业、生态、文化、人才等篇章。

(吴建怡)

沙门镇

【概况】 2019年,全年实现工农业总产值192亿元,增长12.3%;地方财政收入1.88亿元,增长14%,位居全国综合实力千强镇第822位。

【经济发展逆势而上】 全年实现工业总产值185.7亿元,同比增长12.5%。净增规上企业19家,总数达到115家,规上工业产值108.8亿元,同比增长18.3%。2018年供地项目开工率100%,完成工业性投资11.3亿元。深化“7+1”干部妈妈团制度,加强走企访企力度和深度,全年累计走访企业、项目1500余次,办结、协调各类问题近600个,优化镇级惠企政策。持续招大引强,全年洽谈项目近40个,新引进项目10个。慧心湾旅游度假项目进展有序,商住综合体项目落户开工,领军人才引进实现零的突破。综合供能服务站项目地块完成出让,亩均价格创玉环历史新高。迈得医疗成为浙江省第三家、台州市首家成功登陆科创板的企业。引进无人机进行农事作业,获评省2019年农业“机器换人”示范乡镇。大陆首个台湾高校实训教学中心落户跨界自造融创园，全国首创“3+1”教学模式助力产学研深度合作。整合乌岩村、日岙村渔业公司，成立玉环市富业渔业专业合作社。

【城乡面貌持续优化】 全面提速基础建设，泗边山公园主入口广场投用，金波路北段、惠海路北段工程竣工验收。交通配套设施统筹拓展，累计投用公共自行车500辆，53个停放站点和860个还车位，新增新能源公交汽车10辆。防汛防台能力不断提升，灵门避风锚地改造工程基本完工。以优秀等次通过“污水零直排区”创建台州市专家组验收，美丽城镇建设工作名列台州市前茅。全面打响“无违建乡镇”创建，村企拆违全域推进，累计拆违10万平方米。生态环境不断改善，创成台州市第一批无秸秆焚烧乡镇。完成建成区及滨港工业城环卫招投标，引进专业环卫企业。水桶岙村通过省级美丽宜居示范村验收，龙联村上榜2020年度省级美丽宜居示范村创建名单。

【民生幸福切实提升】 沙门中学迁建工程及沙门中心幼儿园新园工程正式开工，沙门中心小学新综合大楼凤鸣书院投用。沙门中学中考实现玉环中学上线人数12人，稳居同类学校第一，沙门小学荣获全国青少年校园足球特色学校称号。新建投用3家村级文化礼堂，上山头棒术成功申报民间非遗项目。沙门卫生院病房大楼项目建设收尾，创成1家省级示范型日间照料中心，投用玉环市残疾人集中抚养中心和沙门镇残疾人之家，累计支出助困助医助学助老资金80万元。全镇齐心协力抵御超强台风“利奇马”，被评为台州市防台抢险救灾先进集体。创成台州市法制宣传示范镇，成立玉环市首个巡回智慧法庭，“三老调解室”被评为台州市最美银耀志愿者团队，水桶岙村、龙联村入选首批浙江省善治村，水桶岙村同时入选浙江省民主法治村。消防铁拳整治保持高压态势，累计排查各类场所27000余家次，实施断电143家，出租房停租12户。

（朱惠惠）

龙 溪 镇

【概况】 龙溪镇地处漩门二期与三期交汇处，全镇陆域面积27.8平方公里，下辖12个行政村，户籍人口1.8万人。境内交通便利，环境优美，是玉环文旦始祖地、全国全程办事代理制首创地，也是国家级生态乡镇。2019年，实现工农业总产值49.62亿元，财政总收入3亿元。

【经济发展】 聚焦转型升级，发展质效持续提升。经济指标稳中有进，全年实现工业总产值49.73亿元，同比增长2.28%；固定资产投资增长迅猛，实现投资6.3亿元，同比增长26.6%，其中工业性投资2.037亿元，同比增长161.4%；完成“小升规”4家，服务业新增项目入统3家。

一老一小有序推进，基本完成小山外老旧工业点改造和梅岙老旧工业点基础施工，法山头老旧工业点顺利进入设计施工图阶段，梅岙小微企业园全面结顶。创新驱动逐步增强，基本完成玉环水暖阀门产业创新服务综合体服务体系基础架构搭建，服务企业4072家次，对水暖阀门产业的创新引领作用逐步显现。

扶工助企扎实推进，累计走访调研企业212次，收集梳理各类问题153条，解决率100%。组织全镇32家企业，举办首届春季人才招聘交流会，提供岗位550个。

企业科创持续强化，全年共推动企业技改新立项13个，新增国家高新技术企业1家、省级科技型中小企业9家、市级高新技术企业和研发中心4家，发明专利授权22项。

项目招引成效明显，玉环市水暖阀门产业园、智慧消防物联网、豪正铜业等一批重大实体产业项目和斯普沃希环境科技等人才项目相继落地。

【城镇规划】 聚焦品质提升，美丽龙溪渐现新颜。城镇规划不断完善，全年调整建成区内规划7次，修编大密溪村、花岩浦村、东港村、山里村、塘厂村、小密溪村等村庄建设规划，修改玉环市阀门产业功能区梅岙片区控制性详细规划。

交通格局不断优化，花岩浦村陈岙片道路改造有序推进，浦港路延伸改造全面实施，闻涛路桥梁桩机工程、龙翔路"白改黑"及拓宽工程顺利完成，建成区"三横五纵"路网体系全面形成。

项目建设不断加快，山里移民小区建设加快推进，法山头、渔业安置小区项目、梅岙小微企业园配套职工宿舍建设加速实施，新玉环人安居工程全面完成，浦发大厦等一批利民项目顺利启动。

要素保障不断强化，全域土地综合整治工作快速推进，完成邱岭村、山里村23亩土地复垦，实现龙兴村、山外张村72亩耕地质量提升，基本完成法山头小湾矿山主体工程。

"三改一拆"强势推进，全年共完成拆违面积14万平方米，超额完成市定任务数。

生态环境不断改善，持续巩固"我爱我家"环境大整治大提升行动成果，深入实施农村垃圾分类工作，全年共分发分类垃圾桶2000多只，新增凉亭式垃圾分类收集点24座，新建垃圾中转站1座，清理各类垃圾10800吨。开展"污水零直排区"建设，涉及面积1.8平方公里，指导工业企业完成污水零直排改造任务，完成敏感区企业搬迁60多家。深入开展美丽河湖清淤工作，涉及河道5条，共投入资金55万元，清淤1.8万立方米。

乡村振兴不断推进，全面深化农村综合改革，在全市率先完成新村"三资"融合。启动"一事一议"财政奖补项目4个，共争取财政资金290万元。山里村顺利通过省级历史文化村保护利用重点村验收，并被国家草原和林业局评为国家森林乡村，大密溪村、塘厂村完成乡村振兴示范村项目建设并成功通过验收。

【民生福祉】 聚焦共建共享，民生福祉切实增强。公共服务持续优化，坚持教育优先发展，全年共颁发龙溪乡贤教育奖16.7万元，龙溪中学改扩建工程完成主体工程建设。

医疗服务水平稳步提升，"三优中心"查孕查环2300余人，完成60岁及以上老年人流感疫苗接种2088人，家庭医生规范签约7938人，其中重点人群签约4062人，签约率41.7%，低保人群胃癌免费筛查110人，占总人数的94%。

保障体系日趋完善，常态化开展村级照料中心配餐送餐服务，普亲居家养老服务中心被评为省级示范型居家养老服务中心。帮扶救助深入开展，发放各类救助金22.4万元，惠及368名救助及低保对象，"残疾人之家"获评台州市残联四星等次。

劳动保障不断完善，受理劳动监察投诉25件，仲裁工伤调解27件，涉及金额240多万元。

基层文化繁荣发展，建成全市首家新时代文明实践所，并同步开展"文明实践在龙溪"主题活动，全年共新建农村文化礼堂3家，星级礼堂提升1家，实现镇域农村文化礼堂全覆盖。常态化开展送戏下乡、文艺展演等各类文化活动，全年共送戏下乡30余场，开展各类文体活动讲座培训300余次，镇综合文化站正式投用。

平安防线不断筑牢，全面完成中华人民共和国成立70周年等重大节假日安保维稳工作，深入开展扫黑除恶专项斗争，全镇共新增监控点92个，排查并成功化解各类矛盾纠纷54起。紧扣"枫桥经验"六大工程，深入推进"平安龙溪"建设，持续保持消防整治"铁拳行动"高压态势，开展消防知识宣传培训，消防安全常态化管控进一步提高。推进安全生产责任制，开展各类安全生产集中整治，安全生产形势持续稳定。抵御超强台风“利奇马”，累计投入3000余人次，资金529.5万元用于抢险救灾和灾后重建等各项工作。

（尤　敏）

鸡　山　乡

【概况】 2019年，鸡山乡在册人口7470人，全年实现渔业总产值2.41亿元，同比增长2.38%；规下工业营业收入2177万元，同比增长1.16%；服务业增加值367.9万元，同比增长2.97%；农村居民人均可支配收入24749元，同比增长10.39%。

【经济产业健康发展】 传统渔业持续稳定，海上养殖势态良好。鸡山岛链农村产业融合发展示范园成功入选首批省级示范园创建名单。中鹿海域生态修复型海洋牧场建设项目首轮放养的50万尾大黄鱼已逐步投入市场。“一打三整治”持续深化，严厉打击涉渔“三无”渔船，省级旅游风情小镇、浙江省AAAA级景区镇成功创建，旅游产业发展再添新动力。渔产品加工走向精品化，鸡山鱼鲞销量有大幅提升。招商项目稳步推进，鸡山学校素质拓展研学基地项目对接落地，后岙民宿项目达成合作意向。

【海岛基建有序推进】 启动美丽城镇创建，投入资金2000余万元，开展房屋建筑立面二期改造、鸡公山灯塔、朴树公园、兴岛路两侧提升工程等8个项目。统筹各村建设，南山村完成文化展示馆装修，北山村完成主要路道美丽庭院打造，后岙村完成环鸡公山游步道建设，火车村完成大平头区域绿化彩化，洋屿村、披山村在“利奇马”台风后进行了清理和修复，村容村貌都得到改善和提升。“青山白化”整治成效明显，全年搬迁坟墓1000余穴，复绿面积近万平方米。在成功创建小城镇环境综合整治台州市级样板乡镇的基础上，继续抓环境卫生整治，以“我爱我家”为载体，深化“滩长制”“路长制”，完善网格化巡查机制，促进环境管理常态化，进一步巩固小城镇环境综合整治成果。开展“污水零直排区”建设，重拳出击整治，已提前完成15处场所整治，排污许可证发放率100%。完成入海排污口整治，加强日常巡查监管，对所有入海排污口进行动态管理。

【民生事业稳步提升】 全乡5530人参与农村医疗保险，完成60岁及以上老年人免费接种流感疫苗、适龄妇女免费“两癌”筛查、45—70岁低保人员胃癌免费筛查等服务。强化教育服务供给，保障鸡山籍学龄儿童陆上正常入学。完善残疾人基本保障救助机制，符合规定的残疾人定期得到生活补助。常态化扶贫工作，定期走访慰问低收入群体，协助解决生活生产问题。以传统节日为载体，举办各类活动，丰富群众文化生活。扎实推进社会治理，深化“平安鸡山”建设，常态化推进安全生产七大领域攻坚战综合整治行动、食品安全专项整治以及全领域消防整治等，全年安全形势持续向好。

【政府建设基础夯实】 深化“就近办”改革，全力助推“最多跑一次”，加强便民服务中心人员技能、业务等专业培训，提高窗口人员尤其是综合受理人员的业务能力，确保下延进驻的271个事项“接得住”“办得顺”“管得好”。对群众办事实行网格化管理，按照行政村分为六个网格，八小时之外也能送件上门，打通政务服务的“最后一公里”，全年乡、村级便民窗口共办理事项1979件，办结率达100%。

（李　鑫）

海山乡

【概况】 2019年,海山乡人民政府围绕“生态旅游岛 城市后花园”战略定位,以党的建设为统领,着力抓好“生态、经济、平安”三张报表,直面挑战,奋发有为,全乡经济社会保持健康平稳发展。

【经济发展】 2019年实现社会生产总值8.1亿元,同比增长5.2%;财政收入288.46万元,同比增长6.14%;全社会固定资产投资6119万元,同比下降44%。

传统产业 注重推广优质养殖品种,探索养殖高产高效的新模式,打响“海山”牌水产品知名度,养殖产量、效益连年提高。全乡水产养殖面积达1.64万亩,养殖产量2.4万吨,产值达2.26亿元。投资350万元完成东升塘美丽渔场建设,助力生态健康养殖。完成全乡75个养殖围塘和2处公共水系的尾水整治工作,建立15个尾水治理省级示范点,通过中央环保督察组的验收评审。

现代农业 粮食生产效益稳定,全年完成粮食播种面积2598亩,粮食产量1195.1吨。生态果林规模不断扩大,品种结构进一步调整丰富,玉环岭之园水果专业合作社种植面积达410多亩。积极开展变型拖拉机专项整治,全部完成报废。常态化开展农产品农药残留日常检测工作,完成105组检测任务。完成2018年度耕地地力保护补贴面积统计工作。

新兴产业 大力加强旅游基础设施建设,提升跨海大桥观光游、红树林体验游、大青山红色游品位,全年接待游客近10万人。成功创建大青村AAA级景区村庄与抛西AA级景区村庄。围绕产业项目“双进”要求,推进招商引资工作,总投资约138亿元的海山生态旅游岛综合开发项目于2019年11月11日完成招标,中交疏浚(集团)股份有限公司牵头的联合体中标。该项目包括产业导入、投资融资、城市运营以及配套基础设施建设等内容。

【社会发展】 基础设施 完善对外交通通道,总投资4196万元的大桥连接线道路工程通过验收并投入使用。配合市交投开展渡运公交化改革调研,探索建立渡运安全监管体系。推动ETC发行工作,社会车辆ETC安装完成率超过90%。概算投资1795万元的茅埏岛500吨级海防执勤码头进行方案设计,概算投资1300万元的潮汐发电科技改造试验项目进入招标程序。

住房条件 启动本岛首个农房立改套工程,南滩村山外立改套小区完成建设用地许可。海山村大岙片旧村改造、南滩村南滩片、海山村丰门塘片安置小区建设全面启动,37户批准开工建设。扎实开展“三改一拆”工作,拆除违章建筑面积4580平方米,完成率114.5%,改造危旧房46户。投入约150万元实施城乡环卫保洁一体化,建设村级垃圾中转站2个,垃圾分类收集房23个。深入推进“垃圾革命”,全面开展“洁美农家”工作,小青村被评为省级卫生村。扎实推进“厕所革命”,投入约100万元完成全乡7座公厕改造任务。

生态环境 推进海岸线生态修复工程,大青休闲区基本完成,抛西广场完成桩基基础建设。深化“河长制”工作,通过投放小鱼苗、种植水生植物等措施,持续推进生态治水。加快“污水零直排区”建设,完成南滩山外河道治理、抛西小塘排水系统修复等工程。投资53万元对礁头农村生活污水设施进行提标改造。清理护花米草约580亩,种植红树林440亩,海岸线环境得到有效改善。

社会事业 全力推进新时代文明实践所建设,做实做强乐清湾海上游击根据地、家风家训主题公园、红树林党群服务中心等阵地。完成海山村文化礼堂改建工作,结合“四千工程”进文化礼堂活动，全年组织各类民间文艺演出20场，展览宣传30场。参加全市全民运动会，完成横床村小康体育村升级工程建设。深化全民国防教育，完成乐清湾海上游击根据地省级国防教育基地创建。扎实开展征兵工作。

社会服务　扎实推进“最多跑一次”改革，完成便民服务中心标准化建设，完成便民服务1260件，完成率100%。完成横床村居家养老服务台州市级示范点创建工作。完成南滩、虹田、茅坦、横床、大青等村的海域不动产证办理，并对全乡50本养殖证进行年审。做好水资源管理专项行动，完成6家育苗场的场地规模和用水情况勘察及论证报告设计。

社会保障　完成全乡低保及低保边缘户调查及核实工作，发放各类救助款91.3万元。完成市对乡60周岁及以上流感疫苗免费接种及低保人群胃癌免费筛查工作。开展计划生育“三服务”464人，服务率98.7%。完成全乡家庭医生签约工作，其中重点人群签约1289人，签约率68.56%。建立茅坦村“送药进岛”便民服务点，公共卫生服务水平不断提高。

（海山乡人民政府）

附 录

2019年玉环市组织机构与负责人名录

【中国共产党玉环市委员会】

书　记：林先华(3月免)
　　　　吴才平(5月任)
副书记：吴才平
　　　　周　阳(10月任)
　　　　阮聪颖(女)
常　委：林先华(3月免)
　　　　吴才平
　　　　周　阳(10月任)
　　　　阮聪颖(女)
　　　　杨良强
　　　　王正雷(7月免)
　　　　郑志源
　　　　柯寿建
　　　　陈方岳
　　　　孙　群
　　　　李　宝
　　　　杜年胜
　　　　庞伟峰
　　　　曹英姬(7月任)
委　员(第十五届第三次会议)：
　　　　王　超　　王正雷
　　　　王必胜　　王庆飞
　　　　王志胜　　邢文彬
　　　　许　环(女)　阮　勇
　　　　阮聪颖(女)　孙　群
　　　　杜年胜　　李良富
　　　　李　宝　　李茂芳
　　　　李国立　　杨良强
　　　　吴才平　　余文权
　　　　沈华栋　　张国力
　　　　陈方岳　　陈君钦
　　　　陈海晓　　陈毅法
　　　　林仁斌　　林成辉
　　　　林先华　　卓桂娥(女)
　　　　金加树　　金启光
　　　　金碧辉　　庞伟峰
　　　　郑志源　　胡楚峰
　　　　柯寿建　　施红兵
　　　　洪方君　　骆骏骞
　　　　黄海虹(女)　萧诗跃
　　　　董仁喜　　董俊杰
　　　　舒　欢　　詹江鹏
　　　　詹福章　　蔡木贵

候补委员：

李卫国　陈海鸣
王海滨　金荣通
陈银考　陈云初
龚　觅（女）　金富盛
蔡木贵
池　涛
陈建波（7月辞）
陈　威
徐锡宏

【玉环市人民代表大会常务委员会】

党组书记、主任：施红兵

副主任：李茂芳
章　勇
张海舟
陈云岳
符进友
胡载彬

组成人员（第十六届第三次会议）：

冯光龙　许亚栎
阮　勇　苏为敦
李振坤　吴长鸿
余贤平　张伟锋
张佑盛　陈奇亮
陈金东　陈宜青
陈素丽（女）　陈高火
陈高峰　陈海瑾（女）
陈增瑞　林长平
卓桂娥（女）　金碧辉
贾福华　徐文祥
高凌云　黄有强
龚　觅（女）　梁领娇（女）
曾子文　蔡春女（女）

【玉环市人民政府】

市　长：吴才平（10月辞）

代理市长：周　阳（10月任）

常务副市长：柯寿建

副市长：王　超
李丹佳（女）

【中国人民政治协商会议玉环市委员会】

党组书记、主席：林成辉

党组副书记、副主席：萧诗跃
陈明迪

副主席：陈茂荣
吴玲芝（女）
陈亨标
陈伟鹰（女）

秘书长：陈云初（2当选）

常务委员（第九届第三次会议）：

王天展　王云勇
叶云飞　江松琴
李枝霞（女）　杨长友
余景府　沈心龙
张才傲　张美英（女）
陈云初　陈宗良
林启根　林海林
季国增　金　秋
金哲蒙（女）　郑文麒
郑青松　骆战红（女）
翁长锋　高艾玫（女）
高兆春　黄宝鹤
龚时贤　董西杰
释开法　曾志平
谢仁德　詹小远

【市纪律检查委员会、市监察委员会】

书　记：王正雷（7月免）
曹英姬（7月任）

副书记：沈华栋

徐浩晨
常　委:王正雷(7月免)
曹英姬(7月任)
沈华栋
徐浩晨
钟华峰
黄友剑
王新华
郑海峰(女)
☆市监察委员会
主　任:王正雷(7月免)
代理主任:曹英姬(7月任)
★市人民武装部
部　长:李　宝
政　委:朱东升
★浙台(玉环)经贸合作区(大麦屿港区办)
党工委书记:柯寿建
副书记、主任:许　敏

市委工作部门

【市委办公室】(1月,优化职责)
主　任:胡楚峰
☆市委市政府督查室
主　任:王建龙
☆市委党史研究室(市地方志办公室)
主　任:陈长有(8月任)

【市委组织部】
部　长:郑志源

【市委宣传部】
部　长:杨良强
☆市传媒中心(市广播电视台)
党委书记、主任(台长):李卫国

【市委统战部】
部　长:庞伟峰
☆市民族宗教事务局(1月撤销党组)
党组书记、局长:王正平

【市委政法委】
书　记:阮聪颖

【市委全面深化改革委员会办公室(最多跑一次改革办公室)】(1月,因机构改革,单独设置,作为市委工作机关)
常务副主任:陈仁法(1月任)

【市委机构编制委员会办公室】(1月,调整为单独设置,作为市委工作机关)
主　任:王土才(1月任)

【市委台湾工作办公室(市政府台湾事务办公室)】
主　任:龚　强

【市委直属机关工作委员会】(1月,单独设置,作为市委工作机关)
书　记:张　波(1月免)
陈方桂(1月任,12月免)
郑志源(12月任)

【巡察工作领导小组办公室】(1月,因机构改革,作为市委工作机关)
主　任:黄友剑

【市委市政府信访局】
党组书记、局长:龚时波

【市农村工作办公室】(1月,因机构改革,不再保留,同月撤销党组)
党组书记、主任:戴金勇

【市档案局(市档案馆)】
局长(馆长):钟光伟

【市委党校】
校　长:郑志源
党委书记、常务副校长:盛性毅

市人大机关

☆办公室
主　任:冯光龙
☆代表与选举任免工作委员会
主　任:高凌云
☆教育科技文化卫生工作委员会
主　任:陈高峰
☆财政经济工作委员会
主　任:陈宜青
☆法制(内务司法)工作委员会(9月,更名为监察和司法工作委员会)
主　任:余贤平
☆城乡建设与环境资源保护工作委员会
主　任:陈素丽
☆农业与农村工作委员会
主　任:黄有强
☆社会建设工作委员会(9月,设立)
主　任:邢文彬(9月任)

市政协机关

☆办公室
主　任:陈志法(5月免)
余海勇(9月任)
☆提案委员会
主　任:余景府
☆经济委员会
主　任:王云勇
☆科教文卫体委员会(1月，更名为教科卫体委员会)
主　任:张美英(女)
☆社会法制委员会(1月，更名为社会和法制委员会)
主　任:翁长锋
☆港澳台侨民族宗教委员会
主　任:金　秋
☆文史资料委员会(1月,更名为文化文史和学习委员会)
主　任:骆战红
☆委员工作委员会
主　任:沈心龙

“两　院”

【市人民法院】
党组书记、院长:董仁喜

【市人民检察院】
党组书记:余文权(4月免)
姚石京(4月任)
检察长:余文权(5月辞)
代理检察长:姚石京(5月任)

群众团体

【市总工会】
党组书记、主席:阮　勇

【共青团市委】
党组书记、书记:龚　觅

【市妇联】
党组书记、主席:王海婷(女)

【市科协】

党组书记、主席:方　华

【市工商联】

党组书记、主席:祁国伟

【市残联】

党组书记、理事长:林荣伟

【市关工委】

主　任:吴玲芝

【市慈善总会】

会　长:陈志鹏

【市红十字会】

会　长:王　超

【市社科联】

主　席:许　环

【市文联】

党组书记:华汉领(8月任)

主　席:李枝霞(3月免)

华汉领(8月当选)

【市侨联】

主　席:戴剑军

市政府工作部门

【市政府办公室】(1月,优化职责)

党组书记、主任:詹福章

☆市委市政府接待办(8月,机构名称调整为市委市政府接待工作中心)

主　任:杨亚敏

☆外事侨务办(1月,因机构改革,不再保留)

主　任:袁新峰

☆市打击走私与海防口岸办(1月,因机构改革,不再保留)

主　任:陈敦中

☆市人民防空办公室(民防局)(1月,撤销党组)

党组书记、主任(局长):李祖强

☆市法制办(1月,因机构改革,不再保留)

主　任:李晓聪

☆市行政服务中心

党委书记:孙　群

主　任:卓桂娥(女)

☆市金融办(8月,机构名称调整为市金融工作中心;9月设立市金融工作中心党组,撤销金融工作办公室党组)

党组书记、主任:蔡国庆

【市发展和改革局】(1月,优化职责)

党委书记、局长:王志胜

【市经济和信息化局】

党委书记、局长:金富盛

【市教育局】

党委书记、局长:陈海鸣

【市科学技术局】(1月,优化职责)

党组书记、局长:颜道明

【市公安局】

党委书记、局长:池　涛

政　委:王　胜(8月免)

罗朝辉(8月任)

【市民政局】

党组书记:陈毅法(1月免)

施明强(1月任)
局　长:金哲蒙(7月免)

【市司法局】(1月,因机构改革,重新组建)
党组书记、局长:林世灵(1月免)
李晓聪(1月任)

【市财政局】
党委书记、局长:林仁斌

【市人力资源和社会保障局】
党组书记、局长:潘立志

【市自然资源和规划局】(1月,组建,作为市政府工作部门,同月设立党委)
党委书记、局长:蔡其方(1月任)

【市环境保护局】(1月,因机构改革,不再保留)
党组书记、局长:庄雄平

【市住房和城乡建设局】(1月,组建,作为市政府工作部门,同月设立党委)
党委书记:董俊杰(1月任,8月免)
赵晓华(8月任)
局　长:董俊杰(1月任,9月免)
赵晓华(9月任)

【市住房和城乡建设规划局】(1月,因机构改革,不再保留,同月撤销党委)
党委书记、局长:董俊杰

【市交通运输局】
党委书记、局长:王庆飞

【市农业农村和水利局】(1月,组建,作为市政府工作部门,同月设立党委)
党委书记、局长:王海滨(1月任)

【市水利局】(1月,因机构改革,不再保留,同月撤销党委)
党委书记、局长:王海滨

【市农业林业局】(1月,因机构改革,不再保留,同月撤销党委)
党委书记、局长:郑达中

【市商务局(粮食局)】(1月,优化职责,不再保留粮食局牌子)
党组书记:耿礼文(1月免)
陈银考(1月任)
局　长:李振宇

【市文化和广电旅游体育局】(1月,组建,作为市政府工作部门,同月设立党组)
党组书记、局长:舒建秋(1月任)

【市文化广电新闻出版局】(1月,因机构改革不再保留,同月撤销党组)
党组书记、局长:舒建秋

【市卫生健康局】(1月,组建,作为市政府工作部门,同月设立党工委)
党工委书记、局长:王必胜(1月任)

【市卫生和计划生育局】(1月,因机构改革不再保留,同月撤销党委)
党委书记、局长:王必胜

【市退役军人事务局】(1月,组建,作为市政府工作部门,同月设立党组)
党组书记、局长:戴金勇(1月任)

【市应急管理局】(1月,组建,作为市政府工作部门,同月设立党组)
党组书记、局长:曾志斌(1月任)

【市安全生产监督管理局】(1月,因机构改革不再保留,同月撤销党组)
党组书记、局长:曾志斌

【市审计局】(1月,优化职责)
党组书记、局长:徐福根

【市市场监督管理局】(1月,优化职责)
党委书记、局长:金启光

【市统计局】
党组书记、局长:史炜荣

【市医疗保障局】(1月,组建,作为市政府工作部门,同月设立党组)
党组书记、局长:郑达忠(1月任)

【市综合行政执法局(市城市管理局)】(1月,设立市综合行政执法局党委,撤销市综合行政执法局(市城市管理局)党组)
党组(党委)书记、局长:陈绪统

【市港航口岸和渔业管理局】(1月,组建,作为市政府工作部门,同月设立党委)
党委书记、局长:李祖强(1月任)

【台州市生态环境局玉环分局】(1月设立,作为台州市生态环境局的派出机构)
党组书记、局长:庄雄平(1月任)

【市海洋与渔业局】(1月,因机构改革不再保留,同月撤销党委)
党委书记、局长:施明强

【市人民政府经济合作办公室(市投资促进局)】(8月,更名为市投资促进中心;同月设立市投资促进中心党组,撤销市人民政府经济合作办公室(市投资促进局)党组)
主　任:王　伟(8月免)
黄德波(8月任)

【市体育局】(8月,机构名称调整为市体育事业发展中心;9月,设立市体育事业发展中心党组,撤销市体育局党组)
党组书记、局长(主任):李潘仁

【市风景旅游管理局】(8月,机构名称调整为市旅游事业发展中心;9月,设立市旅游事业发展中心党组,撤销市风景旅游管理局党组)
党组书记、局长(主任):金　鑫

【台州港航管理局玉环港航分局】(8月,机构名称调整为市港航事业发展中心;9月,设立市港航事业发展中心党组,撤销台州港航管理局玉环港航分局党组)
党组书记、局长(主任):郭国强

【市流动人口服务管理局】(8月,机构名称调整为市流动人口服务中心;9月,设立市流动人口服务中心党组,撤销市流动人口服务管理局党组)
党组书记、局长(主任):陈学明

【玉环经济开发区管理委员会】
党工委书记:孙　群
党工委副书记、主任:舒　欢

【市漩门管理局】(8月,机构名称调整为市漩门湾经济发展中心;9月,设立市漩门湾经济发展中心党组,撤销市漩门管理局党组)
党组副书记、副局长:林春平(主持工作)

【市机关事务管理局】(8月,机构名称调整为市机关事务中心;9月,设立市机关事务中心党组,撤

销市机关事务管理局党组）
党组书记、局长（主任）：林建荣

【市供销合作社联合社委员会】
党委书记、主任：于　波

市政府直属企业单位

【市国投集团】
副董事长兼总经理：张黎曙

【市城建集团】
副董事长兼总经理：孙贤勇（主持工作）

【市水务集团】
党总支书记、总经理：高全煜

在玉上级垂直管理部门单位

【市国土资源局】（1月，因机构改革不再保留，同月撤销党委）
党委书记、局长：蔡其方

【国家税务总局玉环市税务局】
党委书记、局长：林国荣

【市供电公司】
党委书记：刘建宙（12月免）
施昌伟（12月任）
总经理：周灵刚（9月免）
林永胜（9月任）

【市烟草专卖局（分公司）】
党组书记、局长（经理）：胡士勇

【市邮政局（公司）】
党委书记、局长（经理）：茅云彬

【市电信局】
副书记：洪晓华（主持工作）

【台州海关玉环办事处】（2018年12月，机构改革，台州海关玉环办事处与台州出入境检验检疫局玉环办事处合署办公）
主　任：李益民（2018.12月任）

【台州玉环海事处】
处　长：林英尧
政　委：陈方达（12月免）
王　晨（12月任）

【市气象局】
党组书记、局长：杨　楠（5月任）

【中央储备粮玉环直属库有限公司】
总经理：沈益荣（4月免）
毛陶然（4月任）

【人民银行玉环县支行】
党组书记、行长：叶　程

【台州银监分局玉环办事处】
主　任：林全胜

【工商银行玉环支行】
党总支书记、行长：王剑锋

【农业银行玉环支行】
党委书记、行长：钱红英

【中国银行玉环支行】
党总支书记、行长：柳敏淑

【建设银行玉环支行】
党总支书记、行长：叶文强（11月免）

叶桂彪(11月任)

【玉环农村商业银行】

党委书记、董事长:王为春

行　长:陈庆华

【农业发展银行玉环县支行】

行　长:於林兵(1月免)

副行长:叶　肖(主持工作)

【邮政储蓄银行玉环支行】

行　长:王　辉

【上海浦东发展银行玉环支行】

行　长:刘　建(5月免)

王家怡(5月任)

【兴业银行玉环支行】

行　长:周晨风(1月免)

何　翼(10月任)

【交通银行玉环支行】

副行长:陈　华(主持工作)

【招商银行玉环支行】

行　长:泮雨青

【中信银行玉环支行】

行　长:苏　文

【玉环永兴村镇银行】

行　长:苏光先

【民生银行玉环支行】

行　长:李　杰(7月免)

黄　盈(7月任)

【台州银行玉环支行】

行　长:解金福(5月免)

陈　熹(5月任)

【泰隆银行玉环支行】

行　长:李华莉

【民泰银行玉环支行】

行　长:陈小平

【浙商银行玉环支行】

行　长:张剑云(4月免)

林思慧(4月任)

【华夏银行玉环支行】

行　长:郑新源

【中国人民财产保险公司玉环支公司】

总经理:陈高样

【中国人寿保险公司玉环支公司】

总经理:陈　敏

【中国石化玉环支公司】

经　理:方海平(3月免)

黄昌耀(3月任)

【中国移动玉环分公司】

总经理:柯甫朝(1月免)

杨圣兵(1月任)

【中国联通玉环分公司】

总经理:金将兵(5月免)

詹雷来(5月任)

【华能玉环电厂】

书　记：沈洪明（5月免）
陈　锋（5月任）
厂　长：陈　浩

乡镇街道

【玉城街道】

党工委书记：詹江鹏
办事处主任：周也林
人大工委主任：陈奇亮

【坎门街道】

党工委书记：李国立
办事处主任：王　坚
人大工委主任：林可清

【大麦屿街道】

党工委书记：林　杭
办事处主任：林楚法
人大工委主任：陈礼平

【楚门镇】

党委书记：金加树
镇　　长：叶兰美
人大主席：陈金东

【清港镇】

党委书记：陈君钦
镇　　长：阮挺峰
人大主席：胡再雷

【芦浦镇】

党委书记：赵梅英
镇　　长：张杨顺
人大主席：潘寿力

【干江镇】

党委书记：罗永柏
镇　　长：吕德胜
人大主席：陈　强

【沙门镇】

党委书记：骆骏骞
镇　　长：池宇志
人大主席：沈卫东

【龙溪镇】

党委书记：张国力
镇　　长：郭海滨
人大主席：陈　江

【鸡山乡】

党委书记：陈银考（1月免）
沈华忠（8月任）
乡　　长：沈华忠（8月免）
李　鹏（8月任）
人大主席：李光聪

【海山乡】

党委书记：金荣通
乡　　长：赵贵法
人大主席：张　皓

重要文件目录

中共玉环市委文件

玉市委〔2019〕1 号	关于设立市自然资源和规划局等党委（党组）撤销市国土资源局等党委（党组）的通知
玉市委〔2019〕2 号	关于公布 2018 年度发展目标责任制考核优秀乡镇（街道）和工作目标责任制考核优秀市级单位等先进集体的通报
玉市委〔2019〕3 号	关于公布 2018 年度巨龙企业等 7 个先进集体先进个人的通报
玉市委〔2019〕5 号	关于给予冯光龙等 60 名公务员记三等功、胡楚峰等 393 名公务员嘉奖奖励的通报
玉市委〔2019〕6 号	关于设立中共玉环市投资促进中心等党委（党组）及撤销中国共产党玉环市人民政府经济合作办工室（市投资促进局）党组的通知
玉市委〔2019〕7 号	关于推进新时代美丽玉环建设的决定
玉市委〔2019〕8 号	关于设立中国共产党玉环市机关事务中心等党组撤销中国共产党玉环市机关事务管理局等党组的通知
玉市委发〔2019〕1 号	关于召开中国共产党玉环市第十五届代表大会第三次会议的通知
玉市委发〔2019〕5 号	关于印发《玉环市机构改革方案》的通知
玉市委发〔2019〕13 号	关于印发《玉环市“狠抓产业项目、大抓实体经济”暨项目“双进”大比拼活动实施方案》的通知
玉市委发〔2019〕19 号	关于 2018 年度市管干部考核优秀等次人员名单的通报
玉市委发〔2019〕20 号	关于命名 2018 年度玉环市级文明单位、文明村（社区）的决定
玉市委发〔2019〕21 号	关于开展向郑青岳同志学习活动的决定
玉市委发〔2019〕35 号	关于开展“不忘初心、牢记使命”主题教育的实施意见
玉市委发〔2019〕37 号	关于加强和改进干部教育培训工作的意见
玉市委发〔2019〕42 号	关于表彰防台抢险救灾先进集体和先进个人的通知
玉市委发〔2019〕70 号	关于召开中国共产党玉环市第十五届代表大会第四次会议的通知

玉环市人大常委会文件

玉人大〔2019〕4 号	关于召开玉环市第十六届人民代表大会第三次会议的决定

玉人大〔2019〕5号	关于表彰市十六届人大二次会议好议案的通报
玉人大〔2019〕6号	关于表彰2018年度履职优秀代表的通报
玉人大〔2019〕7号	关于表彰2018年度先进人大代表联络站的通报
玉人大〔2019〕10号	关于同意2018年国民经济和社会发展计划执行情况及2019年国民经济和社会发展计划草案初步安排的决议
玉人大〔2019〕11号	关于同意玉环市2018年财政预算执行情况和2019年财政预算草案初步方案的决议
玉人大〔2019〕12号	关于落实市十六届人大二次会议期间代表团审议政府工作报告意见建议的通知
玉人大〔2019〕13号	关于落实市十六届人大三次会议期间代表团审议法院工作报告意见建议的通知
玉人大〔2019〕14号	关于落实市十六届人大三次会议期间代表团审议检察院工作报告意见建议的通知
玉人大〔2019〕15号	关于印发玉环市人大常委会2019年工作要点的通知
玉人大〔2019〕17号	关于落实市十六届人大三次会议大会议案和重点建议督办件的通知
玉人大〔2019〕22号	关于批准玉环市2018年财政决算的决议
玉人大〔2019〕28号	关于有关工作机构设立和更名的决定
玉人大〔2019〕29号	关于批准玉环市2019年财政预算调整方案的决议
玉人大〔2019〕30号	关于批准玉环市2019年地方政府债务限额的决议
玉人大〔2019〕40号	关于批准玉环市2019年财政预算再次调整方案的决议
玉人大审字〔2019〕1号	关于我市促进民营经济高质量发展情况专题询问的审议意见
玉人大审字〔2019〕2号	关于我市《食品安全法》实施情况报告的审议意见

玉环市人民政府文件

玉政发〔2019〕1号	关于做好春节、元宵节期间森林消防工作的通告
玉政发〔2019〕2号	关于加快外贸人才队伍建设的若干意见
玉政发〔2019〕3号	关于印发玉环市加强新时代教育人才队伍建设实施办法(试行)的通知
玉政发〔2019〕4号	关于做好清明节期间森林消防工作的通告
玉政发〔2019〕5号	关于玉环市大麦屿街道大麦屿社区棚户区国有土地上房屋征收决定的通告
玉政发〔2019〕6号	关于2018年度玉环市政府质量奖获奖企业的通报
玉政发〔2019〕7号	关于做好2019年粮食生产工作的通知
玉政发〔2019〕8号	关于公布2018年度村级土地民主自治工作验收结果的通知
玉政发〔2019〕9号	关于玉环市城区7号地块国有土地上房屋征收决定的通告
玉政发〔2019〕10号	关于公布2018年度市满意银行和金融业先进个人的通知
玉政发〔2019〕11号	关于进一步加强“三强一制造”建设加快质量提升的若干意见
玉政发〔2019〕12号	关于在全市范围内开展丧葬礼俗改革工作的通告
玉政发〔2019〕13号	关于公布玉环市2019年教学质量贡献奖获奖名单的通报

玉政发〔2019〕14 号	关于印发《玉环市城市规划区国有土地上房屋征收补偿办法》等三个办法的通知
玉政发〔2019〕15 号	关于印发玉环市违法建筑处置意见(修订)的通知
玉政发〔2019〕16 号	关于深化“亩均论英雄”改革的实施意见
玉政发〔2019〕17 号	关于全面深化健康共同体建设的实施意见
玉政发〔2019〕19 号	关于公布 2018 年度市服务业重点企业和优秀企业家的通报
玉政发〔2019〕20 号	关于印发新建铁路杭州经绍兴至台州线温岭至玉环段项目(玉环段)征地拆迁工作实施办法的通知
玉政发〔2019〕21 号	关于印发玉环市被征地农民基本养老保障办法修订补充意见的通知
玉政发〔2019〕22 号	关于公布市政府及市政府办公室行政规范性文件清理结果的通知
玉政发〔2019〕23 号	关于融资平台公司市场化转型的通告
玉政发〔2019〕24 号	关于印发坎门中心渔港港章(试行)的通知
玉政发〔2019〕26 号	关于印发玉环市全面推进市场监管领域部门联合“双随机、一公开”监管实施办法的通知
玉政发〔2019〕27 号	关于公布 2019 年度玉环市农业龙头企业的通知
玉政发〔2019〕28 号	关于给予曹中贵记个人三等功的决定
玉政发〔2019〕29 号	关于印发玉环市流动人口积分制管理规定的通知

政协玉环市委员会文件

玉政协〔2019〕1 号	关于表彰市政协 2018 年度先进界别组联络组邀请人士组先进民主监督小组好提案优秀委员优秀邀请人士优秀民主监督员反映社情民意信息工作先进个人的通报
玉政协〔2019〕2 号	关于印发《政协玉环市委员会关于进一步加强反映社情民意信息工作的意见》的通知
玉政协〔2019〕4 号	关于调整政协第九届玉环市委员会专门委员会设置的决定
玉政协〔2019〕9 号	关于印发《政协玉环市委员会 2019 年工作要点》的通知
玉政协〔2019〕11 号	关于印发《中国人民政治协商会议玉环市委员会主席会议工作规则》的通知
玉政协〔2019〕12 号	关于印发《中国人民政治协商会议玉环市委员会全体会议工作规则》的通知
玉政协〔2019〕13 号	关于印发《中国人民政治协商会议玉环市委员会常务委员会工作规则》的通知
玉政协〔2019〕14 号	关于印发《中国人民政治协商会议玉环市委员会专门委员会通则》的通知
玉政协〔2019〕15 号	关于表彰市政协九届三次会议最佳“四见面”提案的决定
玉政协〔2019〕16 号	关于印发市政协党风廉政建设责任分工的通知
玉政协〔2019〕19 号	关于调整政协第九届玉环市委员会委员的决定
玉政协〔2019〕20 号	关于调整政协第九届玉环市委员会各专门委员会组成人员名单的通知
玉政协〔2019〕21 号	关于印发《中国人民政治协商会议玉环市委员会提案工作细则》的通知

重要文件选录

中共玉环市委
关于推进新时代美丽玉环建设的决定

（2019年8月22日）

为深入贯彻落实中央、省、台州市决策部署，积极推进建设美丽中国、美丽浙江、美丽台州在玉环的生动实践，加快打造美丽玉环升级版，中共玉环市委十五届十一次全体(扩大)会议深入研究、广泛讨论，作出推进新时代美丽玉环建设的决定。

一、新时代美丽玉环建设的总体要求

(一)重大意义。建设美丽中国，是实现中华民族伟大复兴中国梦的重要内容。党的十八大首次提出建设美丽中国的历史课题，党的十九大进一步提出建设富强民主文明和谐美丽的社会主义现代化强国，将美丽融入强国目标。浙江省委旗帜鲜明地将美丽浙江纳入“六个浙江”战略布局，在“建设美丽浙江、创造美好生活”上干在实处永无止境、走在前列要谋新篇、勇立潮头方显担当。台州市委将建设美丽台州作为新时代的垦荒，以大陈岛垦荒精神建设新时代美丽台州、推动台州高质量发展。作为美丽中国、美丽浙江、美丽台州在玉环的具体展现，建设新时代美丽玉环，既是贯彻上级部署的重要举措，更是满足全市人民对美好生活新期待的责任担当，必须深刻把握其紧迫性，将其贯穿于改革发展全过程，奋力开创新时代玉环高质量发展新局面。

(二)指导思想。以习近平新时代中国特色社会主义思想为指导，全面贯彻落实党的十八大、十九大，以及省第十四次党代会、台州市五届三次党代会、玉环市十五届三次党代会精神，牢固树立五大发展理念，以“八八战略”为总纲，抢抓长三角一体化发展上升为国家战略机遇，深入实施新型城镇化和乡村振兴战略，全面落实全省“大湾区大花园大通道大都市区”建设要求，全力以赴发展美丽经济、建设美丽城市、打造美丽生态、创造美丽生活、做实美丽党建，加快推动形成“港口带动、拥湾发展、产城融合、全域一体”的发展新格局，展现美丽宜居、充满活力的现代化海湾城市崭新姿态。

(三)主要目标。

——近期。按照一年破题、两年见效、三年蝶变的步骤，优化城市空间、加快转型升级、提升环境质量、丰富服务供给、加强社会治理，实现美丽玉环经济大发展、环境大改善、功能大完善、品质大提升，阔步迈入高水平全面小康社会。

——中远期。围绕“生产发展集约化、城市建设现代化、生态保护系统化、城乡环境景区化、公共服务优质化、社会文明风尚化”,推动实现生产空间集约高效,战略性新兴产业、高端成长型产业和新兴先导型服务业比重明显提高,先进制造业、现代服务业和现代农业深度融合发展;实现生活空间宜居适度,城乡空间平衡适宜,公共服务更趋完善,产城人文深度融合,群众获得感、幸福感、安全感有效提升;实现生态空间山清水秀,城乡环境质量明显改善,海岛风貌充分呈现,建成居者自豪、来者依恋、闻者向往的美丽宜居、充满活力的现代化海湾城市。

(四)基本原则。

——坚持解放思想。始终把解放思想作为动力之源,围绕建设美丽宜居、充满活力的现代化海湾城市目标,敢于“无中生有”,善于“放飞想象”,充分认识到抓新时代美丽玉环建设就是抓高质量发展、抓招大引强、抓区域竞争、抓民生改善,推动全市上下思想来一次大洗礼、观念来一次大更新、活力来一次大迸发,以思想大解放助推玉环大发展。

——坚持以人为本。践行以人民为中心的发展思想,以创造美好生活为着眼点和落脚点,紧扣群众对城市生活更高层次的所需所求所盼,完善基础设施配套,加强优质服务供给,并注重调动和发挥群众参与新时代美丽玉环建设的主动性和积极性,进一步理顺依靠群众、发动群众的工作机制,让群众共建共享新时代美丽玉环。

——坚持全域一体。强化“全域一体、精明增长”理念,突出规划引领、区域协调、城乡联动,用工匠精神雕琢城市,用绣花功夫扮靓城镇,用绿色坚守呵护乡村,推动城乡资源要素双向流动、优化整合、同向发力,以城市更新新突破、城镇风貌新变化、村庄环境新提升为指向,全面形成新老共融、镇村融合、全域美丽的发展格局。

——坚持“三生融合”。秉持“生产、生活、生态”融合理念,突出山海相依、产城相融、文旅相生,在生产发展的效益上对照更高目标,在群众生活的品质上树立更高追求,在生态环境的保护上达到更高水平,加快形成资源节约和环境保护的空间格局、生产方式、生活方式,持之以恒护好绿水青山、造浓海韵风情、做强实体经济。

二、聚焦聚力美丽经济,再创民营经济新辉煌

(一)大力发展城市经济。抢抓台州南部湾区建设机遇,大力发展新技术、新产业、新业态、新模式,推进先进制造业与现代服务业的深度融合,形成城市发展新动能。着力推动现代服务业发展,做大做强电子商务、现代物流、文化创意等产业,培育壮大现代金融、展会经济、工业设计等产业,推动生产性服务业向专业化和价值链高端延伸、生活性服务业向精细化和高品质提升。加快发展总部经济和楼宇经济。大力发展数字经济,促进移动互联、大数据、云计算、物联网等与传统产业深度融合。以大麦屿港为依托,全力推动浙台(玉环)经贸合作区创建国家级平台,大力引进和培育临港产业,打造长三角对台综合枢纽港。

(二)全力推进优化升级。持续聚焦“一老一小”,确保到2020年底完成59个老旧工业点的改造提升和24个小微企业园建设,新建和改扩建标准厂房300万平方米以上,集聚1000家以上小微企业入园发展。高质量开发沙门滨港工业城、干江滨港工业城和海洋经济转型升级示范区三大片区,打造布局合理、效益突出、特色鲜明的滨海产业带。实施支柱产业提升和新兴产业培育计划,引导汽摩配、水暖阀门等传统产业改造提升,推动智能制造装备、电子信息、生物制药等产业发展,构建“7+7”产业新格局。深化“三强一制造”和企业培大育强,培育一批旗舰企业、瞪羚企业和成长型小微企业,力争上市公司数量实现新突破。

（三）纵深开展扶工助企。坚持以"服务企业服务群众服务基层"活动为引领，深入践行"五心""妈妈式"服务，完善扶工助企政策，营造重企亲企爱企富企安企的营商环境。坚持市领导集中服务周、骨干企业白名单、扶工助企专员等机制，紧扣企业最急、最忧、最缺、最堵、最盼等"五最"问题，强化问题收集汇总、分析研判、精准处置，确保每个问题清单管理、销号落实。全面落实减税降费政策，精准帮扶企业有效应对和规避贸易摩擦风险，确保企业平稳健康发展。

（四）强势攻坚项目"双进"。坚持招商引资"一把手"工程，发扬"五皮"招商精神，深入开展驻点招商、中介招商、商会招商，全力招引智能化部件、汽车底盘总成等符合产业发展导向的"大好高"项目，加快形成新的动力引擎和竞争优势。纵深推进"千亿项目·五大攻坚"行动，确保固定资产投资与GDP同步增长，力争未来五年年均固定资产投资增长10%以上，重大项目完成投资500亿元以上。深化土地综合整治、低效用地再开发，推动土地资源向优质项目倾斜。拓宽项目投融资渠道，全力争取国家投资、利用信贷资金，注重激发民间投资主动性、积极性，形成多元化项目建设投入机制。

（五）持续激发创新活力。围绕打造创新型城市，提速"一园一体一廊"建设，创建省级高新技术产业园区，优化"一湾两岸"科创大走廊，推进产业创新服务综合体、科创园和"飞地孵化器"等平台建设。突出企业创新主体地位，支持建设企业研究院、研发中心、技术中心和重点实验室等研发机构，突破关键共性技术瓶颈，推进先进成熟技术转化应用，培育壮大一批科技型领军企业，推动"玉环制造"向"玉环智造"转变。持续加强知识产权保护。深化才资精准对接三年行动，聚焦主导产业和战略新兴产业，招引大院名所共建创新中心，引进由领军人才领衔的创新创业团队，全面升级人才发展平台。

三、聚焦聚力美丽城市，构筑海湾城市新形象

（一）高起点优化城市空间格局。高标准编制市国土空间规划、城市更新专项规划和高铁新区城市规划，加快促进经济社会发展规划、综合交通规划、地下空间规划、环境功能区划、海洋发展规划、水资源规划等多规融合，形成定位清晰、管控严格的空间规划体系。高效运行城乡规划委员会，组建规划专家咨询委员会，完善各类规划和功能区划评估调整机制。依托乐清湾和漩门湾构建城市空间开敞体系，融入海洋自然风光和人文元素，持续做好海湾城市建设文章，充分展现现代化海湾城市特色。

（二）高强度推进城市有机更新。牢固树立"新老共荣、全域一体"理念，突出玉城、坎门、大麦屿城市更新主战场，深入实施"挥师大城南、跨越分水岭、打造主轴线、盘活空闲地、扮靓老城区"战略，以城中村改造、老旧小区改造以及市政基础设施建设完善为重点，坚持大兵团作战、连片成块推进模式，超常规推进老城面貌和功能更新，全力打赢三年行动攻坚战，以"大拆大整"加快实现"大建大美"，推动玉城街道、坎门街道沿双港路、玉坎河相向融合，玉城街道、大麦屿街道沿三潭路、兴港路联动发展，实现核心城区功能优化、三个街道深度融合、港城发展互促共进。

（三）高水平建设美丽宜居城乡。紧扣"生态环境、都市服务、产业平台、社会治理"四大核心功能，持续加快新城开发步伐，积极推动芦浦撤镇设街，高标准推进高铁新区建设，促进各类要素集聚和产业协调联动，带动人气商气集聚。加大小城市培育和历史文化名镇保护力度，推动楚门由城镇格局向城市格局转变。突出联山簇岛、因地制宜，支持各大集镇加快建设，打造制造业集聚充分、城市化设施完备、社会服务功能齐全、产城融合发展的现代化滨海城镇集群。

（四）高品质提升城市管理水平。充分发挥城市管理委员会作用，深化综合行政执法体制改革，建立健全多部门执法联动机制，形成“大城管”工作格局。大力实施城市功能与品质提升行动，统筹推进市政基础设施配套和公共服务设施配置，营造“有温度”“有人情味”的宜居环境。纵深推进垃圾、公厕、物业“三大革命”，坚持不懈打好交通治堵攻坚战。加强与腾讯公司深度合作，打造“智慧玉环”，探索运用3S技术等科技手段构建数字治理平台，促进城市管理不断向科学化、精细化、标准化提升。

四、聚焦聚力美丽生态，打造全域一体新标杆

(一)大力实施乡村振兴战略。高水平编制并实施乡村振兴战略规划，深化“千村示范、万村整治”工程，围绕全域景区化和美丽乡村样板村创建“九个一”标准，有序推进村庄生态化有机更新和梳理式改造提升，打造一批高颜值、高价值的美丽村镇、美丽村庄。因地制宜推进美丽渔港渔村建设，深化海岸线整治修复，加强沙滩资源保护。抓实美丽产业培育，大力发展乡村经济，加快建设现代农业园区、美丽田园综合体、海洋牧场、水产加工园区等平台，大力发展农产品精深加工、乡村旅游、农村电商等新业态新模式，注入现代农业发展新动能。巩固“大棚房”整治成果，稳步推进村级集体经济控债消债化债。

(二)大力推进环境综合整治。持续深化“我爱我家”环境大整治大提升行动，推动形成环境综合整治浓厚氛围。加快“无违建市”创建步伐，力争到2020年底创成省“无违建市”。巩固“五水共治”成果，高质量完成污水零直排区建设，加大近岸海域污染防治力度，开展美丽河湖创建活动，打造一批“河湖相通、山水交融、水城相映、人水相亲”的滨水景观。大力实施“百镇示范、千镇美丽”工程，确保到2035年所有小城镇高质量全面建成美丽城镇，打造“各美其美、美美与共”的城镇大花园。加快创建国家森林城市，打造林在城中、城在林中、山水融合、低碳发展、生态宜居的森林玉环。

(三)大力打造全域美丽景区。坚持全区域谋划、全产业融合、全景式开发、全要素提升，远近结合建设“诗画山水带、阳光海岸带、产业风情带、运动休闲带、生态养生带”，逐步推动各美丽要素串点成线、联线成环、纳环成网，打造“处处是景、时时见景”的美丽玉环。加大漩门湾国家湿地公园、芦浦百丈岩、鸡山岛等一批国家3A级以上旅游景区创建力度，全力推动海山旅游岛项目落地和干江滨海生态旅游区、沙门慧心湾旅游度假区等项目招商。促进“旅游+”产业融合，深入挖掘耕海牧渔、岛居民宿、东海传奇等海洋文化内涵，打通“吃住行游购娱”六要素服务边界，开发拓展一批度假式、体验式旅游新业态，提炼打造一批特色旅游品牌和旅游线路。

五、聚焦聚力美丽生活，实现民生福祉新改善

(一)推进重点领域改革。坚持以“最多跑一次”改革为牵引，深化自然人、企业法人“全生命周期”事项梳理，推动“最多跑一次”改革向公共服务、中介机构等全领域延伸。持续推动投资项目审批“最多跑一次”改革提速增效。加大商事制度改革力度，推进“多证合一、一照一码”普及应用，实现企业开办一日办结常态化。深化“受办”分离改革，推动改革向乡镇(街道)便民服务中心和村级代办点延伸，同步拓展银行、邮政等基层服务网点，实现政务服务“就近能办、同城通办”。加快数字政府建设，推动部门信息共享，实现“无证明城市”常态化运行。

(二)扩大优质民生供给。围绕创建省教育现代化市和全国义务教育优质均衡发展市，持续加大教育投入，科学规划校网布局，优化整合教育资源，补好学前教育短板，实施城乡义务教育一体化，推进各类教育协调发展，不断巩固全市教育质量发展体系，全面提升玉环教育在台州市的首位度。全面落实“健康玉环”战略，深入实施振兴医疗卫生事业行动计划，纵深推进健康共同体高质量实体化运作，鼓励优质社会资本进入卫生健康领域,促进全市医疗资源融合发展,加快实现市人民医院“健康共同体”创三乙。推进“30分钟文化圈”和“10分钟全民健身圈”建设,健全市镇村三级设施网络,深入开展“全民阅读”“文化嘉年华”“全民健身节”等系列活动,全域推动文体事业加快发展。

(三)完善社会保障体系。高度重视就业再就业工作,坚持以创业带动就业,加大创业担保贷款实施力度,引导高校毕业生到基层、非公企业就业,建立城乡统一的失业保险制度。健全劳动保障监察长效机制,建立企业工资支付监控制度,完善工伤预防、经济补偿、职业康复相结合的工伤保险制度体系,构建和谐劳动关系。落实兜底线、织密网、建机制工作要求,完善社会保障、社会救助、社会保险体系。健全社会保障适度投入增长机制,形成城乡居民基本养老保险、城镇职工基本养老保险、被征地农民基本生活保障相衔接的养老保障体系。

(四)提升基层治理水平。坚持并发展新时代枫桥经验和平安玉环创建经验,推动社会治理关口前移、防线前置。深化市镇村三级综治中心标准化建设,注重发挥乡镇(街道)“基层治理四个平台”和“一体两翼”体系作用,强化网格责任捆绑,完善基层综合治理架构。健全重大事项社会稳定风险评估、矛盾纠纷多元化解机制,强化各类社会风险预测预警、分析研判、应急处置。畅通网上信访渠道,落实信访精准代跑,加快建设“一站式接待、一揽子调处、一条龙帮扶”的“信访超市”。坚持防治结合、标本兼治,聚焦金融风险、公共安全、网络舆情等重点领域,纵深推进扫黑除恶专项斗争、消防铁拳整治行动和“无盗抢城市”、禁毒示范市创建等工作,持续提升群众安全感和满意度。

六、聚焦聚力美丽党建,展现清廉玉环新气象

(一)突出政治建设。牢固树立“四个意识”、自觉坚定“四个自信”,严格遵守政治纪律和政治规矩,坚决维护习近平总书记在党中央和全党的核心地位,坚决维护党中央权威和集中统一领导。深入学习贯彻习近平新时代中国特色社会主义思想,高标准开展“不忘初心、牢记使命”主题教育,推动各级党员干部自觉用新思想武装头脑、用新作为展现风采。严格落实民主集中制,认真执行党内政治生活准则,从严执行“三会一课”、民主生活会、组织生活会、主题党日等活动,切实增强党员干部的政治免疫力。

(二)坚定理想信念。坚持不懈抓好思想理论武装,创新党委(党组)中心组学习方法,用好“学习强国”“手机党课”等新媒体学习平台,全面提高党员干部学习和运用党的创新理论成果的能力。坚持党管媒体,注重发挥融媒体平台作用。深化基层精神文明和农村文化礼堂建设,持续筑牢基层宣传文化阵地,牢牢掌握基层意识形态工作的领导权和话语权。发挥郭口顺、郑青岳、卓玉宝等先进典型“敢担当、善谋事、讲奉献”的榜样引领作用,激励引导广大党员干部见贤思齐、开拓奋进,促进人人争当美丽市民新风尚蔚然成风,以实干凝聚起全面推进新时代美丽玉环建设的向心力和战斗力。

(三)打造担当铁军。打好干部工作“上下管育爱”系列组合拳,突出政治标准,注重实干实绩,大力选拔使用忠诚干净担当的好党员好干部。大力推进干部队伍专业化建设,分类别、分行业、分领域建立干部人才库,不断完善专业化干部储备。加大发现培养储备年轻干部力度,建立一线培养、一线考察、一线激励机制,有计划地选派发展潜力大的优秀年轻干部到城市有机更新一线“摔打磨炼”。坚持约束和激励并重,加强干部日常管理,落实基层干部激励计划。

(四)筑牢战斗堡垒。压实党委(党组)抓基层党建工作责任,突出基层组织力提升,纵深推进基层党组织“争星夺旗·和美共创”专项行动。全面推进城市“大党建”融合发展和社区党建质量提升,创新推进两新组织和新领域新业态党的建设，统筹抓好机关事业单位党建工作，构筑适应新时代要求的基层党建新格局。高质量做好村(社区)党组织书记备案管理工作，巩固提升村(社区)“头雁”队伍。完善后进基层党组织有效整转及防反弹机制。加强党员发展和教育管理工作，注重从产业工人、青年农民、高知识群体和两新组织中发展党员。扎实推进统战工作平台化、项目化、品牌化，推动军民融合深度发展，加强群团组织建设，为新时代美丽玉环建设凝聚最广泛力量。

(五)持续正风肃纪。坚持纪律监督、监察监督、派驻监督和巡察监督一体推进，紧盯职能部门、党员干部在新时代美丽玉环建设中的形式主义、官僚主义等问题，加强监督执纪问责，确保市委决策部署到哪里、监督检查就跟进到哪里。把监督检查落实中央八项规定及其实施细则精神等作为重点任务和经常性工作，高频次检查、高刚性执纪、高密度通报，切实管出习惯、化风成俗。始终把严管厚爱贯穿于监督执纪问责全过程，坚决为担当的干部担当、为负责的干部负责，实现“干部为事业担当、组织为干部担当”“两个担当”良性互动，营造鼓励担当、支持创新、宽容失误的浓厚氛围。

七、推动形成新时代美丽玉环建设的良好工作格局

(一)加强组织领导。高规格成立新时代美丽玉环建设工作领导小组，设立美丽经济组、美丽城市组、美丽生态组、美丽生活组、美丽党建组等5个专项工作组，分别由相关市领导任总召集人和副召集人，定期牵头组织会商、协调、督查，确保各项任务落到实处。各工作组要根据实际情况，明确职责分工，优化协调机制，抽调精干力量，全员压上、全力出击、全域覆盖，确保形成大兵团、集团化的强势推进态势。

(二)凝聚工作合力。各级各部门要切实把思想和行动统一到市委的重要决策部署上来。各联络员单位要根据职责分工，突出“一把手”抓、抓“一把手”，各司其职、密切协作，落实落细任务目标。其他乡镇(街道)部门要找准本地本单位着力点和契合点，根据实际抓好具体实施。

(三)强化督查考评。完善绩效评价体系，把新时代美丽玉环建设纳入市对乡镇(街道)、玉环经济开发区、市级部门发展目标责任制考核，考评结果作为各乡镇(街道)、玉环经济开发区、市级部门领导班子和领导干部年终评先评优的重要依据。市委市政府督查室要加大督促检查力度，定期通报落实情况，督促整改存在问题。

(四)注重统筹结合。正确处理好整体推进与重点突破间的关系，以新时代美丽玉环建设为引领，做好与当前各项工作的有机结合，推动工作载体化、载体项目化。突出城乡互动、上下联动、全民参与，广辟融资渠道，最大限度汇聚支持新时代美丽玉环建设的正能量，为推动新时代玉环高质量发展再出发奠定坚实基础。

(玉市委〔2019〕7号)

中共玉环市委　玉环市人民政府
关于印发《玉环市机构改革方案》的通知

各乡镇党委和政府，各街道党工委和办事处，市级机关各单位：

《玉环市机构改革方案》已经台州市委审核，报经省委、省政府批准，现予印发，请认真组织实施。

中共玉环市委

玉环市人民政府

2019年1月16日

玉环市机构改革方案

根据《中共中央关于深化党和国家机构改革的决定》《深化党和国家机构改革方案》《关于地方机构改革有关问题的指导意见》和《中共浙江省委关于深化机构改革的实施意见》《浙江省机构改革方案》《中共浙江省委关于市县机构改革的总体意见》及《台州市机构改革方案》精神，结合实际，制定玉环市机构改革方案。

一、机构改革的总体部署

深化机构改革，要以习近平新时代中国特色社会主义思想为指导，全面贯彻党的十九大和十九届二中、三中全会精神，贯彻落实习近平总书记关于深化党和国家机构改革的重要论述，牢固树立政治意识、大局意识、核心意识、看齐意识，坚持加强党的全面领导、坚持以人民为中心的发展思想、坚持社会主义市场经济改革方向、坚持优化协同高效、坚持以法治方式推进改革、坚持在中央统一领导下充分发挥地方积极性。

深化机构改革，要认真贯彻落实习近平总书记对浙江工作的重要指示精神，深入践行“干在实处永无止境，走在前列要谋新篇，勇立潮头方显担当”的新期望，按照省委、市委要求，从机构职能上把加强党的领导落实到各领域各方面各环节，主要机构设置同中央保持基本对应，与省、台州市机构改革有效衔接；以深化“最多跑一次”改革为牵引，加快政府职能转变，使市场在资源配置中起决定性作用、更好发挥政府作用，强化社会管理和公共服务职能，切实解决人民群众最关心最直接最现实的利益问题；统筹市和乡镇(街道)各层级、党政群各领域改革，优化机构设置和职能配置，提高效率效能；充分发挥法治规范和保障改革作用，在改革中完善和强化法治，坚决维护国家法制统一、政令统一、市场统一；结合玉环市实际，因地制宜，积极探索机构设置和职能配置，构建系统完备、科学规范、运行高效的机构职能体系，再创体制机制新优势，为推进“八八战略”再深化、改革开放再出发，加快玉环高水平全面建成小康社会、高水平推进社会主义现代化建设提供坚强有力的体制机制保障。

深化机构改革,要在党中央集中统一领导和省委、台州市委具体部署下,由市委负总责,不折不扣落实好各项改革任务。

二、调整优化市级党政机构和职能

(一)对应省、台州市机构改革,调整优化相应机构和职能

1.建立健全和优化市委对重要工作的领导体制机制

(1)组建市监察委员会。将市监察局的职责,以及市人民检察院查处贪污贿赂、失职渎职及预防职务犯罪等反腐败相关职责整合,组建市监察委员会,同市纪律检查委员会合署办公,履行纪检、监察两项职责,实行一套工作机构、两个机关名称。

不再保留市监察局。

(2)组建市委审计委员会,作为市委议事协调机构。市委审计委员会办公室设在市审计局。

(3)将市委全面深化改革领导小组改为市委全面深化改革委员会,作为市委议事协调机构。市委全面深化改革委员会办公室单独设置,作为市委工作机关,对外加挂市最多跑一次改革办公室牌子,划入市发展和改革局的城乡和社会体制改革相关职责,以及相关部门的行政审批制度改革牵头协调职责。

(4)将市委法治建设领导小组改为市委全面依法治市委员会,作为市委议事协调机构。市委全面依法治市委员会办公室设在市司法局。

(5)将市委网络安全和信息化领导小组改为市委网络安全和信息化委员会,作为市委议事协调机构。市委网络安全和信息化委员会办公室设在市委宣传部。

(6)将市委财经领导小组改为市委财经委员会,作为市委议事协调机构。市委财经委员会办公室设在市委办公室。

(7)将市国家安全领导小组改为市委国家安全委员会,作为市委议事协调机构。市委国家安全委员会办公室设在市委办公室。

(8)将市委外事工作领导小组改为市委外事工作委员会,作为市委议事协调机构。市委外事工作委员会办公室设在市政府办公室。

(9)组建市委教育工作领导小组,作为市委议事协调机构。市委教育工作领导小组秘书组设在市教育局。

2.加强市委职能部门的统一归口协调管理职能

(1)市委组织部统一管理市委机构编制委员会办公室。调整优化市委机构编制委员会领导体制。市委机构编制委员会办公室作为市委机构编制委员会的办事机构,承担市委机构编制委员会日常工作,作为市委工作机关,归口市委组织部管理。

(2)市委组织部统一管理公务员工作。将市人力资源和社会保障局的公务员录用调配、考核奖惩、培训、工资福利等职责划入市委组织部,对外加挂市公务员局牌子。

(3)市委宣传部统一管理新闻出版和电影工作。将市文化广电新闻出版局的新闻出版、电影管理职责划入市委宣传部,对外加挂市新闻出版局牌子。

(4)市委统战部统一管理民族宗教工作。将市民族宗教事务局的职责划入市委统战部,对外加挂

市民族宗教事务局牌子。

(5)市委统战部统一管理侨务工作。将市政府办公室(市政府外事侨务办公室)的侨务管理职责划入市委统战部,对外加挂市政府侨务办公室牌子。

将市政府办公室(市政府外事侨务办公室)的指导、开展对华人华侨及其社团的联谊和服务工作职责划归市侨联行使。

3.新组建和优化职责的机构

(1)组建市自然资源和规划局。将市国土资源局的职责,以及市发展和改革局的组织编制并实施主体功能区规划职责,市住房和城乡建设规划局(市测绘与地理信息局)的城乡规划管理、测绘与地理信息相关职责,市水利局的水资源调查和确权登记管理职责,市农业林业局的林业管理职责,市海洋与渔业局的海洋资源调查和确权登记管理职责,市住房和城乡建设规划局、市环境保护局、市水利局、市农业林业局、市海洋与渔业局等部门和市政府直属事业单位市风景旅游管理局的自然保护区、风景名胜区、自然遗产、地质公园等管理职责整合,组建市自然资源和规划局,作为市政府工作部门,加挂市海洋局、市林业局牌子。

不再保留市国土资源局。

不再保留市测绘与地理信息局牌子。

(2)组建市农业农村和水利局。将市委市政府农村工作办公室、市水利局、市农业林业局的职责,以及市发展和改革局的农业投资项目、市财政局的农业综合开发项目、市国土资源局的农田整治项目管理职责等整合,组建市农业农村和水利局,作为市政府工作部门。市委市政府农业和农村工作领导小组办公室设在市农业农村和水利局。

不再保留市农业林业局、市水利局、市委市政府农村工作办公室。

(3)组建市文化和广电旅游体育局。将市文化广电新闻出版局的文化和广播电视管理职责,市政府直属事业单位市体育局、市风景旅游管理局的行政职能整合,组建市文化和广电旅游体育局,作为市政府工作部门。

不再保留市文化广电新闻出版局。

(4)组建市卫生健康局。将市卫生和计划生育局、市深化医药卫生体制改革领导小组办公室的职责,以及市民政局承担的市老龄工作委员会办公室职责,市安全生产监督管理局的职业安全健康监督管理职责整合,组建市卫生健康局,作为市政府工作部门。

保留市老龄工作委员会,日常工作由市卫生健康局承担。

不再保留市卫生和计划生育局、市深化医药卫生体制改革领导小组办公室。

(5)组建市退役军人事务局。将市民政局的退役军人优抚安置职责,市人力资源和社会保障局的军官转业安置职责等整合,组建市退役军人事务局,作为市政府工作部门,按中央有关改革部署实施。

(6)组建市应急管理局。将市安全生产监督管理局的职责,以及市政府办公室的应急管理职责,市公安局的消防管理职责,市民政局的救灾减灾职责,市国土资源局的地质灾害防治相关职责,市水利局的水旱灾害防治相关职责,市农业林业局的森林防火相关职责,市防汛防台抗旱指挥部、市森林防火指挥部、市减灾委员会和相关部门的抗震救灾等有关职责整合,组建市应急管理局,作为市政府工作部门,按中央有关改革部署实施。

不再保留市安全生产监督管理局。

(7)重新组建市司法局。将市司法局和市政府法制办公室(市行政复议局)的职责整合,重新组建市司法局,作为市政府工作部门,保留市行政复议局牌子。

不再保留市政府法制办公室。

(8)优化市审计局职责。将市发展和改革局的重大项目稽察职责,市财政局的预算执行情况和其他财政收支情况监督检查职责,相关部门的国有资产经济责任审计职责以及市属国有企业监事会等职责划入市审计局。

(9)优化市市场监督管理局职责。将市发展和改革局(市物价局)的价格监督检查相关职责,市科学技术局的知识产权保护协调和专利行政执法指导职责,市商务局的打击侵犯知识产权和假冒伪劣商品以及反垄断等相关职责划入市市场监督管理局。

保留市食品安全委员会,具体工作由市市场监督管理局承担。

不再保留市食品安全委员会办公室。

不再保留市工商行政管理局、市质量技术监督局、市食品药品监督管理局牌子。

(10)组建市医疗保障局。将市人力资源和社会保障局的医疗保险、生育保险和新型农村合作医疗职责,市卫生和计划生育局的药械集中采购和监督管理有关职责,市民政局的医疗救助职责,市发展和改革局(市物价局)的药品和医疗服务价格管理职责等整合,组建市医疗保障局,作为市政府工作部门。

(11)优化市科学技术局职责。将市人力资源和社会保障局的引进国外智力和外国专家管理职责划归市科学技术局。

4.其他不再设立的机构

(1)不再设立市社会治安综合治理委员会及其办公室、市委维护社会稳定工作领导小组及其办公室,有关职责交由市委政法委员会承担。

(2)将市委防范和处理邪教问题领导小组及其办公室职责交由市委政法委员会、市公安局承担。

(二)与省、台州市机关机构基本对应的其他机构和因地制宜设置的机构

1.与省、台州市机关机构基本对应的其他机构

市委办公室、市委巡察工作领导小组办公室作为市委工作机关;市政府办公室、市发展和改革局、市教育局、市公安局、市民政局、市财政局、市人力资源和社会保障局、市住房和城乡建设局、市交通运输局、市统计局、市综合行政执法局作为市政府工作部门。其中:

(1)组建市住房和城乡建设局。将市住房和城乡建设规划局、市人民防空办公室(市民防局)的职责整合,组建市住房和城乡建设局,作为市政府工作部门,加挂市人民防空办公室(市民防局)牌子。

不再保留市住房和城乡建设规划局。

(2)优化市委办公室职责。将市委办公室管理的市委保密委员会办公室(市国家保密局)并入市委办公室,将市档案局(市档案馆)的行政职能划转给市委办公室,对外保留市档案局牌子,并加挂市委机要局(市密码管理局)、市委保密委员会办公室(市国家保密局)牌子。

市档案馆继续作为市委直属事业单位设置。

(3)优化市政府办公室职责。将市政府外事侨务办公室的外事职责划入市政府办公室。将市政府

直属事业单位市政府金融工作办公室的行政职能,有关部门的融资租赁、典当、融资担保、从事信用互助的农民专业合作社管理职责以及相应的风险处置职责等划入市政府办公室。将市经济和信息化局的电子政务发展、政务和社会公共服务信息资源开发利用职责划入市政府办公室。

市政府办公室加挂市政府外事办公室、市政府金融工作办公室、市大数据发展管理局牌子。

不再保留市政府外事侨务办公室牌子。

(4)优化市发展和改革局职责。将市经济和信息化局承担的能源相关职责划入市发展和改革局。

不再保留市物价局牌子。

(5)市财政局加挂市政府国有资产监督管理办公室牌子。

(6)市综合行政执法局加挂市城市管理局牌子,划入统筹协调和指导全市综合行政执法职责,以更大力度深化行政执法体制改革和推进跨部门跨领域综合行政执法。

2.因地制宜设置的机构

市委台湾工作办公室、市委直属机关工作委员会、市委市政府信访局作为市委工作机关;市经济和信息化局、市商务局、市港航口岸和渔业管理局作为市政府工作部门。其中:

(1)组建市委军民融合发展委员会,作为市委议事协调机构。市委军民融合发展委员会办公室设在市经济和信息化局。

(2)将在市委组织部挂牌的市委直属机关工作委员会调整为单独设置,作为市委工作机关。

(3)组建市港航口岸和渔业管理局。将市海洋与渔业局的职责、市打击走私与海防口岸管理办公室的口岸管理职责、相关部门的港航管理行政职能等整合,组建市港航口岸和渔业管理局,作为市政府工作部门。

市打击走私与海防口岸管理办公室的反走私和海防管理职责由市政府办公室承担。

不再保留市海洋与渔业局、市打击走私与海防口岸管理办公室。

(4)将市委老干部局的职责划入市委组织部,加挂市委老干部局牌子。

(5)优化市商务局职责。将市发展和改革局、市民政局等部门组织实施重要物资和应急储备物资的收储、轮换和日常管理职责划入市商务局,加挂市粮食和物资储备局牌子。

不再保留市粮食局牌子。

(6)市委组织部加挂市委新经济与新社会组织工作委员会牌子。

(7)市委宣传部对外加挂市政府新闻办公室、市精神文明建设指导委员会办公室、市互联网信息办公室牌子。

(三)优化台州市级部门派出机构设置

台州市生态环境局在玉环市设立生态环境分局,作为台州市生态环境局的派出机构。将市环境保护局的职责,以及市发展和改革局的应对气候变化和减排职责,市国土资源局的监督防止地下水污染职责,市水利局的编制水功能区划、排污口设置管理和流域水环境保护职责,市农业林业局的监督指导农业面源污染治理职责,市海洋与渔业局的海洋环境保护职责等划入台州市生态环境局玉环分局。

不再保留市环境保护局。

机构改革后,共设置党政机构37个。党委机构12个,其中,纪检监察机关1个,工作机关11个。政府办公室和工作部门25个。台州市级部门派出机构1个,生态环境分局不计机构限额。(详见附件)

三、统筹推进其他各项改革

(一)深化市人大、政协机构改革和群团组织改革

1.深化市人大机构改革

(1)组建市人大社会建设委员会。整合市人大法制(内务司法)委员会、财政经济委员会的相关职责,组建市人大社会建设委员会,作为市人大专门委员会。

(2)市人大法制(内务司法)委员会更名为市人大监察和司法委员会。

2.深化市政协机构改革

(1)将市政协社会法制委员会更名为市政协社会和法制委员会。

(2)市政协文史资料委员会更名为市政协文化文史和学习委员会。将市政协科教文卫委员会承担的联系文化艺术界等相关工作调整到市政协文化文史和学习委员会。

(3)将市政协科教文卫委员会更名为市政协教科卫体委员会。

3.深化群团组织改革

认真落实党中央关于群团组织改革的决策部署,健全党委统一领导群团工作的制度,紧紧围绕保持和增强政治性、先进性、群众性这条主线,自觉服从服务党委工作大局,着力解决机关化、行政化、贵族化、娱乐化等问题,把群团组织建设得更加充满活力、更加坚强有力。

群团组织设立的党组,接受批准其成立的党委统一领导,定期汇报工作,确保党的方针政策和决策部署得到贯彻落实。进一步抓好各群团改革方案落实,改革机关设置、优化管理模式、创新运行机制,探索群团组织机关综合性设置。坚持眼睛向下、面向基层,将力量配备、服务资源向基层倾斜,更好适应基层和群众需要。

群团组织改革与机构改革相结合,促进党政机构同群团组织功能有机衔接,支持和鼓励群团组织承接适合其承担的公共服务职能,增强群团组织团结教育、维护权益、服务群众功能,充分发挥党和政府联系人民群众的桥梁纽带作用。

(二)深化市委市政府直属事业单位改革和承担行政职能的事业单位改革

按照精干高效原则设置市委市政府直属事业单位。将完全、主要和部分承担行政职能的事业单位全部纳入改革范围,全面清理事业单位承担的行政职能,将行政职能划归行政机构;按照能转职能的不转机构、确需转机构的实行综合设置的原则,区分情况推进改革,理顺政事关系,实现政事分开。确需转机构并实行综合设置的,结合部门“三定”规定,根据工作内在联系,在部门内设机构设置和职能配置中统筹研究。改革后保留设置的事业单位,名称不再称“委、办、局”。除行政执法机构按照中央部署推进改革外,不再保留或新设承担行政职能的事业单位。

结合党政机构调整,撤并整合职责相近、设置重复分散、规模过小的事业单位,同步划转涉改部门所属相关事业单位,并按一定比例精简编制。对面向社会提供公益服务的事业单位,理顺同主管部门的关系,逐步推进管办分离,强化公益属性,破除逐利机制;主要为机关提供支持保障的事业单位,优化职责和人员结构,同机关统筹管理。

(三)深化“最多跑一次”改革,推进审批服务便民化

聚焦发展所需、基层所盼、民心所向,突出重点领域和关键环节,推动“最多跑一次”改革向纵深发展,更大力度深化简政放权、放管结合、优化服务改革,深入推进审批服务便民化,最大限度激发市场

活力和社会创造力，增强人民群众获得感和幸福感。

进一步深化“一窗受理、集成服务”，全面实现“一窗通办、就近能办、异地可办”。推进各类政务服务事项向行政服务中心全进驻，加强便民服务网点建设，推进服务事项标准化，加快“无差别全科受理”窗口向乡镇(街道)、村(社区)代办点延伸，大力打造“无证明市”，实现政务服务“最多跑一次”100%全覆盖。推进“最多跑一次”改革向公共服务领域延伸，提升医疗卫生、教育和水电气等公共服务水平，在人民群众反映最强烈、最渴望解决、最难办的事情上取得更大突破。

进一步深化“互联网+政务服务”，全面实现“一网通办”。依托浙江政务服务网，加快部门和地方办事系统对接和数据归集工作。全力打破信息孤岛，构建一体联动、一网通办的线上线下政务服务体系，加快实现政务服务事项“网上办、掌上办、一证办”，持续推进政府数字化转型。

进一步简化投资审批和商事登记流程，全面优化营商环境。制定发布企业投资项目开工前审批“最多跑一次”负面清单，着力打好标准地、承诺制、中介提速、代办制、区域评价、流程优化等改革组合拳，实现一般企业投资项目开工前审批“最多100天”；联动推进证照分离、多证合一、证照联办，减少涉企证照事项，压缩企业开办时间，实现常态化企业开办4个工作日内完成。

进一步创新完善事中事后监管，全面推动执法监管“一次到位”。深入推进“互联网+监管”，强化非现场检查，综合运用“双随机、一公开”、智慧监管、审慎监管、信用监管等举措，着力构建事前管标准、事中管检查、事后管处罚、信用管终身的监管体系，实现服务零距离、监管不扰民。

(四)深化综合行政执法改革

按照减少层次、整合队伍、提高效率的原则，深化行政执法体制改革，统筹配置行政处罚职责和执法资源，完善“部门专业执法+综合行政执法+联合执法”的行政执法体系，进一步加强和创新执法监管。

大力推进科学执法。全面梳理和精简行政处罚、行政强制事项，实行清单化管理，建立动态调整机制，规范执法职责。改进执法方式，更多应用新科技手段，提高执法效能。加快建设统一的行政执法监管系统，实现监管信息共享、平台工具共用、部门执法协同、违法失信共管，提升监管执法水平。

大幅减少多头执法。结合部门职责和机构整合，做好部门所属执法队伍和执法职责的整合，实现一个部门原则上设置一支执法队伍。认真落实中央专项部署，整合组建市场监管、生态环境保护、文化市场、交通运输、农业等5个领域执法队伍。5个领域内现已纳入综合行政执法的具体执法事项，由部门专业执法更加有效的，应回归相应领域的执法队伍承担。进一步加大整合力度，将商务执法、盐业执法等整合划入市场监管执法队伍，市级市场监管、生态环境、文化和广电旅游体育、交通运输、农业农村和水利部门要加强指导，其他相关业务主管部门做好衔接配合，确保行政管理与行政执法接转有序。加大跨部门跨领域综合行政执法力度，优化执法事项，切实解决执法扰民、执法真空等问题；有关部门加强协调指导，各级各部门上下联动、相互配合，协同落实综合行政执法改革。

着力解决多层重复执法。按照减少执法层级、下沉执法力量、推动执法重心下移的要求，强化市级行政执法职责，一般实行局队合一体制，避免重复执法。健全完善市、乡镇(街道)行政执法统筹指挥机制，更大范围融合基层执法力量，在乡镇(街道)逐步实现一支队伍管执法。

加强执法队伍建设。强化执法队伍编制管理，锁定执法人员编制底数，暂保持现状不变，待中央统一明确政策后逐步规范。严控总量规模，统筹资源配置，探索建立体现行政执法特点的编制及人员管理办法。综合行政执法改革涉及的机构编制事项按有关规定办理。加强人员招录、使用和考核管理，全面清理规范临时人员和聘用人员，严禁使用辅助人员执法。严把人员入口关。建立健全行政执法可追溯、可问责机制和执法人员不作为、乱作为退出机制，完善执法程序，严格执法责任，加强执法监督，做到严格规范公正文明执法。

(五)深化乡镇(街道)机构改革

根据《中共浙江省委办公厅浙江省人民政府办公厅关于加强乡镇(街道)"四个平台"建设完善基层治理体系的指导意见》《中共浙江省委办公厅浙江省人民政府办公厅关于深化街道体制改革完善城市基层治理体系的意见》《中共浙江省委办公厅浙江省人民政府办公厅关于深化经济发达镇管理体制改革加快服务型乡镇政府建设的实施意见》精神，深化"基层治理四平台"建设，推动"最多跑一次"改革向基层延伸，进一步下放经济社会管理事项，推动治理重心下移，尽可能把资源、服务、管理放到基层，强化基层政府社会管理和公共服务职能。按照构建简约高效的基层管理体制要求推进乡镇(街道)改革，整合基层审批、服务、执法等方面的力量和职能，统筹机构编制资源，综合设置乡镇(街道)机构，实行网格化管理，构建上下协同、功能集成、执行有力、简约高效的新型基层管理体制。一般乡镇(街道)设置9个综合性办公室和中心，规模较小的适当精简，经济较发达、人口规模大、基层治理任务重的可适当增设1—2个。乡镇(街道)管理体制改革与市机构改革统筹谋划、同步推进，使基层政权机构设置和人力资源调配面向人民群众、符合基层事务特点，使各类机构、组织在服务保障群众需求上有更大作为。

(六)强化机构编制管理刚性约束

强化市委对机构编制工作的统一领导，推进各类编制资源统筹使用，加大部门间编制统筹调配力度，严格执行机构编制管理法律法规和党内法规，严格机构编制管理权限和程序，严禁越权审批。

坚持总量控制和限额管理。严格执行中央和省规定的机构限额。加强和规范机构编制管理。严禁超编进人、超限额设置机构、超职数配备领导干部。严格管理编外聘用人员。清理不规范设置的机构和配备的职数，全面清理限额外设置的行政机构，规范管理合署办公机构，精简整合规范各类派出机构，根除挂牌机构实体化、"事业局"。清理规范议事协调机构，职能相近的予以整合，临时性、阶段性的任务完成后及时撤销，严控新设议事协调机构。议事协调机构一般不单设办事机构，具体工作由有关部门承担。部门承担联席会议日常工作的内设机构不加挂牌子、不刻制印章。

认真做好部门"三定"工作。重新制定或修订市委工作机关、市政府工作部门"三定"规定，坚持优化协同高效，科学配置机构职能编制，强化部门内部职责和业务整合，推动组织架构重建和流程再造，切实把加强党的全面领导和职能转变要求落实到位，规范履职行为，确保权责一致。统一规范内设机构规格和名称，加大内设机构综合设置力度。整合归并的党政机构，综合性内设机构合并为一套，业务机构要根据工作的内在联系进行重新设计和整合，该精简的精简，该加强的加强。按照严控总量、盘活存量、优化结构、增减平衡的要求，实行"瘦身"和"强身"相结合，统筹使用编制资源。严格执行部门领导职数有关规定，市级部门领导职数一般不超过3名，任务重、规模大的部门可适当增加。

坚决查处各类机构编制违纪违法行为。及时公开机构编制有关信息，接受各方监督。坚决整治通过项目资金分配、考核督查、评比表彰等方式干预下级机构设置、职能配置和编制配备的行为。完善机构编制实名制管理，健全机构编制管理同组织人事、财政预算管理共享的信息平台，强化机构编制同纪检监察机关和组织人事、巡察、审计等部门的协作联动，形成监督检查合力。

四、组织实施

（一）加强组织领导。各级各部门要充分认识做好机构改革工作的重要性，提升政治站位，增强“四个意识”，坚决维护习近平总书记的核心地位，坚决维护党中央权威和集中统一领导，切实把思想和行动统一到党中央关于地方机构改革的决策部署上来。在省委、台州市委的具体部署下，市委加强统筹，市深化机构改革协调小组负责全市机构改革的组织实施，具体工作由协调小组办公室承担。各级党委主要负责同志要当好第一责任人，牵头挂帅，靠前指挥，抓好机构改革组织实施工作。

（二）细化工作进度。机构改革工作部署、组织实施要上下协同、有机衔接、紧凑有序，统筹安排时间表、路线图，严格按照中央和省规定的时间进度要求压茬推进。省委、省政府批准市机构改革方案后，市委召开动员部署大会，组织开展新部门组建、人员转隶和“三定”规定制定等工作，2019年3月底前基本完成。

（三）稳妥有序推进。全面贯彻先立后破、不立不破原则，有序做好人员转隶、新机构挂牌、集中办公等工作，特别是涉及安全生产、应急救援、维护社会稳定等工作的新老机构要确保工作有序衔接。各级各部门要紧紧抓住职能转变这个关键，在改职责上出实招硬招，在职能整合、业务融合上真正发生化学反应，做到脱胎换骨。要高度重视思想政治工作，教育引导广大党员干部特别是领导干部坚持党性原则和全局观念，自觉服从改革大局，确保思想不乱、工作不断、队伍不散、干劲不减，保证机构改革和日常工作两不误。要加强改革正面宣传，做好舆论引导和政策解读工作，为改革顺利开展营造良好氛围和环境。

（四）严明纪律规矩。严格执行机构改革政治纪律、组织纪律、机构编制纪律、干部人事纪律、财经纪律、保密纪律，严防国有资产流失，不讲条件、不打折扣、不搞变通、不开口子，确保机构、职责、队伍按照改革要求及时调整到位。要将机构改革实施情况纳入市委市政府督察任务和巡察范围，强化监督和执纪问责，保障改革顺利推进。各级各部门推进机构改革情况和遇到的重大问题要及时向市委报告请示。

附件：1.中共玉环市委机构设置表

2.玉环市人民政府机构设置表

（玉市委发〔2019〕5号）

附件1:

中共玉环市委机构设置表

纪律检查委员会监察委员会机关	办公室	组织部	宣传部	统一战线工作部	政法委员会	全面深化改革委员会办公室	全面依法治市委员会办公室(设在市司法局)	国家安全委员会办公室(设在办公室)	网络安全和信息化委员会办公室(设在宣传部)	财经委员会办公室(设在办公室)	外事工作委员会办公室(设在市政府办公室)	机构编制委员会办公室	军民融合发展委员会办公室(设在市经济和信息化局)	审计委员会办公室(设在市审计局)	教育工作领导小组秘书组(设在市教育局)	市委市政府农业和农村工作领导小组办公室(设在市农业农村和水利局)	台湾工作办公室	直属机关工作委员会	巡察工作领导小组办公室	市委市政府信访局

说明:玉环市委设置纪检监察机关1个,计入机构限额的工作机关11个(设在相关部门的市委议事协调机构的办事机构不计入机构限额)。其中,纪律检查委员会与监察委员会合署办公,实行一套工作机构、两个机关名称;办公室挂机要局(市密码管理局)、保密委员会办公室(市国家保密局)、市档案局牌子;组织部挂老干部局、新经济与新社会组织工作委员会、市公务员局牌子;宣传部挂市政府新闻办公室、市精神文明建设指导委员会办公室、市新闻出版局、市互联网信息办公室牌子;统一战线工作部挂市民族宗教事务局、市政府侨务办公室牌子;全面深化改革委员会办公室挂市最多跑一次改革办公室牌子;台湾工作办公室挂市政府台湾事务办公室牌子

附件 2:

玉环市人民政府机构设置表

工作部门																									台州市级部门派出机构
办公室	发展和改革局	经济和信息化局	教育局	科学技术局	公安局	民政局	司法局	财政局	人力资源和社会保障局	自然资源和规划局	住房和城乡建设局	交通运输局	农业农村和水利局	商务局	文化和广电旅游体育局	卫生健康局	退役军人事务局	应急管理局	审计局	市场监督管理局	统计局	医疗保障局	综合行政执法局	港航口岸和渔业管理局	市生态环境局玉环分局

说明：玉环市人民政府设置办公室和工作部门 25 个。办公室挂市政府外事办公室、市政府金融工作办公室、大数据发展管理局牌子；经济和信息化局挂中小企业局牌子；司法局挂行政复议局牌子；财政局挂市政府国有资产监督管理办公室牌子；自然资源和规划局挂海洋局、林业局牌子；住房和城乡建设局挂人民防空办公室（民防局）牌子；商务局挂粮食和物资储备局牌子；综合行政执法局挂城市管理局牌子。台州市级部门派出机构 1 个，台州市生态环境局玉环分局不计机构限额

中共玉环市委
关于开展“不忘初心、牢记使命”主题教育的实施意见

（2019年9月12日）

为中国人民谋幸福，为中华民族谋复兴，是中国共产党人的初心和使命。不忘初心、牢记使命，是加强党的建设的永恒课题，是全体党员、干部的终身课题。根据中央和省委、台州市委的统一部署，市委决定，以县处级领导干部为重点，在全市党员中开展“不忘初心、牢记使命”主题教育，现提出如下实施意见。

一、总体要求

认真贯彻落实习近平总书记重要指示批示精神和中央、省委、台州市委《意见》要求，把深入学习贯彻习近平新时代中国特色社会主义思想作为开展主题教育的根本任务，全面把握“守初心、担使命，找差距、抓落实”的总要求，坚持抓思想认识到位、抓检视问题到位、抓整改落实到位、抓组织领导到位，将力戒形式主义、官僚主义作为重要内容，以彻底的自我革命精神解决违背初心使命的各种问题，努力实现理论学习有收获、思想政治受洗礼、干事创业敢担当、为民服务解难题、清正廉洁作表率的目标。在主题教育开展过程中，要突出政治建设，聚焦习近平新时代中国特色社会主义思想，引导党员干部原原本本学，以理论滋养初心、以理论引领使命，增强“四个意识”，坚定“四个自信”，把“两个维护”落实落细；要坚持问题导向，深入开展“三服务”和“五心”“妈妈式”服务，既解决党员干部自身存在的问题特别是思想根子问题，又解决群众最关心最直接最现实的利益问题，切实增强群众获得感、幸福感、安全感；要注重统筹结合，把主题教育与庆祝中华人民共和国成立70周年结合起来，与建设新时代美丽玉环结合起来，与攻坚城市有机更新、推进项目“双进”、深化平安建设等当前重点工作结合起来，引导广大党员干部不忘初心、直面矛盾，发扬斗争精神，增强斗争本领，把主题教育激发出来的干事热情和进取精神转化为奋力推进玉环高质量发展的强大动力。

“不忘初心、牢记使命”主题教育从2019年9月开始，11月底基本结束。参加对象主要包括市级机关单位、乡镇（街道）、村居（社区）、非公有制经济组织、社会组织和其他基层组织，以及部分未参加第一批主题教育的垂直管理单位。

二、突出抓好领导班子和领导干部主题教育

“不忘初心、牢记使命”主题教育以县处级领导干部为重点。市委常委会带头开展主题教育，示范带动全市主题教育深入开展。市人大常委会、市政府、市政协3个党组结合各自实际开展。市级机关单位、乡镇（街道）等领导班子参照实施。主题教育不划阶段、不分环节，全面做到“四个贯穿始终”。

（一）*把学习教育贯穿始终*。党员领导干部以自学为主，在学懂弄通做实习近平新时代中国特色社会主义思想上下功夫。一是强化理论武装。严格落实党员领导干部“自学五条”，坚持读原著、学原文、悟原理，逐篇熟读《习近平关于“不忘初心、牢记使命”重要论述选编》，深入学习《中国共产党章程》

《习近平新时代中国特色社会主义思想学习纲要》，发挥“学习强国”“台州网络学习城”“手机党课”等平台作用，第一时间跟进学习习近平总书记最新重要讲话、文章和指示批示精神，深刻领悟习近平总书记关于中国共产党人初心使命的重要论述，推动学习贯彻习近平新时代中国特色社会主义思想往深里走、往心里走、往实里走。二是传承红色基因。认真学习党史和新中国史，编好学好《初心读本》，利用乐清湾海上游击根据地、坎门英雄基干民兵营等红色教育资源，广泛开展“不忘初心·逐梦而行”致敬英烈巡回展、“红色经典、铭心致远”影片展播、“重温入党志愿、坚定理想信念”初心守护、“追寻历史、叩问初心”和“我是党员我带头”等系列活动，引导党员干部坚定信仰信念信心。三是对标先进典型。在深入学习中央和省委、台州市委选树的各类先进典型基础上，大力学习宣传郭口顺、杜洪英、郑青岳、卓玉宝等“身边初心榜样”和抗台抢险先进典型，广泛征集“新时代担当作为一件事”，集中展示各领域攻坚克难典型案例，推动党员领导干部见贤思齐、比学赶超。以反面典型示警，围绕清廉玉环建设广泛开展警示教育，引导党员领导干部对照自省、警钟长鸣。

在抓好个人自学基础上，领导班子围绕党的政治建设、全面从严治党、理想信念、宗旨性质、担当作为、政治纪律和政治规矩、党性修养、廉洁自律等8个方面，采取党委（党组）理论学习中心组、领导班子学习会、专题读书班等形式，有计划地列出专题，开展研讨交流，总的时间不少于5天。开展学习研讨不能偏离主线，不能以专家讲座、理论辅导代替自学和研讨。

（二）把调查研究贯穿始终。围绕事关玉环长远发展的重大课题，围绕解决群众和企业关注的热点难点问题，大兴调查研究之风，确保上级各项决策部署在玉环落地生根。一是开展“双扶双强”大走访。围绕深化“三服务”和“五心”“妈妈式”服务，全面开展“扶村强基、扶工强企”大走访活动，进一步推动领导干部深入村企一线，重点走访了解部分城中村落实城市有机更新行动、行政村规模调整后续工作、后进村党组织整顿、企业经营和安全生产等情况，切实帮助基层解决最急、最忧、最缺、最堵、最盼等“五最”问题。二是开展“共建五美”大调研。按照“小切口、更务实、短平快、接地气”要求，围绕美丽经济、美丽城市、美丽生态、美丽生活、美丽党建等五大领域开展专题调研，形成一批高质量、能转化、可推广的调研成果并开展调研成果交流，把调研成果转变成推动工作的思路办法和解决问题的具体行动。三是开展“担当破难”大攻坚。聚焦新时代美丽玉环建设，围绕“两抓”年、城市有机更新、招大引强、“千亿项目·五大攻坚”、平安建设等工作，聚焦高质量发展过程中的节点症结，梳理一批由市领导领衔攻坚的项目，带动市镇村三级党员干部合力破难关、联动解难题。四是开展“学思践悟”大宣讲。10月，在认真学习、深入调研的基础上，围绕传承革命精神、践行初心使命等，领导班子特别是主要负责同志要带头在本单位本系统或到共建单位、结对村企等地讲党课，其他班子成员分头到分管领域或基层单位讲党课。组建“红色讲师团”，开展菜单式、配送式、定制式服务，通过专题党课、组团宣讲等方式，重点讲形势谈体悟、讲榜样谈差距，引导广大党员干部深悟初心、勇担使命。

（三）把检视问题贯穿始终。认真落实对照习近平新时代中国特色社会主义思想和党中央决策部署、对照党章党规、对照人民群众新期待、对照先进典型身边榜样等“四个对照”，通过自己找、群众提、集体议、上级点等方式，查摆自身不足，查找工作短板，深刻检视剖析。一是广泛征求意见。坚持开门搞教育，通过个别访谈、集中座谈、书面征求、上门征询等形式，并开辟“无限玉环”App留言专栏，设置意见信箱，广泛听取基层党员群众的意见建议，重点征求对开展好主题教育、加快建设新时代美丽玉环以及领导班子和领导干部等方面的意见建议。领导班子成员之间、领导干部同分管线同志之间要进行谈心谈话,互相听取意见建议。上级党组织要结合巡视巡察、干部考察、工作考核等情况,对下级单位领导班子和班子成员提出改进意见建议。二是深刻对照剖析。结合对照党章党规查找的、巡视巡察和专项督查反馈的、长期信访积案中存在的、群众反映强烈的以及谈心谈话指出的问题,深入开展"五问五查":即问政治站位,查找在增强"四个意识"、坚定"四个自信"、做到"两个维护"方面的差距;问理想信念,查找在践行初心使命、提升思想觉悟方面的差距;问宗旨意识,查找在群众观点、群众立场、群众感情、服务群众方面的差距;问纪律规矩,查找在知敬畏、存戒惧、守底线方面的差距;问干事效能,查找在能力素质、担当作为、道德修养、作风形象方面的差距。要在主题教育一开始就着手查找问题并形成责任清单、问题清单、整改清单,不搞官样文章,不硬性规定字数。三是专题检视反思。主题教育结束前,领导班子要高质量召开专题民主生活会,主要负责同志要示范带头,针对检视反思问题,联系整改落实情况,认真开展批评和自我批评,做到"红脸出汗"。各党委(党组)专题民主生活会方案需报巡回指导组沟通预审后实施。基层党组织要召开专题组织生活会,党员领导干部要以普通党员身份参加。对自我批评不严肃不深刻、相互批评缺乏战斗性、成员之间搞无原则纷争的,坚决予以叫停和纠正。

(四)把整改落实贯穿始终。要采取清单式管理、项目化推进的方式,运用好专项整治落实情况监督检查导图,上下联动开展"九整治一提升":重点整治贯彻落实习近平新时代中国特色社会主义思想和党中央决策部署置若罔闻、应付了事、弄虚作假、阳奉阴违的问题;整治干部干事创业精气神不够,患得患失,不担当不作为的问题;整治违反中央八项规定精神、省"36条办法"和我市贯彻落实实施细则的突出问题;整治形式主义、官僚主义,层层加重基层负担,文山会海突出、督查检查考核过多过频的问题;整治领导干部配偶、子女及其配偶违规经商办企业,甚至利用职权或职务影响为其经商办企业谋取非法利益的问题;整治基层选人用人和干部因私出国(境)违规违纪的问题;整治一批影响基层党建质量的突出问题;整治扶贫、民生领域不正之风和侵害群众利益的问题;整治对黄赌毒和黑恶势力听之任之、失职失责、包庇纵容充当保护伞的问题;全面提升"五心""妈妈式"服务的意识和能力,切实解决一部分党员干部作风不实,服务搞形式、走过场的问题。

坚持立查立改、应改尽改,结合专题调研发现的问题、巡视巡察和督导反馈的问题、民主生活会查摆的问题等,紧扣"三服务"要求,认真梳理解决一批制约企业健康发展的关键事、群众反映强烈的操心事、影响机关服务质量的突出事等"三件事",全力攻坚重大项目、办好民生实事、优化干部作风,让广大党员群众看到主题教育带来的实实在在变化。整改措施和整改落实有关情况,要以适当方式向党员群众公布。

三、抓实基层党支部学习教育和检视整改

除县处级领导干部和参照实施的领导班子之外的党员参加主题教育，要以党支部为单位，结合"两学一做"学习教育常态化制度化,依托"三会一课"、主题党日等进行。

(一)抓紧抓实学习教育。组织党员以个人自学为主,原原本本通读《习近平关于"不忘初心、牢记使命"论述摘编》,认真学习《中国共产党章程》《习近平新时代中国特色社会主义思想学习纲要》等,领悟初心使命,坚定理想信念。依托各级党校、党性教育基地等,对党支部书记进行1次轮训,重点学习习近平新时代中国特色社会主义思想以及上级关于开展"不忘初心、牢记使命"主题教育的部署要求。依托支部主题党日、党员大会、党小组会等,广泛开展"千名支书上党课""万名党员上讲台"等活动,积极开展党员政治生日"初心十问"、党员"初心体检""我的初心历程""我的入党故事""互促共建·共话发展”等支部微党课活动，每名基层党支部书记要讲1次专题党课或向全体党员报告1次学习体会，每名党员至少交流1次学习体会。

(二)全面对标检视整改。对照党章规定的党员条件和义务权利，对照《中国共产党廉洁自律准则》《关于新形势下党内政治生活的若干准则》《中国共产党纪律处分条例》等，对照群众提出的意见建议等，逐项查找党员意识、担当作为、服务群众、遵守纪律、作用发挥等方面的差距和不足，确保整改到位。主题教育中，每名党员带头办好“六件事”，即落实“一句话承诺”、参加至少一次志愿服务、为身边群众至少办一件实事好事、认领至少一个“微心愿”、组团帮扶一位困难群众、为党组织至少提一条“金点子”，以实际行动践行初心使命。要大力破解服务党委政府中心工作不力、基层党组织软弱落后、村干部管理宽松软、党员失管漏管、发展党员违规违纪、党内基本制度落实不到位、党建主体责任缺失和“消薄”工作责任落实不力等突出问题，推进基层党建工作整体提升。主题教育结束前，党支部要以“不忘初心、牢记使命”为主题召开一次专题组织生活会，做好党员“先锋指数”民主评议。

(三)注重创新方式方法。充分运用各种党员教育管理平台和本地红色资源，针对不同群体党员的实际，灵活采取案例教育、巡回宣讲、现场教学等方式组织学习教育，增强主题教育的吸引力和感染力。要采取书记领学、支部研学、午学夜学以及“工间一刻钟”“班前班后10分钟”等方式，切实解决工学矛盾，提升学习效果。要通过上门送学、“有声”党课、“指尖”课堂、返乡“补课”等形式，抓好年老体弱党员、流动党员的学习教育。

四、加强组织领导

“不忘初心、牢记使命”主题教育在市委领导下开展，市委成立主题教育领导小组，市委主要领导担任组长，领导小组下设办公室，负责日常工作。领导小组各成员单位要充分发挥职能作用，形成齐抓共管合力，确保主题教育高质量开展。

(一)扣紧压实责任。各党委(党组)要把开展主题教育作为重要政治任务，高度重视、精心组织、有序推进，成立相应领导机构和工作机构。坚持“书记抓、抓书记”，党委(党组)书记作为第一责任人，要带头学习、带头调研、带头检视、带头整改，既抓好本单位主题教育，也抓好下属单位主题教育，逐级压实责任、传导压力，推动主题教育走深走实。要把主题教育同落实当前改革发展稳定各项任务结合起来，同抓好本地本单位的中心工作结合起来，防止“两张皮”。主题教育开展情况纳入党委(党组)书记抓基层党建述职评议考核。

(二)从严督促指导。市委组建主题教育巡回指导组，采取巡回指导、随机抽查、调研访谈等方式进行督促指导。巡回指导组要坚持原则，从严从实督导，及时发现解决问题，推动中央和省委、台州市委、玉环市委精神和要求落地见效。要强化分类指导，根据不同层级、不同领域、不同对象特点改进指导方式。要注重听取群众评价，坚持过程评估与结果评估相结合、定量评估与定性评估相结合，以整改成果、群众口碑、素质提升、面貌变化检验主题教育成效。

(三)强化正风肃纪。坚持主题教育与正风肃纪两手抓、两促进，市委主题教育办整改落实组下设若干个正风肃纪工作小组，通过明察暗访等方式，督促推动问题整改。要发挥“两代表一委员”、新闻媒体等监督作用，增强监督合力，加大曝光力度，形成震慑效应。从严查处主题教育中的违规违纪违法问题，适时通报一批负面典型案例。对开展主题教育消极对待、敷衍应付的要严肃批评，对走形变形、问题严重的要严肃追究相关责任。

（四）加强宣传引导。大力开展正面宣传和舆论引导，充分运用主流媒体和新兴媒体，深入宣传习近平总书记关于主题教育的重要讲话和重要指示批示精神，深入宣传上级部署要求，及时反映主题教育进展情况和实际成效。进一步挖掘和推出一批秉持理想信念、保持崇高境界、坚守初心使命、敢于担当作为的先进典型，用身边事教育身边人，在广大党员干部中营造比学赶超的浓厚氛围。

（五）力戒形式主义。坚持以好的作风开展主题教育，学习教育不对读书笔记、心得体会等提出硬性要求；调查研究要杜绝“作秀式”“盆景式”调研；检视问题要真正把问题找实、把症结找准，不能以工作业务问题代替思想政治问题；整改落实要对存在问题能改的立即改，一时解决不了的限期改，难度大的要盯住改。要严格控制简报数量，重点刊发指导性强和反映突出问题的简报。不将有没有领导批示、开会发文发简报、台账记录、工作笔记等作为主题教育各项工作是否落实的标准。

（玉市委发〔2019〕35号）

中共玉环市委
关于加强和改进干部教育培训工作的意见

（2019年8月19日）

为全面贯彻落实《2018—2022年浙江省干部教育培训规划》（浙委发〔2018〕73号）文件，准确把握目标任务和具体要求，持续深化干部教育培训改革，全面提升干部教育培训质量，努力培养造就堪当玉环高质量发展重任的高素质专业化干部队伍，特提出如下意见。

一、目标任务

（一）市管干部每5年到党校（行政学校）、社会主义学校以及干部教育培训管理部门认可的其他培训机构至少接受一次系统理论教育和严格党性教育，5年内累计不少于1个月。

（二）公务员每年参加党校（行政学校）、社会主义学校以及干部教育培训管理部门认可的其他培训机构累计不少于12天或者90学时的培训。不同类别干部每年达到一定的调训率、参训率和人均脱产培训、网络培训学时数（见附件）。

（三）党校（行政学校）教学安排中，以习近平新时代中国特色社会主义思想课程为主，理论教育和党性教育的比重不低于总课时的70%。党校（行政学校）的主体班次都要设置党性教育课程，1个月及以上的班次要安排学员进行"红船精神""大陈岛垦荒精神"等专题教育和党性分析，确保党性教育课程不低于总课时的20%。

（四）党校（行政学校）主体班次中，领导干部讲课课时比例不低于总课时的20%，市党政领导班子成员每人每年至少到市委党校授课1次。运用研讨式、案例式、模拟式、体验式、辩论式等互动式教学方法的课程比重不低于30%。

二、职责分工

市委组织部在市委领导下，统筹选调各级领导干部参加中央组织部、省委组织部、台州市委组织部举办的培训班次，履行干部教育培训工作主管职能。各单位按照职责分工，分层分类抓好干部教育培训工作：

（一）市管干部。1.市委组织部按照干部管理权限，统筹制定年度培训计划，每年安排不少于1/5的市管干部到市委党校（行政学校）进行系统理论学习。每年举办1期"主职领导专题研讨班"、举办1期新提任市管领导干部任职培训班。按照省委组织部、台州市委组织部调训计划，积极选调乡镇（街道）党政正职干部到台州市级以上干部教育培训机构进行系统培训。2.市委组织部会同市纪委市监委机关开展市管干部党风廉政教育专题培训；会同市委宣传部开展宣传思想工作培训；会同市委统战部开展民族宗教工作培训；会同市级相关单位每年安排100名左右干部参加专业化能力培训。3.市级单位按照职责分工，经市委组织部审批，对相关干部开展业务专题培训。市委统战部加强党外干部的教育培训。

（二）公务员。1.每年举办新录用公务员初任培训班。2.抓好学法用法培训及在职培训。3.督促指导各单位开展业务培训。

（三）企业领导人员。1.市委“两新”工委抓好“两新”组织党组织负责人、出资人（负责人）示范培训，重点开展新生代出资人红色传承、创新转型专题培训。2.抓好企业党组织书记培训，结合实际开展企业领导人员全员培训。3.市委统战部会同有关单位，定期组织开展民营企业负责人培训，注重开展全市工商联领导班子成员、常委、执委中的民营企业主要负责人等培训。4.市经信局负责组织中小企业经营管理者培训。

（四）专业技术人员。1.市人力社保局组织实施专业技术人员继续教育，指导各行业各系统根据行业特点和业务需要开展全员教育培训；组织实施专业技术人才知识更新工程，围绕我市重点产业、急需紧缺和骨干专业人才举办高层次专题研修班。2.市委组织部会同有关部门，定期组织高层次人才参加理论学习和党性教育，大力弘扬爱国奋斗精神。3.市委宣传部会同有关部门，每年组织一定数量哲学社会科学教学科研骨干、部分新闻和文化工作骨干参加培训。4.市委党校每年组织50名左右思想政治和社会科学理论方面专、兼职教师开展进修培训。

（五）年轻干部。1.市委组织部根据我市优秀年轻干部培养目标，按照中央组织部、省委组织部、台州市委组织部调训计划，积极选调优秀年轻干部到台州市级以上干部教育培训机构培训，每年安排1—2期优秀年轻干部培训班，2021年底前将组织掌握的优秀年轻干部轮训一遍。2.市委组织部负责抓好选调生培训。3.坚持分类分层培训，有计划地安排年轻干部到党校（行政学校）和党性教育基地接受系统理论教育和严格党性教育。

（六）基层干部。1.市委组织部每年选调50名左右村（社区）党组织书记参加示范培训。2.每年分期分批组织村（社区）主职干部、“两新”组织党组织书记等基层干部进行培训，确保全覆盖。各单位每年分期分批将党支部书记轮训一遍，加强基层党务干部培训。3.实行垂直管理的部门做好本单位干部的教育培训。

各单位要重视抓好女干部、少数民族干部、党外干部的教育培训。加大重点工作干部教育培训支持力度。做好对口支援地区干部教育培训工作，开展公务员对口培训。加强和改进军队转业干部培训，按要求开展军地领导干部交差培训。

三、主要措施

（一）加强培训机构建设。坚持开放办学，加强资源统筹，充分整合市内各类干部教育培训优质资源，构建分工明确、优势互补、布局合理、规范有序的干部教育培训机构体系。突出党校（行政学校）主渠道主阵地地位，坚持以教学为中心，紧扣主责主业，深化教学科研管理改革，凸显教师主导作用和学员主体地位，不断提高办学质量。深化党校（行政学校）办学体制改革，进一步加强教学督导、师资培养和质量评估。充分发挥社会主义学校作为统一战线人才教育培训主阵地作用，加强社会主义学校建设。坚持从严从实，加强现场教学基地建设，统筹全市红色资源开发，规范党性教育基地建设，打造一批具有玉环特色、反映时代精神、体现高质量发展的现场教学点和教学线路。坚持开放办学，加强与省内外知名高校、干部学院以及社会培训机构交流合作、共建共享，推进干部教育培训优质资源“引进来”“走出去”。

（二）推进师资课程建设。加大名师培养吸收力度，把干部教育培训师资纳入人才政策支持范畴。

加强专职教师培育，改进专兼职教师选聘和管理，建好用好由党政领导干部、企业领导人员、优秀基层干部及专家学者、先进典型等组成的讲师库，组建一支数量充足、广接地气的现场教学点讲解员队伍。加大骨干教师培养力度，加大核心课程体系建设和集体备课力度，围绕习近平新时代中国特色社会主义思想最新理论研究成果，重点开发具有玉环特色、务实管用的培训课程。

（三）完善培训管理制度。推进干部教育培训供给侧改革，完善干部教育培训需求调研机制，严格实施培训计划申报制度，建立健全调训情况通报制度，完善岗位调训、点名调训和补训制度，着力提高培训工作的精准度和科学性。构建干部教育培训全流程精细化管理体系，推行培训项目负责制。建立健全跟班管理制度，党校（行政学校）一个月以上主体班次都要配备跟班联络员，注重发挥学员党支部和班委会作用，加强对跟班培训管理者的教育管理和业务培训。健全完善全市统一、兼具特色、精准有效的培训质量评估办法和指标体系，全面推进干部教育培训机构办学质量、项目质量评估。建立健全干部教育培训工作指导制度，将开展干部教育培训工作情况纳入领导班子考核和选人用人工作检查的重要内容，定期开展督促检查和情况通报。推进干部教育培训考核激励机制，考核结果作为干部年度考核的内容和任职、晋升、评先评优的重要依据之一。

（四）改进培训方式方法。根据培训内容和干部特点，改进方式方法，进一步加大研讨式、案例式、模拟式、体验式、调研式等方法运用的示范培训比重，创建“党校+高校+教学基地”培训模式，鼓励主题相近的培训班次进行跨地域跨部门联合办班，不断增强培训实效。探索访谈教学、论坛教学、行动教学、翻转课堂、“I-课堂”等新模式，鼓励在重点工作、重点项目一线培训历练干部。积极适应互联网发展趋势，推进“学习强国”“台州网络学习城”等平台运用，依托平台丰富的理论图文和音视频学习资源，实现“有组织、有管理、有指导、有服务”的高效学习。深化线上线下相结合培训模式，探索开办网络专题班次，鼓励和支持干部运用网络培训、专题讲座等形式开展各方面基础性知识学习，打造内容丰富、形式灵活、功能完备的“掌上课堂”。

（五）加强学风建设。坚持严以治校、严以治教、严以治学。严格教师管理，严肃教师讲课、参加会议、接受采访、发表文章等纪律要求，旗帜鲜明反对和抵制各种错误观点。加强学员管理，严格落实中央八项规定及实施细则精神和省委、台州市委、玉环市委实施办法，严格执行中组部《关于在干部教育培训中进一步加强学员管理的规定》，不断修订完善学员管理考核办法。定期开展学风督查，党校（行政学校）一个月以上主体班次，由班级联络员、组织员（班主任）形成学风情况报告。借用“台州网络学习城”手机App发挥办班监管作用，加强学习学风情况数据分析。完善培训情况登记、反馈、跟踪管理等制度，注重在培训中培养、考察、识别干部。

四、组织领导

各单位党委（党组）要认真落实党建主体责任，把干部教育培训工作纳入本部门本单位党的建设整体部署和工作规划，加强领导，统筹安排，明确分工，落实责任。加大对干部教育培训经费的投入力度，将干部教育培训经费列入年度财政预算，可以使用留存的党费组织培训基层党员干部，保证工作需要。提高主职领导专题研讨班、市管干部轮训班、中青班等重点班次赴一线城市（北、上、广、深等）培训的经费标准，具体参照台州市标准执行。各单位党委（党组）主要负责同志要切实履行职责，及时解决干部教育培训工作中的困难和问题。各有关部门要结合实际制定具体计划，按照职责分工各司其职、各尽其责、加强联动、紧密配合、形成合力，坚持分类分级，抓好贯彻落实。

市委组织部对全市贯彻落实情况进行动态监管，定期研究解决执行过程中发现的问题，开展中期和终期总结评估工作。其它未尽事宜参照《2018—2022年浙江省干部教育培训规划》执行。

附件：玉环市干部教育培训量化指标

（玉市委发〔2019〕37号）

附件：

玉环市干部教育培训量化指标一览表

干部类别		每年每单位人均脱产培训学时数不低于	每年每单位脱产培训调训率不低于（%）	每年每单位干部参训率不低于（%）	每人每年网络培训学时数不低于
党政干部	乡科级	90	25	40	80
	科员	90	25	40	50
企业领导人员		90	25	40	50
专业技术人员		90	20	50	50
村（社区）基层干部		40	25	40	50

说明：1. 脱产培训主要指干部经组织选调，离开工作岗位参加的集中教育培训。

2. 总学时数的核定方法是，一个单位各级各类干部总人数分别乘以相应的人均年脱产培训学时之和。单位组织的专题讲座可以计入脱产培训学时，脱产培训和单位组织的专题讲座均按1天8学时、半天4学时折算。网络培训学时不计入脱产培训学时，单独核定。

3. 每年每单位脱产培训调训率＝本单位各级干部实际参加组织调训的人数÷本单位各级各类干部总人数。

4. 每年每单位干部参训率＝本单位各级干部实际参加脱产培训和网上专题班的人数÷本单位各级各类干部总人数。

5. 组织人事部门按照干部管理权限制定年度培训计划，既要做到当年计划参加脱产培训干部的总学时数不低于按人均年脱产培训时间核定的总学数，又要符合参训率和调训率的规定要求

玉环市人民代表大会常务委员会
关于我市促进民营经济高质量发展情况专题询问的审议意见

（2019年6月13日）

市人民政府：

2019年5月24日，市十六届人大常委会第二十一次会议专门召开我市促进民营经济高质量发展情况专题询问会。会议听取了市经信局局长金富盛受市政府委托所作的《关于促进民营经济高质量发展情况的报告》，市人大常委会调研和审议工作小组成员陈敦中所作的《关于促进民营经济高质量发展情况的调研报告》。市人大常委会委员就财政奖补绩效、工业用地供需矛盾等问题进行了询问。会议认为，近年来，市委市政府高度重视发展民营经济，不断完善政策措施，健全服务体系，优化发展环境，促进了民营经济的较快发展。但是，综观我市民营经济的发展现状，还存在着诸多问题，在进一步优化营商环境、破解要素制约、加快转型升级等方面仍需花力气、下功夫。为此，提出以下建议：

一、进一步优化服务。一是深化“最多跑一次”改革。进一步转变作风、简政放权，解决好审批程序还不够简化、服务承诺落实尚不到位、行政审批项目有待继续清理等问题。二是深化扶工助企行动。转变扶工助企“抓大放小”观念，建议搭建市级层面的问题反馈平台，精准对接企业需求，切实解决小微企业信息不对称、优惠政策享受少、生存空间被压缩等问题；加大对现有的税费政策、政府激励政策的宣传力度，提高宣传的覆盖面；重视企业发展中面临的地方政策差异、生产要素制约等问题，化解外地招商团队驻留玉环“挖墙角”压力，想方设法留住玉环企业。三是调整优化相关政策。完善“亩均论英雄”“标准地”等政策，在注重政策引领产业发展的同时要充分体现政策的公平性、普惠性；及时兑现财政奖补资金，把各项优惠政策落到实处。四是强化司法服务保障。公安机关、司法机关要进一步提高保障民营企业和企业家合法权益的意识，涉及民营企业和企业家的相关经侦类、担保类等案件要审慎适用强制执行措施，切实践行谦抑、审慎、善意“三个理念”。

二、进一步保障要素。一是保障土地供给。充分利用土地现行政策，盘活存量、挖掘增量，以项目包装争取上级指标，尽快完成老旧工业点和小微企业园项目前期政策处理，尽快实现供地。二是加强人才引留。切实发挥好“人才新政32条”等政策优势，吸引各类高精尖人才；推动本土人才培育和人才本土化工作，大力发展职业技术教育，加大玉环市中等职业技术学校培育本土技术型人才的力度，做好政校合作、校企合作、产教融合文章；切实解决好企业职工住宿、子女入学等问题。三是破解融资难问题。不断加大金融产品创新力度，大力拓展企业股权质押贷款、机器设备抵押贷款、排污权质押贷款、无形资产质押贷款、信保基金担保贷款、应收账款融资等创新担保模式，将更多金融“活水”引向民营企业。

三、进一步转型升级。一是谋划工业大项目。发挥玉环汽车零部件产业优势，千方百计引进或联合创办大型整车项目、带动作用大的航母企业。二是推动以行业整合为主的企业并购重组。通过并购重组，加强资源整合，化解产能过剩、无序竞争等状况，做强做大区域名牌。三是加大“机器换人”技改力度。以“机器换人”对冲人口红利减少、劳动力结构性短缺等影响，鼓励并支持企业加快从部分环节单台机器人应用向整条生产线自动化改造、自动化生产线+工业机器人改造发展的步伐，实施“机联网”“厂联网”等以智能机器人系统为核心的技术改造。四是提升政策的引导效用。科学评价现有财政奖补资金绩效，取消绩效不明显、政策引导意义不大的奖补项目，并对各部门繁杂的财政奖补政策进行有效整合，解决财政奖补资金重点不够突出的问题。

以上审议意见，请市政府研究落实，市人大常委会将继续跟踪监督，并适时听取报告。

（玉人大审字〔2019〕1号）

玉环市人民代表大会常务委员会
关于我市《食品安全法》实施情况报告的审议意见

（2019年7月25日）

市人民政府：

自2019年3月下旬开始，市人大常委会开展了为期4个月的《食品安全法》执法检查活动。7月25日，市十六届人大常委会第二十二次会议听取了李丹佳副市长所作的《关于我市〈食品安全法〉实施情况的报告》，以及执法检查领导小组办公室主任陈宜青所作的《关于玉环市〈食品安全法〉实施情况的检查报告》，市人大常委会组成人员和人大代表们对我市的食品安全工作进行了分组审议。会议认为，近年来，市政府及有关部门、乡镇（街道）以创建、巩固省级食品安全市为抓手，深入开展食品安全宣传、整治等行动，取得了显著成效，全过程监管体系基本建立，重大食品安全风险得到控制，人民群众饮食安全得到保障，全域食品安全环境得到进一步优化。但从执法检查情况看，我市《食品安全法》的实施和食品安全工作还存在监管手段有待完善、执法力度有待加大、队伍建设有待加强、社会共治有待提高等问题。为此，提出以下建议：

一、进一步加大监管力度。建立日常巡查队加强食用农产品生产环节源头控制，严禁在污染严重的毒土地上种植粮食、蔬菜等作物，严防农户使用禁用农药和违规使用农药兽药、饲料添加剂等农业投入品；加强食品加工环节检查，实行食品加工小作坊安全风险分级管理，督促企业生产过程持续合规；适时筹建全市统一的食品加工集聚区，进一步加强食品加工环节监管；加强食品流通环节抽样检测，建立健全食品安全追溯体系；重视工业园区、农村等区域食品安全监管；全面落实餐饮服务环节食品安全操作规范，严格执行进货查验、加工操作、清洗消毒、人员管理等规定；积极探索网络订餐、集体用餐配送等新业态的监管，确保食品安全监管不留死角、不留盲区；大力推行“阳光厨房”建设，3年内实现高风险餐饮企业（单位）全覆盖。

二、进一步实施严厉处罚。对于违反食品安全法律法规的情况，要采取“零容忍”的态度，不让执法工作失之于宽；要大幅提高违法成本，综合运用各种法律手段，对违法企业及其法定代表人等责任人员进行严厉处罚；加强行政执法与刑事司法衔接，对情节严重、影响恶劣的食品安全刑事案件依法从重判罚。要加强对各监管单位和乡镇（街道）的工作考核，严格责任追究，杜绝重大食品安全事故发生。

三、进一步加强队伍建设。加强基层综合执法队伍建设，把执法力量向一线岗位倾斜，确保有足够资源履行食品安全监管职责；强化对乡镇基层监督员、协管员、信息员的培训，提高发现和处置风险隐患等能力；解决编制、待遇等问题，配齐配足检验检测专业技术人员，确保各市场检测室日常检测工作正常开展，切实发挥检测中心高尖端精密仪器设备作用。进一步发挥食安委的综合协调和督促落实食品安全监管责任职能，筹建食品安全联合执法队伍，形成多部门监管合力。

四、进一步推进社会共治。落实“谁执法谁普法”普法责任制，加强对各类从事食品生产经营活动的单位和个人的宣传教育；持续开展“食品安全宣传周”和食品安全进农村、进校园、进企业、进社区等宣传活动，提升公众食品安全意识和素养；依法公开行政监管和处罚的标准、依据、结果，接受社会监督；鼓励新闻媒体准确客观报道食品安全问题，有序开展食品安全舆论监督；畅通投诉举报渠道，对举报食品安全违法行为进行奖励，对在食品安全工作中做出突出贡献的单位和个人进行表彰。

以上审议意见，请市政府研究落实，市人大常委会将继续跟踪监督，并适时听取报告。

（玉人大审字〔2019〕2号）

玉环市人民政府
关于加快外贸人才队伍建设的若干意见

（2019年2月26日）

各乡镇人民政府，各街道办事处，市政府直属各单位：

为深入践行“五心”“妈妈式”服务，持续深化扶工助企活动，打造外贸人才集聚高地，坚决打好稳外贸组合拳，全力推动我市外贸稳定增长，经市十六届政府第17次常务会议讨论通过，现就加快我市外贸人才队伍建设提出如下意见。

一、指导思想

认真贯彻落实习近平总书记关于民营经济发展“两个毫不动摇”的重要指示和李克强总理在浙江、台州考察时的重要讲话精神，大力实施“人才强市”战略，以主导产业领域急需外贸人才为重点，采取直接招聘、政校企合作、委托机构等方式，为我市外贸企业输送外贸人才，着力打造外贸人才集聚高地，建立全市招引、培训和留住外贸人才机制，更好助力玉环外贸企业高质量发展。

二、工作目标

通过政策引导，全市外贸人才数量进一步扩大，队伍质量进一步优化，争取每年招引外贸人才不少于300人，培训外贸人才不少于1000人次，全面推动我市从外贸人才洼地向外贸人才高地转变，外贸大市地位不断加深巩固，外贸强市建设取得积极进展。

三、工作举措

（一）组织外出招聘交流活动。每年组织外贸企业赴高等院校和各类招聘会，引进实用型、复合型的外贸人才。对于在招聘过程中通过广告、宣传片等各种形式展示玉环整体形象，展现外贸企业风采，提高玉环知名度和美誉度，吸引各院校学生来玉环就业的中介机构和外贸企业，给予一定补助。

（二）建立政校企合作培养基地。鼓励外贸企业或人才服务机构和职业院校共建外贸人才培养示范基地，以“冠名班”的形式制定符合玉环实际情况的课程，积极推行以岗位应用为核心，按照“招生即招工、入校即入企”，政校企育人“三重主体”联合培养模式，为我市输送合格的外贸人才。冠名班毕业生到我市企业就业率达30%以上或者每班达10人以上，给予冠名单位办班费用50%的补贴，最高不超过8万元。相关补贴在冠名班毕业生到企业签订1年及以上劳动合同、依法缴纳社会保险且实际在企业履行合同3个月以上后由企业或人才服务机构申请兑现。

（三）搭建中介机构输送管道。常年委托人力资源中介机构、职业培训机构为我市招聘外贸人才。每招聘到1名市外外贸人才，并签订1年及以上劳动合同、依法缴纳社会保险且实际在企业履行合同1年以上的，按每人300元的标准给予上述机构补贴，其中高校和职业院校毕业生按每人500元的标准给予补贴。

（四）打造培训师资专业队伍。聘请国际贸易专业教师，全市业务精通、善于讲解的外贸资深人员，海关、中信保工作人员和银行国际结算业务骨干，组成专业讲师团，为企业提供外贸专题培训、外贸专业论坛等活动。聘请20名外贸业务骨干为外贸导师，对积极参加相关活动且培训工作成效明显的外贸导师给予每人每年5000元的奖励。

（五）开展外贸人员培训学习。实施外贸企业轮训制，每3年为全市外贸企业完成一遍集中轮训，为外贸人员集中讲解新形势、新经济模式下的国际市场拓展等实务课程。组织全市出口企业前20强的外贸人员和外贸重点企业“创二代”精英赴省内外知名高校参加外贸能力进修培训或外向型经济发达地区考察学习。

（六）设立培训孵化见习基地。鼓励支持市内跨境电商平台与外贸企业搭建外贸人才联合孵化基地，合作设立外贸人才就业见习基地，通过实地观摩国内展会、现场参观外贸企业、亲自体验外贸实操等多种形式开展联合孵化活动。对于被评为市级外贸人才创业孵化示范基地的，前3年每年给予5万元补助。

（七）加大激励外贸人才力度。每年在“企业实用人才”名额中拿出一定比例评选“外贸精英”，对于获评人员每人每年给予1万元奖励，连续奖励3年，同时提供子女就学、体检等方面的优先保障。加强同职业院校和园区平台的合作，举办全市外贸人员技能竞赛，检验外贸人员业务水平，并对获奖人员给予一定的物质和精神奖励。

（八）提升重视外贸人才意识。大力支持、鼓励我市外贸企业积极招引、培养和留住外贸人才，加大对外贸人才在工作和生活上照顾和帮助，对于在重视外贸人才建设方面表现突出的外贸企业，给予适当奖励。

（九）丰富关心外贸人才活动。定期举办全市外贸业务人员沙龙分享会，增强外贸业务人员交流互动，引导外贸业务人员相互分享最新外贸趋势和实践经验。经常组织我市外贸人才开展各类文体活动，丰富外贸人员的业余文化生活。

（十）营造支持外贸人才氛围。充分利用各类媒体，深入宣传培养外贸人才的政策措施和先进典型，优化企业用工服务，营造良好用工环境，推动和谐劳动关系建设，形成全社会支持外贸人才发展的良好氛围。

四、组织保障

（一）强化思想认识。外贸对玉环的经济具有极其重要的作用，相关部门要进一步提高思想认识，深入践行“五心”“妈妈式”服务、持续深化扶工助企活动，切实加强组织领导，加大宣传力度，仔细解读政策，及时传达有用信息，帮助企业利用好政策，为企业发展铺平道路。

（二）强化部门协调。招引外贸人才的工作由市人力社保局牵头负责，培训和认定外贸人才的工作由市商务局牵头负责，留住外贸人才的工作由市委人才办牵头负责。相关部门要明确分工，通力协作，主动作为，积极衔接，确保各项措施落到实处，共同做好外贸人才的“引、育、留”工作。

（三）强化资金保障。相关部门要加大对外贸人才队伍建设的补贴力度，优化专项资金的组合，切实提高资金使用效益，依规加强对各项补贴资金的监管，按照“谁兑现、谁审核”的原则，在政策兑现之前，统一报送市委人才工作领导小组办公室备案，防止骗取、挪用资金，保障资金安全和效益。本意见所涉及的资金在外经贸扶持资金和人才发展资金中列支。

本意见自发布之日起施行。

（玉政发〔2019〕2号）

玉环市人民政府
关于印发玉环市加强新时代
教育人才队伍建设实施办法(试行)的通知

各乡镇人民政府,各街道办事处,市政府直属各单位:

《玉环市加强新时代教育人才队伍建设实施办法(试行)》已经市十六届政府第17次常务会议讨论通过,现印发给你们,请认真贯彻执行。

玉环市人民政府

2019年3月1日

玉环市加强新时代教育人才队伍建设实施办法(试行)

第一章　总　则

第一条　为深入推进我市教育现代化发展战略,全面深化新时代教师队伍建设改革,落实《中共台州市委 台州市人民政府关于印发〈台州社会事业人才发展三十条〉的通知》(台市委发〔2018〕78号)、《中共玉环市委 玉环市人民政府关于支持人才创业创新的32条意见》(玉市委〔2017〕13号)要求,建立教育人才引进、培养、激励制度,特制定本实施办法。

第二条　本办法适用于我市直属学校,乡镇(街道)和玉环经济开发区中小学、成技校、幼儿园,民办学校。

第二章　创新人才引进机制

第三条　简化人才引进手续。对教育部直属师范大学毕业生,紧缺型学科的师范类高校毕业生,专业对口的硕士及以上学历研究生、各省级优秀高校毕业生、"双一流"或原211高校毕业生,获省级技能大赛一等奖的高职院校毕业生,经市教育局组织考核,市人力社保局核准,并与市教育局签定6年及以上就业协议的,可直接聘为在编教师。

第四条　创新人才薪酬分配机制。对引进高层次人才和紧缺型学科教师,可设立特设岗位,采取年薪制(每年5人及以内,每人15万元以内可由市教育局直接确定)。正式入编人员,在年度考核后,根据工资实发金额补齐不足部分;编外人员按合同约定支付协议工资。年薪制人员不受事业单位岗位总量、等级和结构比例限制,不纳入单位绩效工资总量。

高层次人才分为A、B、C、D四类。A类为：省级及以上万人计划教学名师、省级杰出（功勋）教师、学科竞赛全国金牌教练；B类为：正高级教师、省级特级教师（特级技师）、地区级名师（含名班主任、名校长，下同）工作室领衔人；C类为：地区级名师、学科竞赛全国一等奖教练、省级教坛新秀、省级教学大比武（含优质课）一等奖获得者；D类为：具有副高职称人员（高级技师）、地区级教学大比武或优质课一等奖获得者；相当于上述层次的其他人才。

紧缺型学科岗位为连续三次面向全国公开招聘未足额聘用的岗位。

经引进或考录的人员，已有在编身份，无法转移档案的，经与当事人协商可重新建档或先办理入职手续。

第五条 探索人才引进新方式。教育人才引进包括从市外全职引进和柔性引进。全职引进指与学校签订6年以上服务协议，且调入人事关系的对象；柔性引进包括以协议和合同形式确定的办学顾问（管理团队）、名师工作室团队、外聘名师工作室领衔人或指每学年在引进学校服务工作不少于3个月的A、B、C类人才。

第三章 加大人才招引力度

第六条 切实提高招引人才待遇，努力打造人才洼地。

（一）全职引进的教育人才可享受下列待遇：

1.住房优惠保障。全职引进后5年内购买商品住房的，按《台州市社会事业人才发展三十条》和《中共玉环市委 玉环市人民政府关于支持人才创业创新的32条意见》规定执行。全职引进后租房的，每月分别给予A类3000元、B类2000元、C类1000元、D类800元的租房补贴。

新考录教师，5年内购买商品住房的，按《台州市社会事业人才发展三十条》和《中共玉环市委 玉环市人民政府关于支持人才创业创新的32条意见》规定执行。非玉环籍租房的，博士、硕士、本科生每月补贴租房款的90%，最高不超过2000元、1200元、800元，3年后享受本地教师同等租房补助。

2.名师履职考核奖励。根据学年度履职考核等次发放，享受时间3年，满3年后按照本地教育人才相关政策执行。A类履职考核结果优秀、良好、称职的，分别给予20万元、13万元、7万元个人奖励，B类履职考核结果优秀、良好、称职的，分别给予15万元、10万元、5万元个人奖励，C类履职考核结果优秀、良好、称职的，分别给予6万元、4万元、2万元个人奖励，D类履职考核结果优秀、良好、称职的，分别给予3万元、2万元、1万元个人奖励。不称职不发放。

3.生活补贴。新考录的教师每人按本科（在中学任教）、硕士、博士学历（学位）分别给予1.5万元、3万元、5万元的补助，经年度考核合格后予以拨付，享受时间为1年。

4.家属安置。引进人才配偶符合调入条件的，由市委编办、市教育局、市人力社保局等部门按照专业对口的原则，按程序办理调动手续。安家落户、子女就读等优惠政策按照市人才新政32条执行。

（二）柔性引进的办学顾问（管理团队）、县（市）级名师工作室团队每年给予10万元的工作经费补助；地区级名师工作室在玉设立名师工作室（站）的，每年给予最高不超过10万元的工作经费补助；对引进县（市）级名师工作室领衔人或B类及以上人才的学校（单位）给予适当的补助，最高不超过5万元。

第四章　健全本土人才培育体系

第七条　加快建立科学合理的高层次人才培养新机制，促进各类人才不断增强素质、提升能力。

（一）继续实施教师定向培养计划。有计划分层次开展教育人才定向培养，构建一支数量充足、结构合理、富有活力的人才梯队。

（二）加强本土硕士、博士研究生培养。教师就读与所从事岗位专业相符的硕士、博士研究生，经市教育局审核并继续签订5年以上聘用合同的，给予用人单位每人次3万元、5万元培养经费资助，其中80%可用于个人学历提升奖励。

（三）积极鼓励教师成名成家。对新获得省特级教师、台州市名师工作室领衔人、台州市名师和省教坛新秀、台州市教学能手称号的教师，分别给予10万元、8万元、3万元、1万元的奖励。

（四）深入推进名师工作室（站）建设。构建市名师工作室、市名师工作坊（市名师工作室第二层次）、名师工作站（名师工作室流动站）三级平台，加强日常管理服务，完善考核激励机制。主动外聘市外名师工作室领衔人或名师工作室团队，努力实现中、高考学科名师工作室全覆盖。

（五）改革完善名师等教育人才的激励机制。对名师的履职考核奖励发放标准实施动态调整，确保对应类别和等次不低于台州市域内的最高标准，切实调动、发挥教育高层次人才的引领辐射作用。

（六）不断深化教育人事管理制度改革。继续实施中小学教师“县管校聘”管理制度改革，逐步建立并完善“能上能下”“能进能出”的用人机制，扩大学校用人自主权，激活教师队伍活力。市财政局每年安排预算，用于待岗培训期满后竞聘仍未上岗的人员的解聘经济补偿。

第八条　建立教师全员培训机制，实施教育人才高端培训计划。

（一）市财政按每年不少于全市教职工工资总额3%的比例安排专项资金，用于中小学教师培训。对年检和校本培训合格的民办学校，新教师参加上岗培训的经费，予以全额补贴。

（二）积极做好教育人才海外研修培训工作。落实国培、省培及市培项目的出国（境）指标和出国（境）研修培训经费，鼓励教师通过游学、访问学者等形式出国（境）学习交流，开拓国际视野，提升国际化交流水平。省对县（市）级教师培训的补助奖励，不纳入预算总量。

（三）深入开展与省内外高校的共建合作。主动对接高校，建立以服务外包形式的人才培训（培养）体系，努力创建省级示范性教师发展学校和继续教育示范基地。对教学骨干、名师等教育人才的专项培训（培养），在预算经费内，按实际支出列支培训经费，切实提高专项经费使用效率，打造教育人才培训新高度。

第五章　实施人才关爱工程

第九条　建立人才健康体检和疗休养制度。省特级教师、台州市名师、玉环市名师工作室领衔人、担任正职满10年的现任校长（书记）、担任班主任工作满25年的现任班主任，每2年参照高级职称科技人员标准，享受一次三级甲等医院“1+X”健康体检（全免）；参照工会文件享受3年一次的全额报销省外疗休养（在核定经费内超出部分全额补助）。

第十条　加大对优秀教师的表彰、嘉奖力度，建立对支教、离退休、老党员等重点教师群体的联系和慰问制度。

第六章　强化人才保障措施

第十一条　加强对人才队伍建设的领导。成立由市委组织部、市委编办、市教育局、市财政局、市人力社保局组成的教育人才引进培养工作领导小组，负责引进培养工作的宏观指导。领导小组在市教育局设教育人才工作办公室，负责引进培养工作的具体事务。

第十二条　落实专项资金。设立教育人才建设专项经费，用于教育人才引进、培养和奖励。

第七章　附　则

第十三条　同一人才同时符合不同层次、类别奖项的，按“从优、从高、不重复”的原则进行奖励和补助。奖励和补助项目如与台州市及玉环市相关人才政策不一致的，按照就有不就无、就高不就低原则处理。

第十四条　本办法自发文之日起施行。

（玉政发〔2019〕3号）

玉环市人民政府
关于进一步加强“三强一制造”建设加快质量提升的若干意见

（2019年7月6日）

各乡镇人民政府，各街道办事处，市政府直属各单位：

为深入落实《质量发展纲要（2011—2020年）》（国发〔2012〕9号）、《浙江省发挥品牌引领作用推动供需结构升级工作实施方案》（浙政办发〔2017〕3号）等文件要求，全面贯彻市十五届三次党代会、市十六届人大三次会议和《关于深化质量提升行动的实施意见》（玉市委发〔2018〕62号）等精神，现就加快质量提升，提出如下意见。

一、加强质量强市建设

第一条　引导和激励广大企业（组织）建立和实施卓越绩效模式等先进质量管理方法，促进产品质量提升。企业（组织）新获得中国质量奖、中国质量奖提名奖、浙江省政府质量奖、台州市政府质量奖和玉环市政府质量奖的，分别给予奖励200万元、50万元、100万元、50万元和30万元；对新获得浙江省政府质量奖“贡献奖”的团体、个人，分别奖励10万元、5万元。

第二条　开展先进质量管理孵化基地创建活动。以获得各级政府质量奖的企业为创建主体，孵化带动中小企业特别是科技型、成长型中小企业应用先进质量管理方法。对命名为省先进质量管理孵化基地的企业，一次性奖励10万元。

第三条　建立中小学生质量教育社会实践基地。广泛利用社会资源开展中小学生质量教育活动，培养中小学生从小树立强烈的质量意识和正确的质量观念。对命名为省中小学质量教育社会实践基地的企业（组织），一次性奖励10万元。

二、加强品牌强市建设

第四条　鼓励企业（组织）积极创建品牌。对新认定的中国驰名商标，一次性奖励100万元；对新认定的中华老字号，一次性奖励20万元；对新认定的省级知名商号，一次性奖励15万元；对新认定的省级专业商标品牌基地，一次性奖励10万元；对新认定的国家级、省级商标示范企业，分别一次性奖励10万元、5万元。对新认定的省级（AAA级）、台州市级（AA级）守合同重信用企业，分别一次性奖励10万元、5万元；对新认定的省级信用管理示范企业，一次性奖励10万元。

三、加强标准强市建设

第五条　提升制造标准。对成功创建国家级、省级工业标准化试点（示范）项目且通过考核验收的，给予主要承担单位分别奖励50万元、20万元。

第六条 优化农业标准。对成功创建国家级、省级、台州市级农业标准化试点(示范)项目且通过考核验收的，给予主要承担单位分别奖励50万元、20万元、10万元。

第七条 扩大服务标准。对成功创建国家级、省级、台州市级服务业标准化试点(示范)项目且通过考核验收的，分别给予主要承担单位20万元、15万元、10万元奖励。

第八条 创新自主标准。鼓励有条件的企业(组织)主导或参与国际、国家、行业和地方标准的制(修)订，及时将创新成果转化为技术标准。对新获中国标准创新贡献奖(不计等级)的企业(组织)，奖励30万元；新获浙江省标准创新贡献奖(不计等级)的企业(组织)，奖励10万元。对完成国家级、省级企业技术标准创新基地、技术标准综合研究基地、区域技术标准联合创新基地建设的企业(组织)，分别奖励30万元、10万元。对制(修)订并发布国际标准、国家标准、行业标准(浙江省地方标准、“浙江制造”产品标准)、台州市地方标准的第一完成起草单位，分别给予奖励200万元、30万元、10万元、5万元；对制(修)订并发布国际标准、国家标准、行业标准的排序第一完成起草单位以后的前5位企业(组织)，分别给予奖励30万元、10万元、2万元。

第九条 提高制标能力。培育形成标准化创新骨干力量，争取国家级、省级标准化技术委员会(分技术委员会、工作组、秘书处)落户玉环。对设立全国专业标准化技术委员会(分技术委员会、工作组、秘书处)的企业(组织)，给予奖励50万元；设立浙江省专业标准化技术委员会的企业(组织)，给予奖励20万元；设立全国专业标准化技术委员会分技术委员会工作组、浙江省专业标准化技术委员会分技术委员会的企业(组织)，给予奖励10万元。

第十条 推进标准合作。推动玉环标准“走出去”，带动产品、技术、装备、服务“走出去”。参加应对国外技术性贸易壁垒的评议和应诉被国家采纳的，每宗给予10万元的奖励。

四、加强知识产权强市建设

第十一条 对年度内完成发明专利申请100件以上的代理机构(注册在玉环)，给予10万元一次性奖励。

第十二条 鼓励银行设立科技金融专营机构，加强差异化信贷管理。对台州市级认定的科技支行(科技型小微企业特色支行)，按年度实际新增专利权质押贷款总额的0.5%给予风险补偿补助，每家每年不超过30万元。开展商标专用权质押贷款业务的贷款人，政府给予一定额度的风险补偿，补偿标准为贷款人以商标专用权质押方式发放贷款实际收取利息的10%，补偿总额按贷款人实际发放贷款户数计算，每户每年不超过30万元。

第十三条 对台州市级认定的科技支行(科技型小微企业特色支行)因专利权质押贷款(其贷款利率不超过基准利率20%)发生坏账的，给予本金坏账损失(凭法院终止执行裁定书)50%的补助，每家每年不超过200万元。当年度给予坏账损失补助的，不再给予风险补偿补助。

第十四条 对科技型中小企业由科技支行(科技型小微企业特色支行)发放的主要用于专利权质押贷款所发生的利息支出，给予年化3%的贴息补助，每家每年最高不超过15万元。

第十五条 对获得国内发明专利的企业，每件奖励3万元；对获得国内发明专利的事业单位或个人，每件奖励2万元；授权次年起发明专利年费，给予50%的补助。对获得国外发明专利的企业或个人，每件奖励5万元，同一专利最高不超过10万元。对通过PCT途径向国外申请专利的企业，每件奖励1万元。对获得国外外观设计和实用新型专利授权的，每件奖励1000元。

第十六条 鼓励专利创造应用。对获得中国专利金奖、中国外观设计金奖、省专利金奖的项目，分别奖励20万元、20万元、10万元。对获得中国专利优秀奖、中国外观设计优秀奖、省专利优秀奖的项目，分别一次性奖励10万元、10万元、5万元。

第十七条 对新认定为国家级知识产权示范企业和优势企业的，分别奖励50万元和10万元；企业贯彻实施国家知识产权管理规范并通过认证的，奖励10万元；对新认定为省、台州市、玉环市专利示范企业的，分别一次性奖励20万元、10万元、5万元。

五、加强"浙江制造"品牌建设

第十八条 推动"浙江制造"品牌创建工作。市市场监管局根据年度指标数，确定当年计划创建企业。通过"浙江制造"产品认证的，一次性给予奖励50万元，取得"浙江制造"国际互认证书的，一次性再给予奖励5万元。对未列入计划创建的企业，不予奖励。

六、强化技术基础，保障"三强一制造"建设

第十九条 强化计量基础控制作用，推进能源计量示范工作。对列入国家级计量科技创新基地创建的单位，给予奖励50万元；对列入国家能源计量示范工程（全国工业计量标杆示范单位）的单位，给予奖励50万元；对新评为省级能源计量示范单位（工程）的企业，给予奖励10万元。

第二十条 强化检验检测衡量作用，加强工业产品、食品药品、建筑和交通工程、环境保护等检测机构建设。获批筹建国家、省级检验检测中心的单位，分别奖励100万元、30万元；建成国家级、省级重点检测实验室的单位，分别奖励30万元、10万元。

第二十一条 强化认证认可信任作用。引导鼓励企业开展实验室认可。对新通过CNAS认可的实验室，给予奖励10万元；对获得美丽乡村或精品民宿认证、"丽水山耕"认证、绿色产品认证的企业（组织），给予奖励2万元。

七、附　则

第二十二条 强化组织考核统筹作用。在质量强市领导小组的基础上，调整充实成员单位，建立市"三强一制造"建设工作领导小组。各乡镇（街道）建立相应组织，统筹推进各辖区"三强一制造"建设。"三强一制造"建设纳入对乡镇（街道）的目标责任制考核，建立健全科学规范的"三强一制造"工作绩效考核评价体系。市级财政设立"三强一制造"建设专项资金，以后每年根据经济发展、工作推进和政策调整等实际情况再适时增减资金。

第二十三条 企业（组织）必须依法经营。当年度发生安全生产（消防安全）事故、产品质量违法、环境违法、偷税行为被行政处罚的，一律取消上述政策的享受资格。

第二十四条 本意见自2019年1月1日起执行，除标准制（修）订项目以外，其余项目一律按年度（1月1日至12月31日）兑现，原有政策与本意见不一致的，以本意见为准。《玉环市人民政府关于加强"三强一制造"建设加快质量提升的若干意见》（玉政发〔2017〕44号）同时废止。

（玉政发〔2019〕11号）

玉环市人民政府
关于印发玉环市违法建筑处置意见(修订)的通知

各乡镇人民政府,各街道办事处,市政府直属各单位:

《玉环市违法建筑处置意见(修订)》已经市十六届政府第22次常务会议讨论通过,现印发给你们,请认真贯彻执行。

玉环市人民政府

2019年9月12日

玉环市违法建筑处置意见(修订)

第一条 为规范违法建筑处置工作,深入推进"无违建市"创建和新时代美丽玉环建设,根据《中华人民共和国城乡规划法》《中华人民共和国行政强制法》《中华人民共和国土地管理法》《浙江省城乡规划条例》《浙江省违法建筑处置规定》等法律法规政策规定,结合我市实际,制定本意见。

第二条 本意见适用于玉环市域范围内违反城乡规划、土地管理、水利、交通、林业等法律法规的建筑及其他设施的处置。

第三条 按照"依法依规、保障民生;公平正义、尊重历史;实事求是、分类处置;属地管理、强化服务"原则,开展违法建筑处置工作。

第四条 违法建筑处置以属地管理为主,乡镇(街道)、玉环经济开发区负责所辖行政区域内违法建筑处置工作;市自然资源规划局、市住建局、市交通运输局、市农业农村水利局、市综合行政执法局等有关部门依照职能负责监督、指导乡镇(街道)、玉环经济开发区开展违法建筑处置工作;市"三改一拆"办负责协调、督查、指导、考核乡镇(街道)、玉环经济开发区和有关职能部门的违法建筑处置工作。

第五条 违法建筑具有下列情形之一,依法一律予以拆除:

(一)2013年10月1日后新建的;

(二)不符合土地利用总体规划的;

(三)非法占用基本农田的;

(四)属于年度土地卫片执法检查应拆未拆的;

(五)非法"一户多宅"应拆未拆的;

(六)超过规划许可期限未拆除的临时建筑物、构筑物;

(七)影响水源地、河道(水塘)、海堤等保护或危及防洪,且无法采取改正措施消除影响的;

（八）侵占城镇道路、消防通道、防火间距、地下管线、公共绿地等公共基础设施或公共社会服务设施，影响设施建设或功能正常发挥的；

（九）擅自突破规划控规指标且无法采取改正措施消除影响的，影响市容景观或存在消防、质量安全隐患的，严重侵犯公共利益安全或影响社会治安的，妨碍重点工程建设的；

（十）其他违反法律法规规定且后果严重、难以补救的。

第六条 依法应当予以拆除的违法建筑具有下列情形之一，且符合消防、建筑质量安全的，可暂缓拆除：

（一）违法建筑当事人具有城镇廉租住房、经济适用住房申请资格，但其违法建筑拆除后无房居住或者住房面积低于我市住房困难标准的；

（二）乡村违法建筑符合下列情形之一的：1.属“台门屋”“串架屋”等影响相邻房屋安全的老屋，应拆未拆但一时难以拆除的；2.公共卫生、自然灾害、事故灾难、社会安全等应急需要的；

（三）建筑不超过30平方米且与主体结构、周边环境相协调的乡村生产生活配套附属房。

乡镇（街道）、玉环经济开发区负责暂缓拆除违法建筑审核登记上报工作；市综合行政执法局会同市自然资源规划局、市住建局、市交通运输局、市农业农村水利局、市应急管理局、玉环生态环境分局等相关部门负责对上报对象进行认定，符合暂缓拆除条件的，经公示无异议后，报市“无违建市”创建工作领导小组办公室备案。

第七条 违法建筑具有下列情形之一，且符合消防、建筑质量安全的，予以没收：

（一）符合土地利用总体规划、不符合城乡建设规划，但近期城乡建设规划暂不实施的；

（二）不符合土地利用总体规划，但土地利用总体规划可调整，且不严重影响城乡建设规划的；

（三）拆除后可能严重影响相邻合法建筑的建筑结构安全，损害无过错利害关系人合法权益或对公共利益造成重大损害的。

违法用地上的建筑物由市自然资源规划局予以没收，其余情形由市综合行政执法局予以没收；没收的违法建筑直接移交乡镇（街道）、玉环经济开发区管理处置，可与违法建筑当事人签订返租或回购协议，也可委托村居（社区）代为管理。

没收违法建筑返租的，按当前市场价进行，租赁期一般不超过三年，城乡建设规划暂不实施的可予续租。

没收违法建筑折价回购的，违法建筑处置责任主体与当事人签订回购协议，并约定所购违法建筑不得扩建、重建，不予确权，涉及征收时按不高于本次回购价格补偿。

回购价格按第三方评估价折价计算。住宅类违法建筑城镇规划区外按评估价的30%、城镇规划区内按评估价的50%折价计算，非住宅类违法建筑按评估价的50%折价计算。芦浦镇、干江镇、沙门镇、龙溪镇住宅类违法建筑在折价回购的基础上再下浮30%，鸡山乡、海山乡住宅类违法建筑在折价回购的基础上再下浮50%。回购款全额上缴市财政，纳入财政体制返还。

被没收违法建筑的当事人不愿意返租、回购或者未按照回购协议规定的价格、期限回购的，违法建筑处置责任主体可对没收违法建筑作公开拍卖或拆除处置。

第八条 违法建筑具有下列情形之一的，责令当事人改正违法行为并依法处罚后，予以办理相关手续：

(一)在合法用地范围内违法建设,且建筑质量鉴定和消防整改符合要求的厂房,符合城乡建设规划或虽不符合城乡建设规划但规划可调整的;

(二)企业厂房少批多用,多用部分土地面积控制在批准面积的10%以内(最多不超过3亩),符合土地利用总体规划和城乡建设规划(以下简称“两规”)的;

(三)道路、市政、教育、医疗卫生、绿化等基础设施和公共设施建设用地,已支付征地补偿费的,给予补办供地手续;

(四)城镇规划区内符合建房审批条件的农民建房少批多建,建筑总层数在六层以内且少批多建部分面积在批准面积的20%之内,但房屋确实无法拆除的,在房屋建筑质量鉴定合格的前提下,地上建筑物经市综合行政执法局就低处罚后, 市自然资源规划局按规划批准层次和用地面积核准直接予以补办相关审批手续;

(五)城镇规划区内符合建房审批条件的农民建房未批先建,且符合“两规”的,在房屋建筑质量鉴定合格的前提下,地上建筑物经市综合行政执法局就低处罚后,市自然资源规划局直接予以补办相关审批手续。

第九条 城镇规划区外符合建房审批条件的农民建房未批先建或少批多建,符合“两规”或确认“两规”可调整,房屋建筑质量符合要求且相邻无纠纷的,免于处罚,市自然资源规划局直接予以补办相关审批手续。

第十条 乡镇(街道)、玉环经济开发区及有关部门应按照拆后综合利用、城乡环境整治、景观改造提升等要求,根据“两规”做好违法建筑处置工作。

第十一条 乡镇(街道)、玉环经济开发区及有关部门建立违法建筑处置信息共享平台和协调会商机制。

第十二条 党员干部(含国有企业及国有控股企业干部职工、编外用工人员、村班子成员、党代表、人大代表、政协委员)及其直系亲属在限期拆除违法建筑决定载明的期限内未自行拆除或阻碍拆除违法建筑的,由市综合行政执法局或乡镇(街道)、玉环经济开发区依法拆除违法建筑,并参照《浙江省“三改一拆”行动违法建筑处理实施意见》(浙政办发〔2013〕69号)相关规定给予违法当事人相应处分。

第十三条 其他规定。

(一)不得参与违法建设或者对违法建设知情不报。建设工程设计、施工、监理等单位和物业服务企业参与违法建设或者对违法建设知情不报的,市住建局、市自然资源规划局等有关部门应当将其作为不良行为记录公示;有相关违法行为的,依法予以处罚。

(二)不得为违法建筑办理房屋、土地登记。对未提交建设工程符合规划证明的,房屋登记机构不得予以办理房屋所有权初始登记;对未提交合法、有效的土地权属来源证明的,土地登记机构不得予以办理建设用地使用权初始登记。

(三)不得将违法建筑作为企业注册地或者生产、经营场所。对单位或者个人将违法建筑作为企业注册地或者生产、经营场所的,市综合行政执法部门及时将违法建筑处理决定及执行情况告知有关部门;处理决定执行完毕前,市市场监管部门不得核发营业执照,市税务部门不得办理税务登记,市公安局、市文广旅体局、市卫生健康局、市应急管理局等部门不得核发相关许可证或者办理相关备案。

（四）不得为违法建筑提供供电、供水、供气、通信、贷款等服务。对不能提供房屋所有权证或者相关规划许可证的建筑，供电、供水、供气、通信、金融机构等单位不得提供相关服务。

（五）违法建设行为作为不良信用信息予以征集发布。市综合行政执法局应当将从事违法建设行为的信息及时报送信用信息发布查询机构，由信用信息发布查询机构记入提示信息并予发布。

第十四条 乡镇（街道）、玉环经济开发区及有关部门未按照法律法规规定和本意见履行职责，或存在玩忽职守、滥用职权、徇私舞弊等行为的，市纪委市监委依法依纪给予直接主管人员和其他直接责任人相应处分；构成犯罪的，依法追究刑事责任。

第十五条 本意见自发布之日起施行，《玉环县违法建筑处置意见》（玉政发〔2015〕27号）同时废止。此前已按《玉环县违法建筑处置意见》处置的违法建筑视为处置有效，本市其它相关规定与本意见相抵触的，以本意见为准。

（玉政发〔2019〕15号）

玉环市人民政府
关于深化“亩均论英雄”改革的实施意见

（2019年9月20日）

各乡镇人民政府，各街道办事处，市政府直属各单位：

为贯彻落实党的十九大精神和省第十四次党代会精神，继续深化“亩均论英雄”改革，优化资源要素配置，加快推动实体经济高质量发展，根据《关于深化“亩均论英雄”改革的指导意见》（浙政发〔2018〕5号）、《关于三级联动抓好企业综合评价工作的通知》（浙转升办〔2016〕27号）、《关于全面深化企业综合评价工作的意见》（浙转升办〔2017〕11号）、《关于印发全面推进“亩均论英雄”改革2019年工作要点的通知》（浙亩均〔2019〕1号）和《关于深化“亩均论英雄”改革的实施意见》（台政发〔2018〕13号）等上级有关文件精神，制定如下实施意见。经市十六届政府第22次常务会议讨论通过，现予以公布。

一、总体要求

（一）指导思想。

深入贯彻落实习近平新时代中国特色社会主义思想，以新发展理念为引领、“八八战略”为总纲、供给侧结构性改革为主线，坚持质量第一、效益优先，把深化“亩均论英雄”改革作为转变发展方式、优化经济结构、转换增长动力的有力抓手，找准有为政府和有效市场的黄金结合点，深入推进资源要素市场化配置改革，激发各类市场主体创新活力，不断提高全要素生产率，加快推动经济发展质量变革、效率变革、动力变革，为奋力推进“两个高水平”建设、加快实现实体经济高质量发展奠定坚实基础。

（二）基本原则。

坚持改革创新和依法依规相结合。进一步推进制度创新，完善“亩均论英雄”改革的体制机制和政策体系，注重依法行政，实施资源要素差别化配置政策，确保改革在法治轨道上深化推进。

坚持动力转换和降本减负相结合。推动“亩均效益”综合评价从提高资源要素产出率向提高全要素生产率转变，强化创新驱动发展，不断优化营商环境。

坚持正向激励和反向倒逼相结合。以“亩均效益”为核心，以市场化配置为导向，以差别化措施为手段，完善激励倒逼机制，优化产业政策，促进优胜劣汰，不断增强经济创新力和竞争力。

坚持民主决策和阳光操作相结合。在制订政策过程中，充分发扬民主，多方听取意见和建议，集体研究决定，自觉接受组织和群众的监督。在具体操作过程中，要坚持阳光操作，做到政策公开、办事流程公开，办事公正，规范运行。

（三）主要目标。

2019年，全市所有工业企业和规模上服务业企业（不含批发零售住宿餐饮、银行证券保险行业、房地产开发和带有公益性质的企业，下同），以及经济开发区、高新园区、小微企业园区、特色小镇全面实施“亩均效益”综合评价；与“亩均效益”综合评价制度相匹配的资源要素市场化配置、产业创新升级机制全面完善；全市经济发展质量和“亩均效益”明显提升。其中，规模上工业亩均增加值、亩均税收、全员劳动生产率、单位排放增加值、单位能耗增加值、R&D经费支出占主营业务收入之比等指标年均增速完成省定目标，区域“经济效益”达到全省先进水平，产业结构不断优化，加快形成质量高、效率优、创新强、体制活、协调性好的具有玉环特色的现代化经济体系。

二、建立健全“亩均效益”综合评价机制

（一）全面开展企业综合评价。

除电厂、燃气、给排水、垃圾焚烧、污水处理、固废危废处置等公益性企业外，全市范围内基本实现工业企业综合评价全覆盖。

规模上服务业企业，以及经济开发区、高新园区、小微企业园区和特色小镇的评价办法另行起草。

（二）建设综合评价管理系统数据平台。

对照规范要求，各级各部门各企业对照规范要求将综合评价有关数据录入（导入）平台，保证基础信息的准确、完整、及时更新和共享；并分别设置审核权限分级管理。

三、建立健全工业企业综合评价机制

（一）完善评价分类办法。

评价分为规模上工业企业和规模下工业企业两个部分，分别根据企业上一年度各项指标数据，按特定的指标和权重要求（详见附件2、附件3）计算得分，分别分成A，B，C，D四档。

1.A类为优先发展类。

综合评价得分排名前20%（含）的规模上工业企业和排名前10%（含）的规模下工业企业。

2.B类为提升发展类。

综合评价得分排名前20%-70%（含）的规模上工业企业和排名前10%-60%（含）的规模下工业企业。

3.C类为帮扶提升类。

综合评价得分排名前70%-95%（含）的规模上工业企业和排名前60%-95%（含）的规模下工业企业。

4.D类为倒逼整治类。

综合评价得分排名后5%的工业企业，不配合参与综合评价的工业企业。

（二）评价结果认定。

原则上每年6月底前，对上年度基础数据进行汇总上报。每年8月底完成评价工作，评价结果确定前应进行公示，并经市政府常务会议（或市长办公会议）讨论审定。

（三）实施动态管理。

1.对上一年度新进规模上工业企业、新设立企业、个转企企业、列入“小升规”培育以及新项目竣工投产之日起三年内的企业只进行评分评级，不实施差别化政策和措施；连续三年“小升规”培育未成功的，实施差别化政策和措施。

2.对经法院判决实施资产（破产）重组的困难企业，在自重组之日起3年内只进行评分评级，不实施差别化政策和措施（企业主动要求的除外）。

3.坚持集体研究决定。对符合“一票否决”“保送”“兜底”“限制”等要求的企业，要规范注明理由，报经市深化“亩均论英雄”改革工作领导小组集体研究决定后，方可执行。

4.对A，B，C，D四类企业的分类实行动态管理，原则上在下一年6月底前更新企业上一年度数据，并根据上一年度数据进行重新评价，按评价得分调整评级。

四、建立健全要素优化配置机制

在开展“亩均效益”综合评价工作的基础上，进一步建立评价结果和资源要素配置挂钩的长效机制。制定完善差别化资源要素配置政策，推动资源要素向高效益、高产出、高成长的优质企业集聚，倒逼落后企业和落后产能加快退出。

（一）完善资源要素差别化政策。在切实推进降本减负基础上，依据“亩均效益”企业综合评价结果，依法依规实施用地、用电、用水、用气、税收、排污等资源要素差别化政策，扩大差别化价格实施行业范围，加大A类企业激励力度，倒逼D类企业提升资源要素利用效率。特别是对D类企业，重点实行差别化加价政策；对连续2年（含）以上被列为D类的企业，要进一步加大差别化政策力度。加强对差别化价格政策征收费用的专项管理与审计，确保统筹用于工业节能、工业企业技术改造项目、技术创新项目。

（二）规范资源要素跨区域市场化交易。积极发挥公共资源交易平台作用，坚持有保有压、扶优汰劣的原则，推动“亩均效益”企业综合评价与规范企业间要素交易行为相结合，进一步降低企业关闭、停产、退地、要素交易、并购重组等过程中的交易环节费用，加快推动土地、用能、排污权等资源要素向综合评价优质企业集聚。

五、建立健全促进产业创新升级机制

（一）设立投资强度和产出效益行业规范。贯彻落实“标准地”制度，新增工业用地要将投资、亩产、能耗、环境、建设等标准纳入土地“招拍挂”出让条件。建立健全“建设期+投产期+剩余年限使用期”的土地分阶段权证管理制度，强化土地出让合同管理，严格项目竣工综合复核验收，对未达到协议规定的，严格落实相应措施。全面贯彻落实全省31个制造业行业新增项目投资强度和产出效益规范指南。对小微企业园区，按“亩均效益”作为主要依据，对入园企业设定严格的准入门槛和考核评价。

（二）实施创新引领“亩均效益”行动。强化创新作为引领发展和提升“亩均效益”的根本动力，实施分行业“亩均效益”领跑者行动计划，发布重点指标领跑者名单，树立先进典型，引导企业对标先进、补齐短板，加强技术、管理、制造方式、商业模式等创新，加快“亩均效益”提档升级。打破现有行政区划的限制，统筹整合创新资源，推动人才、项目、成果等创新要素在区域之间的合理流动和高效配置，构建协同有序、优势互补、科学高效的区域创新体系，不断增强经济创新力。

（三）加强企业分类精准指导。将“三龙”企业评选和综合评价工作相结合，并将企业“亩均效益”综合评价情况纳入政府质量奖等申报条件，综合评价D类等级的不予推荐。对规模上“亩均效益”综合评价A类企业，重点保障资源要素需求，支持其股改上市、并购重组，在政府性评先评优、试点示范项目申报、重点科技项目攻关、重大创新载体建设、人才引进等方面给予倾斜，重点支持综合评价A类的规模下企业进入小微企业园区发展。支持金融机构实施差别化信贷政策，在风险可控和商业可持续的前提下，对规模上综合评价A类企业在信用评级、贷款准入、贷款授信、担保方式创新、还款方式创新和利率优惠等金融服务方面给予重点支持。对综合评价排名在D类的工业企业，下年度不得享受政府有关财政性奖励等优惠政策；对综合评价D类企业严格运用环境保护、安全生产、资源节约、产品质量等方面的法律法规以及国家、省有关产业政策，加大整治“低小散”“脏乱差”和淘汰落后产能力度。支持采取协商收回、鼓励流转、协议置换、“退二优二”“退二进三”、收购储备等方式实施城镇低效用地再开发。

（四）推动产业和区域协调发展。基于分产业（行业）、分区域的“亩均效益”综合评价结果，合理制定针对性强的产业支持政策和区域发展规划，集中资源大力发展“亩均效益”优势产业，加快培育先进制造业集群，合理推进区域生产力布局和重大基础设施建设。对标国内外先进区域，加快“低产田”改造提升，全面推进传统制造业和各类开发园区改造升级，推动生产性服务业向专业化和价值链高端攀升，坚决打破拖累转型升级的“坛坛罐罐”，合理转移和淘汰不适合继续留在我市发展的产业。

六、实施工业企业资源要素差别化政策

（一）实施差别化水价政策。按照优化水资源配置的要求，提升水资源利用效率，结合要素市场化配置改革，应用工业企业综合评价分类结果，可采取差别化水价、超计划用水累进加价等政策，对D类工业企业按上浮10%进行加价收费。

（二）实施差别化电价政策。在严格执行国家和省差别电价政策基础上，依据省政府下放的权限，应用工业企业综合评价结果，实行差别化电价政策，对D类工业企业按每千瓦时提高0.3元进行加价收费。

（三）实施差别化用能政策。要积极稳妥地推进企业用能权确权工作，加快用能权交易试点工作，推进企业超额用能量和新增项目用能量差别化有偿使用制度，对A，B类工业企业按分类优先保障用能需求，对D类工业企业不考虑新增用能，D类工业企业不得享受直供电优惠。

（四）实施差别化土地使用税政策。进一步优化土地资源配置，提高土地利用效率，应用工业企业综合评价分类结果，实行分类分档的差别化城镇土地使用税政策，加大A，B类工业企业减免力度，对规模上A类工业企业减免100%，对规模上B类工业企业减免80%，对D类工业企业一律不予减免。

（五）实施差别化用地政策。实施工业用地分阶段出让、弹性年期出让制度，在法定土地使用权最高出让年限内，结合投资主体企业的综合评价结果，按照不同项目的类型和特点，灵活确定工业用地出让年限。在安排新增用地时，对综合评价前列且有必要土地需求的企业优先予以保障，对A，B类工业企业按分类优先考虑，对D类工业企业土地出让设定条件进行限制。企业拿地后，坚决不允许出现“园中园”“厂中厂”甚至改变土地使用性质等问题；实行“先租赁后出让”的地块，土地租赁期届满，未兑现建成或投产要求的按约定收回用地。对于连续两年被评为D类工业企业多措并举，倒逼企业转型升级或退出用地，实施低效用地再开发。

（六）实施差别化排污政策。进一步完善主要污染物总量指标量化管理、排污权有偿使用和交易、企业刷卡排污总量控制、产业转型升级排污总量控制激励等制度，实行差别多因子计收工业污水处理费政策。根据综合评价结果，在符合区域环评和空气质量的前提下，对A，B类工业企业在排污权指标分配、排污权抵押贷款等方面给予支持，对D类工业企业要严格控制污染物排放总量。

（七）实施差别化信贷政策。深化产融合作，建立企业综合评价结果与金融机构信贷相关信息实时共享制度，对A，B类工业企业在信用评级、贷款准入、贷款授信和利率优惠等方面按分类予以重点支持；金融机构年度新增信贷指标对A，B类工业企业予以倾斜；鼓励金融机构加大产品创新力度，为优质企业量身定制金融产品，提供全方位、多层次、个性化的金融服务。

七、工作要求

（一）加强组织领导。建立由市政府主要领导担任组长、分管领导担任副组长，市级有关单位主要负责人为成员的市深化“亩均论英雄”改革工作领导小组(见附件1)，重点研究协调深化“亩均论英雄”改革工作的重大事宜。领导小组在市经信局下设办公室，牵头抓好政策协调和年度工作的组织实施。领导小组成员单位根据各自职责，研究制定深化“亩均论英雄”改革的配套政策，提供评价基础数据并确保真实有效，形成工作合力。

（二）明确工作职责。根据“亩均论英雄”工作需要，进一步明确工作职责。

市经信局负责牵头并协调各职能部门开展“亩均论英雄”改革工作；负责牵头工业企业和小微企业园综合评价工作，对各项指标数据进行汇总后开展分类评价。

市发改局负责牵头开展服务业企业和特色小镇的综合评价工作，负责制定相关的评价办法；负责制订差别化电价、用能政策。并协同市农业农村水利局制订差别化用水政策；协同玉环生态环境分局制订差别化排污政策。

市科技局负责提供国家重点支持高新技术企业，省级重点企业研究院、省级企业研究院、省级重点实验室(工程技术研究中心)、省级研发中心所在企业和省级科技型中小企业(含小微)等名单。

市财政局会同相关部门落实有关差别化财政奖励政策的执行和实施。

市人力社保局负责提供上一年被立案处罚的企业名单。

市自然资源规划局负责提供并审核企业的用地数据；并负责牵头制订实施差别化用地政策。

市住建局协助市自然资源规划局提供相关企业报批时的土地面积，并提供相关承租、出租面积等数据。

市农业农村水利局负责牵头制订实施差别化用水政策。

市商务局负责牵头开展玉环经济开发区的综合评价工作；协助市发改局和市统计局审核服务业企业总用电、营业收入、增加值、人均营业收入等数据。

市应急管理局负责提供上一年发生较大及以上安全生产事故和被立案处罚的企业名单。

市市场监管局负责提供三年内“个转企”企业、上一年发生重大食品安全事故和被立案处罚的企业名单，以及企业规范名称、统一社会信用代码、行业代码等数据。

市统计局协助市市场监管局审核规模上工业企业的企业名称、统一社会信用代码、行业代码，负责催报、提供、审核工业增加值、工业总产值、综合能耗、R&D经费支出、主营业务收入、固定资产投资、年平均职工人数等数据(统计数据来源于企业一套表直报平台)。

市综合行政执法局负责提供并审核已经市“三改一拆”办或乡镇(街道)处置允许企业暂时使用的未批用地等数据，以及被立案处罚的企业名单。

玉环生态环境分局负责提供并审核上一年发生较大及以上突发环境事件和被立案处罚的企业名单，以及企业主要污染物排放量等数据；并负责牵头制订实施差别化排污政策。

市税务局负责提供并审核企业税收数据，以及偷、逃、骗税等违法行为被立案处罚的企业名单；并负责制订实施差别化土地使用税政策。

市人民银行会同银监部门、市金融工作中心负责牵头制订实施差别化信贷政策。

市供电公司负责提供并审核企业用电量数据，并配合制订实施差别化电价、用能政策。

各乡镇(街道)、玉环经济开发区负责审核本辖区企业的相关指标数据，以及新进规模上工业企业、"个转企"企业、竣工投产之日起未满三年的企业、经法院判决实施兼并(破产)重组未满三年的困难企业等名单。

(三)切实摸清底数。"亩均论英雄"改革是一项长期系统性工作，各有关部门要按照各自职责，认真开展数据核查。范围要"全"，对辖区所有企业都要查清见底，实现领域全覆盖、资源全掌控、资料全入档。数据要"准"，做到统计信息准、行业界定准、评估测算准。过程要"实"，保证普查过程和结果真实可信。并在此基础上建立大数据平台，实现政府部门之间数据的共享和有效利用。

(四)强化考核激励。把深化"亩均论英雄"改革工作纳入市对乡镇(街道)、部门的考核内容，加强对工作进展情况的跟踪督查、定期通报，及时做好总结，协调解决有关问题，探索建立长效激励机制。

(五)加强宣传引导。企业亩均效益综合评价工作全程实行阳光操作，评价细则、计算方法、评价结果等要在新闻媒体上予以公开，接受群众监督。各相关部门要加大宣传力度，总结推广先进经验和企业典型做法，及时准确发布改革信息和政策法规解读，切实转变企业发展理念，营造良好舆论氛围。

八、其他

本实施意见自发布之日起施行，《关于深化"亩均论英雄"改革的实施意见(试行)》(玉政发〔2018〕19号)同时废止。

附件：1.玉环市深化"亩均论英雄"改革工作领导小组成员名单

2.全市工业企业综合评价基础数据取数规范

3.工业企业综合评价办法指标体系和计算方法

(玉政发〔2019〕16号)

附件1：

玉环市深化“亩均论英雄”改革工作领导小组成员名单

组　长：吴才平

副组长：蔡木贵

成　员：詹福章(市府办)　赵崇斌(市府办)

王志胜(市发改局)　金富盛(市经信局)

颜道明(市科技局)　林仁斌(市财政局)

潘立志(市人力社保局)　蔡其方(市自然资源规划局)

赵晓华(市住建局)　王海滨(市农业农村水利局)

李振宇(市商务局)　曾志斌(市应急管理局)

金启光(市市场监管局)　史炜荣(市统计局)

陈绪统(市综合行政执法局)　庄雄平(玉环生态环境分局)

舒　欢(玉环经济开发区)　蔡国庆(市金融工作中心)

林国荣(市税务局)　叶　程(市人民银行)

刘建宙(市供电公司)　周也林(玉城街道)

王　坚(坎门街道)　林楚法(大麦屿街道)

叶兰美(楚门镇)　阮挺峰(清港镇)

张杨顺(芦浦镇)　吕德胜(干江镇)

池宇志(沙门镇)　郭海滨(龙溪镇)

李　鹏(鸡山乡)　赵贵法(海山乡)

领导小组在市经信局下设办公室，主任：金富盛(兼)。

附件 2：

全市工业企业综合评价基础数据取数规范一览表

	1	2	3	4	5	6	7	8	9	10	11
指标名称	企业名称	统一社会信用代码	行业代码	用地面积	税收实际贡献	工业增加值、工业总产值	综合能耗、用电量	主要污染物排放量	R&D 经费支出	主营业务收入、固定资产投资	年平均职工人数
责任部门	市市场监管局	市市场监管局	市市场监管局	市自然资源规划局	市税务局	市统计局	市统计局、市供电公司	玉环生态环境分局	市统计局	市统计局	市统计局
报送时限	原则上每年三月前开始采集基础数据，六月中旬前基本完成数据核查，六月底前汇总报送至市"亩均"办										

一、企业名称。原则上为独立法人资格的企业，均按独立核算进行评价。

规模上企业名单由市统计局核定，规模下工业企业初步名单由市税务局、市自然资源规划局、市供电公司等单位提供，再由市市场监管局核定。

二、统一社会信用代码。统一社会信用代码是一组长度为 18 位的用于法人和其他组织身份识别的代码。

由市市场监管局根据企业名单查询提供，市统计局协助核定。

三、行业代码。企业根据所属行业在国民经济行业分类中的代码。

由市市场监管局根据企业名单查询提供，规模上企业由市统计局核定。

四、用地面积。以依法取得为前提、实际占用为原则，指年末企业实际占用的土地面积。企业实际用地面积=已登记用地面积+承租用地面积-出租用地面积+未批用地面积。其中：(1)已登记用地面积：是指企业经市自然资源规划部门登记的不动产证中的土地面积；(2)承租用地面积：是指企业依法租赁取得的实际用地面积，若企业租赁标准厂房或无法准确计算用地面积，则根据企业租赁的建筑面积与容积率之比计算企业租赁的用地面积；(3)出租用地面积：是指工业企业依法将自用土地或厂房出租给其他企业的用地面积；(4)经批准的项目新增土地面积在 2 年建设期、1 年过渡期内可不计入用地面积。由市自然资源规划局负责提供企业土地证面积及土地分期情况。(5)未批用地面积:指未取得合法手续,经市"三改一拆"办或乡镇(街道)、玉环经济开发区处置,允许其暂时使用的用地面积。(6)其他注意事项。①用地信息中无关信息可不用填报。如某企业全部自有用地且均合法,则只填"实际用地面积"和"已登记用地面积"即可。②若向他人租用整个厂区,则填报整个厂区总面积(亩);若只向他人租用部分厂房,则按"租用面积/厂区建筑总面积×厂区占地总面积"来计算"承租用地面积"。③其中规模下企业若出租给规模上企业,可剔除相关用地面积;否则不能剔除,需要把整个厂区内所有企业的用地、用电和纳税额统一纳入评价。

由市自然资源规划局负责提供企业不动产证中的用地面积及土地分期情况,由市综合行政执法局和所在乡镇(街道)、玉环经济开发区提供已经市"三改一拆"办或乡镇(街道)、玉环经济开发区处置,允许企业暂时使用的未批用地数据。

五、税收实际贡献。指纳税人上一年度自 1 月 1 日起至 12 月 31 日止在我市实际缴纳入库且与持续经营有关的税费,即"净入库数"合计。其中,不包括稽查查补产生的税收,也不包括拆迁补偿、房地产交易、股权转让、总部经济财政返还部分等一次性交易产生的税收。(1)包含 13 项税(费)种:增值税、消费税、企业所得税、个人所得税(不含代扣代缴个人所得税)、房产税、城镇土地使用税、车船税、土地增值税、印花税、城市维护建设税、资源税,教育费附加、地方教育附加。其中:增值税实际入库数=增值税直接净入库税收+生产型出口企业发生的"免抵"税额(上一年度企业实际申报免抵额)。(2)对规模下企业,要报送不动产范围内剔除了规模上企业外所有承租户的纳税额之和作为本企业的纳税额。规模上企业只报本企业的纳税额,不计入厂区出租户的纳税额。

由市税务局负责提供企业实缴税金数据。

六、工业增加值。指工业企业生产过程中新增加的价值。工业增加值按收入法计算。

工业总产值。指工业企业在一定时期内生产的工业最终产品和提供工业性劳务活动的总价值量。工业总产值= 成品产值+对外加工费收入+自制半成品。

主营业务收入。指企业经常性的、主要业务所产生的基本收入。

R&D 经费支出。研究与试验发展(R&D)经费支出指统计年度内全社会实际用于基础研究、应用研究和试验发展的经费支出。包括实际用于研究与试验发展活动的人员劳务费、原材料费、固定资产购建费、管理费及其他费用支出。

年平均职工人数。指企业年度平均从业人员数。

由市统计局根据年报数据核定。

七、综合能耗。指工业企业在工业生产活动中和非工业生产活动中消费的能源,包括工业生产活动中作为燃料、动力、原料、辅助材料使用的能源,生产工艺中使用的能源,用于能源加工转化的能源;非工业生产活动中使用的能源。

规模上工业企业综合能耗按等价计算,由市统计局根据年报数据核定。

规模上工业企业用电量以本企业实际用电的数据为准;规模下工业企业要报送不动产范围内剔除了规模上企业外所有承租户的用电量之和作为本企业的用电量。由市供电公司提供。

八、主要污染物排放量。为化学需氧量排放量、氨氮排放量、二氧化硫排放量、氮氧化物排放量四项排放量之和。

由玉环生态环境分局负责提供工业企业排放数据。

九、固定资产投资。指企业在一定时期内建造和购置固定资产的工作量以及与此有关的费用。包括企业用于基本建设、更新改造和其他固定资产投资等。不包括企业计划总投资500万元以下项目的投资数据。

由市统计局根据年报数据核定。

附件 3：

工业企业综合评价办法指标体系和计算方法

一、评价指标

（一）规模上工业企业评价指标：a.亩均税收，分数权重为 35 分；b.亩均增加值，分数权重为 15 分；c.亩均产值，分数权重为 10 分；d.单位能耗增加值，分数权重为 5 分；e.单位电耗产值，分数权重为 5 分；f.单位排放增加值，分数权重为 5 分；g.单位排放产值，分数权重为 5 分；h.研究与试验发展经费支出占主营业务收入比重，分数权重为 5 分；i.全员劳动生产率（人均增加值），分数权重为 5 分；j.亩均固定资产投资，分数权重为 10 分。

（二）规模下工业企业评价指标：a.亩均税收，分数权重为 50 分；b.单位用电税收，分数权重为 35 分；c.亩均固定资产投资，分数权重为 15 分。

二、计算方法

（一）指标基准值设定。

由市“亩均”办根据上一年度参加评价的全市规模上工业企业相应指标完成情况设定该项指标评价的基准值（以下简称基数），每年在综合评价管理系统数据平台上公示。

（二）指标值计算方法。

1.亩均税收（单位：万元/亩）

亩均税收=上一年实缴税金/上一年占地面积

2.亩均增加值（单位：万元/亩）

亩均增加值=上一年增加值/上一年占地面积

3.亩均产值（单位：万元/亩）

亩均产值=上一年工业总产值/上一年占地面积

4.单位能耗增加值（单位：万元 /吨标煤）

单位能耗增加值=上一年增加值/上一年综合能耗

5.单位电耗产值（单位：万元 /万千瓦时）

单位电耗产值=上一年工业总产值/上一年用电量

6.单位排放增加值（单位：万元 /吨）

单位排放增加值=上一年增加值/上一年排放量

7.单位排放产值（单位：万元 /吨）

单位排放产值=上一年工业总产值/上一年排放量

8.研究与试验发展经费支出占主营业务收入比重（单位：%）

研究与试验发展经费支出占主营业务收入比重=上一年研究与试验发展经费支出/上一年主营业务收入

9.全员劳动生产率（人均增加值，单位：万元/人）

人均增加值=上一年增加值/上一年年平均职工人数

10.亩均固定资产投资(单位:万元/亩)

亩均固定资产投资=上一年固定资产投资/上一年占地面积

11.单位用电税收(单位:万元 /万千瓦时)

单位用电税收=上一年实缴税金/上一年用电量

(三)规模上工业企业评价得分计算方法。

规模上工业企业分汽摩配类、水暖阀门类、家具类、眼镜类、药械包装类、机床类、工程机械类、缝制机械类和其他类。设定各行业类别指标基准值(简称基数),按下述指标计算综合评价得分(总得分=每项指标数据得分之和+附加分)。其中,各行业类别综合评价得分排名前10%列入A类。

1.“a.亩均税收、b.亩均增加值、c.亩均产值、i.全员劳动生产率(人均增加值)、j.亩均固定资产投资”这5项指标。

$$\frac{实际值}{基数}\times 权重=得分$$

2.“d.单位能耗增加值、e.单位电耗产值”这2项指标,高于基数的2倍以上,得权重分;1–2倍的,得权重分的80%;0.5–1倍(含)的,得权重分的50%;小于基数0.5倍的,不得分。

3.“f.单位排放增加值、g.单位排放产值”这两项指标,高于基数的2倍以上,得权重分;1–2倍的,得权重分的80%;0.5–1倍(含)的,得权重分的50%;小于基数0.5倍的,不得分。其中企业确无排放的,单位排放增加值、单位排放产值得满分。

4.“h.研究与试验发展经费支出占主营业务收入比重”这项指标。高于3%(含)的,得权重分;2%(含)–3%之间的,得权重分的70%;1%(含)–2%之间的,得权重分的50%,低于1%的,不得分。

以上单项指标得分最高不超过该项权重的2倍,最低为0分。某项指标数据空缺的,该项指标得分为0。

5.加分项目:

(1)年度工业总产值:5亿元以上加5分;3亿元以上加3分;1亿元以上加1分。

(2)年度固定资产投资额:总投资2亿元以上加5分;总投资1亿元以上加3分;总投资0.5亿元以上加1分。

(3)企业配套符合质量安全、消防、环保和卫生等要求并独立建设的职工宿舍,加3分。

以上同一加分项目按最高级别得分,不得重复计分。

(四)规模下工业企业评价得分计算方法。

规模下工业企业设定指标基准值(简称基数),按下述指标计算综合评价得分。

“a.亩均税收,b.单位用电税收,c.亩均固定资产投资”这3项指标。

$$\frac{实际值}{基数}\times 权重=得分$$

以上单项指标得分最高不超过该项权数的2倍,最低为0分。某项指标数据空缺的,该项指标得分为0。

(五)其他说明

综合评价实行一票否决,上一年度发生较大安全生产事故、重大环境责任事故、重大食品安全事故,不得列入A类和B类。

上一年度巨龙企业和税收实际贡献前10名工业企业,分类类别为A类;税收实际贡献前11~50名工业企业,分类排名不低于B类前50%。总投资2亿元以上重大产业项目投资企业在项目建设期间列入A类;总投资0.5亿元以上重大产业项目投资企业在项目建设期间不列入D类。

国家重点支持高新技术企业,省级重点企业研究院、省级企业研究院、省级重点实验室(工程技术研究中心)、省级研发(技术)中心所在企业和省级科技型中小企业(含小微),以及经市政府认定的战略新兴产业企业、专利示范企业、成长型企业、军民融合产业企业、投产不满三年的重点招商引资企业和积极配合工作的规模下工业抽样调查样本企业,不列入D类。上一年度R&D经费支出零申报的规模上工业企业不得评为A类。

新办企业在建项目用地受让后处于约定建设周期内的暂不开展综合评价。经批准的项目新增土地面积在2年建设期、1年过渡期内可不计入评价指标数据。出租厂房用地面积超过50%的规模上工业企业(除新厂房是按政府要求搬入园区外)按C类及以下类别确认,用地10亩以上且亩均税收不达标的规模下工业企业按D类确认。

玉环市人民政府
关于全面深化健康共同体建设的实施意见

（2019年9月24日）

各乡镇人民政府，各街道办事处，市政府直属各单位：

为深入贯彻落实台州市县域医共体建设现场推进会精神，加快推进我市卫生健康事业高质量发展，制定如下实施意见。经市十六届政府第22次常务会议讨论通过，现予以公布。

一、指导思想

全面贯彻落实上级关于深化医药卫生体制改革的决策部署，牢固树立大卫生、大健康理念，以“健康玉环”建设为统领，以振兴医疗卫生事业五年行动计划（2017—2022）为主线，高水平推进“健共体”实体化建设，让群众“看得上病、看得起病、看得好病”，真正实现由“以治疗为中心”向“以人民健康为中心”转变，加快推动玉环卫生健康事业高质量发展。

二、目标任务

聚焦打好打赢医疗卫生事业翻身仗，深入实施振兴医疗卫生事业五年计划，到2019年10月，高质量完成省定医共体55项重点任务清单和医疗卫生服务领域“最多跑一次”改革10项举措27条任务；到2020年，全面建成“健共体”内人财物上下贯通的整合型医疗服务体系，有序就医格局基本形成，医保基金使用效率有效提高；到2022年，市域医疗卫生服务能力明显提升，卫生健康事业发展各项主要指标达到台州市中上等水平，居民健康素养水平超过25%，超过健康中国行动目标；基层就诊率达到70%以上，市域就诊率达到85%以上，就诊指标提升速度位居台州前列，达到健康浙江考核要求。

三、重点任务

（一）加大财政投入，完善保障机制。

1.进一步强化政府办医职责。坚持财政投入优先向卫生健康事业倾斜，确保不低于台州平均水平，建立“健共体”集团实体化运作专项资金，全面落实政府对公立医院符合规划的基本建设和设备购置、重点学科发展、人才培养、符合国家规定的离退休人员费用、政策性亏损、承担公共卫生任务和公共服务等六大方面投入政策。公立医院历史基建债务由市财政根据工程审计结果及相关规定列入化解计划。设立医疗机构信息化建设专项资金，根据每年信息化建设需求计划，酌情予以适当补助。（责任单位：市财政局、市审计局）

2.合理确定薪酬水平。落实习近平总书记“两个允许”精神，在现有水平基础上合理确定“健共体”集团总院及分院薪酬水平和绩效工资总量。建立健全动态调整机制，原则上在年度收支平衡的基础上，允许“健共体”集团绩效工资总量按照《玉环市公立医院薪酬制度改革实施方案》（玉政办发〔2017〕59号）执行，“健共体”集团在核定工资总额范围内允许发放绩效考核奖，绩效考核奖分配方案根据“健共体”集团考核结果自行制定。稳步提高医务人员薪酬水平，调动医务人员积极性。符合国家、省、台州市人才优惠政策的各类高层次人才激励，科研经费绩效奖励，科技成果转化奖励，以市场竞争、市场委托方式取得的横向项目劳务报酬，总院院长（书记）年薪等，在相应增加单位当年核定的绩效工资总量后，在绩效工资总量内单列管理。（责任单位：市人力社保局、市卫生健康局、市财政局、市审计局）

（二）理顺治理结构，激发内生动力。

3.健全内部治理结构。实行“健共体”集团总院党委领导下的院长负责制，建立与“健共体”集团组织方式、运行模式相匹配的考核机制和权责清单，明确“健共体”集团管委会各部门工作职责以及省定医共体55项重点任务清单的具体目标和完成要求，制定“健共体”绩效评价指标，考核结果与医务人员岗位聘用、职称评聘、薪酬待遇等挂钩。（责任单位：市卫生健康局）

4.深化薪酬制度改革。“健共体”集团总院院长（书记）年薪由市财政保障，年薪一般不高于总院在编在岗员工平均工资的3倍。实施“健共体”集团总院院长（书记）任期制、任期责任制和年度目标责任制。“健共体”集团探索开展分级诊疗制度下“医保总额预算+健共体实体化运作”模式的绩效薪酬制度改革（具体实施细则另行制定），体现优绩优酬和多劳多得。（责任单位：市人力社保局、市财政局、市卫生健康局）

5.提高人事管理效率。授予“健共体”集团用人自主权，简化人员招聘流程，“健共体”集团总院在核定编制总额内根据用人需求和岗位特点，提前将招聘计划和方案报告给相关部门审核，按照公平、公正原则，规范实行自主公开招聘。加快“健共体”集团编制管理制度改革，根据医疗卫生事业发展需求等实际情况，及时动态调整并核足配齐相应的人员编制。落实“健共体”集团岗位比例设置，统筹人员内部使用，以岗定薪、人岗相适，变单位人为系统人，变身份管理为岗位管理。（责任单位：市委编办、市人力社保局、市卫生健康局）

（三）发挥龙头作用，提升医疗水平。

6.提升“健共体”医疗服务能力。深化与温医大附一院、台州市中心医院等合作办医，结合我市外出就诊病种情况，开展医疗技术合作，推动重点学科、专科和专病中心发展，推广微创外科手术和腔镜手术，力争市人民医院“健共体”集团总院2020年创成“三乙医院”，市第二人民医院“健共体”集团总院通过二甲复评。强化“健共体”集团基层分院急救、全科医疗、儿科、康复、中医药服务能力，开展住院服务和适宜手术，坎门分院和大麦屿分院等规模较大的基层分院达到社区医院能力。（责任单位：市卫生健康局）

7.提升人才学科水平。调整完善卫生人才学科政策，加大学科带头人、地市级以上名医（名中医）、台州市“500精英计划”等高层次卫生人才引进培养力度，提升卫生人才队伍整体素质。以群众外出就诊率高、需求强的病种为突破口，按照“分层次、特色错位发展”原则，注重培育并发挥名医工作室（专家工作站）作用，借力名院名校学科团队，重点发展能够有效解决疑难杂症、体现高精尖医学技术水平的医学学科、科研项目。力争实现台州市“500精英计划”卫生人才引进、台州市及以上重点医学学科零的突破。（责任单位：市卫生健康局、市人力社保局）

8.持续强化公共卫生能力。做实家庭医生签约服务，以省级基层高血压医防融合试点为契机，构建以家庭医生为核心的健康管理服务体系，让家庭医生成为健康和费用的双守门人。将市妇幼保健院纳入公立医院综合改革，建立健全市、镇、村三级孕产保健、妇女保健、儿童保健、计划生育技术服务体系。发挥我市医防融合优势，以重点慢性病管理率、重大疾病发病率等为核心指标，结合我市疾病地

图,促进专业公共卫生机构融入"健共体"建设,有效落实公共卫生服务。(责任单位:市卫生健康局、市委编办)

(四)推进"三医"联动,发挥协同效应。

9.推进医保定价和支付方式改革。及时对"健共体"内预防、治疗、康复等领域的新增医疗服务项目进行价格核定上报。鼓励"健共体"集团参与对民营医院及药店等纳入门诊医保费用包干的定点机构的医保基金监管工作,支持"健共体"集团扩大慢性病病人门诊医保费用按人头包干覆盖面。探索开展总额预算管理下基本医疗保险门诊费用按人头支付与家庭医生签约服务相结合、在定点医疗机构开展住院费用按疾病分组(DRGs)付费方式等多元复合式医保支付方式改革工作,有效控制医疗费用的不合理增长,加快提升医保精细化管理水平。(责任单位:市医疗保障局、市卫生健康局)

(五)推进智慧医疗,方便群众就医。

10.实现信息全面互联互通。全速推进"最多跑一次"改革,加快推进智慧医疗,建成公共卫生、医疗服务、医疗保障、综合监管等业务应用信息系统以及贯通"健共体"内人财物统一运营管理平台,打通卫生健康工作的堵点、难点、痛点。创新探索"互联网+医疗健康"工作,搭建互联网健康管理平台,上线运行"健康+金融""健康+互联网约诊店""健康+精准用药"等项目,再造医疗卫生领域就医服务流程。(责任单位:市卫生健康局、市医疗保障局)

(玉政发〔2019〕17号)

玉环市人民政府
关于印发玉环市流动人口积分制管理规定的通知

各乡镇人民政府，各街道办事处，市政府直属各单位：

现将《玉环市流动人口积分制管理规定》印发给你们，请认真贯彻执行。

玉环市人民政府

2019年12月31日

玉环市流动人口积分制管理规定

第一条 为进一步加强和创新流动人口管理服务工作，根据《居住证暂行条例》《浙江省流动人口居住登记条例》和《浙江省人民政府关于进一步推进户籍制度改革的实施意见》(浙政发〔2015〕42号)，结合玉环实际，制定本规定。

第二条 在玉环市工作、居住且已办理《浙江省居住证》或办理居住登记半年以上(含半年)的非本市户籍人员，由本人申请并经相关职能部门核实，纳入玉环市流动人口积分制管理范围。其中流动人口具有下列情形之一的，不纳入玉环市流动人口积分制管理范围：

(一)本人或配偶参加邪教、有黑社会性质、恐怖等非法组织；

(二)近5年内有刑事犯罪记录。

第三条 流动人口积分制管理由市政府统筹，市流动人口服务管理机构具体负责实施，各相关职能部门和乡镇(街道)依职责协助实施。

第四条 流动人口积分制管理坚持总量控制、自愿申请、分类排名、动态管理和公开、公平、公正原则。

第五条 市流动人口服务管理机构对需要享受相关待遇的流动人口按其所得累计积分高低进行分类排名。在累计积分相同、排名并列的情况下，根据个人素质、工作社保、居住情况三项基础分的所得分数依次分别排名，如排名依然并列，则按提出申请的时间先后顺序确定积分排名。

第六条 纳入积分制管理的流动人口，按就高原则，只取夫妻一方的积分。积分累计达到一定分值的流动人口，其未曾入读小学或初中且符合入学条件的适龄子女，可在其居住地或工作地申请入读指定的小学一年级或初中一年级的公办学校。

第七条 在当年度有公共租赁住房资源的情况下，积分累计达到一定分值且符合玉环市公共租赁住房管理有关规定的流动人口，可申请承租公共租赁住房。

第八条 每年的流动人口子女入读公办学校指标数、承租公共租赁住房指标数及分值，由相关职能部门拟定，经市流动人口服务管理机构审议后，报市政府批准，并适时向社会公布。当年无公共租赁住房资源的，无需公布承租公共租赁住房指标数及分值。

第九条 市流动人口服务管理机构根据本规定会同相关职能部门制定实施细则，经市流动人口服务管理联席会议审议后，报市政府批准实施。实施细则因实际情况需要调整的，按上述程序批准实施。

本规定自发布之日起施行。

（玉政发〔2019〕29号）

关于印发《中国人民政治协商会议玉环市委员会主席会议工作规则》的通知

本会各委办,各界别组、乡镇(街道)联络组:

2019年5月10日市政协九届二十二次主席会议通过了修订的《中国人民政治协商会议玉环市委员会主席会议工作规则》,现予印发。

政协玉环市委员会

2019年6月13日

中国人民政治协商会议玉环市委员会主席会议工作规则

(2003年8月25日县政协六届九次主席会议通过,
2005年12月28日县政协六届三十二次主席会议修订,
2012年3月6日县政协八届一次主席会议修订,
2019年5月10日市政协九届二十二次主席会议修订)

第一条 为进一步推进中国人民政治协商会议玉环市委员会主席会议(以下简称主席会议)的制度化、规范化和程序化建设,根据《中国人民政治协商会议章程》,参照《中国人民政治协商会议全国委员会主席会议工作规则》和《中国人民政治协商会议浙江省委员会主席会议工作规则》,结合我市实际,制定本规则。

第二条 主席会议由主席、副主席、秘书长组成,负责处理常务委员会的重要日常工作。主席主持主席会议的工作,副主席、秘书长协助主席工作。

第三条 主席会议以中华人民共和国宪法为根本准则,以中国人民政治协商会议章程为依据,以马克思列宁主义、毛泽东思想、邓小平理论、“三个代表”重要思想、科学发展观、习近平新时代中国特色社会主义思想为指导,高举爱国主义和社会主义的旗帜,围绕团结和民主两大主题,认真履行政治协商、民主监督、参政议政职能,充分发挥人民政协作为协商民主的重要渠道和专门协商机构作用,巩固和发展最广泛的爱国统一战线,调动一切积极因素,为全面推进我市经济建设、政治建设、文化建设、社会建设以及生态文明建设服务 。

第四条 主席会议组成人员要认真执行中国人民政治协商会议章程和中国人民政治协商会议玉环市委员会(以下简称政协玉环市委员会)、常务委员会、主席会议的规定、决议,切实履行职责,加强同各方面人士的联系,广交朋友,及时反映人民群众的意见和愿望,积极参加政协玉环市委员会、常务委员会、主席会议举行的会议和活动。

第五条 主席会议的主要任务：

（一）学习新时代中国特色社会主义思想和基本方略，学习《中华人民共和国宪法》，学习《中国人民政治协商会议章程》和人民政协理论，学习上级有关重要会议精神和中共玉环市委的重要决定，学习经济社会发展等有关知识；研究部署学习工作。

（二）审议本届政协玉环市委员会增加或者变更参加单位、委员名额和人选，提请常务委员会协商决定。审议下届政协玉环市委员会的参加单位、委员名额和人选及界别设置，提请常务委员会协商决定。

（三）根据《中国人民政治协商会议章程》和有关规定，安排协商活动，决定协商的形式和内容。对中共玉环市委、市人民政府重大决策、工作部署和全市经济社会发展中的重大问题进行协商讨论，凝聚共识，提出建议、意见或建议案。

（四）审议以政协玉环市委员会或常务委员会名义向中共玉环市委、市人大及其常委会、市人民政府提出的重要建议案、调研报告和其他重要意见、建议。

（五）审议通过政协玉环市委员会全体会议邀请列席人员范围及名单、讨论编组和召集人名单；决定旁听全体会议和常务委员会会议的有关方面人士和群众代表的人选及其他事项。每届第一次全体会议的讨论编组和召集人名单，由全体会议主席团第一次会议审议通过。

（六）召集并主持常务委员会会议，决定会议的日程，拟定会议的议程草案提交会议通过；审议提交会议决定的事项和文件。

（七）受常务委员会的委托，主持下一届第一次全体会议预备会议。

（八）审议政协玉环市委员会及其常务委员会的工作计划、工作报告和重要活动方案；审议专门委员会的年度计划和工作总结；听取和讨论重要调研、视察、考察活动情况及建议案、调研视察报告、重点提案办理情况的汇报；审议委派民主监督员工作实施方案及民主监督建议书。

（九）执行常务委员会会议的决议；根据常务委员会的授权，履行常务委员会的部分职权。

（十）审议提交常务委员会会议通过的人事任免事项，决定专门委员会委员人选，任免界别组、乡镇（街道）联络组、邀请人士组正副组长。

（十一）研究全市政协工作，领导、督促和检查专门委员会、乡镇（街道）联络组的工作；协调政协各参加单位之间的关系，增进团结与合作。

（十二）处理常务委员会的其他重要日常工作。

第六条 主席会议由主席或主席委托的副主席召集并主持。

第七条 主席会议议题由主席或副主席、秘书长提出，由主席或主席委托主持会议的副主席确定。

第八条 主席会议一般每月举行一次；必要时可临时召开。决定召开常务委员会会议的主席会议，一般在常委会议召开10天前举行。

第九条 主席会议举行前，办公室应将会议通知、会议主要议题和提交会议审议的重要文件，提前一至三天送达会议组成人员（临时召开的除外）。

第十条 主席会议举行时，本会办公室正副主任，专门委员会主任、驻会副主任，以及政协机关其他有关人员视情列席；协商讨论重大问题时，可邀请有关部门负责人到会介绍情况、听取意见。会议要由专人记录，结束后可视情编发会议纪要。

第十一条 主席会议须有全体组成人员过半数出席方能举行。

第十二条 主席会议协商讨论决定问题时，要充分发扬民主，坚持少数服从多数的原则。对意见一时难以统一的重要问题，应暂缓作出决定，待进一步调查研究、交换意见、统一认识后再作决定。决定问题一般以分项审议方式通过，必要时也可以合并审议通过。

第十三条 对提请主席会议审议通过的文件，提请人应在主席会议审议时作出说明。

第十四条 主席会议审议通过的事项，需继续提请常务委员会会议审议通过的，在常务委员会会议表决通过前，由主席会议确定的人员向常务委员会会议作说明。主席会议审议通过即发生效力的文件，由主席或主席委托的副主席、秘书长签发，以政协玉环市委员会文件或办公室文件的形式送达有关方面或部门。

第十五条 主席会议作出的决定，由主席、副主席、秘书长分工负责实施。在实施中，应加强督促检查和信息反馈。根据实施情况，需对某项决定进行调整或变更的，应提交下一次主席会议讨论通过。

第十六条 本规则经政协玉环市委员会主席会议通过之日起实行。其解释权属政协玉环市委员会主席会议。

（玉政协〔2019〕11号）

关于印发《中国人民政治协商会议玉环市委员会全体会议工作规则》的通知

本会各委办，各界别组、乡镇（街道）联络组：

2019年5月21日政协第九届玉环市委员会常务委员会第十四次会议通过了修订的《中国人民政治协商会议玉环市委员会全体会议工作规则》，现予印发。

政协玉环市委员会

2019年6月13日

中国人民政治协商会议玉环市委员会全体会议工作规则

（2005年11月25日政协第六届玉环县委员会常务委员会第十六次会议通过，
2012年4月5日政协第八届玉环县委员会常务委员会第一次会议修订，
2019年5月21日政协第九届玉环市委员会常务委员会第十四次会议修订）

第一章　总　则

第一条　为进一步推进中国人民政治协商会议玉环市委员会全体会议（以下简称全体会议）的制度化、规范化和程序化建设，根据《中国人民政治协商会议章程》，参照《中国人民政治协商会议全国委员会全体会议工作规则》《中国人民政治协商会议浙江省委员会全体会议工作规则》和《中国人民政治协商会议台州市委员会全体会议工作规则》，结合我市实际，制定本规则。

第二条　全体会议是中国人民政治协商会议玉环市委员会（以下简称政协玉环市委员会）围绕团结和民主两大主题，履行政治协商、民主监督、参政议政职能的最高形式。

第三条　全体会议以马克思列宁主义、毛泽东思想、邓小平理论、“三个代表”重要思想、科学发展观、习近平新时代中国特色社会主义思想为指导，高举爱国主义、社会主义旗帜，坚持中国共产党领导的多党合作和政治协商制度，贯彻长期共存、互相监督、肝胆相照、荣辱与共的方针，充分体现和发挥中国特色社会主义新型政党制度的特色和优势，促进参加政协玉环市委员会的各党派团体、各族各界人士的团结合作，为全面推进我市经济建设、政治建设、文化建设、社会建设以及生态文明建设服务，为巩固和发展爱国统一战线，完成祖国统一，实现中华民族伟大复兴的中国梦而奋斗。

第四条　全体会议坚持民主、求实、团结、鼓劲的方针，广开言路，求同存异，民主协商，集思广益，鼓励委员充分发表意见和建议。

第五条 每届政协玉环市委员会的参加单位、委员名额和人选及界别设置，须在每届第一次全体会议举行一个月前，经上届政协玉环市委员会主席会议审议同意后，由常务委员会协商决定。

每届政协玉环市委员会任期内，有必要增加或者变更参加单位、委员名额和人选时，经主席会议审议同意后，由常务委员会协商决定。

第六条 每届政协玉环市委员会第一次全体会议举行前召开全体委员参加的预备会议。政协玉环市委员会每届任期五年，从该届政协第一次全体会议预备会议开始。如遇非常情况，由常务委员会以全体组成人员的三分之二以上的多数通过，可延长任期。

第七条 全体会议每年举行一次。常务委员会认为必要时，可临时举行。

第八条 全体会议须有三分之二以上的委员出席，始得举行。

第九条 全体会议的主要任务：

(一)选举政协玉环市委员会的主席、副主席、秘书长和常务委员，决定常务委员会组成人员的增加或者变更；

(二)协商讨论事关玉环改革发展全局的重大决策以及经济建设、政治建设、文化建设、社会建设、生态文明建设中的重要问题，凝聚共识，提出建议和批评；

(三)听取和审议常务委员会工作报告、提案工作情况的报告和其他报告；

(四)讨论本会重大工作方针、任务并作出决议；

第十条 全体会议由常务委员会召集并主持。每届第一次全体会议由预备会议选举产生的主席团主持。

第二章 会议的准备

第十一条 根据主席会议的提议，常务委员会为全体会议进行下列准备工作：

(一)审议通过全体会议议程草案和日程；

(二)审议通过常务委员会工作报告、提案工作情况的报告和其他报告；

(三)审议常务委员会组成人员增加或者变更的建议名单；

(四)审议通过全体会议秘书长和副秘书长名单；

(五)审议提请全体会议审议的建议案草案；

(六)会议的其他事项。

第十二条 在全体会议举行一个月之前，主席会议提出全体会议的议程草案和日程草案的建议。

第十三条 预备会议由上届常务委员会授权主席会议主持，主要任务为通过第一次全体会议的议程，通过第一次全体会议主席团、主席团会议主持人、秘书长和提案审查委员会名单。

主席团会议由主席团会议主持人主持，主要任务是通过主席团常务主席名单，审议提请全体会议通过的选举办法和决议，审议通过第一次全体会议副秘书长名单，决定全体会议的其他事项。

主席团常务主席会议由主席团会议主持人主持，主要任务是审议提请主席团会议审议的各项文件。

主席团和主席团会议主持人、主席团常务主席、秘书长工作至会议选举产生本届政协玉环市委员会主席、副主席、秘书长、常务委员为止；提案审查委员会工作至第一次全体会议结束为止。

第十四条 全体会议秘书长、副秘书长，由政协玉环市委员会秘书长和有关部门负责人担任。

第十五条 全体会议设立会议秘书处，由全体会议秘书长、副秘书长及有关部门负责人组成。秘书处下设若干职能组，办理常务委员会或主席会议、主席团会议或主席团常务主席会议交付的事项，处理会议日常事务。

第三章 会议的举行

第十六条 全体会议采取大会与分组讨论会、协商会、专题会议等形式进行。

第十七条 全体会议开幕会的任务：

(一)通过会议的议程；

(二)听取政协玉环市委员会常务委员会工作报告；

(三)听取政协玉环市委员会常务委员会提案工作情况的报告；

(四)听取其他报告或说明。

第十八条 全体会议闭幕会的任务：

(一)通过会议的各项决议和报告；

(二)决定常务委员会组成人员的增加或者变更；

(三)通过政协玉环市委员会的建议案；

(四)其他事项。

第十九条 全体会议听取并讨论政府工作报告及其他报告，提出意见和建议。

第二十条 全体会议安排大会发言。各党派、团体、界别、专门委员会，委员或委员联名，委员小组或联组，均可提交书面发言材料，申请大会发言。大会发言人选由会议秘书处确定。

第二十一条 全体会议各次大会的执行主席、主持人由主席会议协商决定。每届第一次全体会议的执行主席、主持人由主席团会议协商决定。

第二十二条 全体会议期间，根据委员界别、各委组人数及其他有关情况，将委员分成若干个讨论小组，小组讨论会由小组召集人主持。编组及召集人由主席会议协商决定；每届第一次全体会议的讨论编组及召集人由主席团第一次会议审议通过。

第二十三条 全体会议邀请中共玉环市委、市人大常委会、市人民政府领导，市人武部、市人民法院、市人民检察院主要负责人出席；邀请在玉的全国、省、台州市政协委员，市级离退休干部代表、市政协历届领导中的部分同志，市有关部门、人民团体和乡镇(街道)负责人，以及其他有关人士列席。

第二十四条 全体会议可邀请有关方面人士和群众代表旁听，具体人选由主席会议协商决定。

第二十五条 全体会议邀请有关新闻媒体作采访报道。

第二十六条 委员应按照会议日程积极参加全体会议的各次会议和各项活动，因病或其他特殊情况不能出席会议和参加活动时，须履行请假手续。

第四章 会议的提案和建议案

第二十七条 各党派、团体、界别、专门委员会，委员或委员联名，委员小组或联组，以及在玉的全国、省、台州市政协委员，均可提出提案。提案的审查工作由提案委员会或提案审查委员会负责。

第二十八条 全体会议期间，提案委员会或提案审查委员会可选择若干重点提案进行“四见面”协商办理；全体会议期间的提案统计截止时间由常务委员会会议或主席团会议协商决定。

第二十九条 全体会议可就涉及我市经济和社会发展的重大事项、人民群众普遍关心的热点问题，向中共玉环市委、市人大及其常委会、市人民政府提出建议案。

第三十条 全体会议期间，参加政协的党派、团体或占总数四分之一以上的委员联名，可提出建议案草案。建议案草案经主席会议或主席团常务主席会议审议通过后，由常务委员会或主席团会议决定是否提请全体会议审议。

第五章 选举和表决

第三十一条 每届第一次全体会议选举产生本届政协玉环市委员会主席、副主席、秘书长和常务委员，组成常务委员会。常务委员会组成人员从本届委员中选举产生。选举工作由会议主席团领导。

第三十二条 主席、副主席、秘书长和常务委员的建议人选由主席团审议后提交各委员讨论小组充分酝酿讨论。主席团根据委员的意见，确定正式候选人名单，提交大会选举。

第三十三条 全体会议选举采用无记名投票方式。选举时须有三分之二以上的委员出席。候选人得到的赞成票须超过全体委员的半数方可当选。

第三十四条 每届第一次全体会议的选举办法，由主席团会议审议通过后提请全体会议决定。其他各次全体会议的选举参照第一次全体会议的选举办法执行。

第三十五条 全体会议的决议和建议案，应经全体委员过半数通过。

第六章 附 则

第三十六条 本规则自常务委员会会议通过之日起实施。其解释权属常务委员会。

（玉政协〔2019〕12号）

关于印发《中国人民政治协商会议玉环市委员会常务委员会工作规则》的通知

本会各委办，各界别组、乡镇（街道）联络组：

2019年5月21日政协第九届玉环市委员会常务委员会第十四次会议通过了修订的《中国人民政治协商会议玉环市委员会常务委员会工作规则》，现予印发。

政协玉环市委员会

2019年6月13日

中国人民政治协商会议玉环市委员会常务委员会工作规则

（2003年9月5日政协第六届玉环县委员会常务委员会第三次会议通过，
2005年11月25日政协第六届玉环县委员会常务委员会第十六次会议修订，
2012年4月5日政协第八届玉环县委员会常务委员会第一次会议修订，
2019年5月21日政协第九届玉环市委员会常务委员会第十四次会议修订）

第一章　总　则

第一条　为进一步推进中国人民政治协商会议玉环市委员会常务委员会（以下简称常务委员会）工作的制度化、规范化和程序化建设，根据《中国人民政治协商会议章程》，参照《中国人民政治协商会议全国委员会常务委员会工作规则》《中国人民政治协商会议浙江省委员会常务委员会工作规则》和《中国人民政治协商会议台州市委员会常务委员会工作规则》，结合我市实际，制定本规则。

第二条　常务委员会以中华人民共和国宪法为根本准则，以中国人民政治协商会议章程为依据，以马克思列宁主义、毛泽东思想、邓小平理论、“三个代表”重要思想、科学发展观、习近平新时代中国特色社会主义思想为指导，高举爱国主义和社会主义的旗帜，坚持中国共产党领导的多党合作和政治协商制度，贯彻长期共存、互相监督、肝胆相照、荣辱与共的方针，促进参加中国人民政治协商会议玉环市委员会（以下简称政协玉环市委员会）的各党派团体、各族各界人士的团结合作，进一步巩固和发展爱国统一战线，围绕团结和民主两大主题，认真履行政治协商、民主监督、参政议政职能，为全面推进我市经济建设、政治建设、文化建设、社会建设以及生态文明建设服务。

第三条　常务委员会主持政协玉环市委员会的会务，在政协玉环市委员会全体会议闭会期间，处理政协玉环市委员会的工作。

第四条 常务委员会由政协玉环市委员会主席、副主席、秘书长和常务委员组成。主席主持常务委员会的工作,副主席、秘书长协助主席工作。

第五条 常务委员会的职权:

(一)召集并主持政协玉环市委员会全体会议。每届第一次全体会议前召开全体委员参加的预备会议,选举第一次全体会议主席团,由主席团主持第一次会议。

(二)组织实现中国人民政治协商会议章程规定的任务,贯彻执行上级政协的有关决议和政协玉环市委员会全体会议的决议及决定。

(三)审查通过提交中共玉环市委、市人大及其常委会、市人民政府的重要建议案。

(四)协商决定下届政协玉环市委员会参加单位、界别设置、委员名额和人选。协商决定本届政协玉环市委员会增加或者变更参加单位、委员名额和人选。

(五)常务委员会组成人员增加或者变更时,常务委员会提出建议名单,由政协玉环市委员会全体会议决定,其中常务委员会组成人员的辞去或撤销,也可由常务委员会会议决定,报全体会议备案。

(六)决定政协玉环市委员会工作机构的设置和变动,并任免其领导成员。

(七)组织委员进行视察、考察、调研等重要活动,领导、督促和检查专门委员会及乡镇(街道)联络组的工作。

(八)决定对违纪违法委员的处理事项;对严重违反中国人民政治协商会议章程或全体会议和常务委员会的决议的政协参加单位和个人,分别依据情节给予警告处分,或撤销其参加政协玉环市委员会的资格。

(九)根据需要,授权主席会议行使常务委员会的部分职权;

(十)在非常情况下决定政协玉环市委员会是否延长任期。由常务委员会以全体组成人员的三分之二以上多数通过,得延长任期。

第二章 常务委员会会议

第六条 常务委员会会议一般每季度举行一次;必要时可临时举行。

第七条 常务委员会会议的主要任务:

(一)审议政协玉环市委员会及常务委员会会务和工作中的重大事项。

(二)协商讨论中共玉环市委、市人民政府重大方针政策及经济社会发展中的重大问题,听取中共玉环市委、市人民政府以及有关部门负责人对重要问题的报告或说明,凝聚共识,提出建议和意见。

(三)审议提交政协玉环市委员会全体会议的文件,审议通过政协玉环市委员会全体会议议程草案和日程。

(四)审议重要的建议案、提案、视察报告、调研报告及其他报告。

(五)对重点提案办理情况和提案办理重点单位进行民主评议。

第八条 常务委员会会议的议程草案由主席会议拟定,提交常务委员会会议通过,会议日程由主席会议决定,一般于会前一周将会议的有关事项通知常务委员会组成人员;临时举行的会议,可以临时通知。

第九条 常务委员会会议由政协玉环市委员会主席主持,也可由主席委托的副主席主持。

第十条 常务委员会会议必须有全体组成人员的三分之二以上出席方能举行。会议要发扬社会主义民主，对议题进行充分协商讨论，全面反映成员发表的意见和建议；会议的议案或其他需要表决的事项，须经常务委员会全体组成人员过半数通过方能生效。表决可采用举手或其它方式进行，并当场宣布表决结果。

第十一条 常务委员会会议可采取全体会议、分组讨论、实地视察考察、与市有关部门双向交流等方式进行；根据会议议题，可进行编组或不编组。

第十二条 常务委员会会议可根据需要安排各党派、团体、专门委员会、委员个人或联名在会上发言。常务委员和与会有关人员要根据会议议题，深入调查研究，收集社情民意，通过玉环政协网常委会服务平台预先审阅有关会议文件资料，作好会前准备；会上要积极发言，提出真知灼见。

第十三条 常务委员会会议邀请下列人员列席：

（一）在玉环的全国、省、台州市政协委员；

（二）市政协调研员，市政协之友联谊会名誉理事长和正、副理事长；

（三）不是常务委员的办公室主任、副主任，专门委员会主任、驻会副主任，政协机关其他有关人员；

（四）视会议内容和需要，邀请有关市政协委员、市级有关部门负责人和其他有关人员参加。

第十四条 常务委员会会议可视情邀请有关人士和群众代表旁听，具体人选由主席会议协商决定。

第十五条 根据需要，常务委员会可举行专题座谈会，就有关专题进行协商座谈，提出建议和意见。专题座谈会不定期举行，由有关常务委员和其他有关人员参加。

第十六条 常务委员会会议闭会期间，由主席、副主席、秘书长组成的主席会议主持常务委员会的日常工作。

第三章　纪　律

第十七条 常务委员会组成人员要认真执行中国人民政治协商会议章程和政协玉环市委员会及常务委员会的决定、决议，积极参加常务委员会的活动，加强同各方面人士的联系，广交朋友，及时反映群众的意见和要求。

第十八条 出席常务委员会会议是常务委员会组成人员的应尽义务，也是履行职责的主要形式。全体组成人员必须树立高度的责任感，妥善安排工作，按时出席会议，认真履行职责。常务委员会组成人员的所在单位应创造条件，确保常务委员会组成人员按时参加会议。

第十九条 因特殊原因不能出席会议的，须事先向市政协秘书长请假，经同意后方予准假；未准假或事先未请假而不参加会议的作无故缺席处理。

第二十条 建立常务委员会会议出席点到和缺席情况通报制度，以督促常务委员会全体组成人员积极参加会议，确保会议到会率。对每年的常务委员会会议出勤情况进行统计，统计结果在次年第一次常务委员会会议上通报，并向市委组织部门和统战部门及政协常委会组成人员所在单位和本人通报。

第四章　文件签发及其他

第二十一条 常务委员会作出的决定，提出的建议案、意见建议等文件，须经政协玉环市委员会主席或主席委托的副主席、秘书长签发后，以政协玉环市委员会或办公室文件的形式送达有关方面或部门。

第二十二条 常务委员会会议、常务委员专题座谈会，应安排相应的新闻报道，并由办公室发布会议简讯或会议纪要。

第五章 附 则

第二十三条 本规则自常务委员会会议通过之日起实施。其解释权属常务委员会。

（玉政协〔2019〕13号）

关于印发《中国人民政治协商会议玉环市委员会专门委员会通则》的通知

本会各委办,各界别组、乡镇(街道)联络组:

2019年5月21日政协第九届玉环市委员会常务委员会第十四次会议通过了修订的《中国人民政治协商会议玉环市委员会专门委员会通则》,现予印发。

政协玉环市委员会

2019年6月13日

中国人民政治协商会议玉环市委员会专门委员会通则

(2003年9月5日政协第六届玉环县委员会常务委员会第三次会议通过,
2005年11月25日政协第六届玉环县委员会常务委员会第十六次会议修订,
2012年4月5日政协第八届玉环县委员会常务委员会第一次会议修订,
2019年5月21日政协第九届玉环市委员会常务委员会第十四次会议修订)

第一章　总　则

第一条　为进一步推进中国人民政治协商会议玉环市委员会专门委员会(以下简称专门委员会)工作的制度化、规范化和程序化建设,根据《中国人民政治协商会议章程》及有关规定,参照《中国人民政治协商会议全国委员会专门委员会通则》、《中国人民政治协商会议浙江省委员会专门委员会通则》和《中国人民政治协商会议台州市委员会专门委员会通则》,结合我市实际,制定本通则。

第二条　专门委员会是在常务委员会和主席会议领导下,组织市政协委员进行经常性活动的工作机构。中国人民政治协商会议玉环市委员会(以下简称政协玉环市委员会)设置若干专门委员会。专门委员会的设置和变动,由常务委员会决定。

第三条　专门委员会工作以马克思列宁主义、毛泽东思想、邓小平理论、“三个代表”重要思想、科学发展观、习近平新时代中国特色社会主义思想为指导,高举爱国主义、社会主义旗帜,坚持中国共产党领导的多党合作和政治协商制度,贯彻长期共存、互相监督、肝胆相照、荣辱与共的方针,围绕团结和民主两大主题,认真履行政治协商、民主监督、参政议政职能。

第四条　专门委员会工作是政协工作的基础,是政协履行职能的重要方式。专门委员会根据中国人民政治协商会议章程的要求,按照政协玉环市委员会全体会议、常务委员会会议和主席会议提出的各项任务,从实际出发开展工作。组织委员认真学习、宣传党的方针政策和国家的法律法规,开展各种活动,就全市经济建设、政治建设、文化建设、社会建设以及生态文明建设中的重要问题和人民群众普遍关心的热点问题,深入开展调查研究,提出意见、建议和提案,积极反映社情民意,团结和联系委员及各族各界人士,维护社会稳定。

第二章　组　织

第五条　专门委员会的组成,应按照有利于联系各界、各方面人士,自愿、协商和便于组织经常性活动的原则,统筹安排。

第六条　每届专门委员会的设置一般应在当届政协第一次常务委员会会议上确定。每个专门委员会设主任1人,副主任若干人。主任、副主任由常务委员会任命。

第七条　专门委员会委员原则上由市政协委员担任,人选由秘书长提出,征得本人同意后,提请主席会议决定。根据工作需要,专门委员会可以分设若干界别组开展各项活动。

专门委员会组成人员需要调整时,应经相关专门委员会主任会议提出建议,按组建专门委员会时的程序办理。

第八条　专门委员会的组成人员,一般应具有相关工作经历、专业知识水平,有时间和精力参加调查研究等经常性活动。

第九条　每届政协第一次全体会议成立的提案审查委员会,闭会后在此基础上成立提案委员会,负责届内每次会议和日常提案的审查、督办工作。提案委员会主任、副主任和成员的调整,与其它专门委员会办理程序相同。

第三章　工作制度

第十条　专门委员会开展各项工作应广泛联系各界人士,发扬社会主义民主,注重调查研究,进行充分协商。专门委员会需对工作作出决定时,按照民主集中制原则办理。

第十一条　主席或主席委托副主席、秘书长根据需要召开专门委员会主任联席会议,通报有关情况,讨论研究问题,协调布置工作。专门委员会工作由秘书长负责协调。

第十二条　以专门委员会名义形成的文稿,应由专门委员会主任或主任委托的副主任审定并签发;重大问题,应报主席会议或常务委员会审议。

专门委员会文稿需以政协玉环市委员会名义发文的,须经秘书长和专门委员会主任或副主任共同审核,交分管副主席审阅同意后送主席或主席委托的副主席签发;以政协办公室名义发文的,须经专门委员会主任或副主任和办公室主任或分管文字的副主任共同审核,交分管副主席审阅同意后,由秘书长签发。

第十三条　专门委员会应根据政协玉环市委员会全体会议、常务委员会会议和主席会议的精神,制订年度工作计划,报主席会议备案。专门委员会应认真总结每年工作,并根据不同情况,分别向主席会议、常务委员会会议或政协玉环市委员会全体会议报告。

第十四条　专门委员会应与中共玉环市委、市人大常委会、市人民政府的有关部门,与市人民法院、市人民检察院,与市级民主党派、工商联、无党派人士和有关人民团体,以及各乡镇(街道)联络组主动沟通情况，建立工作联系。特别要加强与市委、市政府对口部门的联系和沟通，建立和完善对口联系制度。

第十五条 专门委员会主任会议一般每季度召开一次，全体会议一般每半年召开一次，讨论研究工作，必要时可印发会议纪要。各专门委员会根据工作需要，也可另行规定主任会议、全体会议召开时间。

第十六条 专门委员会组织活动时，可邀请有关省、台州市政协委员和市党政领导及有关部门负责人参加。

第十七条 专门委员会或下设的各界别组要组织委员开展经常性的学习、视察、调研等活动，提高委员参与率。在组织活动时或活动结束后，应及时向办公室通报有关情况。

第四章 附 则

第十八条 本通则自常务委员会会议通过之日起实施。其解释权属常务委员会。

（玉政协〔2019〕14号）

关于印发《中国人民政治协商会议玉环市委员会提案工作细则》的通知

本会各委办,各界别组、乡镇(街道)联络组:

2019年12月10日政协第九届玉环市委员会常务委员会第十七次会议通过了修订的《中国人民政治协商会议玉环市委员会提案工作细则》,现予印发。

政协玉环市委员会

2019年12月23日

中国人民政治协商会议玉环市委员会提案工作细则

(1998年6月26日政协第五届玉环县委员会常务委员会第二次会议通过,
2003年12月24日政协第六届玉环县委员会常务委员会第四次会议修订,
2005年11月25日政协第六届玉环县委员会常务委员会第十六次会议修订,
2012年4月5日政协第八届玉环县委员会常务委员会第一次会议修订,
2019年12月10日政协第九届玉环市委员会常务委员会第十七次会议修订)

第一章 总 则

第一条 为进一步发挥人民政协提案(以下简称提案)在履行政治协商、民主监督、参政议政职能中的重要作用,根据《中国人民政治协商会议章程》,参照《中国人民政治协商会议全国委员会提案工作条例》《中国人民政治协商会议浙江省委员会提案工作条例》和《中国人民政治协商会议台州市委员会提案工作办法》,结合我市实际,制定本细则。

第二条 提案是政协委员和参加政协的各党派、各人民团体以及政协各专门委员会、各界别组和联络组(以下简称提案者),向政协全体会议或政协常务委员会提出的、经提案审查委员会或提案委员会审查立案后,交承办单位办理的书面意见和建议。

提案是履行人民政协职能的一个重要方式,是坚持和完善中国共产党领导的多党合作和政治协商制度的重要载体,是发扬中国特色社会主义民主的重要形式,是协助中国共产党和行政机关实现决策民主化、科学化的重要渠道。

第三条 提案工作以马克思列宁主义、毛泽东思想、邓小平理论、“三个代表”重要思想、科学发展观、习近平新时代中国特色社会主义思想为指导,贯彻长期共存、互相监督、肝胆相照、荣辱与共的方针，充分发扬民主，广开言路，调动一切积极因素，为维护安定团结，深化改革，扩大开放，构建和谐社会，推进玉环高质量发展服务。

第四条 提案工作要坚持围绕中心、服务大局、提高质量、讲求实效的方针，切实加强制度化、规范化、程序化和信息化建设，努力提高提案质量、办理质量和服务质量。

第五条 提案工作是人民政协的一项全局性工作。政协委员和参加政协的各党派、各人民团体以及政协各专门委员会、各界别组和联络组，应当充分利用提案的方式履行职能，密切协作，共同推进提案工作。

第六条 政协全体会议听取和审议政协常务委员会关于提案工作情况的报告。

第二章 提案委员会

第七条 每届政协第一次会议成立提案审查委员会，由主任、副主任和委员若干人组成，成员原则上从本届政协委员中产生，由政协第一次会议的预备会议决定。提案审查委员会负责政协第一次会议期间提案审查立案工作，并向政协全体会议报告提案审查情况。

每届政协第一次会议闭会后，在提案审查委员会的基础上成立提案委员会，经政协常务委员会审议通过，列入专门委员会序列，在政协常务委员会和政协主席会议领导下，负责提案工作，每届任期与政协玉环市委员会任期相同。提案委员会组成人员的调整，依据《中国人民政治协商会议玉环市委员会专门委员会通则》有关规定办理。

第八条 提案委员会的职责：

（一）起草政协常务委员会关于提案工作情况的报告，向政协全体会议报告提案审查情况，向政协常务委员会会议、政协主席会议报告工作；

（二）制定政协全体会议期间提案工作方案和提案委员会年度工作计划；

（三）依照本细则的规定，做好知情明政服务，组织征集提案；

（四）对收到的提案审查立案，协商确定承办单位；

（五）对提案办理情况进行检查和督促，推动承办单位认真办理、落实提案；

（六）对提案进行综合分析，采取多种形式反映重要意见、建议；

（七）组织重点提案的遴选与督办；

（八）组织提案工作的宣传报道；

（九）加强与中共玉环市委办公室、市人大常委会办公室、市人民政府办公室以及各承办单位的联系与合作；

（十）加强与市政协委员、市级民主党派、工商联、无党派人士和有关人民团体以及市政协办公室、各专门委员会、各界别组和联络组的联系与配合，发挥政协整体功能；

（十一）接受上级提案委员会的指导，加强与省内外兄弟县（市、区）提案委员会的联系，相互沟通情况，交流经验。

第九条 以提案委员会名义形成的重要文件和材料，须经提案委员会全体会议或主任会议讨论通过，并由提案委员会主任或主任委托的副主任审定、签发。

第十条 提案委员会全体会议一般半年举行一次，必要时可以临时召集；提案委员会主任会议根据工作需要举行。

第三章　提案的提出

第十一条　提案的提出方式：

(一)市政协委员和在玉的全国、省、台州市政协委员，可以个人名义或者联名方式提出提案；

(二)全体会议期间，可以界别、委员讨论小组或联组名义提出提案；

(三)参加政协的各党派、人民团体，可以本党派、团体名义提出提案，也可联合提出提案；

(四)政协各专门委员会、各界别组和联络组可以本委员会或组的名义提出提案，也可联合提出提案。

第十二条　提案的基本要求：

(一)提案应当围绕国家大政方针和我市经济建设、政治建设、文化建设、社会建设和生态文明建设中的重要问题以及人民群众关心的热点、难点问题建言献策；

(二)提案应当坚持严肃性、科学性、可行性，在深入调查研究的基础上提出意见建议，实事求是，简明扼要，一事一案，做到有情况、有分析、有具体建议；

(三)提案的提出应当坚持质量为要，参加政协的各党派、各人民团体以及政协各专门委员会、各界别组和联络组要强化精品意识，提高集体提案比例，提升工作实效；

(四)委员联名提出的提案，发起人作为领衔人，签名列于首位；以界别、委员讨论小组名义提出的提案，须由召集人签名；以党派、人民团体、政协专门委员会等名义提出的提案，须由该组织负责人签名并加盖公章；

(五)提案必须按照统一规定的格式提交。根据提案工作信息化的要求，通过玉环政协网提案工作平台提交、审查、交办、答复、反馈提案。

第十三条　提案可以在政协全体会议期间提出，也可以在闭会期间提出。

第四章　提案的审查和处理

第十四条　提案审查委员会或提案委员会本着尊重和维护提案者的民主权利、保证提案质量的原则，对收到的提案进行审查，符合本细则第三章规定的，予以立案。

政协全体会议提案统计截止时间内提出的提案，由会议秘书处提案组提出初审意见，提交提案审查委员会或提案委员会审定；统计截止时间以后提出的提案，由提案委员会主任或主任委托的副主任审查、处理。

对所提的问题或建议意见基本相同且符合立案条件的同类提案，作并案处理，以质量较高或先提交的提案作为基本提案，其它被并案提案作为基本提案的附件，所有被并案提案的领衔人列为基本提案的领衔人、附议人列为基本提案的附议人。并案处理情况应当及时告知提案者。

第十五条　经审查立案的提案，应当根据提案的内容和有关单位的职责确定承办单位。凡涉及两个或两个以上承办单位办理的提案，应当确定主办单位和会同办理单位或者分别办理单位。

第十六条　对有下列情形之一的，不予立案：

(一)涉及党和国家秘密的；

(二)国家明令禁止的；

(三)中共党员对党内有关组织、人事安排等方面有意见的;

(四)民主党派成员反映本组织内部问题的;

(五)进入民事、刑事、行政诉讼以及仲裁程序的;

(六)超越我市职权的;

(七)属于纯学术研讨的;

(八)为本人或亲属解决个人问题,以及反映本单位内部问题或单位之间纠纷的;

(九)宣传、推介具体作品、产品的;

(十)指名举报的;

(十一)涉及纪检监察机关正在审查和调查的涉嫌违法违纪问题的;

(十二)内容空泛、没有具体建议或建议明显不具备可行性的;

(十三)提案审查委员会或提案委员会认为不应立案的其他情形。

未予立案的,可作来信转送有关部门研究处理或参考,并及时函告提案者。

第十七条 提案委员会对以各党派、人民团体、政协专门委员会及以界别、联络组、委员讨论小组名义提出的提案应当有选择性地报送主席或副主席阅批后,转送中共玉环市委办公室、市人大常委会办公室、市人民政府办公室研究处理。

第十八条 对涉及我市全局问题的重大提案,可由提案委员会提请政协主席会议或政协常务委员会会议审议,以建议案形式向中共玉环市委、市人民政府及有关方面提出。

第十九条 提案经审查立案后应当及时交办。政协全体会议期间经审查立案的提案,通过预交办协商后集中交办,按归口管理的原则,送交有关单位承办;政协全体会议闭会期间经审查立案的提案,由提案委员会及时送交有关单位承办。承办单位对交办的提案,如对承办主体有异议的,应当在交办后15天内向提案委员会提出调整意见,不得搁置或自行转送其他单位。

第五章 提案的办理

第二十条 提案的办理是指承办提案的中共玉环市委办公室及有关部门、市人大常委会办公室、市人民政府办公室及有关部门、市人民法院、市人民检察院、市级有关人民团体及乡镇人民政府(街道办事处)等,根据国家法律、法规、政策和中共玉环市委、市人民政府有关规定办理提案,并向提案者按时作出书面答复。

(一)承办单位应当保证提案办理质量,在三个月的时限内对提案作出答复。办理复文应当用正式文件和按规定的格式行文,注明联系电话和联系人,并加盖单位公章。同时,通过玉环政协网政协提案工作平台进行网上同步答复。答复件应在首页右上角处标明办复情况类别。提案所提问题已经解决或基本解决的,用“A”标明;提案所提问题正在解决或计划解决的,用“B”标明;提案所提问题因受目前条件限制或其他原因只能以后研究的,用“C”标明。复文直接寄送提案者,并抄送市委、市政府督查室和提案委员会。

(二)提案办理工作应当有领导分管,有专人负责,健全制度,严格程序。对涉及两个或两个以上单位会同办理的提案,主办单位应当主动协商,会同办理单位应当积极配合,在交办后2个月内将办理意见函告主办单位,并由主办单位做好意见汇总后再答复提案者;分别办理的提案,由各承办单位分别答复提案者。对涉及提案者所在单位职权范围的提案,应当由上级领导部门或本单位主要领导研究办理。

(三)承办单位应当加强与提案者的联系,积极开展面对面协商,主动征询办理意见,及时沟通情况,共商解决问题的办法,并及时将收到的《征询意见表》分送交办部门和提案委员会。如提案者对办理结果不满意或有其他意见,承办单位要及时分析原因,并在一个月内重新办理。

(四)提案者可以通过提案委员会或直接向承办单位了解有关提案办理情况,及时提出对提案办理的意见,促进提案的落实。在收到承办单位办理复文后,应当在一个月内作出反馈,并将《征询意见表》寄送承办单位。

第二十一条 提案委员会可选择对经济社会发展有重要参考价值、事关党委政府中心工作以及人民群众普遍关注的热点问题,并且对推动工作有重要作用、具有较强可行性的若干提案,报请政协主席会议审议通过后,作为重点提案进行交办。重点提案需报送党委、政府领导阅示,提出办理意见;承办单位要及时研究分析,主要领导要亲自主持重点提案的办理工作,采取召开协商座谈会或专题调研等形式,提高办理实效;答复意见要经集体讨论研究,并经交办部门审核后答复提案者。

第二十二条 做好"四见面"办理提案工作,要根据《政协玉环市委员会"四见面"提案工作规则》,在政协全会期间举行"四见面"提案办理协商会。"四见面"提案办理协商会由市党政领导、政协领导、承办单位(包括主办和协办单位)主要负责人、提案人等四方参加,提案人现场提出意见建议,市党政分管领导以及承办单位主要负责人现场答复,并进行面对面现场协商。"四见面"提案应纳入重点提案办理。提案委员会应在会前及早开展"四见面"提案征集活动,并在会前与有关承办单位认真协商,提前交办。

第六章 提案的督办

第二十三条 提案的督办在政协主席会议领导下,由政协办公室统筹,政协机关各委办分工协作,提案委员会组织实施。

第二十四条 重点提案由政协主席、副主席分工督办。重点提案办理后,要跟踪抓落实。政协各专门委员会、各界别组和联络组亦可根据实际情况,选择若干重要提案进行督办。

第二十五条 提案督办工作可以采用政协组织、提案者、承办单位相结合的协商座谈、实地考察、专题调研等方式,推动办理工作,保证办理质量。对提案中当年不能解决的重要问题,要跟踪办理,促进落实。各民主监督小组要将派驻单位的提案办理情况作为监督的重要内容进行督办。

第二十六条 提案委员会可选择一些重点提案和事关民生的重要提案作为公开办理提案,提请政协主席会议通过后,联合新闻媒体,对提案内容、办理进程及办理结果进行全方位跟踪报道,提高提案办理的透明度和公众参与度。

第二十七条 承办提案10件以上的单位,办结后应及时写出总结,送交市人民政府办公室和提案委员会。

第二十八条 做好提案办理民主评议。提案委员会要组织开展提案办理"回头看"活动,筛选若干个重点提案和提案办理重点单位交政协主席会议协商确定,作为提交政协常务委员会民主评议的对象。政协常务委员会在听取评议对象提案办理工作情况汇报后,从领导重视程度、提案办理面商率、按期办结率、问题解决率、反馈满意率等五个方面，当场评议打分，评议结果当场公布并报送市委、市政府。

第二十九条 提案办理完毕后，提案办事机构应将提案原件、承办单位答复件、提案者反馈意见等有关资料按有关规定立卷、归档。

第三十条 对办理提案认真负责并有显著成绩的承办单位和个人，由政协办公室会同中共玉环市委办公室、市人民政府办公室联合给予表彰。

第七章 好提案的评选与表彰

第三十一条 评选要求：

（一）体现抓大事、议大事原则。内容应紧紧围绕党和国家的大政方针，市委、市政府的中心工作，人民群众普遍关注的热点问题。

（二）内容属实，观点鲜明，重点突出，理由充分，有情况、有分析、有具体建议，易于承办单位操作。

（三）所提建议具有一定的科学性、可行性和前瞻性，对长远规划、宏观决策具有较重要的参考价值；提案被有关单位采纳后，取得了较明显的经济效益或社会效益，对我市经济建设、政治建设、文化建设、社会建设和生态文明建设起到重要的推动作用。

第三十二条 评选件数：

每年度好提案的件数应控制在提案总件数的5%左右。

第三十三条 评选程序：

（一）推荐。各党派、团体以及政协各专门委员会、界别组、联络组和委员个人，可采取推荐、自荐和互荐相结合的办法，按照评选标准，填写《好提案推荐表》，书面推荐材料送交提案委员会。

（二）初选。在推荐的基础上，由提案委员会提出好提案初选方案，件数控制在年度提案总数的10%以内。

（三）审定。由提案委员会报请政协主席会议审议，确定年度好提案。

第三十四条 表彰奖励：

采取精神奖励和物质奖励相结合的办法，对好提案的提案者在政协全体会议上进行通报表彰，并予以奖励。

第八章 附 则

第三十五条 本细则自政协常务委员会会议通过之日起实施。

第三十六条 本细则由提案委员会负责解释。

（玉政协〔2019〕21号）

光 荣 榜

2019 年荣获国家级和国家级条线表彰的先进集体和个人

第三批全国“扫黄打非”进基层示范点 扫黄打非办发〔2019〕8 号

玉环市芦浦镇

第三批全国“扫黄打非”进基层示范标兵

玉环市芦浦镇

2019 年度全国综合减灾示范社区 应急〔2019〕188 号

玉环市坎门街道黄门村

全国巾帼建功先进集体 妇字〔2019〕17 号

国家税务总局玉环市税务局楚门税务所办税服务厅

2017—2018 年度全国青年文明号 中青联发〔2019〕5 号

国家税务总局玉环市税务局纳税服务股

2018 年度工会财务会计工作先进单位 中华全国总工会办公厅

玉环市

第二批节水型社会建设达标县（区） 中华人民共和国水利部公告 2019 年第 14 号

玉环市

第三届司法大数据专题协作研究优秀奖 最高法法办〔2019〕25 号

玉环法院

国家有限电网公司先进班组 网工发〔2019〕6 号

玉环市供电有限公司电力调度控制分中心

2019 年度五星级乡镇供电所 国家电网营销〔2019〕887 号

国网浙江玉环市供电公司楚门供电所

2019 年荣获省委、省政府颁奖的先进集体和个人

浙江省双拥模范城（县） 中共浙江省委、浙江省人民政府、浙江省军区

玉环市

第四批省级生态文明建设示范市、县(市、区) 浙政发〔2019〕26号

玉环市

2018年度全省扫黑除恶专项斗争先进集体和先进个人 浙委发〔2019〕3号

先进集体：

玉环市公安局

先进个人：

徐英法(玉环市司法局)

2019年荣获台州市委、市政府颁奖的先进集体和个人

2018年度全市扫黑除恶专项斗争先进个人 台市委发〔2019〕48号

沈贤忠(玉环市人民法院)

台州市防台抢险救灾先进集体和先进个人 台市委发〔2019〕94号

先进集体：

玉环市应急管理局　　国网浙江玉环市供电有限公司

玉环市沙门镇党委政府

先进个人：

陈青英(玉环市农业农村和水利局)　　赵章国(玉环市市容环卫有限公司)

江海君(玉环市玉城街道办事处)　　李国立(玉环市坎门街道党工委)

林　杭(玉环市大麦屿街道党工委)　　金加树(玉环市楚门镇党委)

钟兴富(玉环市龙溪镇花岩浦村)　　刘建宙(国网浙江玉环市供电有限公司)

荣获玉环市级先进集体和个人

2018年度发展目标责任制考核优秀乡镇(街道)和工作目标责任制考核优秀市级单位等先进集体 玉市委〔2019〕2号

一、2018年度发展目标责任制考核优秀乡镇(街道)和工作目标责任制考核优秀市级单位

优秀乡镇(街道)：

大麦屿街道　　芦浦镇　　清港镇　　干江镇

优秀市级单位(党群类)：

市委组织部　　市委宣传部　　市法院　　市纪委市监委

市委政法委　　市人武部

优秀市级单位(政府类)：

市环保局　　市公安局　　市市场监管局　　市海洋渔业局

市综合行政执法局　市水利局　市农林局　市教育局
市国土局　市卫生计生局　市财政局(国税局)　市交通运输局
市经信局　市投资促进局

二、2018年度市落实党建工作责任制先进单位

大麦屿街道党工委　楚门镇党委　清港镇党委　芦浦镇党委
市传媒中心党委　市教育局党委　市行政服务中心党委　市卫生计生局党委
市综合行政执法局党组　市财政局党委　市流动人口服务管理局党组
市公安局党委

三、2018年度市专项工作办和重点工程指挥部考核优秀单位

专项工作办:

市"五水共治"办　市"三改一拆"办
市消防铁拳办　市小城镇环境综合整治办

重点工程指挥部:

玉环市铁路建设领导小组办公室
温岭泽国至玉环大麦屿疏港公路(玉环段)工程建设指挥部
228国道清港连接线工程推进小组

2018年度巨龙企业等7个先进集体先进个人　玉市委〔2019〕3号

一、巨龙企业(20家)

浙江苏泊尔股份有限公司　浙江双环传动机械股份有限公司
浙江苏强格液压股份有限公司　浙江中捷缝纫科技有限公司
玉环晶科能源有限公司　隆中控股集团股份有限公司
浙江汇丰汽车零部件股份有限公司　浙江正裕工业股份有限公司
琦星智能科技股份有限公司　浙江华龙巨水科技股份有限公司
浙江宇太精工股份有限公司　浙江海德曼智能装备股份有限公司
浙江双友机电集团股份有限公司　玉环锐利机械有限公司
永和流体智控股份有限公司　浙江万得凯流体设备科技股份有限公司
菲时特集团股份有限公司　大昌汽车部件股份有限公司
迈得医疗工业设备股份有限公司　浙江利中汽车底盘件有限公司

二、玉龙企业(100家)

浙江万全机械制造有限公司　玉环普天单向器有限公司
浙江苏尔达洁具有限公司　台州艾迪西盛大暖通科技有限公司
玉环江林水暖管业股份有限公司　台州嘉亨阀门有限公司
玉环津力汽车配件有限公司　浙江天元科技股份有限公司
玉环县建鸿机械制造有限公司　台州易宏实业有限公司
浙江和日摇臂有限公司　玉环凯凌机械集团股份有限公司
台州永安转向器有限公司　浙江卡博铜业有限公司

浙江环方汽车电器有限公司
浙江沪龙科技股份有限公司
台州威孚金属制品有限公司
浙江骆氏减震件股份有限公司
浙江中通汽车零部件有限公司
浙江苏泊尔橡塑制品有限公司
浙江飞挺机械股份有限公司
浙江益新机械股份有限公司
玉环宝捷机械股份有限公司
浙江博民机电股份有限公司
玉环伟明环保能源有限公司
浙江康康医疗器械股份有限公司
浙江世进水控股份有限公司
台州鑫和卫浴器材有限公司
台州奥星纳机械有限公司
浙江强力螺栓股份有限公司
浙江鑫东洁具有限公司
玉环中搏铜业股份有限公司
台州环天科技股份有限公司
玉环江宏机械有限公司
浙江德利众机械制造有限公司
台州丰华铜业有限公司
浙江康华眼镜有限公司
玉环市凯达铜业有限公司
恒祥控股集团台州汽车零部件有限公司
浙江雷安电气有限公司
台州杏诺科技股份有限公司
浙江巨亚机械制造有限公司
浙江鑫溢机械股份有限公司
浙江国昌机械有限公司
浙江巨帆铜业有限公司
浙江普力源铜业有限公司
浙江志高洁具股份有限公司
浙江瑞格铜业有限公司
浙江鸿源金属科技股份有限公司
玉环达丰环保设备有限公司
浙江玉强机械股份有限公司
浙江迈兴机械股份有限公司
玉环县富立达金属有限公司
浙江中兴减震器制造有限公司
浙江旺盛动力机电有限公司
台州和日汽车零部件有限公司
净化控股集团股份有限公司
浙江康意洁具有限公司
浙江金壳药业股份有限公司
浙江工交机械股份有限公司
浙江华达机械有限公司
玉环凯立汽车配件股份有限公司
玉环赛林水暖器材有限公司
浙江华邦机械有限公司
浙江奥缔机械股份有限公司
玉环三星机械制造股份有限公司
浙江达柏林阀门有限公司
浙江震环数控机床股份有限公司
台州扬帆铜业股份有限公司
玉环市环宇光学仪器股份有限公司
浙江滨海汽车零部件股份有限公司
玉环市球阀总厂有限公司
玉环市海鸥阀门股份有限公司
玉环县龙溪美诺阀门厂
浙江嘉禾汽车部件股份有限公司
浙江振华精锻齿轮股份有限公司
浙江金博流体控制股份有限公司
玉环轩迪德孚转向系统有限公司
玉环天润航空机械制造有限公司
浙江金辉机械有限公司
台州强力汽车配件有限公司
浙江涛源铜业有限公司
玉环涌高数控机床厂
台州兴隆传动股份有限公司
浙江海荣机械有限公司
三木控股集团有限公司

浙江大群包装有限公司
玉环恒达阀门厂
玉环帕茨液压股份有限公司
玉环汽车配件实业有限公司
台州宏鑫曲轴有限公司
浙江正奥汽配有限公司
浙江昌亨机械有限公司
浙江柏思达齿轮股份有限公司
浙江强能胜动力股份有限公司
浙江永德信科技有限公司
台州芮迪阀门股份有限公司
台州吉优汽车部件有限公司
台州康龙医疗科技股份有限公司
玉环千巨铜业有限公司

三、潜龙企业(100家)

玉环市五丰蒸干脱脂鱼粉厂
台州筠岗铜业股份有限公司
浙江巨龙流体智控股份有限公司
台州恒基汽车零部件有限公司
浙江国林机械股份有限公司
浙江佳诺混凝土股份有限公司
玉环信得利阀业股份有限公司
玉环市双友铜业有限公司
玉环博行机械有限公司
浙江福尔加机械有限公司
浙江恒捷铜业股份有限公司
玉环市佳宇阀门股份有限公司
玉环市秉坤机械股份有限公司
台州海源洁具股份有限公司
浙江鑫帆暖通智控股份有限公司
台州宏利汽车零部件有限公司
浙江赛特机械股份有限公司
台州华强眼镜有限公司
浙江华诺医药包装有限公司
玉环市春晖车桥股份有限公司
玉环苗艺阀门制造有限公司
浙江耐史特汽车零部件有限公司
浙江雄鹏机械股份有限公司
浙江贝亚特新材料股份有限公司
玉环盛大汽摩部件工业有限公司
浙江德众汽车零部件制造有限公司
玉环联景金属铸造有限公司
玉环仪表机床制造厂
台州新三和卫浴股份有限公司
台州永裕工业有限公司
浙江环日洁具有限公司
浙江精恒铜业股份有限公司
浙江红箭橡塑股份有限公司
玉环聚丰汽车零部件制造有限公司
塔罗斯控股有限公司
浙江宏倍斯智能科技股份有限公司
浙江方向汽车零部件股份有限公司
台州巨力工具股份有限公司
台州嘉德锻造有限公司
玉环朗格阀门有限公司
玉环市中良流体智控股份有限公司
玉环创兴混凝土有限公司
台州动力机部件股份有限公司
浙江班尼戈中捷管业有限公司
台州通源电器股份有限公司
台州金泉铜业股份有限公司
玉环县祥利机动车配件有限公司
台州申琥洁具股份有限公司
玉环县迅发锻件厂
浙江凌宇机械股份有限公司
浙江金源铜业制造有限公司
浙江他山流体控制科技有限公司
浙江宝琦智能科技股份有限公司
浙江云达流体智控股份有限公司
浙江欧宜风家具有限公司
台州澳利捷洁具股份有限公司

浙江万邦汽车动力系统股份有限公司
浙江双正科技股份有限公司
浙江凯博特种合金有限公司
台州达宝水暖器材有限公司
浙江正德制动器有限公司
玉环拓鹏金属制品有限公司
浙江利水科技股份有限公司
台州金纳车桥有限公司
浙江澳川液压器材股份有限公司
玉环巨鑫机械有限公司
台州丰晨阀门有限公司
台州瑞祺工具股份有限公司
浙江七熙卫浴有限公司
台州天华塑业机械有限公司
台州欣涯洁具有限公司
浙江三盛阀门机械股份有限公司
台州颖发阀门有限公司
玉环市超川金属型材有限公司
浙江云德洁具股份有限公司
玉环迪奥机械制造有限公司
台州同盛铜业有限公司
浙江凯名瑞汽车部件有限公司
浙江童氏汽车部件股份有限公司
玉环佳诺水暖洁具有限公司
台州盛鹏动力有限公司
玉环汇高流体控制股份有限公司
浙江卡洛特水暖器材制造有限公司
浙江中本机械股份有限公司
玉环力恒动力机械有限公司
浙江海昌药业股份有限公司
玉环市美博铜业有限公司
玉环县鑫庄电子有限公司
玉环康宁医药包装有限公司
玉环迅琪阀门制造有限公司
浙江昌飞流体智控有限公司
玉环县金龙欧浴洁具有限公司
浙江兴岛机械股份有限公司
玉环县天利铜业有限公司
浙江双源合金铸造有限公司
玉环大地铜业股份有限公司
台州钻煌汽车零部件股份有限公司
台州富利达五金制品有限公司
台州展兴机械股份有限公司
浙江宏达眼镜有限公司

四、功勋企业家(20名)

胡　坚(浙江苏泊尔股份有限公司)
吴长鸿(浙江双环传动机械股份有限公司)
苏宗义(浙江苏强格液压股份有限公司)
李瑞元(浙江中捷缝纫科技有限公司)
李仙德(玉环晶科能源有限公司)
陈绪丰(隆中控股集团股份有限公司)
董服友(浙江汇丰汽车零部件股份有限公司)
郑念辉(浙江正裕工业股份有限公司)
林子春(琦星智能科技股份有限公司)
郑正叶(浙江华龙巨水科技股份有限公司)
姚必武(浙江宇太精工股份有限公司)
高长泉(浙江海德曼智能装备股份有限公司)
苏艳萍(浙江双友机电集团股份有限公司)
陈守忠(玉环锐利机械有限公司)
应雪青(永和流体智控股份有限公司)
钟兴富(浙江万得凯流体设备科技股份有限公司)
陈建新(菲时特集团股份有限公司)
潘松辉(大昌汽车部件股份有限公司)
林军华(迈得医疗工业设备股份有限公司)
姜胜利(浙江利中汽车底盘件有限公司)

五、精英企业家(100名)

吴丹平(浙江万全机械制造有限公司)
黄文达(玉环普天单向器有限公司)

苏光尧(浙江苏尔达洁具有限公司)
江长友(玉环江林水暖管业股份有限公司)
江松琴(玉环津力汽车配件有限公司)
李川建(玉环县建鸿机械制造有限公司)
陈爱和(浙江和日摇臂有限公司)
李孙建(台州永安转向器有限公司)
庄道芳(浙江环方汽车电器有限公司)
朱义潜(浙江沪龙科技股份有限公司)
林存德(台州威孚金属制品有限公司)
骆联盟(浙江骆氏减震件股份有限公司)
赵秀东(浙江中通汽车零部件有限公司)
林　盛(浙江苏泊尔橡塑制品有限公司)
徐敬和(浙江飞挺机械股份有限公司)
王小红(浙江益新机械股份有限公司)
林志斌(玉环宝捷机械股份有限公司)
梁治初(浙江博民机电股份有限公司)
项光明(玉环伟明环保能源有限公司)
许奇勇(浙江康康医疗器械股份有限公司)
林岳华(浙江世进水控股份有限公司)
金曦光(台州鑫和卫浴器材有限公司)
梁世海(台州奥星纳机械有限公司)
周彩丽(浙江强力螺栓股份有限公司)
傅清于(浙江鑫东洁具有限公司)
胡士良(玉环中搏铜业股份有限公司)
黄正继(台州环天科技股份有限公司)
陈俊斌(玉环江宏机械有限公司)
刘根燕(浙江德利众机械制造有限公司)
苏明烨(台州丰华铜业有限公司)
高克胡(浙江康华眼镜有限公司)
吴　彬(玉环市凯达铜业有限公司)
李家德(台州艾迪西盛大暖通科技有限公司)
徐宝敏(台州嘉亨阀门有限公司)
郑小平(浙江天元科技股份有限公司)
陈秀平(台州易宏实业有限公司)
叶文英(玉环凯凌机械集团股份有限公司)
蒋柏青(浙江卡博铜业有限公司)
叶尚云(浙江玉强机械股份有限公司)
杨飞权(浙江迈兴机械股份有限公司)
颜立云(玉环县富立达金属有限公司)
李孙琴(浙江中兴减震器制造有限公司)
潘贤顺(浙江旺盛动力机电有限公司)
陈小胜(台州和日汽车零部件有限公司)
沈传明(净化控股集团股份有限公司)
应国平(浙江康意洁具有限公司)
林荣业(浙江金壳药业股份有限公司)
林雪泉(浙江工交机械股份有限公司)
苏为兵(浙江华达机械有限公司)
陈坤龙(玉环凯立汽车配件股份有限公司)
陈米林(玉环赛林水暖器材有限公司)
颜邦寿(浙江华邦机械有限公司)
黄美长(浙江奥缔机械股份有限公司)
施　力(玉环三星机械制造股份有限公司)
林海林(浙江达柏林阀门有限公司)
林敏夏(浙江震环数控机床股份有限公司)
薛斌斌(台州扬帆铜业股份有限公司)
林松国(玉环市环宇光学仪器股份有限公司)
王　宇(浙江滨海汽车零部件股份有限公司)
叶建新(玉环市球阀总厂有限公司)
张天增(玉环市海鸥阀门股份有限公司)
邵琼剑(玉环县龙溪美诺阀门厂)
李祥木(恒祥控股集团台州汽车零部件有限公司)
李上龙(浙江嘉禾汽车部件股份有限公司)
詹加旺(浙江振华精锻齿轮股份有限公司)
苏林峰(浙江金博流体控制股份有限公司)
张永泉(玉环轩迪德孚转向系统有限公司)
林相平(玉环天润航空机械制造有限公司)
张云根(浙江雷安电气有限公司)
邬仁德(台州杏诺科技股份有限公司)
姚祖顺(浙江巨亚机械制造有限公司)
郑庆平(浙江鑫溢机械股份有限公司)
黄志昌(浙江国昌机械有限公司)

郭健辉（浙江金辉机械有限公司）
潘辉强（台州强力汽车配件有限公司）
张　彪（浙江涛源铜业有限公司）
陆永强（玉环涌高数控机床厂）
陈岿然（台州兴隆传动股份有限公司）
曾德显（浙江海荣机械有限公司）
林夏森（三木控股集团有限公司）
蒋美素（浙江柏思达齿轮股份有限公司）
叶彩娇（浙江强能胜动力股份有限公司）
彭汉平（浙江永德信科技有限公司）
郑霜君（台州芮迪阀门股份有限公司）
黄海珠（台州吉优汽车部件有限公司）
林太方（台州康龙医疗科技股份有限公司）
林其荣（玉环千巨铜业有限公司）
吴万荣（浙江巨帆铜业有限公司）
黄春斌（浙江普力源铜业有限公司）
颜洪波（浙江志高洁具股份有限公司）
李振坤（浙江瑞格铜业有限公司）
张冬生（浙江鸿源金属科技股份有限公司）
陈礼平（玉环达丰环保设备有限公司）
余小明（浙江大群包装有限公司）
徐宝力（玉环恒达阀门厂）
许方其（玉环帕茨液压股份有限公司）
高克火（玉环汽车配件实业有限公司）
王兴钱（台州宏鑫曲轴有限公司）
王仁锦（浙江正奥汽配有限公司）
黄　霖（浙江昌亨机械有限公司）

六、新锐企业家（99名）

许剑彬（玉环市五丰蒸干脱脂鱼粉厂）
耿礼恒（台州筠岗铜业股份有限公司）
瞿岳鸣（浙江巨龙流体智控股份有限公司）
陈国亮（台州恒基汽车零部件有限公司）
郑正贵（浙江国林机械股份有限公司）
张世福（浙江佳诺混凝土股份有限公司）
郭礼田（玉环信得利阀业股份有限公司）
孔万生（玉环市双友铜业有限公司）
刘学轮（玉环博行机械有限公司）
赵加文（浙江福尔加机械有限公司）
王高献（浙江恒捷铜业股份有限公司）
戈伟峰（玉环市佳宇阀门股份有限公司）
林萍芝（玉环市秉坤机械股份有限公司）
洪方波（台州海源洁具股份有限公司）
蒋灵会（浙江鑫帆暖通智控股份有限公司）
李秀蓉（台州宏利汽车零部件有限公司）
汪善通（台州通源电器股份有限公司）
金兵飞（台州金泉铜业股份有限公司）
林爱亮（玉环县祥利机动车配件有限公司）
郑文良（台州申琥洁具股份有限公司）
吕道福（玉环县迅发锻件厂）
李云贵（台州新三和卫浴股份有限公司）
郑志新（台州永裕工业有限公司）
梅法律（浙江环日洁具有限公司）
许高德（浙江精恒铜业股份有限公司）
许容毅（浙江红箭橡塑股份有限公司）
郑　杰（玉环聚丰汽车零部件制造有限公司）
邱迪林（塔罗斯控股有限公司）
郑秀华（浙江宏倍斯智能科技股份有限公司）
林振毅（浙江方向汽车零部件股份有限公司）
张银根（台州巨力工具股份有限公司）
郭娇尔卿（台州嘉德锻造有限公司）
屠其祥（玉环朗格阀门有限公司）
蔡善良（玉环市中良流体智控股份有限公司）
董必珠（玉环创兴混凝土有限公司）
董诚世（台州动力机部件股份有限公司）
董西宛（浙江赛特机械股份有限公司）
黄品强（台州华强眼镜有限公司）
刘新波（浙江华诺医药包装有限公司）
郑才木（玉环市春晖车桥股份有限公司）
章钢锋（玉环苗艺阀门制造有限公司）
董小忠（浙江耐史特汽车零部件有限公司）

蔡济宇(浙江凌宇机械股份有限公司)
余　峰(浙江金源铜业制造有限公司)
盛万聪(浙江他山流体控制科技有限公司)
许道火(浙江宝琦智能科技股份有限公司)
郑海云(浙江云达流体智控股份有限公司)
林　章(浙江欧宜风家具有限公司)
孙万刚(台州澳利捷洁具股份有限公司)
陈云法(浙江双正科技股份有限公司)
张增夫(台州达宝水暖器材有限公司)
颜可平(玉环拓鹏金属制品有限公司)
梁世恭(台州金纳车桥有限公司)
葛忠英(玉环巨鑫机械有限公司)
黄金国(台州瑞祺工具股份有限公司)
郑可金(台州天华塑业机械有限公司)
孔祥智(浙江三盛阀门机械股份有限公司)
何雪眉(玉环市超川金属型材有限公司)
曾勇强(玉环迪奥机械制造有限公司)
周建国(浙江凯名瑞汽车部件有限公司)
庄根清(玉环佳诺水暖洁具有限公司)
李灵军(玉环汇高流体控制股份有限公司)
高　喜(浙江中本机械股份有限公司)
曾春辉(浙江海昌药业股份有限公司)
金增龙(玉环县鑫庄电子有限公司)
陈招德(玉环迅琪阀门制造有限公司)
潘招凤(玉环县金龙欧浴洁具有限公司)
潘必波(玉环县天利铜业有限公司)
王达国(玉环大地铜业股份有限公司)
陈苏云(台州富利达五金制品有限公司)
洪杨金(浙江宏达眼镜有限公司)
颜宣伟(浙江雄鹏机械股份有限公司)
吴香连(浙江贝亚特新材料股份有限公司)
郭畏士(玉环盛大汽摩部件工业有限公司)
谢敦峰(浙江德众汽车零部件制造有限公司)
章才夫(玉环联景金属铸造有限公司)
林宗升(玉环仪表机床制造厂)
陈春木(浙江万邦汽车动力系统股份有限公司)
章根贵(浙江凯博特种合金有限公司)
骆　欢(浙江正德制动器有限公司)
许良坤(浙江利水科技股份有限公司)
刘至安(浙江澳川液压器材股份有限公司)
郑金标(台州丰晨阀门有限公司)
叶舟文(浙江七熙卫浴有限公司)
陈先祥(台州欣涯洁具有限公司)
林法清(台州颖发阀门有限公司)
郭爱芬(浙江云德洁具股份有限公司)
詹　征(台州同盛铜业有限公司)
童服仁(浙江童氏汽车部件股份有限公司)
叶玉叶(台州盛鹏动力有限公司)
潘安阳(浙江卡洛特水暖器材制造有限公司)
陈永生(玉环力恒动力机械有限公司)
冯奎红(玉环市美博铜业有限公司)
林界杰(玉环康宁医药包装有限公司)
屠建皓(浙江昌飞流体智控有限公司)
董服德(浙江兴岛机械股份有限公司)
陈兆云(浙江双源合金铸造有限公司)
郑通剑(台州钻煌汽车零部件股份有限公司)
徐敬平(台州展兴机械股份有限公司)

七、自营出口 20 强企业(20 家)

浙江苏泊尔股份有限公司
浙江华龙巨水科技股份有限公司
永和流体智控股份有限公司
浙江双环传动机械股份有限公司
浙江利中汽车底盘件有限公司
浙江苏尔达洁具有限公司
浙江正裕工业股份有限公司
浙江万得凯流体设备科技股份有限公司
浙江中捷缝纫科技有限公司
玉环江林水暖管业股份有限公司
浙江双友物流器械股份有限公司
菲时特集团股份有限公司

玉环晶科能源有限公司
玉环津力汽车配件有限公司
玉环锐利机械有限公司
浙江安弘水暖器材有限公司
浙江中兴减震器制造有限公司
台州艾迪西盛大暖通科技有限公司
浙江博民机电股份有限公司
台州永安转向器有限公司

给予冯光龙等60名公务员记三等功、胡楚峰等393名公务员嘉奖奖励　　玉市委〔2019〕5号

玉环市公务员记三等功人员名单(共60名)

市人大机关:冯光龙　邢文彬

市府办:陈财斌

市纪委市监委:林长奇　黄艳琳

市委组织部:刘欲忠　苏金芳

市委宣传部:罗利君

市法院:黄　赑

市检察院:林维国　张红艳　林　洁

市发改局:郑　伦　胡筱怡

市公安局:叶坚勇　江克强　孔德骏　郑　一　杨振亮　陈　国　杨舜辉　郑　挺　黄　岱　林永贵　罗　超　翁旺云　夏高峰

市司法局:张　勤　吴慧明

市财政局:姜仁武　周　剑　林　峰

市自然资源规划局:陈华红

市文广旅体局:喻　丹

市卫生健康局:王必胜

市应急管理局:王华辉

市市场监管局:林定春　陈静波　陈　超　颜冠冠　姚必镜　郑加彬

市综合行政执法局:陈绪统　卢玲芳　林明义

市港航口岸渔业局:骆　勇

玉环生态环境分局:庄雄平

市机关事务局:施琛国

市总工会:阮　勇

团市委:龚　觅

坎门街道:支秉团　林晓婷

大麦屿街道:陈礼平　王海燕

清港镇:王萍晓

芦浦镇:张杨顺　郑茂斌

干江镇:罗永柏

龙溪镇:陈　雅

海山乡:钱舒静

玉环市2018年度公务员嘉奖人员名单(共393名)

市委办:胡楚峰　陈长有　罗永明　董西国　张忠法

市人大机关:余贤平　高丹雅

市府办:詹福章　赵陈焕　杨婷婷

市政协机关:陈宗良　张美英

市纪委市监委:黄友剑　周红宇　钟华峰　仇德志　赵木宝　蔡凌奇　吕圣锋　杨春建　林　希　周银燕　李婉平　潘剑锋　洪克利　金维业

市委组织部:金碧辉　孙敏玲　陈贤光　陈加增　李丹萍　曾碧伟

市委宣传部:许　环　张爱林

市委统战部:王正平　郑　真

市委政法委:林世灵　曹敏刚　耿传哲

市委编办:陈岩友　鲁志斌

市信访局:龚时波　林建波

市委市政府政研室:王建龙　罗　剑

市委党校:盛性毅

市法院:丁宗勉　丁美君　林月莹　林新艇　赵　奎　应雨轩　洪　晖　陈林泽　姚文超　应一豪　张绍华　蔡亚妮　张　辉

市检察院:周雅峰　张毓建　张斌纷　林　森　黄佳婉　陈　洁　陈国勇

市发改局:王志胜　余旭明　吴　丹　曾海鹏

市经信局:金富盛　梁永弟　庞天茂　陈俏利　管慧伟

市教育局:陈海鸣　梁永红

市科技局:颜道明　陈国文

市公安局:毛冬明　龚益通　方强国　罗俊杰　高秋玉　董陈友　王永军　吴金良　袁丽敏　周文烨　杨爱娥　黄其辉　钟慧娜　张　皓　王伟兵　郑　毅　魏如丰　徐昭瑜　阙呈松　林正苗　陈　伟(1988.10)　吴连军　张恩卫　张新国　冯　龙　刘小勇　金　成　应　群　王　辉(1984.05)　陈岩定　高　瀚　王海林　冯　城　陈　斌　张　阳　郭传钦　耿礼慧　黄世平　许成森　褚　静　李　华　钟坚清　陈光宇　陈通亮　徐中阳　杜国庆　叶　飞　陈江军　王勤杰　潘斌杰　吴恩良　陶　颂　陆世平　鲍成江　黄继钿　苏　咏　金　鑫　刘燕华　翁家强　张前德　邱猗龙　张颖剑　赵美萍　鲍红勇　章威威　王　琛　颜兴旺　陈岩宏　张学勤　王　磊　杨国正　郑爱珠

市民政局:张锦芳

市司法局:郑　春　高碧雯　王建平　颜通利　梁美法

市财政局:林仁斌　黄岩聪　胡再达　毛英姿　郭小平　南忠标　陈坚烽　黄　枫　董华炳　林　苹　叶春政　董雁声

市人力社保局：潘立志　王　环　李　白　李尚进　陈小春　陈丽燕　林菊芳
罗　将　罗　娜　郑赛萍　蔡其方
市自然资源规划局：蔡其方　王忆宁　罗飞民　汪扬琪　瞿斌峰　苏李娜　朱青华
杨　铭　黄　静　施招鸿　潘　巍
市住建局：赵晓华　胡正生
市交通运输局：王庆飞　林定保
市农业农村水利局：王海滨　李向阳　吕招威　郑元荣　高丛林　陈　孺　沈　宏
苏为团　狄潮志
市商务局：李振宇　李　敬
市文广旅体局：毛　玮　李敏杰
市卫生健康局：林金玉　周高品　江贻戍　黄蕾茜　王　晓　张　颖　王爱菊
市退役军人事务局：戴金勇　林义福
市应急管理局：曾志斌　袁　勇　王松义　黄　艳　陈舒情
市审计局：陈宝福
市市场监管局：金启光　周　勇　杨景普　苏文辉　鲍卫斌　张雪琼　周耀华　郑燮滨
李振波　何海荣　王成春　杨夏燕　应朝鹏　尚定国　颜晨昀　陈佳妮
叶智勇　许旭阳　许伶俐　黄丹华　李　华　陈　斌　陈晓伟　王　皓
蔡剑莉　蒋　鹏　江春菊　王琼宇
市统计局：史炜荣　孔招霖　黄海青　周　颖
市医疗保障局：郑达忠　陈　敏　吴云东　张文平
市综合行政执法局：许亚栎　陈德明　杨治兵　黄灵莉　陈伟峰　查泽刚　朱梦薇　周智龙
赵金国　张文传　姚慧洁　滕　晖　潘胜燕　吕　华
市港航口岸渔业局：林雪峰　朱晓初　吕文勇　张　军　杨寿娇　张国庆　金士国　林忠东
郑定杰　金晓波　林　哲　骆　忠　郭永伟　章晓明　程生平
玉环生态环境分局：董国法　朱良根　郭　健
玉环经济开发区：舒　欢　林春平
市经合办：王　伟　林凤娣　林方平
市体育局：李潘仁　苏为龙
市行政服务中心：卓桂娥　梁世伟
市旅游局：颜通富　汪　峰　李苑茜
市金融办：蔡国庆　陶　梓
市机关事务局：林建荣　杨林敏　林　军
市供销联社：叶潇蔚
市公积金中心：洪玲凤
市总工会：金　巍
市残联：林荣伟

玉城街道:蒋祖美 江海君 黄德波 曾柳叶 王佩玉 李 洋 李国强 张 强 林江南 庞光法 郭 靖

坎门街道:黄祥春 郑青波 王海平 邱 兵 耿传辉 郭雯雯 董必强 潘瑶强

大麦屿街道:林楚法 王建新 叶长林 陈剑峰 叶锡芳 李容丽 金启郎 侯溪羽 姚峰宝 徐时进 高 雪 蒋 伟

楚门镇:金加树 许海亮 应金法 陈熙倩 王 勇 金士平 林彬彬 王红波 王林方 王天国 吴 昊

清港镇:胡再雷 郑圣克 陈 舒 韩聪斌 王 华 吴小焕 吴仁伟 陈 立 季 琼 徐根法 颜 彬

芦浦镇:赵梅英 潘寿力 潘龙浙 许 默 蒋含瑜 王腾尉

干江镇:吕德胜 陈 强 项光旭 丁春雷 陆海玲 王辉国 黄 鹏 韩芝琪

沙门镇:谢文瑶 谢锡平 林素华 黄惠君 林荣升

龙溪镇:林列霞 张维彪 张西金 赵永君

鸡山乡:李 鹏 叶圣峰 张晓东

海山乡:许婷婷 洪 浩

2018年度市管干部考核优秀等次人员名单 玉市委发〔2019〕19号

名单如下(共133人,按姓氏笔画为序):

丁春雷 王 伟 王 华(清港镇) 王 勇 王正平 王必胜 王庆飞 王志胜
王建龙 王建新 王海滨 王海燕 支秉团 毛冬明 仇德志 方强国 叶长林
史炜荣 冯光龙 邢文彬 吕招威 吕德胜 朱晓初 庄雄平 刘欲忠 江海君
许 环 许 敏 许 默 许亚栎 许海亮 许婷婷 阮 勇 孙敏玲 李 鹏
李卫国 李向阳 李振宇 李晓勇 李潘仁 杨婷婷 余旭明 余贤平 应金法
张西金 张杨顺 张美英 张维彪 陆海玲 陈 舒 陈 强(干江镇) 陈长有
陈礼平 陈岩友 陈宗良 陈剑峰 陈海鸣 陈绪统 陈熙倩 陈德明 林长奇
林仁斌 林凤娣 林世灵 林列霞 林金玉 林定保 林建荣 林春平 林荣伟
林素华 林雪峰 林楚法 卓玉宝 卓桂娥 罗 剑 罗永明 罗永柏 罗利君
罗俊杰 金加树 金启光 金富盛 金碧辉 周 勇(市市场监管局) 周红宇
郑元荣 郑圣克 郑达忠 郑青岳 郑青波 项光旭 赵木宝 赵陈焕 赵晓华
赵梅英 胡正生 胡再雷 胡楚峰 钟华峰 姜仁武 洪 浩 袁 勇 倪青法
黄友剑 黄祥春 黄德波 曹敏刚 龚 觅 龚时波 龚益通 盛性毅 梁永红
梁永弟 董国法 蒋含瑜 蒋祖美 韩聪斌 舒 欢 曾志斌 曾柳叶 游世先
谢文瑶 谢锡平 詹福章 蔡国庆 蔡凌奇 颜通富 颜道明 潘龙浙 潘立志
潘寿力 戴金勇

2018年度玉环市级文明单位、文明村(社区) 玉市委发〔2019〕20号

一、市级文明单位(14个)

团市委 市残联

市城建集团
市交投集团
农发银行玉环支行
玉环永兴村镇银行
华夏银行玉环支行
绍兴银行玉环支行
市食药检测中心
市市场监管局龙溪所
市外国语学校
城北学校
坎门里黄小学
芦浦道头小学

二、市级文明村(社区)(46个)

玉城街道:塘里村、环礁村、城东村、西青塘村、环峰村、九山村、三水村、玉兴村、双港社区

大麦屿街道:福源村、高升村、外叶村、杨家村、十五亩村、环海村、里墩村、普南村、下青塘村、新塘村、庆澜社区

楚门镇:东兴岙村、前排村、小王村、三联村、南浦社区、北渚社区、湖滨社区

清港镇:清华村、荣幸村、礁西村、王家村、坦浦村、扫帚山村、徐斗村、上湫村、下湫村、盐业村

干江镇:双兴村、滨海村、下礁门村

龙溪镇:龙兴村、小密溪村、小山外村、邱岭村、梅岙村

海山乡:横床村

防台抢险救灾先进集体和先进个人 玉市委发〔2019〕42号

一、先进集体(36家,排名不分先后)

市应急管理局
市传媒中心
市民兵应急连
新城派出所
市地质矿产办公室
市市政园林管理处
市公路事务中心
市水务集团
市人民医院健共体集团大麦屿分院
市消防救援大队
市综合行政执法大队玉城中队
市港航口岸渔业局
市旅游集团
市气象局
市供电公司清港供电所
市宏盛电气安装有限公司
市海韵救援队
市红豹救援队
市阳光救援队
玉城街道南门社区
玉城街道城东村
坎门街道红旗社区
坎门街道海港社区
大麦屿街道双峰社区
大麦屿街道大麦屿社区
楚门镇湖滨社区
楚门镇蒲田村
清港镇樟岙村
清港镇凡海村
芦浦镇井头村
干江镇上栈头村
沙门镇双斗村
沙门镇白岭下村
龙溪镇梅岙村
鸡山乡后岙村
海山乡海山村

二、先进个人(84名,排名不分先后)

柳国舜(市委办)
赵陈焕(市府办)
叶荣勇(市纪委、市监委机关)
孙敏玲(市委组织部)
苏婷婷(市委宣传部)
金华强(市传媒中心)
姚　建(市委统战部)
王小明(市人武部)
王佩玉(市人武部)
江彬彬(市民兵应急连)
刘文清(市经信局)
李　冰(市教育局)
郑　翼(市公安局)
蔡　耀(市公安局)
鲍晨炜(市公安局)
郑孝情(市交警大队)
陈宝明(市民政局)
陈志强(市自然资源规划局)
蔡英英(市住建局)
郑彬勇(市交通运输局)
谢　冰(市农业农村水利局)
吕华杰(市商务局)
李先武(市文广旅体局)
陈　斌(市卫生健康局)
王松义(市应急管理局)
冯　鲁(市消防救援大队)
董巍巍(市综合行政执法局)
林雪峰(市港航口岸渔业局)
汪　峰(市旅游事业发展中心)
黄　伟(市港航事业发展中心)
周庆法(市城建集团)
孙建胜(市水务集团)
马明杰(市税务局)
林智顺(玉环海事处)
徐　伟(市气象局)
泮剑锋(市供电公司)
薛良平(市供电公司)
黄国强(市电信局)
张杰际(市移动公司)
金相熹(市联通公司)
曹旺旺(市武警中队)
颜通华(市防指办)
倪瑞景(市海韵救援队)
林祥标(市红豹救援队)
陈炫憬(市阳光救援队)
韩　蕊(玉城街道)
卢寅宾(玉城街道)
王　城(玉城街道)
陈祥胤(玉城街道)
耿传辉(坎门街道)
陈明春(坎门街道)
李俊杰(坎门街道)
郑小建(坎门街道)
张全君(大麦屿街道)
陆旭峰(大麦屿街道)
郑廷银(大麦屿街道)
黄贤文(大麦屿街道)
刘定洋(楚门镇)
金士平(楚门镇)
李良富(楚门镇)
章承霖(楚门镇)
阮小秋(清港镇)
颜　彬(清港镇)
李灵峰(清港镇)
潘国华(清港镇)
池荣华(芦浦镇)
颜才定(芦浦镇)
吴巍峰(芦浦镇)
周伟刚(干江镇)
黄　鹏(干江镇)

叶希旺(干江镇)　　钱显贵(沙门镇)
冯跃华(沙门镇)　　李儒波(沙门镇)
陈世友(沙门镇)　　余洪德(龙溪镇)
郭合斌(龙溪镇)　　李长华(龙溪镇)
尤先福(鸡山乡)　　王相义(鸡山乡)
洪　浩(海山乡)　　潘冬竹(海山乡)
张治军(玉环经济开发区)　　李　斌(玉环经济开发区)

市十六届人大二次会议好议案　　玉人大〔2019〕5号

一等奖:

1.黄有强等12名代表提出的《关于提高供水能力,保障供水安全的议案》(第162001号)

2.蔡赋祥等15名代表提出的《关于加大村级小微企业集中点建设力度的议案》(第162024号)

3.黄祥林等10名代表提出的《关于加快新民小区建设,解决外来务工人员居住难的议案》(第162002号)

二等奖:

1.王文龙等19名代表提出的《关于解决玉环交通“内不畅”问题的议案》(第162003号)

2.庄　武等15名代表提出的《关于进一步加大综合医改力度,夯实医疗卫生振兴基础的议案》(第162004号)

3.蒋兴枝等11名代表提出的《关于加快垃圾终端处理设施建设,推进垃圾分类处理的议案》(第162063号)

4.吴秀宝等11名代表提出的《关于加快玉环境内高速、高铁、省道沿线美化规划衔接的议案》(第162009号)

5.高凌云等11名代表提出的《关于进一步加强政府投资项目管理的议案》(第162011号)

6.余贤平等11名代表提出的《关于深化丧葬礼俗改革的议案》(第162205号)

三等奖:

1.钟兴富等11名代表提出的《关于要求加大扶持村级集体经济的议案》(第162117号)

2.林长平等12名代表提出的《关于进一步加强工业园区(点)建设管理的议案》(第162006号)

3.林仁兵等12名代表提出的《关于完善村级留用地管理制度的议案》(第162106号)

4.洪建辉等13名代表提出的《关于加强对老年保健药品监管的议案》(第162029号)

5.张佑盛等16名代表提出的《关于进一步加强我市流动人口服务管理工作的议案》(第162195号)

6.陈新华等12名代表提出的《关于持续深化治理校外辅导机构的议案》(第162160号)

2018年度履职优秀代表　　玉人大〔2019〕6号

玉城:王文龙、叶道青、江德明、黄优春

坎门:庄爱长、金妙苗、郭健辉

大麦屿:杨宗福、姜文元

楚门:王体国、蔡赋祥

清港:蒋兴枝、颜灵君

芦浦海山:吴乃法

干江鸡山:吴法林

沙门龙溪:张万友、黄贤春

2018年度先进人大代表联络站　　玉人大〔2019〕7号

楚门镇人大代表联络站　　大麦屿街道人大代表联络站

玉城街道人大代表联络站　　坎门街道人大代表联络站

清港镇人大代表联络站　　干江镇人大代表联络站

2018年度玉环市政府质量奖获奖企业　　玉政发〔2019〕6号

2018年度玉环市政府质量奖(有效期为2018—2022年)

浙江中捷缝纫科技有限公司　　浙江环方汽车电器有限公司

浙江永德信科技有限公司　　浙江瑞格铜业有限公司

浙江博民机电股份有限公司

通过2014年度玉环县政府质量奖复评,转为玉环市政府质量奖(有效期为2018—2022年)

浙江利中实业有限公司　　迈得医疗工业设备股份有限公司

琦星智能科技股份有限公司　　台州易宏实业有限公司

浙江正裕工业股份有限公司

台州艾迪西流体控制股份有限公司于2017年度获得的玉环市政府质量奖,转移给下属子公司、玉环实际生产企业——台州艾迪西盛大暖通科技有限公司(有效期为2018—2022年)。

2018年度市满意银行和金融业先进个人　　玉政发〔2019〕10号

一、市满意银行(6家)

玉环农村商业银行　　中国建设银行玉环支行

中国银行玉环支行　　浙江玉环永兴村镇银行

台州银行玉环支行　　浙江民泰商业银行台州玉环支行

二、市金融业先进个人(6名)

陈庆华(玉环农村商业银行)　　叶文强(中国建设银行玉环支行)

柳敏淑(中国银行玉环支行)　　苏光先(浙江玉环永兴村镇银行)

解金福(台州银行玉环支行)　　陈小平(浙江民泰商业银行台州玉环支行)

玉环市2019年教育教学质量贡献奖　　玉政发〔2019〕13号

一、2019年高考工作卓越奖

玉环中学

二、2019年高考工作优秀奖

楚门中学　　玉城中学

市教育局教研室

三、2019年中考工作优质奖

楚门第一初级中学　　坎门第一初级中学

双语学校　　沙门初级中学

陈屿中学　　市教育局教研室

四、2019年中考工作均衡奖

城关第一初级中学　　实验学校

清港初级中学　　干江初级中学

城北学校　　坎门第二初级中学

五、春蚕奖(十佳校长)

应崇恩(玉环中学)　　柯友良(楚门中学)

陈献忠(玉城中学)　　胡永兵(城关第一初级中学)

张明行(城北学校)　　杨学群(坎门第一初级中学)

张　灵(楚门第一初级中学)　　梁世荣(城关实验小学)

陈世强(陈屿普青小学)　　汪士聪(清港中心小学)

六、春蚕奖(十佳班主任)

梁辉根(玉环中学)　　董余钗(玉环中学)

殷兴福(玉城中学)　　沈晓红(城关第一初级中学)

卓淑芬(坎门第一初级中学)　　陈　晓(实验学校)

孙英君(环山小学)　　李晓卿(城关中心小学)

庄飞鸾(城关中心小学)　　章华燕(陈屿中心小学)

七、春蚕奖(十佳教师)

林　菊(玉环中学)　　王灵欢(楚门中学)

林　英(玉城中学)　　郑仙琴(城关第一初级中学)

张丽青(陈屿中学)　　陈莺莺(清港初级中学)

耿咏声(实验学校)　　王白娇(城关中心小学)

施明燕(坎门中心小学)　　林娴婷(楚门中心幼儿园)

八、春蚕奖(中高考突出贡献教师)

徐建红(市教育局教研室)　　林　治(玉环中学)

张礼聪(玉环中学)　　梁　华(玉环中学)

张莹莹(玉环中学)　　庄　丰(玉环中学)

董晓敏(玉环中学)　　胡赤阳(玉环中学)

叶祥彪(玉环中学)　　王媛媛(楚门中学)

刘　芳(楚门中学)　　陈琼杰(楚门中学)

陈美平(玉城中学)　　侯　芳(玉城中学)

孔菊芬(城关第一初级中学)　　陈爱琴(坎门第一初级中学)

林夏明(楚门第一初级中学)　　孔芬连(沙门初级中学)

支琼瑶(实验学校)　　陈芳芳(双语学校)

2018年度市服务业重点企业和优秀企业家 玉政发〔2019〕19号

一、市服务业重点企业名单(25家)

浙江业洲供应链管理有限公司
浙江金汇钢业股份有限公司
浙江华氏钢业有限公司
玉环苏泊尔炊具销售有限公司
浙江宁昊钢业有限公司
玉环工业物资有限公司
台州松尔贸易股份有限公司
玉环力宝行汽车销售服务有限公司
玉环大润发商业有限公司
浙江洪福堂医药连锁股份有限公司
玉环长城宾馆有限公司
浙江玉汽运输集团有限公司
浙江海西供应链有限公司
浙江大麦屿港务有限公司
浙江智建科技股份有限公司
浙江鸿瑞税务师事务所有限公司
中国移动通信集团浙江有限公司玉环分公司
中国电信股份有限公司玉环分公司
玉环市人力资源配置服务有限公司
玉环春秋国际旅行社有限公司
玉环新城吾悦房地产开发有限公司
玉环市梁信置业有限公司
浙江玉环农村商业银行股份有限公司
中国工商银行股份有限公司玉环支行
中国农业银行股份有限公司玉环市支行

二、市服务业优秀企业家名单(10位)

曾水平(浙江业洲供应链管理有限公司)
潘法宝(浙江金汇钢业股份有限公司)
方　建(玉环力宝行汽车销售服务有限公司)
马凌涛(玉环长城宾馆有限公司)
陈必忠(浙江玉汽运输集团有限公司)
陈新旺(浙江海西供应链有限公司)
潘海强(浙江智建科技股份有限公司)
杨圣兵(中国移动通信集团浙江有限公司玉环分公司)
施　翔(玉环新城吾悦房地产开发有限公司)
陈庆华(浙江玉环农村商业银行股份有限公司)

2019年度玉环市农业龙头企业 玉政发〔2019〕27号

一、新认定玉环市农业龙头企业名单(共4家)

玉环康达冷冻肉禽食品有限公司
玉环市中鹿岛海洋牧场科技发展有限公司
玉环市东海鱼仓现代渔业有限公司
浙江国禾实业股份有限公司

二、保留玉环市农业龙头企业名单(共49家)

玉环市好亦多生物科技有限公司
玉环市尚富水产养殖研究所
玉环县城关永业禽蛋加工厂
玉环珠港蔬菜基地
浙江绿色园林市政有限公司
台州万河酿造有限公司
玉环市荣鹏肉类贸易有限公司
台州清榕园林工程有限公司
浙江澳兴生物科技有限公司
玉环市刘庄菜园蔬菜批发有限公司
台州市上裕实业有限公司
玉环水产市场有限责任公司
浙江龙生水产制品有限公司
浙江定海针水产食品有限公司
浙江丰润生物科技股份有限公司

浙江金壳药业股份有限公司（原为浙江金壳药业有限公司）

玉环渔家女海洋制品厂　　玉环市恩豪农产品有限公司

玉环古城青顶茶业有限公司　　玉环兴盛冷冻有限公司

玉环七丘田农业开发有限公司　　浙江龙额火山茶业有限公司

玉环富禾农林科技有限公司

浙江冠喜食品有限公司（原为台州冠喜食品有限公司）

玉环市大麦屿裕利水产有限公司　　玉环利民清洁有限公司

玉环市宏门酒业有限公司　　玉环县清港葡萄园区开发有限公司

台州高建农业开发有限公司　　浙江九支农业科技有限公司

玉环市凡塘禽畜饲料厂　　浙江美丽露生物科技有限公司

玉环市肉食品有限责任公司　　玉环市飞龙柚业有限公司

玉环县万丰水产养殖有限公司　　玉环县诺凡尔海洋养殖有限公司

玉环县漩港海珍品有限公司　　玉环市新农蔬菜产销有限公司

浙江驰源农业开发有限公司　　玉环天籁农业开发有限公司

浙江天纯生态农业科技有限公司　　玉环市五丰蒸干脱脂鱼粉厂

玉环茹苑花卉种植有限公司　　玉环跃华水产有限公司

玉环市城关农场　　玉环市山海绿色农业有限公司

玉环县宏海养殖有限公司　　台州吉岛食品有限公司

玉环市旅游集团有限公司（原为玉环漩门湾观光农业开发有限公司）

三、命名被取消的企业（6家）

玉环县楚门筠岗林业苗木生产基地　　玉环市再发畜牧有限公司

浙江启源农业开发股份有限公司　　玉环天峰农业有限公司

玉环县宏鑫果业有限公司　　台州升森农业开发有限公司

个人三等功　　玉政发〔2019〕28号

给予曹中贵记个人三等功一次

2018年度先进界别组联络组邀请人士组先进民主监督小组好提案优秀委员优秀邀请人士优秀民主监督员反映社情民意信息工作先进个人　　玉政协〔2019〕1号

一、先进界别组联络组邀请人士组（6个）

经济界别组　　教育界别组

社科、社保界别组　　清港联络组

玉城联络组　　邀请人士组

二、先进民主监督小组（2个）

派驻市教育局民主监督小组　　派驻市水利局民主监督小组

三、好提案（10件）

《关于充分利用海景资源，提升海湾城市形象的建议》（市政协社法委）

《关于有效利用村级留用地，促进城乡发展的建议》（市政协经济委）

《关于服务企业需求，补齐科技创新短板的建议》(市政协科教文卫体委)

《关于撤县设市后进一步提升市民文明素质的建议》(市政协港澳台侨民宗委)

《关于切实加强我市养老服务专业人员队伍建设的提案》(陈灵女、刘亚庆、林明火、黄夏萍)

《关于提升玉环海湾城市形象，全域推进“厕所革命”的建议》(赵 洪、徐招德、郑苏娣、汪光富)

《关于进一步重视青少年学生体能素质的建议》(李枝霞)

《关于要求通过微信公共号建立轻微交通事故快速处理平台的建议》(詹加旺)

《关于加快推进国家级海洋公园建设的建议》(民盟玉环支部、江德海)

《关于提高玉环公共文化设施使用效益的提案》(苏素、李光安、鲍佳)

四、优秀委员(28 名)

冯海斌 刘 荣 江松琴 江德海 许 敏 苏光先 李 辉 杨长友 吴兴柏

汪光富 陈礼宏 陈灵女 陈 建 陈瑞林 陈 煜 陈潘顺 林海云 郑灵飞

郑青松 郑敏慧 赵 洪 胡齐福 袁必生 章金玲 蒋友旺 舒建祥 谢飞祥

詹小远

五、优秀邀请人士(2 名)

孔祥波 颜 芩

六、优秀民主监督员(14 名)

陈潘顺 陈瑞林 胡根寿 黄 辉 李 辉 李忠钦 林小建 施小红 谢锡平

杨长友 叶剑飞 张 荣 赵 洪 郑敏慧

七、反映社情民意信息工作先进个人(11 名)

特殊贡献奖：孔祥波

优秀信息员：潘勤亮 舒建祥 杨长友 胡齐福 汪光富 谢飞祥 戴剑军 李 辉

张凌瑞 郑作鸿

市政协九届三次会议最佳“四见面”提案 玉政协〔2019〕15 号

《关于加强青年企业家培育，助推民营经济再创新辉煌的建议》

索　引

说　明

一、本索引采用主题分析法编制。

二、索引按主题词首字拼音字母顺序和音序排列，按标引词首字的汉语拼音音序排列，首字相同按第二字音序排列，以此类推。阿拉伯数字开头的词，单独排列。

三、标引词后的阿拉伯数字表示内容所在的内码。

四、《特载》《大事记》《附录》的内容不做索引。

D

F

G

H

J

K

L

M

N

P

Q

R

S

T

W

X

Y

Z

数 字